민법

천 영 법학박사 / 감정평가사 / 건국대 부동산대학원 교수
조천조 법학전공 / 서울법대 / 한국지식재단연수원 교수
조재영 법학박사 / 한양대학교 교수
박준석 변호사 / 건국대 / 수원지방법원 판사
이기우 법학박사 / 부동산학 / 건국대 / 호남대학교 교수 / 대학원장역임
정재근 법학전공 / 서울법대 / 부동산학 / 감정평가법인대표
조정환 법학박사 / 건국대 / 대진대학교 교수 / 법무대학원장역임
윤황지 법학박사 / 건국대 / 강남대학교 부동산학과 교수
박기원 법무사 / 건대행정대학원 / 한국부동산학회이사
조형래 변호사 / 한국부동산학회학술위원
주영민 감정평가사 / 부동산학전공 / 경일감정평가법인
김성은 법학박사 / 고려대법학연구원연구위원
이춘호 공학박사 / 강남대학교 이공대학 교수
윤준선 건축학박사 / 강남대학교 건축공학과 교수
이면극 공학박사(건축) / 여주대학교 교수
김영렬 한국지식재단 건축공학 전공 · 교수 외

주택관리관계법규

김용민 법학박사 / 강남대학교 부동산학과 교수
성연동 행정학박사 / 부동산학 / 목포대학교 사회과학대학 교수
조정환 법학박사 / 건국대 / 대진대학교 교수 / 법무대학원장 역임
임호정 감정평가사 / 국토교통부 전토지과장 / 감정평가법인대표
백연기 부동산공법전문 / 한국부동산학회 연구위원
김필두 행정학박사 / 한국지방행정연구원 수석연구원
김상현 법학박사 / 신한대학교 교수
김갑열 행정학박사 / 강원대학교 사회과학대학장 / 부동산학과 교수
정상철 경제학박사 / 창신대학교 지식융합대학 부동산대학원장 교수
홍길성 경영학박사 / 감정평가사 / 성균관대학교 경영행정대학원 부동산학담당교수
김 준 주택관리연구원 교수 / 국토교통부공무원연수강사
오현진 법학박사 / 부동산학 / 청주대학교 사회과학대학장
우 경 행정학박사 / 김포대학교 부동산경영과 교수
홍성지 행정학박사 / 백석대학교 부동산전공 교수 외

공동주택관리실무

정상철 경제학박사 / 창신대학교 지식융합대학 부동산대학원장 교수
홍길성 경영학박사 / 감정평가사 / 성균관대학교 경영행정대학원 부동산학담당교수
김 준 주택관리연구원 교수 / 국토교통부공무원연수강사
오현진 법학박사 / 부동산학 / 청주대학교 사회과학대학장
우 경 행정학박사 / 김포대학교 부동산경영과 교수
김갑열 행정학박사 / 강원대학교 사회과학대학장 / 부동산학과 교수
홍성지 행정학박사 / 백석대학교 부동산전공 교수
김용민 법학박사 / 강남대학교 부동산학과 교수
성연동 행정학박사 / 부동산학 / 목포대학교 사회과학대학 교수
조정환 법학박사 / 건국대 / 대진대학교 교수 / 법무대학원장 역임
임호정 감정평가사 / 국토교통부 전토지과장 / 감정평가법인대표
백연기 부동산공법전문 / 한국부동산학회 연구위원
김필두 행정학박사 / 한국지방행정연구원 수석연구원
김상현 법학박사 / 신한대학교 교수
정신교 법학박사 / 목포해양대학교 교수 외

그 밖에 시험출제위원 활동중인 교수그룹 등은 참여생략

알고 보니 경록이다

우리나라 부동산전문교육의 본산 경록 1957

한방에 합격은 경록이다

제1회 시험부터 수많은 합격자를 배출한 전문성 - 경록

별☆이☆일☆곱☆개

경록 부동산학·부동산교육 최초 독자개척 고객과 함께, 68주년 기념

1957

2025 100% PASS PROJECT

경록 주택관리사 문제집

5 2차 공동주택관리실무

1회 시험부터 수많은 합격자를 배출한 독보적 정통교재

SINCE 1957

머리말

매년 98% 문제가 경록 교재에서!!

경록 교재는 주택관리사 시험 통계작성 이후 17년간 매년 98% 문제가 출제되는 독보적 정답률을 기록한 유일한 교재입니다. 경록은 우리나라 부동산 교육의 본산이며 경록교재는 우리나라 부동산교육의 정통한 역사를 이끌어가는 오리지널 교재입니다.

이 교재는 우리나라 부동산교육의 본산인 경록의 68년간 축적된 전문성을 기반으로 130여 명의 역대 최대 '시험출제위원 부동산학 대학교수그룹'이 제작, 해마다 완성도를 높여가며 시험을 리드하는 교재입니다.

특히 경록의 온라인과정 전문기획인강은 언택트시대를 리드하는 뉴 트렌드가 되었습니다. 업계 최초로 1998년부터 〈경록 + MBN TV 족집게강좌〉 8년, 현재까지 28년차 검증된 99%족집게강좌입니다. 일반 학원의 6개월에 1회 수강과정을 경록에서는 1개월마다 2회 반복완성이 가능합니다.

경록의 전문성이 곧 합격의 지름길로 이끌어 드립니다. 성공은 경록과 함께 시작됩니다.

여러분의 건투를 빕니다.

지속가능한 관리직
주택관리사

▍주택관리사란 (공동주택관리법 제2조 제11~12호)

● **주택관리사보란?**
주택관리사보 합격증서를 발급받은 사람을 말한다(법 제2조 11호)

● **주택관리사란?**
주택관리사 자격증을 발급받은 사람을 말한다(법 제2조 12호)
주택관리사는 주택관리사보로서 대통령이 정하는 실무경력 등의 요건을 갖추어 시·도지사로부터 주택관리사 자격증을 발급받은 사람으로 한다(법 제67조 ② 등 참조)

▍주택관리사보시험 개요

● 주택관리사보란 자격시험에 합격한 자를 말한다.
● 주택관리사보 자격시험 시행목적
  ■ 공동주택의 운영·관리·유지·보수 등을 실시하고 이에 필요한 경비를 관리
  ■ 공동주택의 공용부분과 공동소유인 부대시설 및 복리시설의 유지·관리 및 안전관리 업무를 수행

▍주택관리사(보) 수행 직무

● 공동주택을 안전하고 효율적으로 관리하고 공동주택 입주자의 권익을 보호하기 위하여 공동주택의 운영·관리·유지·보수 등을 실시하고
● 이에 필요한 경비를 관리하며 공동주택의 공용부분과 공동 소유인 부대시설 및 복리시설의 유지관리 및 안전관리를 실시하는 등 주택관리서비스를 수행함

▍의무관리대상 공동주택 (공동주택관리법 제2조의2)

● 해당 공동주택을 전문직으로 관리하는 자를 두어야 하는 등 일정한 의무가 부과되는 공동주택
● 300세대 이상 공동주택
● 150세대 이상 공동주택 (승강기설치 또는 중앙집중난방방식, 지역난방방식 포함 등)
● 주택이 150세대 이상인 건축물 (건축법 제11조 참조)

> 경록 교재 1회독이 합격을 좌우합니다

▎관리사무소장 채용의무 (공동주택관리법 제64조 제1항)
- 500세대 미만 공동주택: 주택관리사 또는 주택관리사보
- 500세대 이상 공동주택: 주택관리사

▎주택관리업 / 주택임대관리업
- 주택관리업 등록신청: 주택관리사
  - 임원 또는 사원의 3분의 1 이상이 주택관리사인 상사법인 포함
- 일정 규모 이상의 주택임대관리사업등록 신청:
  - 주택관리사와 전문인력
    ‣ 자기관리형인 경우 2인 이상 ‣ 위탁관리형인 경우 1인 이상
  - 변호사, 법무사, 공인회계사, 세무사, 감정평가사, 공인중개사, 주택관리사 자격을 취득한 후 해당 분야에 2년 이상 종사자
  - 부동산 분야의 석사학위 이상 소지자로서 관련 분야 3년 이상 종사자

▎주택관리사의 비전
- 아파트 등의 지속적인 양적·질적 증가
- 업역 증가: 아파트, 주상복합, 기업형 임대주택, 오피스텔, 레지던스 홀, 주택단지 관리 등 업무개발
- 주택관리사의 사회적 책임과 의무 강화
- 주택관리법인의 대표(전문성 강화)
- 주택관리서비스의 질적 향상
- 지속가능한 부동산서비스업 등

▎주택관리사시험 변천과정
- 1989년 제도 첫 도입, 1997년 1월 1일부터 자격증 소지자의 채용을 의무화하는 규정 시행
- 2005년까지는 격년제로 시행하였으나, 2006년부터는 매년 1회 시행하고 있으며
- 공동주택관리법 시행령 제95조(업무의 위탁)에 따라 주택관리사보 자격시험의 시행에 관한 업무를 2008년부터 한국산업인력공단에서 시행

주택관리사 시험

▌주택관리사란?
주택관리사(보)는 공동주택, 아파트단지 행정관리전문가이다.

▌주택관리사보의 응시자격은?
학력·경력·연령 제한 없음. 단, 다음에 해당하는 자는 주택관리사 등이 될 수 없다(「공동주택관리법」 제67조).
① 피성년후견인 또는 피한정후견인
② 파산선고를 받은 자로서 복권되지 아니한 사람
③ 금고 이상의 실형의 선고를 받고 그 집행이 끝나거나(집행이 끝난 것으로 보는 경우 포함) 집행이 면제된 날부터 2년이 지나지 아니한 사람
④ 금고 이상의 형의 집행유예선고를 받고 그 유예기간 중에 있는 사람
⑤ 주택관리사 등의 자격이 취소된 후 3년이 지나지 아니한 사람(위 ① 및 ②의 사유로 취소된 경우 제외)

▌주택관리사보 시험의 시행은 언제하는가?
- 주택관리사보자격시험은 1, 2차 시험을 구분하여 매년 1회 시행한다. 다만, 국토교통부장관은 시험을 실시하기 어려운 부득이한 사정이 있는 경우에는 그 연도의 시험을 실시하지 아니할 수 있다.
- 국토교통부장관은 주택관리사보자격시험을 시행하고자 하는 때에는 시험일시·장소·방법 및 합격기준의 결정 등 시험시행에 관하여 필요한 사항을 시험시행일 90일 전에 일간신문에 공고하여야 한다.
  (1) 제1차 시험
     객관식 5지 선택형으로 하고 과목당 40문항 출제
  (2) 제2차 시험
     객관식 5지 선택형 24문항과 주관식(단답형 또는 기입형) 16문항을 가미하여 과목당 40문항 출제
     ※ 제2차 시험 주관식 단답형 부분점수제도 도입 및 주관식 정답 인정 기준 제시
- 주관식 문제 문항 수는(16문항) 유지하되, 괄호당 부분점수제도 도입

문항수		주관식 16문항
배 점		각 2.5점 (기존과 동일)
단답형 부분점수	3괄호	3개 정답(2.5점) 2개 정답(1.5점) 1개 정답(0.5점)
	2괄호	2개 정답(2.5점) 1개 정답(1점)
	1괄호	1개 정답(2.5점)

- 법률 등을 적용하여 정답을 구하여야 하는 문제는 법에 명시된 정확한 용어를 사용하는 경우에만 정답으로 인정
    (3) 제2차 시험의 응시자격(「공동주택관리법 시행령」 제74조 제4항)
        제2차 시험은 제1차 시험에 합격한 자에 대하여 실시한다.
    (4) 제1차 시험의 면제(「공동주택관리법 시행령」 제74조 제5항)
        제1차 시험에 합격한 자에 대하여는 다음 회의 시험에 한하여 제1차 시험을 면제한다.
    (5) 합격자의 결정
- 제1차 시험 : 과목당 100점을 만점으로 하여 모든 과목 40점 이상이고 전 과목 평균 60점 이상의 득점을 한 사람
- 제2차 시험 : 과목당 100점을 만점으로 하여 모든 과목 40점 이상이고 전 과목 평균 60점 이상의 득점을 한 사람으로서 선발예정인원 범위에서 고득점자순 합격. 다만, 모든 과목 40점 이상이고 전 과목 평균 60점 이상의 득점을 한 사람의 수가 법 제67조 제5항 전단에 따른 선발예정인원에 미달하는 경우에는 모든 과목 40점 이상을 득점한 사람을 말한다.
    ※ 제2차 시험 합격자를 결정하는 경우 동점자로 인하여 선발예정인원을 초과하는 경우에는 그 동점자 모두를 합격자로 결정한다. 이 경우 동점자의 점수는 소수점 이하 둘째자리까지만 계산하며, 반올림은 하지 아니한다.

▌시험시간 및 시험과목

(1) 시험시간

시험구분	교시	시 험 과 목	시험시간	문항수
제1차 시험	1교시	① 회계원리 ② 공동주택시설개론	100분	과목별 40문항(총 120문항)
	2교시	③ 민법	50분	
제2차 시험	1교시	① 주택관리관계법규 ② 공동주택관리실무	100분	과목별 40문항(객관식 24문항, 주관식 16문항) (총 80문항)

※ 세부 시간은 한국산업인력공단에서 발표하는 내용을 참고

(2) 시험과목과 출제방식

구 분	시험과목	시험범위	출제비율	문제출제
제1차 시험 (3과목)	1. 회계원리	세부과목 구분 없이 출제	–	• 객관식 5지 선택형 • 과목별 40문항
	2. 공동주택 시설개론	목구조·특수구조를 제외한 일반건축구조와 철골구조, 장기수선 계획수립 등을 위한 건축적산	50% 내외	
		홈네트워크를 포함한 건축설비개론	50% 내외	
	3. 민 법	총 칙	60% 내외	
		물권, 채권 중 총칙·계약총칙·매매·임대차·도급·위임·부당이득·불법행위	40% 내외	
제2차 시험 (2과목)	4. 주택관리 관계법규	주택법·공동주택관리법·민간임대주택에 관한 특별법·공공주택 특별법	50% 내외	• 주관식 원칙 • 다만, 객관식 5지 선택형(주관식 단답형 또는 기입형 가미) • 과목별 40문항
		건축법·소방기본법·소방시설 설치 및 관리에 관한 법률·화재의 예방 및 안전관리에 관한 법률·승강기 안전관리법·전기사업법·시설물의 안전 및 유지관리에 관한 특별법·도시 및 주거환경정비법·도시재정비 촉진을 위한 특별법·집합건물의 소유 및 관리에 관한 법률 중 주택관리에 관련되는 규정	50% 내외	
	5. 공동주택 관리실무	• 공동주거관리이론 • 공동주택회계관리, 입주자관리, 대외업무, 사무·인사관리	50% 내외	
		• 시설관리, 환경관리, 안전·방재관리 및 리모델링, 공동주택 하자관리(보수공사 포함) 등	50% 내외	

▌응시원서

(1) 접수기간
  제1·2차 : 한국산업인력공단에서 발표하는 내용을 참고
    ※ 원서 접수기간 중에는 24시간 접수가능하며(시작일과 종료일은 제외), 접수기간 종료 이후에는 응시원서 접수 불가
(2) 접수방법 : 인터넷 온라인 접수만 가능
 1) 큐넷 주택관리사보 홈페이지(www.Q-Net.or.kr/site/housing)에서 접수
 2) 원서접수 시 수수료를 결제하고 수험표를 출력하여야 접수완료됨
 3) 최근 6개월 이내에 촬영한 탈모 상반신 사진을 파일(JPG, JPEG 파일, 사이즈 : 90픽셀(가로) × 120픽셀(세로) 이상, 300dpi 권장, 200KB 이하)로 첨부하여 인터넷 회원가입 후 원서제출(단, 기존 Q-Net 회원일 경우는 바로 원서접수 가능)
    ※ 원서접수 시 반드시 본인의 사진을 등재하여야 하며, 타인의 사진을 잘못 등재한 경우에는 부정행위자로 처리될 수 있음
 4) 인터넷 활용이 어려운 경우 한국산업인력공단 지역별 자격시험팀 방문 시 원서접수 도움을 받을 수 있음

(3) 수수료 납부
 1) 응시수수료(2022년 기준) : 제1차 시험 21,000원, 제2차 시험 14,000원
 2) 납부방법 : 전자결제(신용카드, 계좌이체, 가상계좌) 이용
 3) 수수료 환불(「공동주택관리법 시행규칙」 제32조)
   ① 수수료를 과오납한 경우 과오납한 금액 전부
   ② 응시원서 접수기간 내에 접수를 취소하는 경우 납입한 수수료의 전부
   ③ 시험 시행일 20일 전까지 접수를 취소하는 경우 납입한 수수료의 100분의 60
   ④ 시험 시행일 10일 전까지 접수를 취소하는 경우 납입한 수수료의 100분의 50
     ※ 환불신청(원서접수 취소)은 인터넷으로만 가능
   4) 원서접수 완료(결제완료) 후 접수내용 변경 방법
     원서접수 기간 내에는 취소 후 재접수가 가능하나, 원서접수기간 종료 후에는 재접수 및 내용변경 불가

▌합격자 발표

(1) 주택관리사보 국가자격시험 합격자 명단 및 개인별 시험성적을 큐넷 주택관리사보
    홈페이지(http://www.q-net.or.kr/site/housing)에 게재
(2) 합격자 명단 및 개인별 점수확인 방법

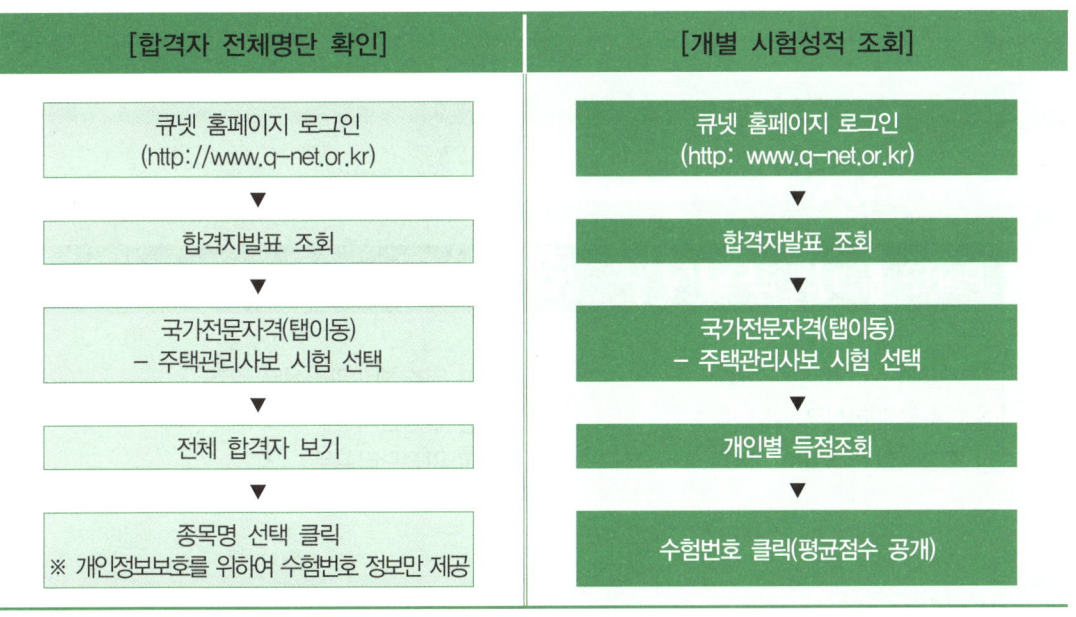

차 례

경록교재, 1회독이 합격을 좌우합니다.

특집 잘 틀리는 130 바로잡기

Part1 행정관리실무

1. 공동주택관리의 기초이론 20
2. 입주자관리 86
3. 사무관리 125
4. 인사노무관리 154
5. 회계관리실무 184

Part2 기술관리실무

1. 기술적 관리의 총론 206
2. 건축물 관리실무 253
3. 조경시설 관리실무 270
4. 건축설비 관리실무 275
5. 환경관리실무 408
6. 안전관리실무 424

알고 보니
경록이다

우리나라 부동산전문교육의 본산 경록 1957

잘 틀리는 130 바로잡기

01. 일반기숙사란 학교 또는 공장 등의 학생 또는 종업원 등을 위하여 사용하는 것으로서 해당 기숙사의 공동취사시설 이용 세대 수가 전체 세대 수(건축물의 일부를 기숙사로 사용하는 경우에는 기숙사로 사용하는 세대 수로 한다)의 50퍼센트 이상인 것(「교육기본법」 제27조제2항에 따른 학생복지주택을 포함한다)

01. ○

02. 다가구 주택은 주택으로 쓰는 층수(지하층은 제외한다)가 3개 층 이하이어야 한다. 다만, 1층의 전부 또는 일부를 필로티 구조로 하여 주차장으로 사용하고 나머지 부분을 주택(주거 목적으로 한정한다) 외의 용도로 쓰는 경우에는 해당 층을 주택의 층수에서 제외한다.

02. ○

03. 도시형 생활주택 중 아파트형 주택은 300세대 미만의 국민주택규모에 해당하는 주택으로서 「국토의 계획 및 이용에 관한 법률」에 따른 도시지역에 건설되며, 세대별로 독립된 주거가 가능하도록 욕실 및 부엌을 설치하고, 지하층에는 세대를 설치하지 않아야 한다.

03. ○

04. 장수명 주택 인증제도에 따라 일반등급 이상의 등급을 인정받은 경우 「국토의 계획 및 이용에 관한 법률」에도 불구하고 대통령령으로 정하는 범위에서 건폐율·용적률·높이제한을 완화할 수 있다.

04. ×
일반 → 우수

05. 공동주택관리법령은 시설물 유지·보수·개량 및 그 밖의 주택관리업무를 수행하는 경우에 한하여 주택임대관리업자도 관리주체로 분류한다.

05. ○

06 사업주체는 공동주택의 관리업무를 해당 관리주체에 인계할 때에는 입주자대표회의의 회장 및 1명 이상의 이사의 참관하에 인계자와 인수자가 인계·인수서에 각각 서명·날인하여 인계하여야 한다.

06. ✕
이사 → 감사

01 준주거지역 또는 상업지역에서 아파트형주택과 도시형 생활주택 외의 주택을 함께 건축하는 경우에는 하나의 건축물에 함께 건축할 수 있다.

07. ○

08 사업계획의 승인을 받아 건설하는 세대구분형 공동주택의 세대별로 구분된 각각의 공간의 주거전용면적 합계는 주택단지 전체 주거전용면적 합계의 3분의 1을 넘는 등 국토교통부장관이 정하는 주거전용면적의 비율에 관한 기준을 충족하여야 한다.

08. ○

09 주택관리사등은 관리사무소장의 업무를 집행하면서 과실로 입주자 등에게 재산상의 손해를 입힌 경우에는 그 손해를 배상할 책임이 없다.

09. ✕
책임이 없다 → 책임이 있다.

10 "입주자"란 공동주택의 소유자 또는 그 소유자를 대리하는 배우자 및 직계가족(직계비속은 제외한다)을 말한다.

10. ✕
직계가족(직계비속은 제외한다) → 직계존비속

11 입주자대표회의가 계약기간이 만료된 주택관리업자를 다시 수의계약을 통해 당해 공동주택의 관리주체로 선정하는 경우에는 계약상대자 선정, 계약 조건 등 계약과 관련한 중요사항에 대하여 전체 입주자등의 과반수의 동의를 얻어야 한다.

11. ○

12 위탁관리형 주택임대관리업을 하는 주택임대관리업자는 임대인 및 임차인의 권리보호를 위하여 보증상품에 가입하여야 한다.

12. ✕
위탁관리형 → 자기관리형

13 임대인의 권리보호를 위한 보증으로 자기관리형 주택임대관리업자가 약정한 임대료를 지급하지 아니하는 경우 약정한 임대료의 2개월분 이상의 지급을 책임지는 보증상품에 가입하여야 한다.

13. ✕
2개월분 → 3개월분

14 공동주택 관리방법의 결정은 입주자대표회의 의결 또는 전체 입주자 등의 1/10 이상 제안하고, 전체 입주자 등의 과반수 찬성으로 결정한다.

14. ○

| 15 | "장기일반민간임대주택"이란 임대사업자가 공공지원민간임대주택이 아닌 주택을 8년 이상 임대할 목적으로 취득하여 임대하는 민간임대주택(도시형 생활주택이 아닌 아파트를 임대하는 민간매입임대주택은 제외한다)을 말한다. | 15. ✕
8 → 10 |

| 16 | 주택임대관리업은 자기관리형과 위탁관리형으로 구분하여 등록하여야 한다. 이 경우 위탁관리형 주택임대관리업을 등록한 경우에는 자기관리형 주택임대관리업도 등록한 것으로 본다. | 16. ✕
위탁관리형 주택임대관리업 → 자기관리형 주택임대관리업,
자기관리형 주택임대관리업 → 위탁관리형 주택임대관리업, |

| 17 | 주택임대관리업자는 분기마다 그 분기가 끝나는 달의 다음 달 말일까지 자본금, 전문인력, 관리 호수 등 대통령령으로 정하는 정보를 시장·군수·구청장에게 신고하여야 한다. 이 경우 신고 받은 시장·군수·구청장은 국토교통부장관에게 이를 보고하여야 한다. | 17. ○ |

| 18 | 주택관리업자는 관리하는 공동주택에 배치된 주택관리사등이 해임 그 밖의 사유로 결원이 된 때에는 그 사유가 발생한 날로부터 30일 이내에 새로운 주택관리사등을 배치하여야 한다. | 18. ✕
30 → 15 |

| 19 | 임대사업자는 민간임대주택이 300세대 이상의 공동주택 등 대통령령으로 정하는 규모 이상에 해당하면 주택관리업자에게 관리를 위탁하거나 자체관리하여야 한다. | 19. ○ |

| 20 | 임대사업자가 민간임대주택을 자체관리하려면 대통령령으로 정하는 기술인력 및 장비를 갖추고 국토교통부령으로 정하는 바에 따라 시장·군수·구청장의 인가를 받아야 한다. | 20. ○ |

| 21 | 「주택법」 제15조에 따른 사업계획승인을 받아 건설한 건설임대주택 관리주체가 주민공동시설을 위탁하려는 경우에는 임대사업자의 요청 또는 임차인 10분의 1 이상의 요청으로 주민공동시설의 위탁을 제안하고 임차인 과반수의 동의를 받아야 한다. | 21. ○ |

| 22 | 임대사업자가 20세대 이상의 민간임대주택을 공급하는 공동주택단지에 입주하는 임차인은 임차인대표회의를 구성할 수 있다. 다만, 임대사업자가 150세대 이상의 민간임대주택을 공급하는 공동주택단지 중 대통령령으로 정하는 공동주택단지에 입주하는 임차인은 임차인대표회의를 구성하여야 한다. | 22. ○ |

| 23 | 의무관리대상 공동주택의 전환 신고를 하려는 자는 전체 입주자등의 3분의 2 이상의 서면동의를 받은 날부터 30일 이내에 관할 특별자치시장·특별자치도지사·시장·군수·구청장에게 신고서를 제출해야 한다. | 23. ○ |

| 24 | 동별 대표자가 될 수 있는 사람은 해당 민간임대주택단지에서 6개월 이상 계속 거주하고 있는 임차인으로 한다. 다만, 최초로 임차인대표회의를 구성하는 경우에는 그러하지 아니하다. | 24. ✕
6개월 → 3개월 |

| 25 | 임차인대표회의는 회장 1명, 부회장 1명 및 감사 2명을 동별 대표자 중에서 선출하여야 한다. | 25. ✕
2명 → 1명 |

| 26 | 임차인대표회의를 소집하려는 경우에는 소집일 7일 전까지 회의의 목적·일시 및 장소 등을 임차인에게 알리거나 공고하여야 한다. | 26. ✕
7일 → 5일 |

| 27 | 임대사업자가 민간임대주택을 양도하는 경우에는 특별수선충당금을 최초로 구성되는 입주자대표회의에 넘겨주어야 한다. | 27. ○ |

| 28 | 장기수선계획을 수립하여야 하는 민간임대주택의 임대사업자는 특별수선충당금을 사용검사일 또는 임시 사용승인일부터 1년이 지난 날이 속하는 달부터 「주택법」 제15조 제1항에 따른 사업계획 승인 당시 표준 건축비의 1만분의 1의 요율로 매달 적립하여야 한다. | 28. ○ |

| 29 | 특별수선충당금은 임대사업자와 해당 민간임대주택의 소재지를 관할하는 시장·군수·구청장의 공동 명의로 금융회사 등에 예치하여 따로 관리하여야 한다. | 29. ○ |

| 30 | 임대사업자는 특별수선충당금을 사용하려면 미리 해당 민간임대주택의 소재지를 관할하는 시장·군수·구청장과 협의하여야 한다. | 30. ○ |

| 31 | 주택임대관리업자의 자본금 또는 전문인력의 수가 증가한 경우에는 국토교통부령으로 정하는 경미한 사항에 해당하여 시장·군수·구청장에게 변경신고하지 아니하여도 된다. | 31. ○ |

| 32 | 시장·군수·구청장은 임대주택(민간임대주택 및 공공임대주택을 말한다)에 관한 학식 및 경험이 풍부한 자 등으로 임대주택분쟁조정위원회를 구성한다. 조정위원회는 위원장 1명을 포함하여 15명 이내로 구성하되, 조정위원회의 운영, 절차 등에 필요한 사항은 대통령령으로 정한다. | 32. ✕
15명 → 10명 |

| 33 | 임대사업자와 임차인대표회의가 조정위원회의 조정안을 받아들이면 당사자 간에 조정조서와 같은 내용의 합의가 성립된 것으로 본다. | 33. ○ |

| 34 | 주택관리사등이 고의로 공동주택을 잘못 관리하여 소유자 및 사용자에게 재산상 손해를 입힌 경우는 자격취소사유에 해당한다. | **34.** ✕
자격취소 → 자격정지 |

| 35 | 장기수선계획을 수립하지 아니하거나 검토하지 아니한 자 또는 장기수선계획에 대한 검토사항을 기록하고 보관하지 아니한 자는 1천만원 이하의 과태료를 부과한다. | **35.** ✕
1천만원 → 5백만원 |

| 36 | 시장·군수 또는 구청장이 정하는 관리규약의 준칙에는 동별 대표자의 선거구·선출절차와 해임 사유·절차 등에 관한 사항이 포함되어야 한다. | **36.** ✕
시장·군수 또는 구청장이 → 시·도지사가 |

| 37 | 공동주택 분양 후 최초의 관리규약은 사업주체가 제안한 내용을 해당 입주예정자의 과반수가 서면으로 동의하는 방법으로 결정한다. | **37.** ○ |

| 38 | 공동주택의 입주자등은 공동주택관리법 또는 공동주택관리법에 따른 명령이나 처분을 위반하여 조치가 필요한 경우, 공동주택단지 내 분쟁의 조정이 필요한 경우, 입주자대표회의 등이 공동주택 관리규약을 위반한 경우에 해당하는 경우 전체 입주자등의 10분의 3 이상의 동의를 받아 지방자치단체의 장에게 입주자대표회의나 그 구성원, 관리주체, 관리사무소장 또는 선거관리위원회나 그 위원 등의 업무에 대하여 감사를 요청할 수 있다. | **38.** ✕
10분의 3 → 10분의 2 |

| 39 | 입주자대표회의의 회장(관리규약의 제정의 경우에는 사업주체를 말한다)은 관리규약의 제정·개정되거나 입주자대표회의가 구성·변경된 날부터 30일 이내에 신고서를 시장·군수·구청장에게 제출하여야 한다. | **39.** ○ |

| 40 | 관리주체의 조치에도 불구하고 층간소음 발생이 계속될 경우에는 층간소음 피해를 입은 입주자등은 공동주택관리 분쟁조정위원회나 하자심사분쟁 조정위원회에 조정을 신청할 수 있다. | **40.** ✕
공동주택관리 분쟁조정위원회나 하자심사 분쟁 조정위원회 → 공동주택 층간소음관리위원회 |

| 41 | 서류 제출 마감일을 기준으로 「공동주택관리법」을 위반한 범죄로 금고의 실형 선고를 받고 그 집행이 끝난 날부터 2년이 경과하지 않은 입주민은 동별 대표자로 선출될 수 없다. | **41.** ○ |

42 동별 대표자의 자격

> 동별 대표자는 동별 대표자 선출공고에서 정한 각종 서류 제출 마감일을 기준으로 다음의 요건을 갖춘 입주자(입주자가 법인인 경우에는 그 대표자를 말한다) 중에서 선거구 입주자등의 보통·평등·직접·비밀선거를 통하여 선출한다.
> ① 해당 공동주택단지 안에서 주민등록을 마친 후 계속하여 6개월 이상 거주하고 있을 것(최초의 입주자대표회의를 구성하거나 공구별 입주에 따른 입주자대표회의를 구성하기 위하여 동별 대표자를 선출하는 경우는 제외한다)
> ② 해당 선거구에 주민등록을 마친 후 거주하고 있을 것

42. ✗
6개월 → 3개월

43 서류 제출 마감일을 기준으로 관리비 등을 최근 3개월 이상 연속하여 체납한 사람은 동별 대표자가 될 수 없으며 그 자격을 상실한다.

43. ○

44 300세대 이상인 공동주택의 관리주체는 관리규약으로 정하는 범위·방법 및 절차 등에 따라 회의록을 입주자등에게 공개하여야 하며, 300세대 미만인 공동주택의 관리주체는 관리규약으로 정하는 바에 따라 회의록을 공개할 수 있다.

44. ○

45 관리주체는 동별 대표자나 입주자대표회의의 임원을 선출하거나 해임하기 위하여 선거관리위원회를 구성한다.

45. ✗
관리주체 → 입주자

46 공동주택관리 분쟁을 조정하기 위하여 국토교통부에 중앙공동주택관리 분쟁조정위원회를 두고, 시·군·구에 지방공동주택관리 분쟁조정위원회를 둔다. 다만, 공동주택 비율이 낮은 시·군·구로서 국토교통부장관이 인정하는 시·군·구의 경우에는 지방분쟁조정위원회를 두지 아니할 수 있다.

46. ○

47 중앙분쟁조정위원회의 위원장은 위원회의 회의를 소집하려면 특별한 사정이 있는 경우를 제외하고는 회의 개최 3일 전까지 회의의 일시·장소 및 심의안건을 각 위원에게 서면(전자우편을 포함한다)으로 알려야 한다.

47. ○

48 중앙공동주택관리 분쟁조정위원회는 위원장 1명을 포함하여 15명 이내의 위원으로 구성하며, 위원장과 공무원이 아닌 위원의 임기는 2년으로 하되 연임할 수 있다.

48. ○

49	공동주거자산관리 중 부동산자산관리의 업무에는 주택이라는 자산에서 얻고자 하는 수익목표를 설정하고 그에 따른 자본적·수익적 지출계획과 연간 예산수립업무, 주택의 임대차를 유치 및 유지하며 발생하는 비용을 통제하는 업무, 인력관리, 회계업무, 임대료 책정을 위한 기준과 계획, 보험 및 세금에 대한 업무 등이 있다.	49. ○
50	선거관리위원회 위원장은 동별 대표자 후보자 또는 동별 대표자에 대한 범죄경력의 확인을 경찰관서의 장에게 요청하여야 한다. 이 경우 동별 대표자 후보자 또는 동별 대표자의 동의서를 첨부하여야 한다.	50. ○
51	공동주택의 창틀·문틀의 교체는 공동주택을 파손 또는 훼손하거나 해당 시설의 전부 또는 일부를 철거하는 행위로 대통령령으로 정하는 기준 및 절차 등에 따라 시장·군수·구청장의 허가를 받거나 시장·군수·구청장에게 신고를 하여야 한다.	51. ✕ 공동주택의 창틀·문틀의 교체는 경미한 행위에 해당하여 시장·군수·구청장의 허가나 신고가 필요없다.
52	허가대상인 용도변경 등 행위를 허가 없이 행위한 자는 1년 이하의 징역 또는 1천만원 이하의 벌금에 처한다.	52. ○
53	파손·철거행위 중 노약자나 장애인의 편리를 위한 계단의 단층 철거 등 경미한 행위로서 입주자대표회의의 동의를 받은 경우에 시장·군수·구청장에게 신고하면 가능하다.	53. ○
54	세대수 증가형 리모델링이란 각 세대의 증축 가능 면적을 합산한 면적의 범위에서 기존 세대수의 10퍼센트 이내에서 세대수를 증가하는 증축행위를 말한다.	54. ✕ 10퍼센트 → 15퍼센트
55	수직증축형 리모델링의 대상이 되는 기존 건축물의 층수가 15층 이상인 경우에는 3개층, 기존 건축물의 층수가 14층 이하인 경우에는 2개층 이하 범위에서 증축이 가능하다.	55. ○
56	관리사무소장은 비용지출을 수반하는 건축물의 안전점검에 관한 업무에 대하여는 입주자대표회의의 의결을 거쳐 집행하여야 하며, 입주자대표회의에서 의결하는 공동주택의 유지 업무와 관련하여 입주자대표회의를 대리하여 재판상의 행위를 할 수 있다.	56. ○
57	남녀고용평등과 일·가정 양립 지원에 관한 법률에 의하면 직장 내 성희롱 예방 교육을 실시해야 하는 사업주는 직장 내 성희롱 예방 교육을 실시하였음을 확인할 수 있는 서류를 1년간 보관하여야 한다.	57. ✕ 1년간 → 3년간

| 58 | 노동위원회의 구제명령, 기각결정, 재심판정은 중앙노동위원회에 대한 재심신청이나 행정소송 제기에 의하여 그 효력이 정지된다. | 58. ✗ 정지된다. → 정지되지 아니한다. |

| 59 | 사용자는 근로자를 해고(경영상 이유에 의한 해고를 포함한다)하려면 적어도 30일 전에 예고를 하여야 하고, 30일 전에 예고를 하지 아니하였을 때에는 30일분 이상의 통상임금을 지급하여야 한다. | 59. ○ |

| 60 | 사용자는 전차금(前借金)이나 그 밖에 근로할 것을 조건으로 하는 전대(前貸)채권과 임금을 상계할 수 없으며, 근로자 명부와 임금대장을 3년간 보존하여야 한다. | 60. ○ |

| 61 | 근로자는 부당해고 등이 있었던 날부터 3개월 이내에 노동위원회에 구제신청을 할 수 있다. | 61. ○ |

| 62 | 1년 이상의 기간을 정하여 근로계약을 체결하고 수습 중에 있는 근로자로서 수습을 시작한 날부터 3개월 이내인 사람에 대해서는 시간급 최저임금액에서 100분의 20을 뺀 금액을 그 근로자의 시간급 최저임금액으로 한다. 다만, 단순노무업무로 고용노동부장관이 정하여 고시한 직종에 종사하는 근로자는 제외한다. | 62. ✗ 100분의 20 → 100분의 10 |

| 63 | 사용자가 근로자와의 합의에 따라 소정근로시간을 1일 1시간 또는 1주 5시간 이상 변경하여 그 변경된 소정근로시간에 따라 근로자가 1개월 이상 계속 근로하기로 한 경우는 퇴직금의 중간정산 사유에 해당한다. | 63. ✗ 1개월 → 3개월 |

| 64 | 사업주는 근로자가 인공수정 또는 체외수정 등 난임치료를 받기 위하여 휴가를 청구하는 경우에 연간 3일 이내의 휴가를 주어야 하며, 이 경우 최초 1일은 유급으로 한다. 다만, 근로자가 청구한 시기에 휴가를 주는 것이 정상적인 사업운영에 중대한 지장을 초래하는 경우에는 근로자와 협의하여 그 시기를 변경할 수 있다. | 64. ○ |

| 65 | 산업재해보상보험법상 근로자가 사망할 당시 그 근로자와 생계를 같이 하고 있던 유족 중 25세 미만인 자녀는 유족보상연금 수급자격자에 해당한다. | 65. ○ |

| 66 | 산업재해보상보험법상 부상 또는 질병이 5일 이내의 요양으로 치유될 수 있으면 요양급여를 지급하지 아니한다. | 66. ✗ 5일 → 3일 |

67	65세 이후에 고용(65세 전부터 피보험 자격을 유지하던 사람이 65세 이후에 계속하여 고용된 경우는 제외한다)되거나 자영업을 개시한 사람에게는 실업급여 및 육아휴직급여, 출산전후휴가급여를 적용하지 아니한다.	67. ○
68	재심사청구 사항을 심사하기 위하여 보건복지부에 국민연금재심사위원회를 두며, 재심사위원회는 위원장 1명을 포함한 30명 이내의 위원으로 구성한다.	68. × 30명 → 20명
69	관리주체는 소유자가 공동주택의 소유권을 상실한 경우에는 관리비예치금을 반환하여야 한다. 다만, 소유자가 관리비·사용료 및 장기수선충당금 등을 미납한 때에는 관리비예치금에서 정산한 후 그 잔액을 반환할 수 있다.	69. ○
70	사업주체로부터 지급받은 공동주택 공용부분의 하자보수비용을 사용하여 보수하는 공사는 관리주체가 사업자를 선정하고 집행하는 사항이다.	70. × 관리주체가 → 입주자대표회의가
71	300세대 미만인 의무관리대상 공동주택은 해당 연도에 회계감사를 받지 아니하기로 입주자등의 3분의 2 이상의 서면동의를 받은 경우 그 연도에는 회계감사를 받을 의무가 없다.	71. × 3분의 2 이상 → 과반수
72	300세대 이상인 공동주택의 관리주체는 대통령령으로 정하는 바에 따라 「주식회사의 외부감사에 관한 법률」 제2조 제7호에 따른 감사인의 회계감사를 매년 1회 이상 받아야 한다. 다만, 회계감사를 받지 아니하기로 해당 공동주택 입주자등의 5분의 4 이상의 서면동의를 받은 연도에는 그러하지 아니하다.	72. × 5분의 4 이상 → 3분의 2 이상
73	공동주택의 관리주체는 입주자 및 사용자가 납부하는 지역난방 방식인 공동주택의 난방비와 급탕비를 입주자등을 대행하여 그 사용료 등을 받을 자에게 납부할 수 있다.	73. ○
74	인근 공동주택단지 입주자등의 주민공동시설 이용을 허용하려면 「주택법」에 따른 사업계획승인을 받아 건설한 공동주택 중 건설임대주택을 제외한 공동주택의 경우에는 입주자대표회의의 의결 또는 입주자등 10분의 1 이상의 요청에 해당하는 방법으로 제안하고 과반의 범위에서 관리규약으로 정하는 비율 이상의 입주자등의 동의를 받아야 한다.	74. ○
75	관리주체는 감사인의 회계감사를 받은 경우 감사보고서 등 회계감사의 결과를 제출받은 날부터 2개월 이내에 입주자대표회의에 보고하고 해당 공동주택단지의 인터넷 홈페이지 및 동별게시판에 공개하여야 한다.	75. × 2개월 → 1개월

76	사업주체는 주택의 미분양 등으로 인하여 인계·인수서에 인도일의 현황이 누락된 세대가 있는 경우에는 주택의 인도일부터 15일 이내에 인도일의 현황을 관리주체에게 인계하여야 한다.	76. ○
77	저수조(물탱크)공사의 담보책임기간은 3년, 석공사(건물내부 공사)의 담보책임기간은 5년이다.	77. ○
78	사업주체와 공용부분의 경우에 입주자대표회의의 회장(의무관리대상 공동주택이 아닌 경우에는 「집합건물의 소유 및 관리에 관한 법률」에 따른 관리인을 말한다) 또는 5분의 4 이상의 입주자(입주자대표회의의 구성원 중 사용자인 동별 대표자가 과반수인 경우만 해당한다)은 하자보수가 끝난 때에는 공동으로 담보책임 종료확인서를 작성해야 한다. 이 경우 담보책임기간이 만료되기 전에 담보책임 종료확인서를 작성해서는 안 된다.	78. ○
79	하자분쟁조정위원회는 위원장 1명을 포함한 50명 이내의 위원으로 구성하며, 위원장은 상임으로 한다.	79. ✕ 50명 → 60명
80	하자분쟁조정위원회는 조정등의 신청을 받은 때에는그 신청을 받은 날부터 분쟁재정은 150일(공용부분의 경우 180일) 이내에 그 절차를 완료하여야 한다.	80. ○
81	국가·지방자치단체·한국토지주택공사 및 지방공사인 사업주체의 경우에는 하자보수보증금을 담보책임기간 동안 예치할 의무가 없다.	81. ○
82	공동주택관리법령상 공동주택의 지능형 홈네트워크 설비 공사의 하자담보책임기간은 3년이다.	82. ○
83	하자담보책임기간의 기산점은 전유부분의 경우 입주자(공공임대주택의 담보책임의 경우에는 임차인)에게 인도한 날이다.	83. ○
84	사업주체는 담보책임기간이 만료되기 60일 전까지 그 만료 예정일을 해당 공동주택의 입주자대표회의(의무관리대상 공동주택이 아닌 경우에는 「집합건물의 소유 및 관리에 관한 법률」에 따른 관리단을 말한다)또는 해당 공공임대주택의 임차인대표회의에 서면으로 통보하여야 한다.	84. ✕ 60 → 30
85	입주자대표회의는 사업주체가 예치한 하자보수보증금을 사용검사일부터 3년이 경과된 때에는 하자보수보증금의 100분의 40을 사업주체에게 반환하여야 한다.	85. ○

86 입주자대표회의의 회장은 공용부분의 담보책임 종료확인서를 작성하려면 절차를 차례대로 거쳐야 한다. 이 경우 전체 입주자의 5분의 1 이상이 서면으로 반대하면 입주자대표회의는 의결을 할 수 없다.

86. ○

87 하자보수보증금의 지급 청구를 받은 하자보수보증서 발급기관은 청구일부터 15일 이내에 하자보수보증금을 지급하여야 한다.

87. ×
15 → 30

88 환경친화적 자동차의 개발 및 보급 촉진에 관한 법령상 환경친화적 자동차 전용주차구역의 수는 해당 시설의 총주차대수의 100분의 5 이상의 범위에서 시·도의 조례로 정한다. 다만, 2022년 1월 28일 전에 건축허가를 받은 시설(이하 "기축시설") 중 "공공기축시설"이 아닌 기축시설의 경우에는 해당 시설의 총주차대수의 100분의 2 이상의 범위에서 시·도의 조례로 정한다.

88. ○

89 공동주택을 건설하는 주택단지에는 폭 1.2m 이상의 보도를 포함한 폭 7m 이상의 도로(보행자전용도로, 자전거도로는 제외한다)를 설치하여야 한다.

89. ×
1.2m → 1.5m

90 회생제동장치라 함은 승강기가 균형추보다 무거운 상태로 하강(또는 반대의 경우)할 때 모터는 순간적으로 발전기로 동작하게 되며, 이 때 생산되는 전력을 다른 회로에서 전원으로 활용하는 방식으로 전력소비를 절감하는 장치를 말한다.

90. ○

91 급수관경을 정할 때 관균등표 또는 유량선도가 일반적으로 이용되며, 토수구 공간을 두는 것은 물의 역류를 방지하기 위함이다.

91. ○

92 대형건축물 등의 소유자 또는 관리자는 분기 1회 이상 저수조를 청소하여야 하고, 월 1회 이상 저수조의 위생상태를 점검하여야 한다.

92. ×
분기 1회 이상 → 반기 1회 이상

93 연면적 6만제곱미터 이상인 아파트의 소유자 등은 일반검사 결과가 일반검사의 검사항목에 대한 검사기준을 2회 연속 초과하는 경우 또는 일반검사의 검사항목 중 납·구리 또는 아연에 대한 검사기준을 초과하는 경우 전문검사를 하고, 급수관을 갱생하여야 한다.

93. ○

94 의무관리대상 공동주택(의무관리대상 전환 공동주택은 제외)에 설치된 영상정보처리기기의 카메라의 해상도는 150만 화소 이상이어야 하고, 네트워크 카메라를 설치하는 경우에는 서버 및 저장장치 등 주요 설비는 국내에 설치하여야 한다.

94. ×
150 → 130

| 95 | 영상정보처리기기 녹화장치 모니터 1채널의 감시화면의 대각선방향 크기는 최소한 4인치 이상 이상이어야 한다. | 95. ○ |

| 96 | 주택의 부엌·욕실 및 화장실에 설치하는 배기설비의 배기통에는 그 최상부 및 배기구를 제외하고 개구부를 두지 아니한다. | 96. ○ |

| 97 | 300세대 이상인 아파트의 경우 소방안전관리보조자를 1명 선임한다. 다만, 초과되는 150세대마다 1명 이상을 추가로 선임해야 한다. | 97. × 150 → 300 |

| 98 | 저수조 내부의 높이는 최소 1m 80cm 이상으로 할 것 다만, 옥상에 설치한 저수조는 제외한다. | 98. ○ |

| 99 | 6층 이상인 공동주택에는 대당 6인승 이상인 승용승강기를 설치하여야 한다. 다만, 6층인 건축물로서 각 층 거실의 바닥면적 300㎡ 이내마다 1개소 이상의 직통계단을 설치한 공동주택의 경우에는 그러하지 아니하다. | 99. ○ |

| 100 | 기계환기설비의 에너지 절약을 위하여 열회수형 환기장치를 설치하는 경우에는 한국산업표준(KS B 6879)에 따라 시험한 열회수형 환기장치의 유효환기량이 표시용량의 80퍼센트 이상이어야 한다. | 100. × 80 → 90 |

| 101 | 기계환기설비의 공기여과기는 한국산업표준(KS B 6141)에 따른 입자 포집률이 계수법으로 측정하여 60퍼센트 이상이어야 한다. | 101. ○ |

| 102 | 피뢰설비 설치기준상 돌침은 건축물의 맨 윗부분으로부터 25cm 이상 돌출시켜 설치하되,「건축물의 구조기준 등에 관한 규칙」설계하중에 견딜 수 있는 구조이어야 하며, 피뢰설비의 재료는 최소 단면적이 피복이 없는 동선(銅線)을 기준으로 수뢰부, 인하도선 및 접지극은 50㎟ 이상이거나 이와 동등 이상의 성능을 갖추어야 한다. | 102. ○ |

| 103 | 단지네트워크장비란 세대내 홈게이트웨이와 단지서버간의 통신 및 보안을 수행하는 장비로서, 백본(back-bone), 방화벽(Fire Wall), 워크그룹스위치 등 단지망을 구성하는 장비이다. | 103. ○ |

| 104 | 공동주택(아파트등으로 한정한다) 세대별 점검방법에서 관리자는 수신기에서 원격 점검이 불가능한 경우 매년 작동점검만 실시하는 공동주택은 1회 점검 시 마다 전체 세대수의 50퍼센트 이상, 종합점검을 실시하는 공동주택은 1회 점검 시 마다 전체 세대수의 30퍼센트 이상 점검하도록 자체점검 계획을 수립·시행해야 한다. | 104. ○ |

105 응축기는 주변의 열을 빼앗는 역할을 하고 증발기는 주변으로 열을 방출하는 기능을 한다.

105. ×

응축기 → 증발기, 증발기 → 응축기

106 비상용승강기의 승강로는 당해 건축물의 다른 부분과 내화구조로 구획하고 각층으로부터 피난층까지 이르는 승강로를 단일구조로 연결하여 설치해야 한다.

106. ○

107 특급 소방안전관리대상물의 종합점검은 연 1회 이상 실시한다.

107. ×

연 1회 → 반기에 1회

108 "고압"이란 직류에서는 1500볼트(V)를 초과하고 7천V 이하인 전압을 말하고, 교류에서는 1천V를 초과하고 7천V 이하인 전압을 말한다.

108. ○

109 연면적 6만m2 이상인 아파트의 소유자 등은 급수관을 주기적으로 검사하고, 그 결과에 따라 세척·갱생·교체 등 필요한 조치를 하여야 한다.

109. ○

110 가스용 주방자동소화장치를 사용하는 경우 탐지부는 수신부와 분리하여 설치하되, 공기보다 가벼운 가스를 사용하는 경우에는 천장면으로부터 30cm 이하의 위치에 설치하고, 공기보다 무거운 가스를 사용하는 장소에는 바닥면으로부터 30cm 이하의 위치에 설치할 것

110. ○

111 피난구조설비 중 인명구조기구에는 방열복, 방화복(안전모, 보호장갑 및 안전화를 포함한다), 공기호흡기, 인공소생기가 있다.

111. ○

112 외부에 면하는 공기흡입구와 배기구는 교차오염을 방지할 수 있도록 1.5미터 이상의 이격거리를 확보하거나, 공기흡입구와 배기구의 방향이 서로 90도 이상 되는 위치에 설치되어야 하고 화재 등 유사시 안전에 대비할 수 있는 구조와 성능이 확보되어야 한다.

112. ○

113 기계환기설비에서 발생하는 소음의 측정은 한국산업표준에 따르는 것을 원칙으로 한다. 측정위치는 대표길이 1m(수직 또는 수평 하단)에서 측정하여 소음이 40dB 이하가 되어야 하며, 암소음(측정대상인 소음 외에 주변에 존재하는 소음을 말한다)은 보정하여야 한다. 다만, 환기설비 본체(소음원)가 거주공간 외부에 설치될 경우에는 대표길이 1m(수직 또는 수평 하단)에서 측정하여 50dB 이하가 되거나, 거주공간 내부의 중앙부 바닥으로부터 1.0~1.2m 높이에서 측정하여 40dB 이하가 되어야 한다.

113. ○

| 114 | 자연환기설비의 공기여과기는 한국산업표준(KS B 6141)에 따른 입자 포집률이 질량법으로 측정하여 60퍼센트 이상이어야 한다. | **114.** ✗
60 → 70 |

| 115 | 전기사업법령상 "전기수용설비"란 타인의 전기설비 또는 구내발전설비로부터 전기를 공급받아 구내배전설비로 전기를 공급하기 위한 전기설비로서 수전지점으로부터 배전반(구내배전설비로 전기를 배전하는 전기설비를 말한다)까지의 설비를 말한다. | **115.** ✗
전기수용설비 → 수전설비 |

| 116 | 측면 낙뢰를 방지하기 위하여 높이가 60미터를 초과하는 건축물 등에는 지면에서 건축물 높이의 5분의 4가 되는 지점부터 최상단부분까지의 측면에 수뢰부를 설치하여야 하며, 지표레벨에서 최상단부의 높이가 120미터를 초과하는 건축물은 120미터 지점부터 최상단부분까지의 측면에 수뢰부를 설치해야 한다. | **116.** ○ |

| 117 | 가스계량기와 전기계량기 및 전기개폐기와의 거리는 60cm 이상, 굴뚝(단열조치를 하지 아니한 경우만을 말한다)·전기점멸기 및 전기접속기와의 거리는 30cm 이상, 절연조치를 하지 아니한 전선과의 거리는 10cm 이상의 거리를 유지하여야 한다. | **117.** ✗
10cm 이상의 → 15cm 이상의 |

| 118 | 지상배관은 부식방지도장 후 표면색상을 황색으로 도색하고, 지하매설배관은 최고사용압력이 저압인 배관은 황색으로, 중압 이상인 배관은 붉은색으로 할 것, 다만 지상배관의 경우 건축물의 내·외벽에 노출된 것으로서 바닥(2층 이상의 건물의 경우에는 각 층의 바닥을 말한다)에서 1m의 높이에 폭 3cm의 황색띠를 2중으로 표시한 경우에는 표면색상을 황색으로 하지 아니할 수 있다. | **118.** ○ |

| 119 | 공동주택 중 아파트등·기숙사 및 숙박시설의 경우 모든 층에 자동화재탐지설비를 설치해야 하는 특정소방대상물이다. | **119.** ○ |

| 120 | 비상용승강기의 승강장은 각층의 내부와 연결될 수 있도록 하되, 그 출입구(승강로의 출입구를 제외한다)에는 60분+ 방화문 또는 60분 방화문을 설치한다. 다만, 피난층에는 60분+ 방화문 또는 60분 방화문을 설치하지 아니할 수 있다. | **120.** ○ |

| 121 | 방습층이라 함은 습한 공기가 구조체에 침투하여 결로발생의 위험이 높아지는 것을 방지하기 위해 설치하는 투습도가 24시간당 30g/㎡ 이하 또는 투습계수 0.28g/㎡·h·mmHg 이하의 투습저하을 가진 층을 말한다. | **121.** ○ |

| 122 | 30층 이상(지하층은 제외한다)이거나 지상으로부터 높이가 120미터 이상인 아파트(특급 소방안전관리대상물은 제외한다)는 1급 소방안전관리대상물이다. | **122.** ○ |

| 123 | 종합점검 대상인 작동점검의 점검은 종합점검을 받은 달부터 6개월이 되는 달에 실시한다. | 123. ○ |

124 일반적으로 히트펌프의 성적계수는 기종과 열원의 종류에 따라 다르지만, 냉방시보다 난방시가 높다. 이 때문에 열펌프의 난방이 유리하다. 124. ○

125 난방시 히트펌프의 성적계수는 응축기의 방열량을 압축기의 압축일로 나눈 값으로 계산한다. 125. ○

126 BAS (건물에너지관리시스템)이란 건축물의 쾌적한 실내환경 유지와 효율적인 에너지 관리를 위하여 에너지 사용내역을 모니터링하여 최적화된 건축물에너지 관리방안을 제공하는 계측·제어·관리·운영 등이 통합된 시스템을 말한다. 126. ×
BAS → BEMS

127 신에너지란 기존의 화석연료를 변환시켜 이용하거나 수소·산소 등의 화학 반응을 통하여 전기 또는 열을 이용하는 에너지로서 수소에너지, 연료전지, 석탄을 액화·가스화한 에너지 및 중질잔사유(重質殘査油)를 가스화한 에너지로서 대통령령으로 정하는 기준 및 범위에 해당하는 에너지, 그 밖에 석유·석탄·원자력 또는 천연가스가 아닌 에너지로서 대통령령으로 정하는 에너지를 말한다. 127. ○

128 재생에너지란 햇빛·물·지열(地熱)·강수(降水)·생물유기체 등을 포함하는 재생 가능한 에너지를 변환시켜 이용하는 에너지로서 태양에너지, 풍력, 수력, 해양에너지, 지열에너지, 생물자원을 변환시켜 이용하는 바이오에너지로서 대통령령으로 정하는 기준 및 범위에 해당하는 에너지, 폐기물에너지(비재생폐기물로부터 생산된 것은 제외한다)로서 대통령령으로 정하는 기준 및 범위에 해당하는 에너지, 그 밖에 석유·석탄·원자력 또는 천연가스가 아닌 에너지로서 대통령령으로 정하는 에너지의 어느 하나에 해당하는 것을 말한다. 128. ○

129 시설물의 안전 및 유지관리에 관한 특별법령상 건축물의 정밀안전점검은 A등급의 경우 4년에 1회 이상 실시하고, 성능평가는 등급에 관계없이 5년에 1회 이상 실시한다. 129. ○

130 어린이놀이시설의 안전교육 주기는 2년에 1회 이상으로 하고, 1회 안전교육시간은 4시간 이상으로 하며, 안전검사기관으로부터 2년에 1회 이상 정기시설검사를 받아야 한다. 130. ○

PART 01 행정관리실무

출제비율 46.0%

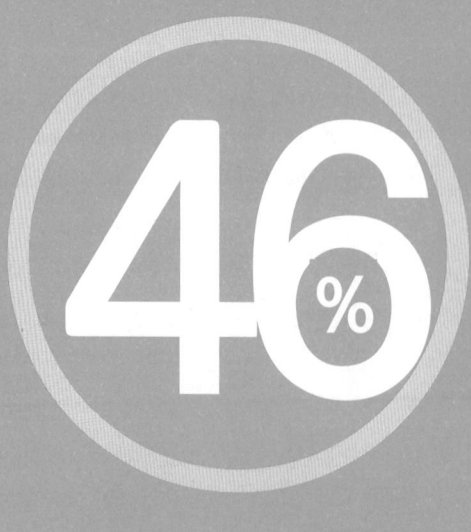

구분		제23회	제24회	제25회	제26회	제27회	계	비율(%)
행정관리실무	제1장 공동주택관리 일반론	5	5	7	7	6	30	15.0
	제2장 공동주거관리	2	2	2	2	4	12	6.0
	제3장 회계관리	2	3	2	1	2	10	5.0
	제4장 대외업무와 리모델링	0	0	0	0	0	0	0.0
	제5장 사무·인사관리	7	8	9	8	8	40	20.0
	소 계	16	18	20	18	20	92	46.0

CHAPTER 01 공동주택관리의 기초이론

학습포인트

- 이 장은 관리실무뿐만 아니라 관계법규에서도 자주 출제되고 있다.
- 의무적 관리대상의 적용대상 및 적용범위와 사업주체로부터 관리의 전환이 이루어지는 절차 및 요건 그리고 관리방식의 장·단점을 숙지하여야 하며, 입주자대표회의 구성절차 및 관리주체와 입주자대표회의와의 관계 그리고 각각의 역할과 업무범위 등을 상호 비교하여 정리해둘 필요가 있다.

CHAPTER 학습 & 출제되는 키워드

- ☑ 주택의 개념
- ☑ 주택임대관리업
- ☑ 공동주택관리의 관련 법령
- ☑ 입주자대표회의
- ☑ 관리주체의 업무 및 의무
- ☑ 주택관리사 등
- ☑ 자치관리
- ☑ 혼합주택단지관리

- ☑ 준주택
- ☑ 관리제도의 기본방향 및 성격
- ☑ 공동주택관리의 목표
- ☑ 관리사무소의 조직
- ☑ 관리현황의 공개
- ☑ 공동주택의 관리기구
- ☑ 위탁관리
- ☑ 임대주택의 관리

- ☑ 도시형 생활주택
- ☑ 공동주택관리제도
- ☑ 관리조직의 구성절차

- ☑ 관리비예치금
- ☑ 사업주체의 관리
- ☑ 주택관리업

CHAPTER 학습 & 출제되는 질문

- ☑ 다음 중 공동주택관리법령상의 의무관리대상 공동주택에 해당하는 것을 모두 고른 것은?
- ☑ 공동주택관리법령상 입주자대표회의의 권한 및 의결사항에 관한 설명으로 옳은 것은?
- ☑ 공동주택관리법령상 관리주체의 업무 및 의무에 관한 설명으로 옳지 않은 것은?
- ☑ 공동주택관리법령상 다음의 경력을 갖춘 주택관리사보 중 주택관리사 자격증을 교부받을 수 있는 경우를 모두 고른 것은?
- ☑ 공동주택관리법령상 시장·군수·구청장이 주택관리업자의 등록을 반드시 말소하여야 하는 것으로만 짝지어진 것은?

제1장 공동주택관리의 기초이론

단원 단답형 문제

01 다음은 용도별 주택의 종류 중 기숙사에 관한 설명이다. (   )에 알맞은 숫자를 넣으시오.

> • 임대형기숙사: 「공공주택 특별법」제4조에 따른 공공주택사업자 또는 「민간임대주택에 관한 특별법」제2조제7호에 따른 임대사업자가 임대사업에 사용하는 것으로서 임대 목적으로 제공하는 실이 (   )실 이상이고 해당 기숙사의 공동취사시설 이용 세대 수가 전체 세대 수의 (   )퍼센트 이상인 것
> • 일반기숙사: 학교 또는 공장 등의 학생 또는 종업원 등을 위하여 사용하는 것으로서 해당 기숙사의 공동취사시설 이용 세대 수가 전체 세대 수(건축물의 일부를 기숙사로 사용하는 경우에는 기숙사로 사용하는 세대 수로 한다)의 (   )퍼센트 이상인 것(「교육기본법」제27조제2항에 따른 학생복지주택을 포함한다)

02 주택법령상 준주택의 종류이다. (   )에 들어갈 내용을 쓰시오.

> 1. (   )   2. 다중생활시설
> 3. 노인복지시설 중 노인복지주택   4. 오피스텔

23회 출제

03 공동주택관리법령상 입주자등이 공동주택의 관리방법을 결정하는 방법 중의 하나에 관한 내용이다. (   )에 들어갈 숫자를 쓰시오.

> 전체 입주자등의 10분의 (   ) 이상이 제안하고 전체 입주자등의 과반수가 찬성

해설 ▶ 공동주택의 관리방법 결정
공동주택관리법령상 관리주체 선정은 전체 입주자등의 10분의 1 이상이 제안하고 전체 입주자등의 과반수가 찬성하는 방법으로 한다

정답   01. 20, 50, 50   02. 기숙사   03. 1

제1편 공동주택사무관리

04 공동주택관리법령상 관리주체가 주민공동시설을 위탁하기 위한 절차에 관한 내용이다. ( )에 들어갈 용어를 쓰시오. `27회 출제`

> ○ 「주택법」 제15조에 따른 사업계획승인을 받아 건설한 건설임대주택의 경우에는 다음 어느 하나에 해당하는 방법으로 제안하고 임차인 과반수의 동의를 받아야 한다.
> 가. (ㄱ)의 요청
> 나. 임차인 10분의 1 이상의 요청

05 공동주택관리법상 관리사무소장으로 배치받은 주택관리사등의 교육에 관한 내용이다. ( )에 들어갈 용어를 쓰시오. `26회 출제`

> 관리사무소장으로 배치받은 주택관리사등은 국토교통부령으로 정하는 바에 따라 관리사무소장으로 배치된 날부터 3개월 이내에 공동주택관리에 관한 교육과 (ㄱ) 교육을 받아야 한다.

06 공동주택관리법령상 입주자대표회의의 주택관리업자 선정 방법에 관한 규정이다. ( )에 들어갈 용어와 숫자를 순서대로 각각 쓰시오. (단, 숫자는 분수로 쓸 것) `19회 개작`

> 의무관리대상 공동주택의 입주자등이 공동주택을 위탁관리할 것을 정한 경우에는 입주자대표회의는 다음 각 호의 기준에 따라 주택관리업자를 선정하여야 한다.
> 1. 생 략
> 1의2. 다음 각 목의 구분에 따른 사항에 대하여 전체 입주자등의 (   )의 동의를 얻을 것
>   가. 경쟁입찰: 입찰의 종류 및 방법, 낙찰방법, 참가자격 제한 등 입찰과 관련한 중요사항
>   나. 수의계약: 계약상대자 선정, 계약 조건 등 계약과 관련한 중요사항
> 2. 그 밖에 입찰의 방법 등 대통령령으로 정하는 방식을 따를 것

정답 04. 임대사업자   05. ㄱ: 윤리   06. 과반수

07

다음은 주택관리업자에 대한 부당간섭 배제 등의 규정이다. (　)에 들어갈 용어를 쓰시오.

> (　) 및 (　)은 공동주택관리법 제65조 제1항(관리사무소장의 업무에 대한 부당간섭) 또는 제65조의2 제3항(경비원 등 근로자에 대한 부당한 지시나 명령)의 행위를 할 목적으로 주택관리업자에게 관리사무소장 및 소속 근로자에 대한 해고, 징계 등 불이익 조치를 요구하여서는 아니 된다.

해설 주택관리업자에 대한 부당간섭 배제 등(법 제65조의3 신설)

입주자대표회의 및 입주민 등으로부터 갑을관계를 이용한 위력행사에 의한 부당간섭 혹은 법령을 위반한 업무 지시 등이 계속해서 벌어지고 있는 실정인 바, 부당한 간섭을 금지하기 위하여 입주자대표회의와 입주자등으로부터 발생하는 관리사무소장의 업무에 대한 부당한 간섭과 업무방해 등 금지행위 유형을 구체화하고, 입주자대표회의가 관리사무소장 및 근로자에게 부당한 간섭을 할 목적으로 주택관리업자에게 인사권을 이용할 것을 요구할 수 없도록 함.

08

공동주택관리법령상 (　)에 들어갈 내용을 순서대로 각각 쓰시오. **16회 개작**

> 「공동주택관리법 시행령」 [별표]에 의거한 주택관리사등의 공동주택관리법령 위반행위에 대한 행정처분기준은 다음과 같다.
> - 공동주택관리의 효율화와 입주자 및 사용자의 보호를 위해 대통령령으로 정하는 업무에 관한 사항에 대한 자료제출명령을 이행하지 아니한 경우의 2차 행정처분기준 : (　)
> - 고의로 주택을 잘못 관리하여 입주자 및 사용자에게 재산상의 손해를 입힌 경우의 2차 행정처분기준 : (　)

해설 주택관리사등에 대한 행정처분기준

위반행위	해당 법조문	행정처분기준		
		1차	2차	3차
고의 또는 중대한 과실로 주택을 잘못 관리하여 입주자 및 사용자에게 재산상의 손해를 입힌 경우	법 제69조 제1항 제5호			
1) 고의로 주택을 잘못 관리하여 입주자 및 사용자에게 재산상의 손해를 입힌 경우		자격정지 6개월	자격정지 1년	
2) 중대한 과실로 주택을 잘못 관리하여 입주자 및 사용자에게 재산상의 손해를 입힌 경우		자격정지 3개월	자격정지 6개월	자격정지 6개월
법 제93조 제1항에 따른 보고, 자료의 제출, 조사 또는 검사를 거부·방해 또는 기피하거나 거짓으로 보고를 한 경우	법 제69조 제1항 제8호			
1) 조사 또는 검사를 거부·방해 또는 기피하거나 거짓으로 보고를 한 경우		경고	자격정지 2개월	자격정지 3개월
2) 보고 또는 자료제출 등의 명령을 이행하지 아니한 경우		경고	자격정지 1개월	자격정지 2개월

정답 07. 입주자대표회의, 입주자등　　08. 자격정지 1개월, 자격정지 1년

09 사업계획의 승인을 받아 건설하는 신축, 리모델링 세대구분형 공동주택의 기준에 관한 사항이다. ( )에 올바른 숫자를 순서대로 써 넣으시오.

> 1) 세대별로 구분된 각각의 공간마다 별도의 욕실, 부엌과 현관을 설치할 것
> 2) 하나의 세대가 통합하여 사용할 수 있도록 세대 간에 연결문 또는 경량구조의 경계벽 등을 설치할 것
> 3) 세대구분형 공동주택의 세대수가 해당 주택단지 안의 공동주택 전체 세대수의 ( )을 넘지 않을 것
> 4) 세대별로 구분된 각각의 공간의 주거전용면적(주거의 용도로만 쓰이는 면적으로서 법 제2조 제6호 후단에 따른 방법으로 산정된 것을 말한다) 합계가 해당 주택단지 전체 주거전용면적 합계의 ( )을 넘지 않는 등 국토교통부장관이 정하여 고시하는 주거전용면적의 비율에 관한 기준을 충족할 것

10 입주자대표회의와 임대사업자는 혼합주택단지의 관리에 관한 다음 사항을 공동으로 결정하여야 한다. 공동으로 결정하기 위한 입주자대표회의와 임대사업자 간의 합의가 이루어지지 아니하는 경우에는 다음에 따라 혼합주택단지의 관리에 관한 사항을 결정한다. ( )에 알맞은 숫자를 넣으시오.

> 1) 주택관리업자의 선정에 관한 사항 : 해당 혼합주택단지 공급면적의 1/2을 초과하는 면적을 관리하는 입주자대표회의 또는 임대사업자가 결정
> 2) 관리비 등을 사용하여 시행하는 각종 공사 및 용역에 관한 사항 : 해당 혼합주택단지 공급면적의 ( ) 이상을 관리하는 입주자대표회의 또는 임대사업자가 결정. 다만, 다음 각 목의 요건에 모두 해당하는 경우에는 해당 혼합주택단지 공급면적의 1/2을 초과하는 면적을 관리하는 자가 결정한다.
>   가. 해당 혼합주택단지 공급면적의 2/3 이상을 관리하는 입주자대표회의 또는 임대사업자가 없을 것
>   나. 영 제33조에 따른 시설물의 안전관리계획 수립대상 등 안전관리에 관한 사항일 것
>   다. 입주자대표회의와 임대사업자 간 ( )회의 협의에도 불구하고 합의가 이뤄지지 않을 것

정답 09. 3분의 1, 3분의 1   10. 3분의 2, 2

제1장 공동주택관리의 기초이론

11 「공동주택관리법령」상의 의무관리대상 공동주택의 회계감사에 관한 설명이다. 다음 ( )에 알맞은 낱말 또는 숫자를 넣으시오.

> 의무관리대상 공동주택의 관리주체는 대통령령으로 정하는 바에 따라 「주식회사 등의 외부감사에 관한 법률」에 따른 감사인의 회계감사를 매년 1회 이상 받아야 한다. 다만, 다음 각 호의 구분에 따른 연도에는 그러하지 아니하다.
> - 300세대 이상인 공동주택 : 해당 연도에 회계감사를 받지 아니하기로 입주자등의 ( ) 이상의 서면동의를 받은 경우 그 연도
> - 300세대 미만인 공동주택 : 해당 연도에 회계감사를 받지 아니하기로 입주자등의 ( )의 서면동의를 받은 경우 그 연도

12 공동주택관리법령상 의무관리대상 전환 공동주택의 관리방법 결정 등에 관한 규정이다. ( )에 들어갈 내용을 순서대로 각각 쓰시오.

> 의무관리대상 공동주택 전환 신고를 하려는 자는 입주자등의 동의를 받은 날부터 ( )일 이내에 관할 특별자치시장·특별자치도지사·시장·군수·구청장에게 국토교통부령으로 정하는 신고서를 제출해야 한다.

해설 ▶ 의무관리대상 공동주택 전환 등

의무관리대상 공동주택 전환 신고를 하려는 자는 입주자등의 동의(전체 입주자등의 3분의 2 이상이 서면으로 동의하는 방법을 말한다)를 받은 날부터 30일 이내에 관할 특별자치시장·특별자치도지사·시장·군수·구청장에게 국토교통부령으로 정하는 신고서를 제출해야 한다. 의무관리대상 전환 공동주택의 입주자등이 공동주택을 위탁관리할 것을 결정한 경우 입주자대표회의는 입주자대표회의의 구성 신고가 수리된 날부터 6개월 이내에 전자입찰방식 등의 기준에 따라 주택관리업자를 선정하여야 한다.

13 다음에서 정의하고 있는 공동주택관리법령상의 용어를 쓰시오. **19회 개작**

> 하나의 주택단지에서 대통령령으로 정하는 기준에 따라 둘 이상으로 구분되는 일단의 구역으로, 착공신고 및 사용검사를 별도로 수행할 수 있는 구역을 말한다.

해설 ▶ 공구

하나의 주택단지에서 대통령령으로 정하는 기준에 따라 둘 이상으로 구분되는 일단의 구역으로, 착공신고 및 사용검사를 별도로 수행할 수 있는 구역을 말한다.

정답 11. 3분의 2, 과반수 12. 30 13. 공구

14
공동주택관리법령상 주택관리업자의 관리상 의무에 관한 내용이다. (　)에 들어갈 숫자를 쓰시오.　**22회 출제**

> 주택관리업자는 관리하는 공동주택에 배치된 주택관리사등이 해임 그 밖의 사유로 결원이 된 때에는 그 사유가 발생한 날로부터 (　)일 이내에 새로운 주택관리사등을 배치하여야 한다.

15
주택법 제2조의 정의규정이다. 다음 (　)에 알맞은 용어를 넣으시오.

> (　)이란 공동주택의 주택 내부 공간의 일부를 세대별로 구분하여 생활이 가능한 구조로 하되, 그 구분된 공간의 일부를 구분소유 할 수 없는 주택으로서 대통령령으로 정하는 건설기준, 설치기준, 면적기준 등에 적합한 주택을 말한다.

16
다음 (　)에 알맞은 주택법령상의 용어를 써넣으시오.

> (　)이란 저에너지 건물 조성기술 등 대통령령으로 정하는 기술을 이용하여 에너지 사용량을 절감하거나 이산화탄소 배출량을 저감할 수 있도록 건설된 주택을 말한다.

17
공동주택관리법령상 사업주체의 어린이집 등의 임대계약 체결에 관한 내용이다. (　)에 들어갈 용어를 쓰시오.　**25회 출제**

> 시행령 제29조의3(사업주체의 어린이집 등의 임대계약 체결)
> ① 시장·군수·구청장은 입주자대표회의가 구성되기 전에 다음 각 호의 주민공동시설의 임대계약체결이 필요하다고 인정하는 경우에는 사업주체로 하여금 입주예정자 과반수의 서면 동의를 받아 해당 시설의 임대계약을 체결하도록 할 수 있다.
> 　1. 「영유아보육법」 제10조에 따른 어린이집
> 　2. 「아동복지법」 제44조의2에 따른 다함께돌봄센터
> 　3. 「아이돌봄 지원법」 제19조에 따른 (ㄱ)

정답　14. 15　15. 세대구분형 공동주택　16. 에너지절약형 친환경주택　17. 공동육아나눔터

제1장 공동주택관리의 기초이론

18 다음에서 설명하고 있는 공동주택관리법령상의 용어를 쓰시오. `15회 개작`

> 국토교통부장관은 공동주택 관리비리와 관련된 불법행위 신고의 접수·처리 등에 관한 업무를 효율적으로 수행하기 위하여 ( )를(을) 설치·운영할 수 있다.

19 공동주택관리법령상 주택관리사 자격증의 교부 등에 관한 내용이다. ( )에 들어갈 숫자를 순서대로 각각 쓰시오. `18회 개작`

> 「공동주택관리법」 제67조 제2항 제2호에 따라 시·도지사는 주택관리사보 자격시험에 합격하기 전이나 합격한 후 다음 각 호의 어느 하나에 해당하는 경력을 갖춘 자에 대하여 주택관리사 자격증을 발급한다.
> • 주택관리사단체와 국토교통부장관이 정하여 고시하는 공동주택관리와 관련된 단체의 임직원으로 주택 관련 업무에 종사한 경력 ( )년 이상

해설 ▶ 주택관리사 자격증의 교부 등
㉠ 주택관리업자의 직원으로 주택관리업무에 종사한 경력 5년 이상 또는 ㉡ 공무원으로 주택관련 지도·감독 및 인·허가 업무 등에 종사한 경력 5년 이상을 갖춘 자에게 주택관리사 자격증을 발급한다.

20 공동주택관리법상 다른 법률과의 관계에 관한 내용이다. ( )에 들어갈 용어를 쓰시오. `25회 출제`

> 제4조(다른 법률과의 관계)
> ① 공동주택의 관리에 관하여 이 법에서 정하지 아니한 사항에 대하여는 「(ㄱ)」(을)를 적용한다.
> ② 임대주택의 관리에 관하여 「민간임대주택에 관한 특별법」 또는 「(ㄴ)」에서 정하지 아니한 사항에 대하여는 이 법을 적용한다.

정답 18. 공동주택 관리비리 신고센터 19. 5 20. 주택법, 공공주택특별법

21
민간임대주택에 관한 특별법령상 임대주택관리에 관한 규정이다. ( )에 알맞은 용어를 순서대로 쓰시오.

> 임대사업자는 입주예정자의 과반수가 입주한 때에는 과반수가 입주한 날부터 ( )일 이내에 입주현황과 임차인대표회의를 구성할 수 있다는 사실 또는 구성하여야 한다는 사실을 입주한 임차인에게 통지하여야 한다.
> 다만, 임대사업자가 본문에 따른 통지를 하지 아니하는 경우 ( )가(이) 임차인대표회의를 구성하도록 임차인에게 통지할 수 있다.

해설 ▶ 임차인대표회의 구성시기

임대사업자는 입주예정자의 과반수가 입주한 때에는 과반수가 입주한 날부터 30일 이내에 입주현황과 임차인대표회의를 구성할 수 있다는 사실 또는 구성하여야 한다는 사실을 입주한 임차인에게 통지하여야 한다. 다만, 임대사업자가 본문에 따른 통지를 하지 아니하는 경우 시장·군수·구청장이 임차인대표회의를 구성하도록 임차인에게 통지할 수 있다.

22
공동주택관리법령상 주택관리업의 등록기준에 관한 내용이다. ( )에 들어갈 용어를 쓰시오.

[별표 5]

주택관리업의 등록기준(영 제65조 제4항 관련)

구 분		등록기준
1. 자본금		( )억원 이상
2. 기술인력	가. 전기분야 기술자	( )기사 이상의 기술자 1명 이상
	나. 연료사용기기 취급 관련 기술자	에너지관리산업기사 이상의 기술자 또는 에너지관리기능사 1명 이상
	다. 고압가스 관련 기술자	가스기능사 이상의 자격을 가진 사람 1명 이상
	라. 위험물취급 관련 기술자	위험물관리기능사 이상의 기술자 1명 이상
3. 주택관리사		주택관리사 1명 이상
4. 시설·장비		가. 5마력 이상의 양수기 1대 이상 나. 절연저항계(누전측정기를 말한다) 1대 이상 다. 사무실

[비고]
1) "자본금"이란 법인인 경우에는 주택관리업을 영위하기 위한 출자금을 말한다.
2) 주택관리사와 기술자격(「국가기술자격법 시행령」 별표 중 해당 분야의 것을 말한다)은 각각 상시 근무하는 사람으로 하며, 「국가기술자격법」에 따라 그 자격이 정지된 사람과 「건설기술 진흥법」에 따라 업무정지처분을 받은 기술자는 제외한다.
3) 사무실은 「건축법」 및 그 밖의 법령에 적합한 건물이어야 한다.

정답 21. 30, 시장·군수·구청장 22. 2, 전기산업

23
주택법령상 용어에 관한 내용이다. ( )에 들어갈 용어를 쓰시오.

"( )"(이)란 구조적으로 오랫동안 유지·관리될 수 있는 내구성을 갖추고, 입주자의 필요에 따라 내부 구조를 쉽게 변경할 수 있는 가변성과 수리 용이성 등이 우수한 주택을 말한다.

24
민간임대주택에 관한 특별법령상 주택임대관리업의 등록에 관한 내용이다. ( )에 들어갈 아라비아 숫자를 쓰시오. **26회 출제**

다음 각 호의 구분에 따른 규모 이상으로 주택임대관리업을 하려는 자는 시장·군수·구청자에게 등록하여야 한다.
1. 자기관리형 주택임대관리업의 경우
   가. 단독주택: (ㄱ)호
   나. 공동주택: (ㄱ)세대
2. 위탁관리형 주택임대관리업의 경우
   가. 단독주택: (ㄴ)호
   나. 공동주택: (ㄴ)세대

25
공동주택관리법령상 관리방법의 결정, 통지 및 신고에 관한 내용이다. ( )에 들어갈 용어를 쓰시오.

시장·군수·구청장은 입주자대표회의 회장에게서 공동주택 관리방법 결정 신고를 받은 날부터 ( )일 이내에 신고수리 여부를 신고인에게 통지하여야 한다.

26
공동주택관리법령상 인계·인수서에 관한 내용이다. ( )에 들어갈 용어를 쓰시오.

사업주체는 법 제13조 제1항에 따라 공동주택의 관리업무를 해당 관리주체에 인계할 때에는 입주자대표회의의 회장 및 1명 이상의 ( )의 참관하에 인계자와 인수자가 인계·인수서에 각각 서명·날인하여 다음 각 호의 서류를 인계하여야 한다.
1. 설계도서, 장비의 명세, ( ) 및 법 제32조에 따른 안전관리계획
2. 관리비·사용료·이용료의 부과·징수현황 및 이에 관한 회계서류
3. 장기수선충당금의 적립현황
4. 법 제24조 제1항에 따른 관리비예치금의 명세
5. 법 제36조 제2항 제1호에 따라 세대 전유부분을 입주자에게 인도한 날의 현황
6. 관리규약과 그 밖에 공동주택의 관리업무에 필요한 사항

정답 23. 장수명주택 24. ㄱ: 100, ㄴ: 300 25. 7 26. 감사, 장기수선계획

27

공동주택관리법령상 주택관리업자의 등록말소 등에 대한 설명이다. 다음 (   )를 채우시오.

> 시장·군수·구청장은 주택관리업자가 다음 각 호의 어느 하나에 해당하면 그 등록을 말소하거나 1년 이내의 기간을 정하여 영업의 전부 또는 일부의 정지를 명할 수 있다. 다만, 제1호, 제2호 또는 제9호에 해당하는 경우에는 그 등록을 말소하여야 하고, 제7호 또는 제8호에 해당하는 경우에는 1년 이내의 기간을 정하여 영업의 전부 또는 일부의 정지를 명하여야 한다.
> 1. 거짓이나 그 밖의 부정한 방법으로 등록을 한 경우
> 2. 영업정지기간 중에 주택관리업을 영위한 경우 또는 최근 (   )년간 2회 이상의 영업정지처분을 받은 자로서 그 정지처분을 받은 기간이 합산하여 12개월을 초과한 경우
> 3. 고의 또는 과실로 공동주택을 잘못 관리하여 소유자 및 사용자에게 재산상의 손해를 입힌 경우
> 4. 공동주택 관리 실적이 매년 12월 31일을 기준으로 최근 (   )년간 공동주택의 관리 실적이 없는 경우
> 5. 제52조 제3항에 따른 등록요건에 미달하게 된 경우
> 6. 제52조 제4항에 따른 관리방법 및 업무내용 등을 위반하여 공동주택을 관리한 경우
> 7. 제90조 제2항을 위반하여 부정하게 재물 또는 재산상의 이익을 취득하거나 제공한 경우
> 8. 제90조 제3항을 위반하여 관리비·사용료와 장기수선충당금을 이 법에 따른 용도 외의 목적으로 사용한 경우
> 9. 제90조 제4항을 위반하여 다른 자에게 자기의 성명 또는 상호를 사용하여 이 법에서 정한 사업이나 업무를 수행하게 하거나 그 등록증을 대여한 경우
> 10. 제93조 제1항에 따른 보고, 자료의 제출, 조사 또는 검사를 거부·방해 또는 기피하거나 거짓으로 보고를 한 경우
> 11. 제93조 제3항·제4항에 따른 감사를 거부·방해 또는 기피한 경우

28

공동주택관리법령상 주택관리업자에 대한 과징금의 부과 및 납부에 관한 내용이다. (   )에 들어갈 숫자를 순서대로 각각 쓰시오.

> 1. 법 제53조 제2항에 따른 과징금은 영업정지기간 1일당 (   )만원을 부과하되, 영업정지 1개월은 30일을 기준으로 한다. 이 경우 과징금은 2천만원을 초과할 수 없다.
> 2. 통지를 받은 자는 통지를 받은 날부터 (   )일 이내에 과징금을 시장·군수·구청장이 정하는 수납기관에 납부해야 한다.

정답   27. 3   28. 3, 30

29
공동주택관리법령상 설계도서의 보관에 관한 내용이다. (   )에 들어갈 용어를 쓰시오.

> 의무관리대상 공동주택의 관리주체는 영 제32조 제2항에 따라 공용부분 시설물의 교체, 유지보수 및 하자보수 등을 한 경우에는 다음 각 호의 서류를 (   )에 등록하여야 한다.
> 1. 이력 명세
> 2. 공사 전·후의 평면도 및 단면도 등 주요 도면
> 3. 주요 공사 사진

30
공동주택관리법령상 관리주체의 업무에 관한 내용이다. (   )에 들어갈 용어를 쓰시오.

> 관리주체는 다음 각 호의 업무를 수행한다. 이 경우 관리주체는 필요한 범위에서 공동주택의 공용부분을 사용할 수 있다.
> ① 공동주택의 (   )부분의 유지·보수 및 안전관리
> ② 공동주택단지 안의 경비·청소·소독 및 쓰레기 수거
> ③ 관리비 및 사용료의 징수와 공과금 등의 납부대행
> ④ 장기수선충당금의 징수·적립 및 관리
> ⑤ 관리규약으로 정한 사항의 집행
> ⑥ 입주자대표회의에서 의결한 사항의 집행
> ⑦ 그 밖에 국토교통부령으로 정하는 사항
>   1. 공동주택관리업무의 공개·홍보 및 공동시설물의 사용방법에 관한 지도·계몽
>   2. 입주자등의 공동사용에 제공되고 있는 공동주택단지 안의 토지, 부대시설 및 복리시설에 대한 무단 점유행위의 방지 및 위반행위시의 조치
>   3. 공동주택단지 안에서 발생한 안전사고 및 도난사고 등에 대한 대응조치
>   4. 법 제37조 제1항 제3호에 따른 하자보수청구 등의 대행

31
공동주택관리법령상 관리방법결정 방법에 관한 내용이다. (   )를 채우시오.

> 입주자등이 공동주택의 관리방법을 정하거나 변경하는 경우에는 다음 각 호의 어느 하나에 해당하는 방법으로 한다.
> 1. 입주자대표회의의 의결로 제안하고 전체 입주자등의 과반수가 찬성
> 2. 전체 입주자등의 (   ) 이상이 제안하고 전체 입주자등의 (   )가 찬성

정답 29. 공동주택관리정보시스템   30. 공용   31. 10분의 1, 과반수

32

공동주택관리법령상 주택관리사 자격증의 발급 등에 관한 내용이다. ( )에 들어갈 숫자를 순서대로 쓰시오.

> 법 제67조 제2항 제2호에 따라 특별시장·광역시장·특별자치시장·도지사 또는 특별자치도지사는 주택관리사보 자격시험에 합격하기 전이나 합격한 후 다음 각 호의 어느 하나에 해당하는 경력을 갖춘 자에 대하여 주택관리사 자격증을 발급한다.
> 1. 「주택법」 제15조 제1항에 따른 사업계획승인을 받아 건설한 ( )세대 이상 ( )세대 미만의 공동주택(「건축법」 제11조에 따른 건축허가를 받아 주택과 주택 외의 시설을 동일 건축물로 건축한 건축물 중 주택이 50세대 이상 300세대 미만인 건축물을 포함한다)의 관리사무소장으로 근무한 경력 ( )년 이상
> 2. 「주택법」 제15조 제1항에 따른 사업계획승인을 받아 건설한 ( )세대 이상의 공동주택(「건축법」 제11조에 따른 건축허가를 받아 주택과 주택 외의 시설을 동일 건축물로 건축한 건축물 중 주택이 50세대 이상 300세대 미만인 건축물을 포함한다)의 관리사무소의 직원[경비원, 청소원 및 ( )은 제외한다] 또는 주택관리업자의 임직원으로 주택관리업무에 종사한 경력 ( )년 이상
> 3. 한국토지주택공사 또는 지방공사의 직원으로 주택관리업무에 종사한 경력 5년 이상
> 4. 공무원으로 주택관련 지도·감독 및 인·허가업무 등에 종사한 경력 5년 이상
> 5. 법 제81조 제1항에 따른 주택관리사단체와 국토교통부장관이 정하여 고시하는 공동주택관리와 관련된 단체의 임직원으로 주택 관련 업무에 종사한 경력 5년 이상
> 6. 제1호부터 제5호까지의 경력을 합산한 기간 5년 이상

정답 **32.** 50, 500, 3, 50, 소독원, 5

33

주택법령상 공구에 관한 내용이다. ( )에 들어갈 내용을 순서대로 쓰시오.

> "공구"란 하나의 주택단지에서 대통령령으로 정하는 기준에 따라 둘 이상으로 구분되는 일단의 구역으로, 착공신고 및 사용검사를 별도로 수행할 수 있는 구역을 말한다.
> 1. 다음 각 목의 어느 하나에 해당하는 시설을 설치하거나 공간을 조성하여 ( )m 이상의 너비로 공구 간 경계를 설정할 것
>   가. 「주택건설기준 등에 관한 규정」 제26조에 따른 주택단지 안의 도로
>   나. 주택단지 안의 지상에 설치되는 부설주차장
>   다. 주택단지 안의 옹벽 또는 축대
>   라. 식재·조경이 된 녹지
>   마. 그 밖에 어린이놀이터 등 부대시설이나 복리시설로서 사업계획 승인권자가 적합하다고 인정하는 시설
> 2. 공구별 세대수는 ( )세대 이상으로 할 것

34

공동주택관리법령상 과태료에 대한 설명이다. 다음의 자에 대한 과태료 금액의 최고한도액을 쓰시오.

> 하자보수보증금을 이 법에 따른 용도 외의 목적으로 사용한 자

35

공동주택관리법령상 주택관리사 등의 행정처분에 대한 설명이다. 다음 ( )에 순서대로 채우시오.

위반행위	근거 법조문	행정처분기준		
		1차 위반	2차 위반	3차 위반
아. 법 제93조 제1항에 따른 보고, 자료의 제출, 조사 또는 검사를 거부·방해 또는 기피하거나 거짓으로 보고를 한 경우	법 제69조 제1항 제8호			
1) 조사 또는 검사를 거부·방해 또는 기피하거나 거짓으로 보고를 한 경우		경고	자격정지 ( )개월	자격정지 3개월
2) 보고 또는 자료제출 등의 명령을 이행하지 않은 경우		경고	자격정지 ( )개월	자격정지 2개월
자. 법 제93조 제3항·제4항에 따른 감사를 거부·방해 또는 기피한 경우	법 제69조 제1항 제9호	경고	자격정지 ( )개월	자격정지 3개월

정답　33. 6, 300　34. 2천만원　35. 2, 1, 2

36

공동주택관리법령상 주택관리사등에 대한 행정처분기준 중 개별기준에 관한 규정의 일부이다. ㄴ에 들어갈 내용으로 옳은 것은?

20회 개작

위반행위	행정처분기준		
	1차 위반	2차 위반	3차 위반
중대한 과실로 공동주택을 잘못 관리하여 소유자 및 사용자에게 재산상의 손해를 입힌 경우	ㄱ	ㄴ	ㄷ

37

공동주택관리법령상 공동관리의 경우 서면동의에 관한 내용이다. ( )에 들어갈 숫자를 쓰시오.

> 단지별로 입주자등 과반수의 서면동의를 받아야 한다. 다만, 시장·군수·구청장이 지하도, 육교, 횡단보도, 그 밖의 이와 유사한 시설의 설치를 통하여 단지간 보행자 통행의 편리성 및 안전성이 확보되었다고 인정하는 경우에는 단지별로 입주자등 ( ) 이상의 서면동의를 받아야 한다.

38

공동주택관리법령상 협회에 관한 내용이다. ( )에 들어갈 숫자를 쓰시오.

> 책임준비금의 적립비율 : 공제료 수입액의 100분의 ( ) 이상. 이 경우 공제사고 발생률 및 공제금 지급액 등을 종합적으로 고려하여 정한다.

39

공동주택관리법상 공동관리와 구분관리에 관한 내용이다. ( )에 들어갈 숫자를 쓰시오.

22회 출제

> 입주자대표회의는 해당 공동주택의 관리에 필요하다고 인정하는 경우에는 국토교통부령으로 정하는 바에 따라 인접한 공동주택단지(임대주택단지를 포함한다)와 공동으로 관리하거나 ( )세대 이상의 단위로 나누어 관리하게 할 수 있다.

정답 36. 자격정지 6개월 37. 3분의 2 38. 10 39. 500

40
공동주택관리법령상 관리주체의 공개 의무에 관한 내용이다. (   )에 들어갈 아라비아 숫자를 쓰시오.

26회 출제

> 공동주택의 입주자등, 관리주체, 입주자대표회의나 그 구성원이 「공동주택관리법」을 위반하여 지방자치단체의 장이 공사의 중지, 원상복구 또는 그 밖에 필요한 조치를 명하는 경우, 지방자치단체의 장은 그 내용을 해당 공동주택의 입주자대표회의 및 관리주체에게도 통보하여야 한다.
> 통보를 받은 관리주체는 통보를 받은 날부터 (ㄱ)일 이내에 그 내용을 공동주택단지의 인터넷 홈페이지 및 동별 게시판에 (ㄴ)일 이상 공개해야 한다.

41
민간임대주택에 관한 특별법령상 임대주택분쟁조정위원회의 구성에 관한 내용이다. (   )안에 들어갈 용어와 숫자를 순서대로 나열한 것은?

19회 개작

> • 임대주택분쟁조정위원회의 구성은 (   )가(이) 한다.
> • 임대주택분쟁조정위원회는 위원장 1명을 포함하여 (   )명 이내로 구성한다.

해설 임대주택분쟁조정위원회
1) 임대주택분쟁조정위원회의 구성은 시장·군수·구청장이 한다.
2) 임대주택분쟁조정위원회는 위원장 1명을 포함하여 10명 이내로 구성한다.

정답 40. ㄱ: 10, ㄴ: 7   41. 시장·군수·구청장, 10

42

공동주택관리법령상 지방분쟁조정위원회의 위원구성에 관한 내용이다. ( )에 들어갈 숫자를 순서대로 각각 쓰시오.

> (1) 법 제80조 제3항에 따라 지방 공동주택관리 분쟁조정위원회(이하 "지방분쟁조정위원회"라 한다)는 위원장 1명을 포함하여 (   )명 이내의 위원으로 구성하되, 성별을 고려하여야 한다.
> (2) 지방분쟁조정위원회의 위원은 다음 각 호의 어느 하나에 해당하는 사람 중에서 해당 시장·군수·구청장이 위촉하거나 임명한다.
> ① 해당 시·군 또는 구(자치구를 말한다) 소속 공무원
> ② 법학·경제학·부동산학 등 주택분야와 관련된 학문을 전공한 사람으로 대학이나 공인된 연구기관에서 조교수 이상 또는 이에 상당하는 직(職)에 있거나 있었던 사람
> ③ 변호사·공인회계사·세무사·건축사·공인노무사의 자격이 있는 사람 또는 판사·검사
> ④ 공동주택 관리사무소장으로 (   )년 이상 근무한 경력이 있는 주택관리사
> ⑤ 그 밖에 공동주택관리 분야에 대한 학식과 경험을 갖춘 사람
> (3) 지방분쟁조정위원회의 위원장은 위원 중에서 해당 지방자치단체의 장이 지명하는 사람이 된다.
> (4) 공무원이 아닌 위원의 임기는 (   )년으로 한다. 다만, 보궐위원의 임기는 전임자의 남은 임기로 한다.

정답 42. 10, 5, 2

제1장 공동주택관리의 기초이론

응용 출제예상문제

01 건축법령상 다음의 요건을 모두 충족하는 주택은?

> - 학생 또는 직장인 등 여러 사람이 장기간 거주할 수 있는 구조로 되어 있는 것
> - 독립된 주거의 형태를 갖추지 않은 것(각 실별로 욕실은 설치할 수 있으나, 취사시설은 설치하지 않은 것을 말한다)
> - 1개동의 주택으로 쓰이는 바닥면적(부설 주차장 면적은 제외한다)의 합계가 660㎡ 이하이고 주택으로 쓰는 층수(지하층은 제외한다)가 3개 층 이하일 것.
> - 적정한 주거환경을 조성하기 위하여 건축조례로 정하는 실별 최소 면적, 창문의 설치 및 크기 등의 기준에 적합할 것

① 다중주택 ② 다가구주택 ③ 다세대주택
④ 연립주택 ⑤ 일반기숙사

해설 주택의 종류
학생 또는 직장인 등 다수인이 장기간 거주할 수 있는 구조로 되어 있으며, 독립된 주거의 형태가 아니며, 1개 동의 주택으로 쓰이는 바닥면적의 합계가 660㎡ 이하이고 주택으로 쓰는 층수(지하층은 제외)가 3개 층 이하일 것은 다중주택이다.

02 주택법령상의 용어로 옳지 <u>않은</u> 것은? **16회 개작**

① "준주택"이란 주택인 건축물과 그 부속토지로서 주거시설로 이용가능한 시설 등을 말한다.
② "세대구분형 공동주택"이란 공동주택의 주택 내부 공간의 일부를 세대별로 구분하여 생활이 가능한 구조로 하되, 그 구분된 공간의 일부를 구분소유할 수 없는 주택으로서 대통령령으로 정하는 건설기준, 설치기준, 면적기준 등에 적합한 주택을 말한다.
③ "토지임대부 분양주택"이란 토지의 소유권은 사업계획의 승인을 받아 토지임대부 분양주택 건설사업을 시행하는 자가 가지고, 건축물 및 복리시설 등에 대한 소유권(건축물의 전유부분에 대한 구분소유권은 이를 분양받은 자가 가지고, 건축물의 공용부분·부속건물 및 복리시설은 분양받은 자들이 공유한다)은 주택을 분양받은 자가 가지는 주택을 말한다.
④ "도시형 생활주택"이란 300세대 미만의 국민주택규모에 해당하는 주택으로서 국토의 계획 및 이용에 관한 법률에 따른 도시지역에 건설하는 단지형 연립주택, 단지형 다세대주택, 아파트형주택을 말한다.
⑤ "공구"란 하나의 주택단지에서 대통령령으로 정하는 기준에 따라 둘 이상으로 구분되는 일단의 구역으로, 착공신고 및 사용검사를 별도로 수행할 수 있는 구역을 말한다.

정답 01. ① 02. ①

해설 ▶ 준주택
① 주택 외의 건축물과 그 부속토지로서 주거시설로 이용가능한 시설 등을 말한다.

03

공동주택관리법상 용어의 정의로서 옳은 것은? **27회 출제**

① "혼합주택단지"란 분양을 목적으로 한 공동주택과 단독주택(임대주택은 제외한다)이 함께 있는 공동주택단지를 말한다.
② "입주자"란 공동주택의 소유자 또는 그 소유자를 대리하는 배우자 및 직계가족(직계비속은 제외한다)을 말한다.
③ "주택관리사등"이란 주택관리사와 주택관리법인을 말한다.
④ "사용자"란 공동주택을 임차하여 사용하는 사람(임대주택의 임차인은 제외한다) 등을 말한 다.
⑤ "임대주택"이란 「민간임대주택에 관한 특별법」에 따른 민간임대주택을 말하며, 「공동주택 특별법」에 따른 공동임대주택은 이에 포함되지 않는다.

해설 ▶ 용어의 정의
① 단독주택(임대주택은 제외한다) → 임대주택
② 직계가족(직계비속은 제외한다) → 직계존비속(直系尊卑屬)
③ 주택관리법인 → 주택관리사보
⑤ "임대주택"이란 「민간임대주택에 관한 특별법」에 따른 민간임대주택 및 「공공주택 특별법」에 따른 공공임대주택을 말한다.

정답 03. ④

04. 다음 중 도시형 생활주택에 대한 설명으로 틀린 것은?

14회 개작

① 아파트형 주택은 세대별로 독립된 주거가 가능하도록 욕실 및 부엌을 설치하여야 한다.
② 아파트형 주택은 지하층에는 세대를 설치하지 않아야 한다
③ 단지형 다세대주택은 다세대주택이며, 건축위원회의 심의를 받은 경우에는 주택으로 쓰는 층수를 5개층까지 건축할 수 있다.
④ 하나의 건축물에는 도시형 생활주택과 그 밖의 주택을 함께 건축할 수 없으며, 단지형 연립주택 또는 단지형 다세대주택과 아파트형 주택을 함께 건축할 수 없는 것이 원칙이다.
⑤ 준주거지역 또는 상업지역에서 아파트형 주택과 도시형 생활주택 외의 주택을 함께 건축할 수 없는 것이 원칙이다.

해설 ▶ 도시형 생활주택(「주택법 시행령」 제10조)

1) 법 제2조 제20호(도시형 생활주택이란 300세대 미만의 국민주택규모에 해당하는 주택으로서 대통령령으로 정하는 주택을 말한다)에서 "대통령령으로 정하는 주택"이란 「국토의 계획 및 이용에 관한 법률」 제36조 제1항 제1호에 따른 도시지역에 건설하는 다음의 주택을 말한다.
   ① 아파트형 주택 : 다음 각 목의 요건을 모두 갖춘 아파트
      ㉠ 세대별로 독립된 주거가 가능하도록 욕실 및 부엌을 설치할 것
      ㉡ 지하층에는 세대를 설치하지 않을 것
   ② 단지형 연립주택 : 연립주택. 다만, 「건축법」 제5조제2항에 따라 같은 법 제4조에 따른 건축위원회의 심의를 받은 경우에는 주택으로 쓰는 층수를 5개층까지 건축할 수 있다.
   ③ 단지형 다세대주택 : 다세대주택. 다만, 건축위원회의 심의를 받은 경우에는 주택으로 쓰는 층수를 5개층까지 건축할 수 있다.
2) 하나의 건축물에는 도시형 생활주택과 그 밖의 주택을 함께 건축할 수 없다. 다만, 다음 각 호의 어느 하나에 해당하는 경우는 예외로 한다.
   ① 도시형 생활주택과 주거전용면적이 85㎡를 초과하는 주택 1세대를 함께 건축하는 경우
   ② 준주거지역 또는 상업지역에서 아파트형 주택과 도시형 생활주택 외의 주택을 함께 건축하는 경우
3) 하나의 건축물에는 단지형 연립주택 또는 단지형 다세대주택과 아파트형 주택을 함께 건축할 수 없다.

정답 04. ⑤

05. 주택법령상 사업계획의 승인을 받아 건설하는 세대구분형 공동주택에 관한 설명으로 옳지 않은 것을 모두 고른 것은?

〔17회 개작〕

㉠ 구분된 공간의 세대수는 기존 세대를 포함하여 2세대 이하일 것
㉡ 세대별로 구분된 각각의 공간의 주거전용면적(주거의 용도로만 쓰이는 면적으로서 법 제2조 제6호 후단에 따른 방법으로 산정된 것을 말한다) 합계가 해당 주택단지 전체 주거전용면적 합계의 3분의 1을 넘지 않는 등 국토교통부장관이 정하여 고시하는 주거전용면적의 비율에 관한 기준을 충족할 것
㉢ 세대별로 구분된 각각의 공간마다 별도의 욕실, 부엌과 현관을 설치할 것
㉣ 하나의 세대가 통합하여 사용할 수 있도록 세대간에 연결문 또는 경량구조의 경계벽 등을 설치하여야 한다.
㉤ 세대구분형 공동주택의 세대수가 해당 주택단지 안의 공동주택 전체 세대수의 10분의 1과 해당 동의 전체 세대수의 3분의 1을 각각 넘지 않을 것.

① ㉠, ㉡   ② ㉠, ㉤   ③ ㉡, ㉢   ④ ㉢, ㉣   ⑤ ㉣, ㉤

해설 ▶ 세대구분형 공동주택
㉠과 ㉤은 세대구분형 공동주택의 설치시 시장·군수·구청장의 허가를 받거나 시장·군수·구청장에게 신고를 하고 설치하는 공동주택의 경우의 요건에 해당하는 사항이다.

06. 다음 중 도시형 생활주택에 대한 설명으로 틀린 것은?

〔14회 개작〕

① 아파트형주택은 세대별로 독립된 주거가 가능하도록 욕실 및 부엌을 설치해야 한다.
② 아파트형주택은 지하층에는 세대를 설치하지 아니한다.
③ 하나의 건축물에는 단지형 연립주택 또는 단지형 다세대주택과 아파트형 주택을 함께 건축할 수 없다.
④ 단지형 연립주택은 300세대 미만의 국민주택이다.
⑤ 단지형 다세대주택은 300세대 미만의 국민주택규모에 해당하는 주택으로서 다세대주택이다.

해설 ▶ 단지형 연립주택
단지형 연립주택은 300세대 미만의 국민주택규모에 해당하는 주택으로서 연립주택이다. 국민주택에 해당하지 않는다.

정답 05. ②   06. ④

07 주택법령상 시장·군수·구청장의 허가를 받거나 시장·군수·구청장에게 신고를 하고 설치하는 세대구분형 공동주택에 관한 설명으로 옳은 것은?

① 구분된 공간의 세대수는 기존 세대를 포함하여 2세대 이하이어야 한다.
② 구조, 화재, 소방 및 피난안전 등 관계 법령에서 정하는 안전 기준을 충족할 것
③ 세대구분형 공동주택의 세대수가 해당 주택단지 안의 공동주택 전체 세대수의 3분의 1과 해당 동의 전체 세대수의 3분의 1을 각각 넘지 않아야 한다.
④ ③의 경우에 시장·도지사가 부대시설의 규모 등 해당 주택단지의 여건을 고려하여 인정하는 범위에서 세대수의 기준을 넘을 수 있다.
⑤ 세대별로 구분된 각각의 공간의 주거전용면적 합계가 해당 주택단지 전체 주거전용면적 합계의 3분의 1을 넘지 않는 등 국토교통부장관이 정하여 고시하는 주거전용면적의 비율에 관한 기준을 충족하여야 한다.

해설 ▶ 세대구분형 공동주택
① 사업계획의 승인을 받아 건설하는 세대구분형 공동주택의 요건이다.
③ 세대구분형 공동주택의 세대수가 해당 주택단지 안의 공동주택 전체 세대수의 10분의 1과 해당 동의 전체 세대수의 3분의 1을 각각 넘지 않아야 한다.
④ ③의 경우에 시장·군수·구청장이 부대시설의 규모 등 해당 주택단지의 여건을 고려하여 인정하는 범위에서 세대수의 기준을 넘을 수 있다.
⑤ 사업계획의 승인을 받아 건설하는 경우의 요건이다.

08 다음 중 공동주택관리법령상의 의무관리대상 공동주택에 해당하는 것을 모두 고른 것은?

14회 개작

> ㉠ 승강기가 설치되지 않고 개별난방방식인 300세대의 공동주택
> ㉡ 개별난방방식의 승강기가 설치되지 않은 290세대인 공동주택
> ㉢ 중앙집중식 난방방식의 130세대인 공동주택
> ㉣ 개별난방방식인 100세대의 의무관리대상 전환 공동주택

① ㉠, ㉡   ② ㉠, ㉢   ③ ㉠, ㉣   ④ ㉡, ㉢   ⑤ ㉡, ㉣

해설 ▶ 의무관리대상 공동주택(영 제2조)
의무관리대상 공동주택은 다음과 같다.
1) 300세대 이상의 공동주택
2) 150세대 이상으로서 승강기가 설치된 공동주택
3) 150세대 이상으로서 중앙집중식 난방방식(지역난방방식을 포함한다)의 공동주택
4) 건축허가를 받아 주택 외의 시설과 주택을 동일건축물로 건축한 건축물로서 주택이 150세대 이상인 건축물
5) 1)부터 4)까지에 해당하지 아니하는 공동주택 중 전체 입주자등의 3분의 2 이상이 서면으로 동의하는 방법에 따라 동의하여 정하는 공동주택("의무관리대상 전환 공동주택")

정답   07. ②   08. ③

09. 공동주택관리법령상 관리사무소장 및 경비원의 업무에 관한 설명으로 옳지 않은 것은?

26회 출제

① 관리사무소장이 집행하는 업무에는 공동주택단지 안에서 발생한 도난사고에 대한 대응조치의 지휘·총괄이 포함된다.
② 관리사무소장의 업무에 대하여 입주자등이 관계 법령에 위반되는 지시를 하는 등 부당하게 간섭하는 행위를 한 경우 관리사무소장은 시장·군수·구청장에게 이를 보고하고, 사실 조사를 의뢰할 수 있다.
③ 경비원은 입주자등에게 수준 높은 근로 서비스를 제공하여야 한다.
④ 주택관리사등이 관리사무소장의 업무를 집행하면서 입주자등에게 재산상의 손해를 입힌 경우에 그 손해를 배상할 책임을 지는 것은 고의 또는 중대한 과실이 있는 경우에 한한다.
⑤ 공동주택에 경비원을 배치한 경비업자는 청소와 이에 준하는 미화의 보조 업무에 경비원을 종사하게 할 수 있다.

해설 관리사무소장의 업무
④ 주택관리사등이 관리사무소장의 업무를 집행하면서 입주자등에게 재산상의 손해를 입힌 경우에 그 손해를 배상할 책임을 지는 것은 고의 또는 과실이 있는 경우이다. 과실의 경우에 중대한 과실이 있는 경우에 한하지 않는다.

10. 다음 중 공동주택의 관리주체의 업무내용이 아닌 것은?

① 하자보수보증금의 징수
② 공동주택관리업무의 홍보 및 시설물 사용방법에 관한 지도·계몽
③ 공동주택단지 안의 질서문란행위 등을 방지하기 위한 조치의 강구
④ 관리비 및 사용료의 징수와 공과금의 납부대행
⑤ 장기수선충당금의 징수 및 적립

해설 관리주체의 업무
① 하자보수청구 등의 대행

11. 다음 중 법령 및 관리규약상의 관리주체의 업무가 아닌 것은?

① 공동주택단지 안의 경비, 청소 및 쓰레기 수거
② 공동생활 질서를 문란하게 한 자에 대한 조치
③ 관리업무의 공개, 홍보 및 공동시설물의 사용방법에 관한 지도·계몽
④ 공동주택단지 안의 전유부분에 대한 무단 점유행위의 방지 및 위반행위시의 조치
⑤ 공동주택단지 안에서 발생한 안전사고 및 도난사고 등에 대한 대응조치

정답 09. ④ 10. ① 11. ②

제1장 공동주택관리의 기초이론

해설 ▶ 관리주체의 업무
공동생활 질서를 문란하게 한 자에 대한 조치는 시·도지사가 정하는 관리규약준칙상의 관리주체의 업무이다.

12

공동주택관리법령상 의무관리대상 공동주택의 관리사무소장의 업무 등에 관한 설명으로 옳지 않은 것은?   25회 출제

① 관리사무소장은 업무의 집행에 사용하기 위해 신고한 직인을 변경할 경우 변경신고를 하여야 한다.
② 관리사무소장은 비용지출을 수반하는 건축물의 안전점검에 관한 업무에 대하여는 입주자대표회의의 의결을 거쳐 집행하여야 한다.
③ 관리사무소장은 입주자대표회의에서 의결하는 공동주택의 유지 업무와 관련하여 입주자대표회의를 대리하여 재판상의 행위를 할 수 없다.
④ 300세대의 공동주택에는 주택관리사를 갈음하여 주택관리사보를 해당 공동주택의 관리사무소장으로 배치할 수 있다.
⑤ 주택관리사는 관리사무소장의 업무를 집행하면서 고의 또는 과실로 입주자등에게 재산상의 손해를 입힌 경우에는 그 손해를 배상할 책임이 있다.

해설 ▶ 관리사무소장의 업무
③ 관리사무소장은 업무 중에서 아래의 ①의 ㉠ 및 ㉡과 관련하여 입주자대표회의를 대리하여 재판상 또는 재판 외의 행위를 할 수 있다

> ① 입주자대표회의에서 의결하는 다음의 업무
>   ㉠ 공동주택의 운영·관리·유지·보수·교체·개량
>   ㉡ ㉠의 업무를 집행하기 위한 관리비·장기수선충당금이나 그 밖의 경비의 청구·수령·지출 및 그 금액을 관리하는 업무

정답   12. ③

13

다음 중 공동주택에서 작성·보관되는 장부 및 그 열람방법에 관한 설명으로 옳지 않은 것은?

① 관리주체는 관리비·사용료의 징수·사용·보관 및 예치 등에 관한 장부 및 증빙자료를 보관하고, 관리규약이 정하는 바에 의하여 입주자등의 열람 및 자기비용 복사요구에 응하여야 한다.
② 관리주체는 관리규약을 보관하여 입주자등이 열람 및 자기비용 복사를 요구하는 때에는 관리규약이 정하는 바에 의하여 이에 응하여야 한다.
③ 입주자대표회의는 회의록을 작성하여 관리주체에게 보관하게 하고, 관리규약이 정하는 바에 의하여 입주자등의 열람 및 자기비용 복사요구에 응하여야 한다.
④ 관리주체는 장기수선충당금에 관한 장부 및 증빙자료를 보관하고, 관리규약이 정하는 바에 의하여 입주자등의 열람 및 자기비용 복사요구에 응하여야 한다.
⑤ 시·도지사가 정하는 관리규약 준칙에는 입주자대표회의 또는 관리주체가 작성·보관하여야 하는 자료의 종류 및 그 열람방법 등에 관한 사항이 포함되어야 한다.

해설 ▶ 장부의 열람방법
관리비·사용료, 장기수선충당금에 관한 장부 및 증빙자료, 입주자대표회의 회의록, 입주자 건의사항의 조치 등 추진사항 등에 관한 열람 및 복사요구는, 그 과정에서 발생할 수 있는 입주자등과 관리주체 간의 분쟁을 예방하기 위하여, 사전에 관리규약이 정하는 바에 의하도록 규정하고 있으나(법 제27조 제3항, 영 제28조 제2항 참조), 일반에게도 공개될 수 있는 관리규약의 경우에는 그러한 제한이 없다(영 제20조 제5항).

14

다음 중 공동주택단지의 인터넷 홈페이지에 공개하거나 입주자등에게 개별통지하여야 하는 관리주체의 관리현황 공개사항에 속하지 않는 것은?

① 입주자대표회의의 소집 및 그 회의에서 의결한 사항
② 관리비 등의 부과내역
③ 입주자등의 세대별 사용내역
④ 관리주체 및 관리기구의 조직에 관한 사항
⑤ 동별 대표자의 선출 및 입주자대표회의의 구성원에 관한 사항

해설 ▶ 관리주체의 업무공개사항
③ 입주자등의 세대별 사용명세 및 연체자의 동·호수 등 기본권 침해의 우려가 있는 것은 공개하지 아니한다.(영 제28조 제2항).

정답 13. ② 14. ③

15 다음 중 입주자대표회의 구성 전 사업주체의 어린이집 등 임대계약 체결에 관한 내용으로 틀린 것은?

① 시장·군수·구청장은 입주자대표회의가 구성되기 전에 어린이집의 임대계약 체결이 필요하다고 인정하는 경우 사업주체로 하여금 입주예정자 과반수의 서면 동의를 받아 해당 시설의 임대계약을 체결하도록 할 수 있다.
② 다함께돌봄센터나 공동육아나눔터도 임대계약 체결 대상에 포함된다.
③ 사업주체는 임대계약을 체결하려는 경우에 해당 공동주택단지의 인터넷 홈페이지에 관련 내용을 공고하고 입주예정자에게 개별 통지해야 한다.
④ 사업주체는 임대계약을 체결하려는 경우에는 관리규약 및 관련 법령의 규정에 따라야 한다.
⑤ 위 ① 경우 어린이집은 관리규약 중 제19조 제1항 제21호 다목(어린이집을 이용하는 입주자등 중 어린이집 임대에 동의하여야 하는 비율)의 사항을 적용한다.

해설 ▶ 관리현황의 공개
이 경우 어린이집은 관리규약 중 제19조 제1항 제21호 다목(어린이집을 이용하는 입주자등 중 어린이집 임대에 동의하여야 하는 비율)의 사항은 적용하지 않는다.

26회 출제

16 공동주택관리법상 지방자치단체의 장의 감사에 관한 설명으로 옳지 않은 것은?

① 감사 대상이 되는 업무는 입주자대표회의나 그 구성원, 관리주체, 관리사무소장 또는 선거관리위원회나 그 위원 등의 업무이다.
② 공동주택단지 내 분쟁의 조정이 필요한 경우 공동주택의 입주자등은 지방자치단체의 장에게 감사를 요청할 수 있다.
③ 공동주택의 입주자등이 감사를 요청하려면 전체 입주자등의 과반수의 동의를 받아야 한다.
④ 지방자치단체의 장은 공동주택의 입주자등의 감사 요청이 없더라도 공동주택관리의 효율화와 입주자등의 보호를 위하여 필요하다고 인정하는 경우에는 감사를 실시할 수 있다.
⑤ 지방자치단체의 장은 감사 요청이 이유가 있다고 인정하는 경우에는 감사를 실시한 후 감사를 요청한 입주자등에게 그 결과를 통보하여야 한다.

해설 ▶ 지방자치단체의 장의 감사
공동주택의 입주자등은 관리주체 및 관리사무소장의 업무, 자치관리기구의 구성 및 운영, 시설물의 안전관리에 해당하는 경우 전체 입주자등의 10분의 2 이상의 동의를 받아 지방자치단체의 장에게 입주자대표회의나 그 구성원, 관리주체, 관리사무소장 또는 선거관리위원회나 그 위원 등의 업무에 대하여 감사를 요청할 수 있다. 이 경우 감사 요청은 그 사유를 소명하고 이를 뒷받침할 수 있는 자료를 첨부하여 서면으로 하여야 한다.

정답 15. ⑤ 16. ③

제1편 공동주택사무관리

17 공동주택관리법령상 의무관리대상 공동주택 관리주체의 업무 및 의무에 관한 설명으로 옳지 않은 것은? 〔14회 개작〕

① 관리주체는 하자보수청구 등의 대행업무를 집행한다.
② 관리주체는 공동주택단지 안에서 발생한 안전사고 및 도난사고 등에 대한 대응조치 업무를 집행한다.
③ 관리주체의 업무를 정하고 있는 「공동주택관리법 시행령」은 지방자치단체의 조례로 정하는 사항도 그 업무로 규정하고 있다.
④ 관리주체는 주택관리업자 및 사업자 선정 관련 증빙서류를 해당 계약 체결일부터 5년간 보관하여야 한다.
⑤ 의무관리대상 공동주택의 관리주체는 공동주택의 체계적인 유지관리를 위하여 대통령령으로 정하는 바에 따라 공동주택의 설계도서 등을 보관하고, 공동주택 시설의 교체·보수 등의 내용을 기록·보관·유지하여야 한다.

해설 ▶ 관리주체의 업무 및 의무
관리주체의 업무는 「공동주택관리법」 제63조 제1항과 「공동주택관리법시행규칙」 제29조에 규정되어 있다.

18 공동주택관리법령상 제안과 동의에 관하여 틀린 것은?

① 관리규약을 제정하려는 경우 사업주체가 제안하여 입주예정자 과반수 동의를 얻어야 한다.
② 관리방법을 결정하려는 경우 입주자대표회의 의결 또는 전체 입주자등 1/10 이상이 제안하여 전체 입주자등 과반수 찬성를 얻어야 한다.
③ 관리주체가 사업계획승인을 받아 건설한 공동주택 중 건설임대주택을 제외한 공동주택의 주민공동시설을 위탁운영하려면 관리주체가 제안하고, 입주자등 과반수의 동의를 받아야 한다.
④ 관리주체가 주민공동시설을 위탁하려면 사업계획승인을 받아 건설한 건설임대주택의 경우에는 임대사업자 요청 또는 임차인 10분의 1 이상의 요청으로 제안하고, 임차인의 과반수 동의를 받아야 한다.
⑤ 관리주체가 주민공동시설 이용을 허용하려면 건설임대주택의 경우 임대사업자 요청 또는 임차인 10분의 1 이상의 요청으로 제안하고, 과반의 범위에서 관리규약으로 정하는 비율 이상의 임차인의 동의를 받아야 한다.

해설 ▶ 각종 제안과 동의
③ 관리주체가 주민공동시설을 위탁하려면 사업계획승인을 받아 건설한 공동주택 중 건설임대주택을 제외한 공동주택의 경우 입주자대표회의의 의결 또는 입주자등의 10분의 1 이상이 제안하고, 입주자등 과반수의 동의를 받아야 한다.

정답 17. ③ 18. ③

제1장 공동주택관리의 기초이론

19 혼합주택단지의 관리에 관한 다음 사항 중 옳지 <u>않은</u> 것은?

① 관리비, 하자보수는 입주자대표회의와 임대사업자의 공동결정 사항이다.
② 장기수선계획의 조정은 입주자대표회의와 임대사업자의 공동결정 사항에 포함된다.
③ 주택관리업자의 선정 합의가 이뤄지지 않는 경우 해당 혼합주택단지 공급면적의 1/2을 초과하는 면적을 관리하는 입주자대표회의 또는 임대사업자가 결정한다.
④ 장기수선계획의 조정에 관해 혼합주택단지 공급면적의 2/3 이상을 관리하는 입주자대표회의 또는 임대사업자가 없고, 안전관리에 관한 사항이며, 입주자대표회의와 임대사업자 간 2회의 협의에도 불구하고 합의가 이뤄지지 않은 경우에는 해당 혼합주택단지 공급면적의 1/2을 초과하는 면적을 관리하는 자가 결정한다.
⑤ 입주자대표회의 또는 임대사업자는 합의가 어려워 공동결정이 될 수 없는 경우에는 공동주택관리 분쟁조정위원회에 분쟁의 조정을 신청할 수 있다.

해설 ▶ 혼합주택단지의 관리
민간임대주택 관리규약의 제정 및 개정, 관리비, 민간임대주택의 공용부분·부대시설 및 복리시설의 유지·보수, 하자 보수 등은 임대사업자와 임차인대표회의간 사전 협의사항이다.

20 다음 중 안전관리계획의 수립 및 조정 등에 관한 내용으로서 타당하지 <u>않은</u> 것은?

① 비용지출을 수반하는 안전관리계획의 수립 및 조정에 관한 사항은 입주자대표회의의 의결을 요한다.
② 안전관리계획에는 지하주차장의 침수 예방 및 대응에 관한 사항이 포함되어야 한다.
③ 안전관리계획은 관리사무소장이 3년마다 조정하는 것이 원칙이다.
④ 관리여건상 필요하여 관리사무소장이 3년이 경과하기 전에 조정하는 경우에는 입주자등의 과반수 서면동의를 얻어야 한다.
⑤ 안전관리계획은 사업주체가 자치관리기구 등에 업무인계시 그 서류를 인계하여야 한다.

해설 ▶ 안전관리계획의 수립 및 조정
④ 관리여건상 필요하여 당해 공동주택의 관리사무소장이 입주자대표회의의 구성원 과반수의 서면동의를 얻은 경우에는 3년이 경과하기 전에 조정할 수 있다.

정답 19. ① 20. ④

제1편 공동주택사무관리

21 다음 중 의무관리대상인 공동주택이 갖추어야 할 공동주택관리법령상의 기술인력 및 장비에 속하지 않는 것은?

① 승강기가 설치된 공동주택인 경우에는 「승강기 안전관리법 시행령」 제28조에 따른 승강기자체검사자격을 갖추고 있는 사람 1명 이상
② 건축물 안전점검의 보유장비 : 망원경, 카메라, 돋보기, 콘크리트 균열폭 측정기, 5미터 이상용 줄자 및 누수탐지기 각 1대 이상
③ 「전기사업법」 및 「전기안전관리법」에 의하여 갖추어야 할 기준 이상의 기술자
④ 운반차량 1대 이상
⑤ 절연저항계(누전측정기를 말한다) 1대 이상

해설 공동주택관리법령상의 기술인력 및 장비
④ 법정장비로서는 비상용 급수펌프(수중펌프를 말한다) 1대 이상, 절연저항계(누전측정기를 말한다) 1대 이상, 건축물의 안전점검의 보유장비가 있다(영 제4조 제1항 및 제6조 제1항 관련 별표1).

21회 출제

22 공동주택관리법령상 공동주택관리에 관한 설명으로 옳지 않은 것은?

① 관리사무소는 공동주택 공용부분인 부대시설에 해당한다.
② 100세대인 지역난방방식 공동주택은 의무관리대상 공동주택에 해당되지 않는다.
③ 일반인에게 분양되는 복리시설은 공동주택관리의 대상인 공동주택에서 제외된다.
④ 입주자대표회의는 자치관리기구 관리사무소장이 해임되거나 그 밖의 사유로 결원이 되었을 때에는 그 사유가 발생한 날부터 30일 이내에 새로운 자치관리기구 관리사무소장을 선임하여야 한다.
⑤ 입주자대표회의 또는 관리주체는 공동주택 전유부분과 공용부분의 유지·보수 및 관리 등을 위하여 공동주택관리기구를 구성하여야 한다.

해설 공동주택 관리
⑤ 전유부분은 공동주택관리기구의 유지·보수 및 관리 등 대상이 아니다.

정답 21. ④ 22. ⑤

제1장 공동주택관리의 기초이론

23 공동주택관리법령상 주택관리사등에 관한 설명으로 옳은 것은? 26회 출제

① 400세대의 의무관리대상 공동주택에는 주택관리사보를 해당 공동주택의 관리사무소장으로 배치할 수 없다.
② 주택관리사보가 공무원으로 주택관련 인·허가 업무에 3년 9개월 종사한 경력이 있다면 주택관리사 자격을 취득할 수 있다.
③ 금고 이상의 형의 집행유예를 선고받고 그 유예기간이 끝난 날부터 1년 6개월이 지난 사람은 주택관리사가 될 수 없다.
④ 주택관리사로서 공동주택의 관리사무소장으로 12년 근무한 사람은 하자분쟁조정위원회의 위원으로 위촉될 수 없다.
⑤ 임원 또는 사원의 3분의 1 이상이 주택관리사인 상사법인은 주택관리업의 등록을 신청할 수 있다.

해설 ▸ 주택관리사 등
① 500세대 미만의 의무관리대상 공동주택에는 주택관리사보를 해당 공동주택의 관리사무소장으로 배치할 수 있다.
② 주택관리사보가 공무원으로 주택관련 인·허가 업무에 5년 이상 종사한 경력이 있다면 주택관리사 자격을 취득할 수 있다.
③ 금고 이상의 형의 집행유예를 선고를 받은 경우에는 그 유예기간이 끝난 날부터 주택관리사가 될 수 있다.
④ 주택관리사로서 공동주택의 관리사무소장으로 10년 이상 근무한 사람은 하자분쟁조정위원회의 위원으로 위촉될 수 있다.

24 다음 중 공동주택의 관리방법의 결정 및 변경에 필요한 의결정족수로서 옳은 것은?

① 제안 - 입주자대표회의의 의결, 결정 - 전체 입주자 반수 이상의 찬성
② 제안 - 전체 입주자등의 10분의 1 이상, 결정 - 전체 입주자 반수 이상의 찬성
③ 제안 - 입주자대표회의의 의결, 결정 - 전체 입주자등의 과반수의 찬성
④ 제안 - 전체 입주자등의 3분의 1 이상, 결정 - 전체 입주자등의 과반수의 찬성
⑤ 제안 - 입주자대표회의의 의결, 결정 - 전체 입주자등의 10분의 1 이상의 찬성

해설 ▸ 관리방법의 결정 및 변경
1) 입주자대표회의의 의결로 제안하고 전체 입주자 등의 과반수가 찬성
2) 전체 입주자 등의 1/10 이상이 제안하고 전체 입주자 등의 과반수가 찬성

정답 23. ⑤ 24. ③

25
다음은 공동주택관리법령상의 의무관리대상 전환 공동주택의 관리방법 결정 등에 관한 사항이다. 옳지 <u>않은</u> 것은?

① 의무관리대상 공동주택 전환 신고를 하려는 관리인은 입주자등의 동의를 받은 날부터 30일 이내에 관할 시장·군수·구청장에게 신고서를 제출해야 한다.
② 관리인이 의무관리대상 공동주택 전환 신고를 하지 않는 경우에는 입주자등의 10분의 1 이상이 연서하여 신고할 수 있다.
③ 의무관리대상 전환 공동주택의 입주자등은 관리규약의 제정 신고가 수리된 날부터 3개월 이내에 입주자대표회의를 구성하여야 하며, 입주자대표회의의 구성 신고가 수리된 날부터 3개월 이내에 공동주택의 관리 방법을 결정하여야 한다.
④ 의무관리대상 전환 공동주택의 입주자등이 공동주택을 위탁관리할 것을 결정한 경우 입주자대표회의는 입주자대표회의의 구성 신고가 수리된 날부터 6개월 이내에 전자입찰방식 등의 기준에 따라 주택관리업자를 선정하여야 한다.
⑤ 의무관리대상 공동주택 제외 신고를 하려는 입주자대표회의의 회장은 전체 입주자등의 과반수의 서면동의를 받은 날부터 30일 이내에 시장·군수·구청장에게 국토교통부령으로 정하는 신고서를 제출해야 한다.

해설 ▶ 의무관리대상 전환 공동주택
⑤ 의무관리대상 공동주택 제외 신고를 하려는 입주자대표회의의 회장은 전체 입주자등의 3분의 2 이상의 서면동의를 받은 날부터 30일 이내에 시장·군수·구청장에게 국토교통부령으로 정하는 신고서를 제출해야 한다.

26
다음 중 관리방법의 결정에 관한 내용으로 <u>틀린</u> 것은?

① 공동주택 관리방법의 결정은 입주자대표회의의 의결 또는 전체 입주자등의 10분의 1 이상이 제안하고, 전체 입주자등의 과반수가 찬성하는 방법에 따른다.
② 입주자대표회의의 회장은 해당 공동주택의 관리방법 등을 결정한 경우에는 이를 사업주체 또는 의무관리대상 전환 공동주택의 관리인에게 통지하고, 그 날부터 30일 이내에 신고서를 시장·군수·구청장에게 제출해야 한다.
③ 입주자대표회의가 경쟁입찰로 주택관리업자를 선정하려는 경우에는 입찰의 종류 및 방법, 낙찰방법, 참가자격 제한 등 입찰과 관련한 중요사항에 대하여 전체 입주자등의 과반수의 동의를 얻어야 한다.
④ 계약기간이 끝난 주택관리업자를 수의계약의 방법으로 다시 관리주체로 선정하려는 경우에 관리주체는 계약상대자 선정, 계약 조건 등 계약과 관련한 중요사항에 대하여 전체 입주자등의 과반수의 동의를 얻어야 한다.
⑤ 입주자 등이 새로운 주택관리업자 선정을 위한 입찰에서 기존 주택관리업자의 참가를 제한하도록 입주자대표회의에 요구하려면 전체 입주자등의 과반수의 서면동의가 있어야 한다.

정답 25. ⑤ 26. ④

제1장 공동주택관리의 기초이론

해설 ▶ 계약기간이 만료된 주택관리업자와의 재계약
④ 계약기간이 끝난 주택관리업자를 수의계약의 방법으로 다시 관리주체로 선정하려는 경우에 입주자대표회의는 계약상대자 선정, 계약 조건 등 계약과 관련한 중요사항에 대하여 전체 입주자등의 과반수의 동의를 얻어야 한다.

24회 출제

27 민간임대주택에 관한 특별법령상 임대를 목적으로 하는 주택에 대한 주택임대관리업자의 업무(부수적인 업무 포함) 범위에 해당하는 것을 모두 고른 것은?

㉠ 시설물 유지·보수·개량   ㉡ 임대차계약의 체결·해제·해지·갱신
㉢ 임대료의 부과·징수   ㉣ 「공인중개사법」에 따른 중개업
㉤ 임차인의 안전 확보에 필요한 업무

① ㉠, ㉡, ㉣
② ㉠, ㉣, ㉤
③ ㉠, ㉡, ㉢, ㉤
④ ㉡, ㉢, ㉣, ㉤
⑤ ㉠, ㉡, ㉢, ㉣, ㉤

해설 ▶ 주택임대관리업자의 업무
③ 주 업무 – 임대차계약의 체결·해제·해지·갱신 및 갱신거절 등, 임대료의 부과·징수 등, 임차인의 입주 및 명도·퇴거 등(「공인중개사법」에 따른 중개업은 제외한다)
보조업무 – 시설물 유지·보수·개량 및 그 밖의 주택관리 업무, 임차인이 거주하는 주거공간의 관리, 임차인의 안전 확보에 필요한 업무, 임차인의 입주에 필요한 지원 업무

28 다음은 의무관리대상 공동주택의 관리조직 구성절차에 관한 설명이다. 잘못된 것은?

① 사업주체는 입주예정자 과반수가 입주한 날로부터 1개월 이내에 입주자에게 서면으로 통지하여 관리방법결정을 요구하여야 한다.
② 입주자대표회의의 회장은 입주자등이 해당 공동주택의 관리방법을 결정한 경우에는 이를 사업주체 또는 의무관리대상 전환 공동주택의 관리인에게 통지하고, 대통령령으로 정하는 바에 따라 관할 시장·군수·구청장에게 신고하여야 한다.
③ 시장·군수·구청장은 신고를 받은 날부터 7일 이내에 신고수리 여부를 신고인에게 통지하여야 한다.
④ 사업주체로부터 관리요구를 받은 입주자등은 그 요구를 받은 날부터 3개월 이내에 입주자를 구성원으로 하는 입주자대표회의를 구성하여야 한다.
⑤ 입주자 등이 자치관리할 것을 정한 경우 입주자대표회의는 사업주체의 공동주택 관리 요구가 있은 날(의무관리대상 공동주택으로 전환되는 경우에는 입주자대표회의의 구성 신고가 수리된 날)부터 6개월 이내에 자치관리기구를 구성하여야 한다.

정답 27. ③ 28. ①

제1편 공동주택사무관리

해설 ▸ **의무관리대상 공동주택의 관리조직 구성절차**

의무관리대상 공동주택을 건설한 사업주체는 입주예정자의 과반수가 입주하였을 때에는 입주자 등에게 그 사실을 통지하고 해당 공동주택을 관리할 것을 요구하여야 한다. 요구를 받은 입주자 등은 그 요구받은 날로부터 3개월 이내에 입주자대표회의를 구성하고, 입주자대표회의의 회장은 입주자등이 해당 공동주택의 관리방법을 결정(위탁관리하는 방법을 선택한 경우에는 그 주택관리업자의 선정을 포함한다)한 경우에는 이를 사업주체 또는 의무관리대상 전환 공동주택의 관리인에게 통지하고, 대통령령으로 정하는 바에 따라 관할 시장·군수·구청장에게 신고하여야 한다. 시장·군수·구청장은 신고를 받은 날부터 7일 이내에 신고수리 여부를 신고인에게 통지하여야 한다. 시장·군수·구청장이 7일 이내에 신고수리 여부 또는 민원 처리 관련 법령에 따른 처리기간의 연장을 신고인에게 통지하지 아니하면 그 기간(민원 처리 관련 법령에 따라 처리기간이 연장 또는 재연장된 경우에는 해당 처리기간을 말한다)이 끝난 날의 다음 날에 신고를 수리한 것으로 본다.

29

위탁관리 공동주택의 관리사무소장으로 배치된 자는 배치된 날부터 15일 이내에 다음의 서류를 첨부하여 주택관리사단체에 신고하여야 한다. 이에 해당하지 <u>않는</u> 것은?

① 관리사무소장 교육 또는 주택관리사등의 교육 이수현황 1부
② 임명장 사본 1부.
③ 배치된 공동주택의 전임 관리사무소장이 배치종료 신고를 하지 아니한 경우에는 근로계약서 사본1부
④ 주택관리사보자격시험 합격증서 또는 주택관리사 자격증 사본 1부
⑤ 주택관리사 등의 손해배상책임을 보장하기 위한 보증설정을 입증하는 서류 1부

해설 ▸ **관리사무소장 배치신고**

1) 배치내용과 업무의 집행에 사용할 직인을 신고하려는 관리사무소장은 배치된 날부터 15일 이내에 신고서에 다음의 서류를 첨부하여 주택관리사단체에 제출하여야 한다.
   ① 관리사무소장 교육 또는 주택관리사등의 교육 이수현황(주택관리사단체가 해당 교육 이수현황을 발급하는 경우에는 제출하지 아니할 수 있다) 1부
   ② 임명장 사본 1부. 다만, 배치된 공동주택의 전임(前任) 관리사무소장이 배치종료 신고를 하지 아니한 경우에는 배치를 증명하는 다음 각 목의 구분에 따른 서류를 함께 제출하여야 한다.
      ㉠ 공동주택의 관리방법이 자치관리인 경우 : 근로계약서 사본 1부
      ㉡ 공동주택의 관리방법이 위탁관리인 경우 : 위·수탁 계약서 사본 1부
   ③ 주택관리사보자격시험 합격증서 또는 주택관리사 자격증 사본 1부
   ④ 주택관리사 등의 손해배상책임을 보장하기 위한 보증설정을 입증하는 서류 1부
2) 신고한 배치 내용과 업무의 집행에 사용하는 직인을 변경하려는 관리사무소장은 변경사유(관리사무소장의 배치가 종료된 경우를 포함한다)가 발생한 날부터 15일 이내에 관리사무소장 배치 및 직인 (변경)신고서에 변경내용을 증명하는 서류를 첨부하여 주택관리사단체에 제출하여야 한다.
3) 위 1) 또는 2)에 따른 신고 또는 변경신고를 접수한 주택관리사단체는 관리사무소장의 배치내용 및 직인 신고(변경신고하는 경우를 포함한다) 접수현황을 분기별로 시장·군수·구청장에게 보고하여야 한다.
4) 주택관리사단체는 관리사무소장이 위 1)에 따른 신고 또는 2)에 따른 변경신고에 대한 증명서 발급을 요청하면 즉시 관리사무소장의 배치 및 직인 (변경)신고증명서를 발급하여야 한다.

정답 29. ③

30

다음 의무관리대상 공동주택의 동별 대표자 선출에 관한 설명으로 옳지 <u>않은</u> 것은? (단, 분양주택인 경우에 한함)

① 입주자등이 동별 세대수에 비례하여 선출한다.
② 각종 서류제출마감일을 기준으로 요건을 갖춘 입주자(입주자가 법인인 경우에는 그 대표자를 말한다) 중에서 선거구 입주자등의 보통·평등·직접·비밀선거를 통하여 선출한다.
③ 최초의 입주자대표회의를 구성하는 경우에는 계속하여 3개월 이상 거주하지 않아도 동별대표자가 될 수 있다.
④ 동별 대표자가 임기 중에 동별 대표자의 자격요건을 충족하지 아니하게 된 경우나 동별 대표자의 결격사유에 해당하게 된 경우에는 당연히 퇴임한다.
⑤ 사용자는 동별 대표자로 선출될 수 없다.

해설 ▶ **동별 대표자의 자격**(법 제14조 제3항)

동별 대표자는 동별 대표자 선출공고에서 정한 각종 서류제출마감일을 기준으로 다음의 요건을 갖춘 입주자(입주자가 법인인 경우에는 그 대표자를 말함) 중에서 대통령령으로 정하는 바에 따라 선거구 입주자등의 보통·평등·직접·비밀선거를 통하여 선출한다. 다만, 입주자인 동별 대표자 후보자가 없는 선거구에서는 다음 각 호 및 대통령령으로 정하는 요건을 갖춘 사용자도 동별 대표자로 선출될 수 있다.

1) 해당 공동주택단지 안에서 주민등록을 마친 후 계속하여 3개월 이상 거주하고 있을 것(최초의 입주자대표회의를 구성하거나 제14조 제2항 단서에 따른 입주자대표회의를 구성하기 위하여 동별 대표자를 선출하는 경우는 제외)
2) 해당 선거구에 주민등록을 마친 후 거주하고 있을 것

> ■ 동별 대표자의 선거구별 선출방법
> 1. 후보자가 2명 이상인 경우: 해당 선거구 전체 입주자등의 과반수가 투표하고 후보자 중 최다득표자를 선출
> 2. 후보자가 1명인 경우: 해당 선거구 전체 입주자등의 과반수가 투표하고 투표자 과반수의 찬성으로 선출

정답 30. ⑤

31. 입주자대표회의의 구성에 관한 설명이다. 다음 중 옳지 못한 것은?

① 입주자대표회의는 4명 이상으로 구성하되, 동별 세대수에 비례하여 공동주택관리규약으로 정한 선거구에 따라 선출된 대표자로 구성한다.
② 선거구는 2개동 이상으로 묶거나 통로나 층별로 구획하여 정할 수 있다.
③ 해당 공동주택의 동별 대표자를 사퇴한 날부터 1년이 지나지 않은 사람은 동별대표자가 될 수 없다.
④ 감사 후보자가 선출필요인원과 같거나 미달하는 경우에는 후보자별로 전체 입주자등의 10분의 1 이상이 투표하고 투표자 과반수의 찬성으로 감사를 선출한다.
⑤ 동별 대표자가 임기 중에 동별 대표자의 자격요건을 충족하지 아니하게 된 경우나 동별대표자의 결격사유에 해당하게 된 경우에는 입주자대표회의의 해임절차를 거쳐서 퇴임한다.

해설 ▶ 동별 대표자의 당연퇴임

동별 대표자가 임기 중에 동별 대표자의 자격요건을 충족하지 아니하게 된 경우나 동별대표자의 결격사유에 해당하게 된 경우에는 당연히 퇴임한다.

32. 다음 중 각종 서류 제출 마감일을 기준으로 동별 대표자가 될 수 없는 자는?

① 관리비 등을 최근 3개월 이상 연속하여 체납한 사람에 해당하여 당연히 퇴임한 사람으로서 그 남은 임기가 지난 사람
② 파산자로서 복권된 사람
③ 금고 이상의 형의 집행유예선고를 받고 그 유예기간이 지난 사람
④ 해당 공동주택의 동별 대표자에서 해임된 날부터 2년이 지나지 않은 사람
⑤ 관리비 등을 최근 2개월 이상 연속하여 체납한 사람

해설 ▶ 동별 대표자의 결격사유

다음에 해당하는 사람은 동별 대표자가 될 수 없으며 그 자격을 상실한다(법 제14조 제4항).
1) 미성년자, 피성년후견인 또는 피한정후견인
2) 파산자로서 복권되지 아니한 사람
3) 이 법 또는 「주택법」, 「민간임대주택에 관한 특별법」, 「공공주택 특별법」, 「건축법」, 「집합건물의 소유 및 관리에 관한 법률」을 위반한 범죄로 금고 이상의 실형 선고를 받고 그 집행이 끝나거나(집행이 끝난 것으로 보는 경우를 포함) 집행이 면제된 날부터 2년이 지나지 아니한 사람
4) 금고 이상의 형의 집행유예선고를 받고 그 유예기간 중에 있는 사람
5) 「공동주택관리법」, 「주택법」, 「민간임대주택에 관한 특별법」, 「공공주택 특별법」, 「건축법」, 「집합건물의 소유 및 관리에 관한 법률」을 위반한 범죄로 벌금형을 선고받은 후 2년이 지나지 않은 사람

정답 31. ⑤ 32. ④

제1장 공동주택관리의 기초이론

6) 선거관리위원회 위원(사퇴하거나 해임 또는 해촉된 사람으로서 그 남은 임기 중에 있는 사람을 포함)
7) 공동주택의 소유자가 서면으로 위임한 대리권이 없는 소유자의 배우자나 직계존비속
8) 해당 공동주택 관리주체의 소속 임직원과 해당 공동주택 관리주체에 용역을 공급하거나 사업자로 지정된 자의 소속 임원. 이 경우 관리주체가 주택관리업자인 때에는 해당 주택관리업자를 기준으로 판단
9) 해당 공동주택의 동별 대표자를 사퇴한 날부터 1년(해당 동별 대표자에 대한 해임이 요구된 후 사퇴한 경우에는 2년을 말한다)이 지나지 아니하거나 해임된 날부터 2년이 지나지 아니한 사람
10) 관리비 등을 최근 3개월 이상 연속하여 체납한 사람
11) 동별 대표자로서 임기 중에 관리비 등을 최근 3개월 이상 연속하여 체납한 사람에 해당하여 당연히 퇴임한 사람으로서 그 남은 임기(남은 임기가 1년을 초과하는 경우에는 1년을 말한다) 중에 있는 사람

33. 동별 대표자에 대한 설명이다. 다음 중에서 옳지 않은 것은?

① 동별 대표자의 임기는 2년이며, 한 번만 중임할 수 있다.
② 보궐선거 또는 재선거로 선출된 동별 대표자의 임기는 모든 동별 대표자의 임기가 동시에 시작하는 경우에는 2년으로 한다.
③ 입주자대표회의의 구성원 중 사용자인 동별 대표자가 과반수인 경우에는 대통령령으로 그 의결방법 및 의결사항을 달리 정할 수 있다.
④ 보궐선거 또는 재선거로 선출된 동별 대표자의 임기가 6개월 미만인 경우에는 임기의 횟수에 포함하지 않는다.
⑤ 2회의 선출공고에도 불구하고 동별 대표자의 후보자가 없거나 선출된 사람이 없는 선거구에서 직전 선출공고일부터 2개월 이내에 선출공고를 하는 경우에는 동별 대표자를 중임한 사람도 전체 입주자 등의 과반수의 찬성으로 다시 동별 대표자로 선출될 수 있다.

> **해설 ▶ 동별 대표자의 임기 등**
> 동별대표자의 선출 및 중임규정에도 불구하고 2회의 선출공고(직전 선출공고일부터 2개월 이내에 공고하는 경우만 2회로 계산한다)에도 불구하고 동별 대표자의 후보자가 없거나 선출된 사람이 없는 선거구에서 직전 선출공고일부터 2개월 이내에 선출공고를 하는 경우에는 동별 대표자를 중임한 사람도 해당 선거구 입주자 등의 과반수의 찬성으로 다시 동별 대표자로 선출될 수 있다. 이 경우 후보자 중 동별 대표자를 중임하지 않은 사람이 있으면 동별 대표자를 중임한 사람은 후보자의 자격을 상실한다.

정답 33. ⑤

34

입주자대표회의가 구성원 과반수의 찬성으로 의결할 수 있는 사항이 아닌 것은?

① 장기수선계획에 따른 공동주택 공용부분의 보수·교체 및 개량
② 단지안의 전기 및 승강기 등의 유지 및 운영기준
③ 공동주택 공용부분의 행위허가 또는 신고 행위의 제안
④ 계약기간이 만료된 주택관리업자의 수의계약
⑤ 「주택건설기준 등에 관한 규정」 제2조 제3호에 따른 주민공동시설의 위탁 운영의 제안

해설 ▶ **수의계약에 의한 주택관리업자의 재선정**
계약기간이 끝난 주택관리업자를 수의계약의 방법으로 다시 관리주체로 선정하려는 경우에는 입주자대표회의는 "계약상대자 선정, 계약 조건 등 계약과 관련한 중요사항"에 대하여 전체 입주자 등의 과반수의 동의를 얻어야 한다.

35

다음 중 공동주택의 입주자등의 열람청구권에 관한 내용으로 옳지 않은 것은?

① 관리주체는 정보주체에게 영상정보처리기기의 촬영자료를 열람하게 하거나 제공할 수 있다.
② 관리주체는 입주자등이 회계감사보고서에 관한 내용의 열람을 청구하거나 자기의 비용으로 복사를 요구하는 때에는 관리규약으로 정하는 바에 따라 이에 응하여야 한다.
③ 관리주체는 입주자등이 관리비등의 사업계획 및 예산안 수립 등에 관한 내용의 열람을 청구하거나 자기의 비용으로 복사를 요구하는 때에는 이에 응하지 아니하여도 무방하다.
④ 개인의 사생활의 비밀 또는 자유를 침해할 우려가 있는 정보의 열람을 청구하거나 자기의 비용으로 복사를 요구하는 때에는 이에 응하지 아니하여도 무방하다.
⑤ 감사·입찰계약·인사관리·의사결정과정 또는 내부검토과정에 있는 사항 등으로서 공개될 경우 업무의 공정한 수행에 현저한 지장을 초래할 우려가 있는 정보의 열람을 청구하거나 자기의 비용으로 복사를 요구하는 때에는 이에 응하지 아니하여도 무방하다.

해설 ▶ **장부등의 열람청구**
관리주체는 입주자등이 관리비등의 사업계획 및 예산안 수립 등에 관한 내용의 열람을 청구하거나 자기의 비용으로 복사를 요구하는 때에는 관리규약으로 정하는 바에 따라 이에 응하여야 한다.

정답 34. ④ 35. ③

36

관리주체는 다음 회계연도에 관한 관리비등의 사업계획 및 예산안을 작성하여 입주자대표회의에 제출하여 승인을 받아야 하며, 매 회계연도마다 사업실적서 및 결산서를 작성하여 입주자대표회의에 제출하여야 한다. 이에 대한 시기로 옳은 것은?

① 매 회계연도 개시 1개월 전까지 - 회계연도 종료 후 1개월 이내
② 매 회계연도 개시 2개월 전까지 - 회계연도 종료 후 2개월 이내
③ 매 회계연도 개시 1개월 전까지 - 회계연도 종료 후 2개월 이내
④ 매 회계연도 개시 2개월 전까지 - 회계연도 종료 후 1개월 이내
⑤ 매 회계연도 개시 3개월 전까지 - 회계연도 종료 후 3개월 이내

해설 ▶ **예산안의 승인**

1) 관리주체는 다음 회계연도에 관한 관리비등의 사업계획 및 예산안을 매 회계연도 개시 1개월 전까지 입주자대표회의에 제출하여 승인을 받아야 한다. 이 경우 승인사항에 변경이 있는 때에는 변경승인을 받아야 한다.
2) 관리주체는 매 회계연도마다 사업실적서 및 결산서를 작성하여 회계연도 종료 후 2개월 이내에 입주자대표회의에 제출하여야 한다.

37

공동주택관리법령상 공동주택의 관리비 및 회계운영 등에 관한 설명으로 옳지 <u>않은</u> 것은?   **24회 출제**

① 의무관리대상이 아닌 공동주택으로서 100세대 이상인 공동주택의 관리인이 관리비 등의 내역을 공개하는 경우, 공동주택관리정보시스템 공개를 하여야 한다.
② 관리주체는 해당 공동주택의 공용부분의 관리 및 운영 등에 필요한 경비(관리비예치금)를 공동주택의 사용자로부터 징수한다.
③ 관리주체는 보수가 필요한 시설이 2세대 이상의 공동사용에 제공되는 것인 경우, 직접 보수하고 해당 입주자등에게 그 비용을 따로 부과할 수 있다.
④ 관리주체는 주민공동시설, 인양기 등 공용시설물의 이용료를 해당 시설의 이용자에게 따로 부과할 수 있다.
⑤ 지방자치단체인 관리주체가 관리하는 공동주택의 관리비가 체납된 경우 지방자치단체는 지방세 체납처분의 예에 따라 강제징수할 수 있다.

해설 ▶ **관리비예치금의 징수**

② 관리주체는 해당 공동주택의 공용부분의 관리 및 운영 등에 필요한 경비(관리비예치금)를 공동주택의 소유자로부터 징수한다.

정답   36. ③   37. ②

38. 공동주택관리법령상 의무관리대상 공동주택의 관리비 및 회계운영에 관한 설명으로 옳지 않은 것은?

26회 출제

① 관리주체는 입주자등이 납부하는 대통령령으로 정하는 사용료 등을 입주자등을 대행하여 그 사용료 등을 받을 자에게 납부할 수 있다.
② 관리주체는 회계감사를 받은 경우에는 감사보고서의 결과를 제출받은 다음 날부터 2개월 이내에 입주자대표회의에 보고하고 해당 공동주택단지의 인터넷 홈페이지에 공개하여야 한다.
③ 공동주택의 소유자가 그 소유권을 상실한 경우 관리주체는 징수한 관리비예치금을 반환하여야 하되, 소유자가 관리비를 미납한 때에는 관리비예치금에서 정산한 후 그 잔액을 반환할 수 있다.
④ 관리주체는 보수가 필요한 시설이 2세대 이상의 공동사용에 제공되는 것인 경우에는 직접 보수하고 해당 입주자등에게 그 비용을 따로 부과할 수 있다.
⑤ 관리주체는 다음 회계연도에 관한 관리비등의 사업계획 및 예산안을 매 회계연도 개시 1개월 전까지 입주자대표회의에 제출하여 승인을 받아야 한다.

해설 ▶ 감사보고서 공개의무
관리주체는 회계감사를 받은 경우에는 감사보고서의 결과를 제출받은 다음 날부터 1개월 이내에 입주자대표회의에 보고하고 해당 공동주택단지의 인터넷 홈페이지와 동별게시판에 공개하여야 한다.

39. 공동주택관리법령상 공동주택의 관리에 관한 설명으로 옳지 않은 것은?

17회 출제

① 관리주체는 입주자대표회의의 감사가 요구한 경우 사업실적서 및 결산서 등에 대하여「주식회사의 외부감사에 관한 법률」상 감사인의 회계감사를 받아야 한다.
② 관리주체는 주민공동시설, 인양기 등 공용시설물의 이용료를 해당 시설의 이용자에게 따로 부과할 수 있다.
③ 수선유지비에는 건축물의 안전점검비용이 포함된다.
④ 관리주체는 장기수선충당금을 관리비와 구분하여 징수하여야 한다.
⑤ 급탕비는 급탕용 유류대 및 급탕용수비를 말한다.

해설 ▶ 감사인의 회계감사
의무관리대상 공동주택의 관리주체는「주식회사 등의 외부감사에 관한 법률」에 따른 감사인의 회계감사를 매년 1회 이상 받아야 한다. 다만, 다음 각 호의 구분에 따른 연도에는 그러하지 아니하다.
1) 300세대 이상인 공동주택 : 해당 연도에 회계감사를 받지 아니하기로 입주자등의 3분의 2 이상의 서면동의를 받은 경우 그 연도,
2) 300세대 미만인 공동주택 : 해당 연도에 회계감사를 받지 아니하기로 입주자등의 과반수의 서면동의를 받은 경우 그 연도

정답 38. ② 39. ①

40. 다음 중 입주자대표회의의 임원에 관한 내용으로 옳지 못한 것은?

① 감사 후보자가 선출필요인원을 초과하는 경우에 전체 입주자등의 10분의 1 이상이 투표하고 후보자 중 다득표자 순으로 감사를 선출한다.
② 입주자인 동별 대표자 중에서 회장 후보자가 없는 경우로서 선출 전에 전체 입주자 과반수의 서면동의를 얻은 경우에는 사용자인 동별 대표자도 회장이 될 수 있다.
③ 입주자대표회의의 임원은 회장 1명, 감사 2명 이상, 이사 1명 이상으로 선출하여야 한다.
④ 이사는 입주자대표회의 구성원 과반수 찬성으로 선출할 수 없는 경우로서 최다득표자가 2인 이상인 경우에는 추첨으로 선출하여야 한다.
⑤ 의결한 안건에 대하여 관계 법령 및 관리규약에 위반된다고 감사의 재심의를 요청받은 입주자대표회의는 해당 안건을 다시 심의할 수 있다.

해설 ▶ 입주자대표회의의 회장 및 감사의 선출
감사는 입주자대표회의에서 의결한 안건이 관계 법령 및 관리규약에 위반된다고 판단되는 경우에는 입주자대표회의에 재심의를 요청할 수 있고, 재심의를 요청받은 입주자대표회의는 지체 없이 해당 안건을 다시 심의하여야 한다.

41. 다음 중 의무관리대상 공동주택 입주자대표회의의 임원 선출에 관한 내용으로 옳지 않은 것은?

① 회장 후보자가 1명인 경우에는 전체 입주자등의 10분의 1 이상이 투표하고 그 투표한 입주자등의 과반수 찬성으로 선출한다.
② 회장 후보자가 없는 경우에 입주자대표회의 구성원 과반수 찬성으로 선출할 수 없는 경우로서 최다득표자가 2인 이상인 경우에는 추첨으로 선출한다.
③ 500세대 미만의 공동주택 단지에서 관리규약으로 정하는 경우에는 입주자대표회의 구성원 과반수의 찬성으로 선출하며, 입주자대표회의 구성원 과반수 찬성으로 선출할 수 없는 경우로서 최다득표자가 2인 이상인 경우에는 추첨으로 선출한다.
④ 감사 후보자가 선출필요인원을 초과하는 경우에는 전체 입주자등의 10분의 1 이상이 투표하고 후보자 중 다득표자 순으로 선출한다.
⑤ 감사 후보자가 선출필요인원과 같은 경우 입주자대표회의 구성원 과반수의 찬성으로 선출한다.

해설 ▶ 감사 선출방법
⑤ 감사 후보자가 선출필요인원과 같은 경우 후보자별로 전체 입주자등의 10분의 1 이상이 투표하고 투표자 과반수의 찬성으로 선출한다.

정답 40. ⑤   41. ⑤

42. 다음 중 동별 대표자 등의 선거관리에 관한 내용으로 바르지 못한 것은?

① 500세대 이상의 공동주택의 경우에는 선거관리위원회는 위원장을 포함하여 5명 이상 9명 이하의 위원으로 구성하고, 위원장은 호선한다.
② 500세대 이상의 공동주택은 「선거관리위원회법」에 따른 선거관리위원회 소속 직원 1명을 관리규약으로 정하는 바에 따라 위원으로 위촉할 수 있다.
③ 선거관리위원회는 그 구성원 과반수의 찬성으로 그 의사를 결정한다. 이 경우 선출에 관하여 공동주택관리법령으로 정하지 아니한 사항은 관리규약으로 정한다.
④ 500세대 미만의 공동주택의 경우에는 선거관리위원회는 위원장을 포함하여 3명 이상 9명 이하의 위원으로 구성하고, 위원장은 호선한다.
⑤ 선거관리위원회의 운영·업무(동별 대표자 결격사유의 확인을 포함한다)·경비, 위원의 선임 및 임기 등에 관한 사항은 관리규약으로 정한다.

해설 ▶ **선거관리위원회**
선거관리위원회는 그 구성원 과반수의 찬성으로 그 의사를 결정한다. 이 경우 선출에 관하여 「공동주택관리법 시행령」 및 관리규약으로 정하지 아니한 사항은 선거관리위원회 규정으로 정할 수 있다.

43. 공동주택관리법령상 입주자대표회의의 구성과 임원의 업무범위 등에 관한 설명으로 옳지 않은 것은? **23회 출제**

① 감사는 감사를 한 경우에는 감사보고서를 작성하여 입주자대표회의와 관리주체에게 제출하고 인터넷 홈페이지 및 동별 게시판 등에 공개하여야 한다.
② 동별 대표자가 임기 중에 동별 대표자의 결격사유에 해당하게 된 경우에는 당연히 퇴임한다.
③ 입주자대표회의는 의결사항을 의결할 때 입주자등이 아닌 자로서 해당 공동주택의 관리에 이해관계를 가진 자의 권리를 침해해서는 안 된다.
④ 사용자인 동별 대표자는 회장이 될 수 없으나, 입주자인 동별 대표자 중에서 회장 후보자가 없는 경우로서 선출 전에 전체 입주자등의 과반수의 동의를 얻은 경우에는 회장이 될 수 있다.
⑤ 입주자대표회의는 그 회의를 개최한 때에는 회의록을 작성하여 관리주체에게 보관하게 하고, 관리주체는 입주자등이 회의록의 열람을 청구하거나 자기의 비용으로 복사를 요구하는 때에는 관리규약으로 정하는 바에 따라 이에 응하여야 한다.

해설 ▶ **사용자인 동별대표자의 예외적 회장선출**
④ 사용자인 동별 대표자는 회장이 될 수 없다. 다만, 입주자인 동별 대표자 중에서 회장 후보자가 없는 경우로서 선출 전에 전체 입주자 과반수의 서면동의를 얻은 경우에는 가능하다.

정답 42. ③ 43. ④

제1장 공동주택관리의 기초이론

44 다음 항목 중 입주자대표회의의 의결사항에 속하는 것만을 묶어 놓은 것은 어느 것인가?

> ㉠ 공동주택관리규약의 제정안 제안
> ㉡ 공동주택 공용부분의 담보책임 종료 확인
> ㉢ 인근 공동주택단지 입주자 등의 주민공동시설 이용에 대한 허용제안
> ㉣ 공동주택 관리업무의 공개 및 홍보
> ㉤ 공동시설물의 사용방법에 관한 지도 및 계몽

① ㉠, ㉡, ㉢, ㉣, ㉤ ② ㉡, ㉢, ㉣, ㉤ ③ ㉡, ㉢
④ ㉢, ㉣, ㉤ ⑤ ㉣, ㉤

해설 ▶ **입주자대표회의 의결사항**
㉠ 사업주체는 입주예정자와 관리계약을 체결할 때 관리규약 제정안을 제안해야 한다.(영 제20조).
㉣, ㉤ 공동주택 관리업무의 공개·홍보 및 공동시설물의 사용방법에 관한 지도·계몽에 관한 사항은 관리주체의 일반적 업무사항에 해당한다(규칙 제29조).

45 다음 중 사용자인 동별대표자가 과반수인 입주자대표회의의 의결사항으로 옳지 <u>않은</u> 것은? **14회 개작**

① 주민공동시설(어린이집, 다함께돌봄센터, 공동육아나눔터는 제외) 위탁 운영의 제안
② 공용시설물 이용료 부과기준의 결정
③ 장기수선계획에 따른 공동주택 공용부분의 보수·교체 및 개량
④ 단지 안의 승강기 등의 유지·운영 기준
⑤ 공동주택 공용부분의 담보책임 종료 확인에 관한 사항

해설 ▶ **사용자인 동별 대표자가 과반수인 경우의 예외**
⑤ 입주자대표회의 구성원 중 사용자인 동별 대표자가 과반수인 경우에는 공동주택 공용부분의 담보책임 종료 확인에 관한 사항은 의결사항에서 제외하고, 장기수선계획의 수립 또는 조정에 관한 사항은 전체 입주자 과반수의 서면동의를 받아 그 동의 내용대로 의결한다.

정답 44. ③ 45. ⑤

46 다음 중 입주자대표회의의 의결사항이 아닌 것은?

① 어린이집, 다함께돌봄센터, 공동육아나눔터 위탁운영의 제안
② 장기수선계획 및 안전관리계획의 수립 또는 조정(비용지출을 수반하는 경우로 한정함)
③ 자치관리를 하는 경우 자치관리기구 직원의 임면에 관한 사항
④ 비용지출을 수반하는 장기수선계획의 수립 또는 조정
⑤ 공동체 생활의 활성화 및 질서유지에 관한 사항

해설 ▶ 입주자대표회의의 의결사항
주민공동시설위탁 운영의 제안은 입대의결사항이지만, 이 경우에 어린이집, 다함께돌봄센터, 공동육아나눔터는 제외한다.

47 다음 사례 중 공동주택관리법령을 위반한 것은? [16회 출제]

① 하나의 공동주택단지를 수개의 공구로 구분하여 순차적으로 건설한 단지에서, 먼저 입주한 공구의 입주자등이 입주자대표회의를 구성하였다가 다음 공구의 입주예정자의 과반수가 입주한 때에 다시 입주자대표회의를 구성하였다.
② 입주자대표회의 구성원 중 사용자인 동별 대표자가 과반수인 경우여서 공동주택 공용부분의 담보책임 종료 확인에 관한 사항을 의결사항에서 배제시켰다..
③ 자치관리를 하는 공동주택의 입주자대표회의가 구성원 과반수의 찬성으로 자치관리기구 직원의 임면을 의결하였다.
④ 300세대 전체가 입주한 공동주택에서 2013년 8월 10일에 35세대의 입주자가 요청하여 회장이 2013년 9월 9일에 입주자대표회의를 소집하였다.
⑤ 입주자대표회의 구성원 10명 중 6명의 찬성으로 해당 공동주택에 대한 리모델링의 제안을 의결하였다.

해설 ▶ 입주자대표회의
입주자등 1/10 이상 ,입주자대표회의 구성원 1/3 이상 또는 전체 입주자의 1/10 이상 (비용지출을 수반하는 장기수선계획의 수립 또는 조정에 관한 사항만 해당한다)이 입주자대표회의 소집을 요구한 경우 회장은 14일 이내에 입주자대표회의를 소집하여야 한다.

정답 46. ① 47. ④

48 다음 중 입주자대표회의 운영 및 윤리교육과 관련된 내용으로 옳지 않은 것은?

① 시·도지사는 입주자대표회의 구성원에게 입주자대표회의 운영과 관련하여 필요한 교육 및 윤리교육을 실시하여야 한다.
② 입주자대표회의 구성원 또는 입주자등에 대하여 입주자대표회의의 운영과 관련하여 필요한 교육 및 윤리교육을 하려면 교육의 일시, 장소 등 교육에 관하여 교육 10일 전까지 공고하거나 교육대상자에게 알려야 한다.
③ 입주자대표회의 구성원은 매년 4시간의 운영·윤리교육을 이수하여야 한다.
④ 하자 보수에 관한 사항은 입주자대표회의 운영·윤리교육에 포함된다.
⑤ 운영·윤리교육은 집합교육의 방법으로 한다. 다만, 교육 참여현황의 관리가 가능한 경우에는 그 전부 또는 일부를 온라인교육으로 할 수 있다.

해설 입주자대표회의의 운영 및 윤리교육
입주자대표회의 운영교육의 실시권자는 시장·군수·구청장이다.

49 공동주택관리법령상 甲구청장이 A아파트의 동별 대표자에게 실시할 입주자대표회의 운영 및 윤리교육에 관한 내용으로 옳지 않은 것은? [13회 개작]

① 교육 내용으로는 층간소음 예방 및 입주민 간 분쟁의 조정에 관한 사항 등을 포함하여 실시하기로 하였다.
② 2024년 6월 15일에 실시할 운영 및 윤리교육 시간을 오후 1시부터 오후 5시까지로 확정하여 실시하기로 하였다.
③ 2024년 6월 15일에 실시할 운영 및 윤리교육에 관한 교육일시, 교육장소 등을 2024년 6월 1일에 공고하기로 하였다.
④ 甲구청장은 운영 및 윤리교육에 드는 비용을 필요하다고 인정하여 비용의 전부를 지원하기로 하였다.
⑤ 2024년 6월 15일에 실시할 운영 및 윤리교육의 다음 교육은 2026년 6월 15일에 실시하기로 하였다.

해설 입주자대표회의의 구성원교육
입주자대표회의 구성원은 매년 4시간의 운영·윤리교육을 이수하여야 한다.

정답 48. ① 49. ⑤

50. 다음 중 입주자대표회의의 운영 및 윤리교육에 관한 내용으로 옳지 않은 것은?

① 시장·군수·구청장은 운영·윤리교육을 이수한 사람에게 수료증을 내주어야 한다.
② 시장·군수·구청장은 입주자대표회의 구성원의 운영·윤리교육 참여현황을 엄격히 관리하여야 한다.
③ 운영 및 윤리교육에 드는 비용은 수강생 본인이 부담함이 원칙이다.
④ 상기 ③의 경우 시장·군수 또는 구청장이 필요하다고 인정하는 경우에는 그 비용의 전부 또는 일부를 지원할 수 있다.
⑤ 시장·구청장은 운영·윤리교육을 이수하지 아니한 입주자대표회의 구성원에 대해서는 자료의 제출이나 그 밖에 필요한 명령 등 조치를 하여야 한다.

해설 ▶ **운영 및 윤리교육의 비용**
입주자대표회의 구성원에 대한 운영·윤리교육의 수강비용은 입주자대표회의 운영경비에서 부담하며, 입주자등에 대한 운영·윤리교육의 수강비용은 수강생 본인이 부담한다. 다만, 시장·군수·구청장은 필요하다고 인정하는 경우에는 그 비용의 전부 또는 일부를 지원할 수 있다.

51. 다음 중 사업주체가 입주예정자에게 그 과반수가 입주한 사실을 통지하는 때에 그 통지서에 포함되어야 하는 사항이 아닌 것은?

① 총입주예정세대수 및 총입주세대수
② 동별 입주예정세대수 및 동별 입주세대수
③ 공동주택 관리방법 결정의 요구
④ 주택관리업자의 선정사실
⑤ 사업주체의 성명 및 주소

해설 ▶ **관리방법 요구 시 통지사항**
입주자대표회의로부터 관리방법결정의 통지가 없거나 입주자대표회의가 자치관리기구를 구성하지 아니하는 경우 주택관리업자를 선정하여, 그 사실을 입주자에게 통지하여야 하는 사항이다.
(법 제12조 참조).

52. 다음 중 의무관리대상 공동주택의 구분관리에 관한 설명으로 적합하지 않은 것은?

① 입주자대표회의는 관리여건상 필요하다고 인정하는 경우에는 인접한 공동주택 단지와 구분하여 관리하게 할 수 있다.
② 구분관리하고자 하는 대상인 공동주택은 500세대 이상이어야 한다.
③ 입주자대표회의는 반드시 구분관리 전에 전체 입주자등의 과반수의 찬성을 얻어야 한다.
④ 공동주택관리규약에는 동의에 관한 의결정족수를 달리 정할 수 있다.
⑤ 공동관리의 경우에는 원칙적으로 공동관리하는 총세대수가 1천 5백세대 이하이어야 하고, 공동주택 단지 사이에 폭 20m 이상인 일반도로 등이 없어야 한다.

정답 50. ③ 51. ④ 52. ③

제1장 공동주택관리의 기초이론

> **해설** ▶ **구분관리의 요건**
> 입주자대표회의는 '구분관리 단위별' 입주자등의 과반수의 '서면동의'를 얻어야 하는 것이 원칙이나, 관리규약으로 달리 정한 경우에는 그에 의한다(규칙 제2조).

53 공동주택의 입주자대표회의에서 인접한 공동주택단지와 공동관리하고자 하는 경우에 대한 설명으로 틀린 것은?

① 주택단지별로 입주자등의 과반수의 서면동의를 얻어야 한다.
② 시장·군수·구청장이 지하도, 육교, 횡단보도, 그 밖에 이와 유사한 시설의 설치를 통하여 단지 간 보행자 통행의 편리성 및 안전성이 확보되었다고 인정하는 경우에는 단지별로 입주자등 3분의2 이상의 서면동의를 받아야 한다.
③ 입주자대표회의의 구성 및 운영 방안 등을 입주자 등에게 통지하고 입주자 등의 서면동의를 받아야 한다.
④ 공동관리하는 총세대수는 1천 5백세대 이하여야 하지만, 의무관리대상 공동주택단지와 인접한 300세대 미만의 공동주택단지를 공동으로 관리하는 경우는 제외한다.
⑤ 공동주택을 공동관리할 것을 결정한 때에는 지체 없이 그 내용을 사업주체에게 통보하여야 한다.

> **해설** ▶ **공동관리와 구분관리**
> 입주자대표회의는 공동주택을 공동관리하거나 구분관리할 것을 결정한 때에는 지체 없이 그 내용을 시장·군수 또는 구청장에게 통보하여야 한다(규칙 제2조 제4항).

54 임대주택사업자 및 임차인대표회의에 관한 설명 중 틀린 것은?   **10회 개작**

① 150세대 이상의 공동주택으로서 승강기가 설치된 공동주택단지에 입주하는 임차인은 임차인대표회의를 구성하여야 한다.
② 임차인대표회의를 소집하고자 할 때에는 소집기일 5일 전까지 회의의 목적·일시 및 장소 등을 임차인에게 통지하거나 공시하여야 한다.
③ 임대사업자는 임차인이 임차인대표회의를 구성하지 않는 경우에 임차인대표회의를 구성해야 한다는 사실과 협의사항 및 임차인대표회의의 구성·운영에 관한 사항을 반기 1회 이상 임차인에게 통지해야 한다.
④ 임대사업자는 입주예정자의 과반수가 입주한 때에는 과반수가 입주한 날부터 30일 이내에 입주현황과 임차인대표회의를 구성할 수 있다는 사실을 입주한 임차인에게 통지하여야 한다.
⑤ 임대주택사업자는 임차인대표회의가 하자보수 등을 의결하여 요청한 사항에 대해 의무적으로 시행하여야 한다.

정답   53. ⑤   54. ⑤

해설 ▶ 임대주택사업자 및 임차인대표회의

하자보수에 관한 사항은 임대주택사업자와 임차인대표회의 간의 '협의' 사항으로서, 비록 임차인대표회의가 하자보수를 의결하여 요청하더라도 임대사업자는 그 요청에 법적으로 구속되는 것이 아니고 협의를 통해 양자 간에 하자보수에 관한 합의가 이루어져야 법적 효력이 발생하는 사항이다(「민간임대주택에 관한 특별법」 제52조 제3항, 영 제42조 제3항).

55

「민간임대주택에 관한 특별법」상 민간임대주택의 관리에 관한 설명으로 옳은 것은?

18회 출제

① 임대사업자가 민간임대주택을 양도하는 경우에는 특별수선충당금을 「공동주택관리법」에 따라 최초로 구성되는 입주자대표회의에 넘겨주어야 한다.
② 임차인대표회의는 필수적으로 회장 1명, 부회장 1명, 이사 1명 및 감사 1명을 동별 대표자 중에서 선출하여야 한다.
③ 임대사업자가 민간임대주택을 자체관리하려면 대통령령으로 정하는 기술인력 및 장비를 갖추고 국토교통부장관에게 신고해야 한다.
④ 임차인대표회의를 소집하려는 경우에는 소집일 3일 전까지 회의의 목적·일시 및 장소 등을 임차인에게 알리거나 공시하여야 한다.
⑤ 임대사업자는 임차인으로부터 임대주택을 관리하는 데에 필요한 경비를 받을 수 없다.

해설 ▶ 임대주택의 관리

② 임차인대표회의는 회장 1명, 부회장 1명 및 감사 1명을 동별 대표자 중에서 선출하여야 한다.
③ 임대사업자가 민간임대주택을 자체관리하려면 대통령령으로 정하는 기술인력 및 장비를 갖추고 관할 시장·군수·구청장의 인가를 받아야 한다.
④ 임차인대표회의를 소집하려는 경우에는 소집일 5일 전까지 회의의 목적·일시 및 장소 등을 임차인에게 알리거나 공시하여야 한다.
⑤ 임대사업자는 임차인으로부터 임대주택을 관리하는 데에 필요한 경비를 받을 수 있다.

56

공동주택관리법령상 사업주체가 관리업무를 주택관리업자에게 인계하는 때에는 인수·인계서를 작성하여야 한다. 이 경우 인계할 서류로 옳게 짝지어지지 않은 것은? (단, 「공동주택관리법 시행령」 제10조 제4항 관리업무에 필요한 사항은 고려하지 않음)

11회 출제

① 설계도서·장비의 명세 : 안전관리계획
② 관리비의 부과·징수 현황 : 장기수선계획
③ 장기수선충당금의 적립현황 : 사용료의 부과·징수 현황
④ 장기수선충당금의 사용명세 : 하자보수충당금의 적립현황
⑤ 관리비예치금의 명세 : 장기수선계획

정답 55. ① 56. ④

해설 ▶ 관리업무의 인수인계

장기수선충당금의 적립현황은 인수·인계할 서류에 포함되나, 장기수선충당금의 사용명세는 포함되지 않는다. 또한 하자보수충당금 또는 하자보수보증금은 관리주체를 거치지 않으므로 인수인계서에 포함되지 않는다.

57. 다음 중 주택임대관리업 등록에 관한 내용으로 틀린 것은?

① 위탁관리형 주택임대관리업이란 주택의 소유자로부터 수수료를 받고 임대료 부과·징수 및 시설물 유지·관리 등을 대행하는 형태의 업을 말한다.
② 주택임대관리업자는 등록이 말소된 후 2년이 지나지 아니한 때에는 다시 등록할 수 없다.
③ 영업정지기간 중에 주택임대관리업을 영위한 경우에는 주택임대관리업 등록을 말소하여야 한다.
④ 시장·군군수·구청장은 등록사항 변경신고를 받은 날부터 5일 이내에 신고수리 여부를 신고인에게 통지하여야 한다.
⑤ 위탁관리형 주택임대관리업을 하는 주택임대관리업자는 임대인 및 임차인의 권리보호를 위하여 보증상품에 가입하여야 한다.

해설 ▶ 주택임대관리업

자기관리형 주택임대관리업을 하는 주택임대관리업자는 임대인 및 임차인의 권리보호를 위하여 보증상품에 가입하여야 한다.

58. 공동주택관리법령상 다음의 경력을 갖춘 주택관리사보 중 주택관리사 자격증을 교부받을 수 있는 경우를 모두 고른 것은?

㉠ 공동주택 관리사무소의 소독원으로 5년간 종사한 자
㉡ 법령에 따라 등록한 주택관리업자의 임직원으로서 주택관리업무에 5년간 종사한 자
㉢ 지방공사의 직원으로서 주택관리업무에 3년간 종사한 자
㉣ 국토교통부장관이 정하여 고시하는 공동주택관리와 관련된 단체의 임직원으로서 주택관련 업무에 3년간 종사한 자
㉤ 법령에 따라 등록한 주택관리업자의 직원으로서 주택관리업무에 3년간 종사한 후 지방공사의 직원으로서 주택관리업무에 2년간 종사한 자

① ㉠, ㉢   ② ㉠, ㉤   ③ ㉡, ㉣   ④ ㉡, ㉤   ⑤ ㉢, ㉣

정답 57. ⑤ 58. ④

해설 ▸ 주택관리사의 경력

㉠ 사업계획승인을 받아 건설한 50세대 이상의 공동주택(「건축법」에 따른 건축허가를 받아 주택과 주택 외의 시설을 동일 건축물로 건축한 건축물 중 주택이 50세대 이상 300세대 미만인 건축물을 포함한다)의 관리사무소의 직원(경비원, 청소원, 소독원은 제외한다) 또는 주택관리업자의 직원으로서 주택관리업무에의 종사경력 5년 이상이므로 소독원은 대상이 되지 않는다.
㉡ 법령에 따라 등록한 주택관리업자의 임직원으로서 주택관리업무에 5년간 종사한 자는 대상이 된다.
㉢ 지방공사의 직원으로서 주택관리업무에 5년간 종사한 자가 대상이 된다.
㉣ 국토교통부장관이 정하여 고시하는 공동주택관리와 관련된 단체의 임직원으로서 주택관련 업무에 5년간 종사한 자가 대상이 된다.
㉤ 대상 조건을 모두 합한 기간이 5년 이상이 되므로 법령에 따라 등록한 주택관리업자의 직원으로서 주택관리업무에 3년간 종사한 후 지방공사의 직원으로서 주택관리업무에 2년간 종사한 자도 대상이 된다.

59 공동주택관리법령상 공동주택의 관리주체에 관한 설명으로 옳은 것은? ? [27회 출제]

① 임대사업자는 관리주체가 될 수 없다.
② 100세대 이상인 공동주택의 관리주체는 관리규약으로 정하는 바에 따라 입주자대표회의의 회의록을 입주자등에게 공개하여야 한다.
③ 주택내부의 구조물을 교체하는 행위로서 입주자가 창틀을 교체하는 행위는 관리주체의 동의를 받아야 한다.
④ 관리주체는 전체 입주자 3분의 1 이상의 서면동의를 받은 경우에는 3년이 지나기 전에 장기수선계획을 조정할 수 있다.
⑤ 의무관리대상 공동주택의 관리주체는 회계연도마다 사업실적서 및 결산서를 작성하여 회계연도 종료 후 1개월 이내에 입자주대표회의에 제출하여야 한다.

해설 ▸ 관리주체

① 임대사업자는 관리주체에 해당한다. 한편, 주택임대관리업자는 시설물 유지·보수·개량 및 그 밖의 주택관리 업무를 수행하는 경우에 한정하여 관리주체가 된다.
② 300세대 이상인 공동주택의 관리주체는 회의록을 입주자등에게 공개하여야 하며, 300세대 미만인 공동주택의 관리주체는 관리규약으로 정하는 바에 따라 회의록을 공개할 수 있다.
④ 전체 입주자 3분의 1 이상 → 전체 입주자 과반수
⑤ 회계연도 종료 후 1개월 이내에 → 회계연도 종료 후 2개월 이내에

정답 59. ③

60. 다음 사례 중 공동주택관리법령을 위반한 것은?

14회 개작

① A아파트의 관리사무소장은 선량한 관리자의 주의로 그 직무를 수행하였다.
② B아파트의 입주자대표회의는 관리사무소장이 해임된 날부터 20일째 되는 날에 새로운 관리사무소장을 선임하였다.
③ A아파트의 관리사무소장은 관리비 등이 예치된 금융기관으로부터 매월 말일을 기준으로 발급받은 잔고증명서의 금액과 장부상 금액이 일치하는지 여부를 관리비등이 부과된 달의 다음달 15일이 되는 날 확인하는 업무를 집행하였다.
④ B아파트의 관리사무소장은 관리사무소장으로 배치된 날의 그 다음 달에 주택관리에 관한 교육업무를 위탁받은 기관에서 시행한 교육을 3일간 받았다.
⑤ A아파트의 관리사무소장은 배치된 날부터 10일째 되는 날에 배치 내용과 업무의 집행에 사용할 직인을 필요 서류와 함께 주택관리사단체에 제출하였다.

해설 ▶ 주택관리사등의 배치
관리사무소장은 관리비 등이 예치된 금융기관으로부터 매월 말일을 기준으로 발급받은 잔고증명서의 금액과 장부상 금액이 일치하는지 여부를 관리비 등이 부과된 달의 다음 달 10일까지 확인하는 업무를 집행한다.

61. 다음 중 입주자대표회의가 공동 또는 구분관리하고자 하는 경우에 입주자등에게 통지할 사항에 포함되어야 하는 사항만으로 묶어 놓은 것은?

㉠ 공동주택 관리기구의 구성 및 운영 방안
㉡ 입주자대표회의의 구성 및 운영방안
㉢ 공동 또는 구분관리의 내용 및 적법성
㉣ 입주자등이 부담하여야 하는 비용변동의 추정치
㉤ 장기수선계획의 조정 및 장기수선충당금의 적립 및 관리 방안

① ㉠, ㉡, ㉢, ㉣, ㉤
② ㉠, ㉡, ㉢, ㉣
③ ㉠, ㉡, ㉣, ㉤
④ ㉡, ㉢, ㉣, ㉤
⑤ ㉠, ㉡, ㉢

해설 ▶ 공동관리시 입주자등에게 통지할 사항
㉢ 공동 또는 구분관리의 내용 및 적법성은 통지할 사항이 아니다(규칙 제2조 제1항).

정답 60. ③   61. ③

제1편 공동주택사무관리

62 공동주택관리법령상 주택관리사등의 자격을 반드시 취소해야 하는 사유에 해당하지 않는 것은?

`19회 출제`

① 거짓이나 그 밖의 부정한 방법으로 자격을 취득한 경우
② 의무관리대상 공동주택에 취업한 주택관리사등이 다른 공동주택 및 상가·오피스텔 등 주택 외의 시설에 취업한 경우
③ 공동주택의 관리업무와 관련하여 금고 이상의 형을 선고받은 경우
④ 주택관리사등이 업무와 관련하여 금품수수 등 부당이득을 취한 경우
⑤ 다른 사람에게 자기의 명의를 사용하여 이 법에서 정한 업무를 수행하게 하거나 자격증을 대여한 경우(주택관리업자 및 주택관리사등)

해설 ▶ 주택관리사등의 자격취소
주택관리사등이 업무와 관련하여 금품수수 등 부당이득을 취한 경우에 해당하면 그 자격을 취소하거나 1년 이내의 기간을 정하여 그 자격을 정지시킬 수 있다.

`12회 개작`

63 공동주택관리법령상 주택관리업에 관한 설명으로 옳지 않은 것은?

① 주택관리업의 등록기준 중에서 자본금은 2억원 이상이어야 한다.
② 주택관리업자가 등록이 말소된 후 2년이 지나지 아니한 때에는 다시 등록할 수 없다.
③ 최근 3년간 2회 이상의 영업정지처분을 받은 주택관리업자로서 그 정지처분을 받은 기간이 통산하여 12개월을 초과한 경우에는 영업정지를 갈음하여 2천만원 이하의 과징금을 부과받을 수 있다.
④ 의무관리대상 공동주택의 관리를 업으로 하려는 자는 시장·군수·구청장에게 등록하여야 한다.
⑤ 과징금 납부를 통지 받은 주택관리업자는 통지를 받은 날부터 30일 이내에 과징금을 시장·군수·구청장이 정하는 수납기관에 납부해야 한다.

해설 ▶ 주택관리업자에 대한 과징금의 부과
주택관리업자에게 영업정지에 갈음하여 2천만원 이하의 과징금을 부과할 수 있으나, 최근 3년간 2회 이상의 영업정지를 받은 기간이 통산하여 12개월 초과하는 경우에는 등록을 취소하여야 하는 사항에 해당되므로 과징금 부과대상에서 제외된다.

정답 62. ④ 63. ③

64. 다음 중 시장 등이 주택관리업의 등록을 반드시 말소하여야 하는 사유에 해당하는 것은?

① 공동주택 관리 실적이 매년 12월 31일을 기준으로 최근 3년간 공동주택의 관리 실적이 없는 경우
② 과실로 공동주택을 잘못 관리하여 소유자 및 사용자에게 재산상의 손해를 입힌 경우
③ 관리방법 및 업무내용 등을 위반하여 공동주택을 관리한 경우
④ 입주자대표회의 및 관리주체가 관리비·사용료와 장기수선충당금을 이 법에 따른 용도 외의 목적으로 사용한 경우
⑤ 주택관리업자가 다른 자에게 자기의 상호를 사용하여 이 법에서 정한 사업을 수행하게 하거나 그 등록증을 대여한 경우

해설 ▶ 주택관리업의 필수적 등록말소사유
ⓐ 거짓이나 그 밖의 부정한 방법으로 등록을 한 경우
ⓑ 영업정지기간 중에 주택관리업을 영위한 경우 또는 최근 3년간 2회 이상의 영업정지처분을 받은 자로서 그 정지처분을 받은 기간이 합산하여 12개월을 초과한 경우
ⓒ 주택관리업자 및 주택관리사 등이 다른 자에게 자기의 성명 또는 상호를 사용하여 이 법에서 정한 사업이나 업무를 수행하게 하거나 그 등록증을 대여한 경우

65. 공동주택관리법령상 주택관리사등에 대한 행정처분기준 중 개별기준에 관한 규정의 일부이다. ㄱ~ㄷ에 들어갈 내용으로 옳은 것은?

2회 개작

위반행위	행정처분기준		
	1차 위반	2차 위반	3차 위반
법 제93조제3항·제4항에 따른 감사를 거부·방해 또는 기피한 경우	ㄱ	ㄴ	ㄷ

① ㄱ: 자격정지 1개월 ㄴ: 자격정지 2개월 ㄷ: 자격정지 3개월
② ㄱ: 자격정지 3개월 ㄴ: 자격정지 3개월 ㄷ: 자격정지 3개월
③ ㄱ: 경고 ㄴ: 자격정지 3개월 ㄷ: 자격정지 6개월
④ ㄱ: 경고 ㄴ: 자격정지 2개월 ㄷ: 자격정지 3개월
⑤ ㄱ: 경고 ㄴ: 자격정지 1개월 ㄷ: 자격정지 2개월

해설 ▶ 주택관리사등의 자격취소 및 정지처분
법 제93조 제3항·제4항(입주자 등이 전체 입주자등의 2/10 이상 동의를 받아 지방자치단체의 장에게 감사를 요청시)에 따른 감사를 거부·방해 또는 기피한 경우 1차 위반은 경고, 2차 위반은 자격정지 2개월, 3차 위반은 자격정지 3개월로 행정처분을 한다.

정답 64. ⑤ 65. ④

66

공동주택관리법령상 주택관리사등의 자격을 반드시 취소해야 하는 사유에 해당하지 **않는** 것은?

19회 출제

① 거짓이나 그 밖의 부정한 방법으로 자격을 취득한 경우
② 주택관리사등이 동시에 2개 이상의 다른 공동주택단지에 취업한 경우
③ 공동주택의 관리업무와 관련하여 금고 이상의 형을 선고받은 경우
④ 주택관리사등이 업무와 관련하여 금품수수 등 부당이득을 취한 경우
⑤ 다른 사람에게 자기의 명의를 사용하여 업무를 수행하게 하거나 자격증을 대여한 경우

해설 ▶ 주택관리사등의 자격취소
주택관리사등이 업무와 관련하여 금품수수 등 부당이득을 취한 경우 – 자격정지(1차 6개월, 2차 1년)

67

다음 중 관리사무소장과 주택관리업자에 대한 교육에 관한 내용으로 **틀린** 것은?

① 관리사무소장으로 배치받은 주택관리사등은 관리사무소장으로 배치된 날(주택관리사보로서 관리사무소장이던 사람이 주택관리사의 자격을 취득한 경우에는 그 자격취득일을 말한다)부터 3개월 이내 공동주택관리에 관한 교육과 윤리교육을 받아야 한다.
② 관리사무소장으로 배치받으려는 주택관리사등이 배치예정일부터 직전 5년 이내에 관리사무소장·공동주택관리기구의 직원 또는 주택관리업자의 임직원으로서 종사한 경력이 없는 경우에는 시·도지사가 실시하는 공동주택관리에 관한 교육과 윤리교육을 이수하여야 관리사무소장으로 배치받을 수 있다.
③ 주택관리업자는 주택관리업의 등록을 한 날부터 30일 이내에 공동주택관리에 관한 교육과 윤리교육을 받아야 한다.
④ 국토교통부장관은 시·도지사가 실시하는 교육의 전국적 균형을 유지하기 위하여 교육수준 및 교육방법 등에 필요한 지침을 마련하여 시행할 수 있다.
⑤ 공동주택의 관리사무소장으로 배치받아 근무 중인 주택관리사등은 교육을 받은 후 3년마다 공동주택관리에 관한 교육과 윤리교육을 받아야 한다.

해설 ▶ 주택관리업자에 대한 교육
주택관리업자는 주택관리업의 등록을 한 날부터 3개월 이내에 공동주택관리에 관한 교육과 윤리교육을 받아야 한다.

정답 66. ④ 67. ③

제1장 공동주택관리의 기초이론

68 공동주택관리법령상 공동주택의 관리에 관한 설명으로 옳지 않은 것은?

① 관리주체는 장기수선계획을 조정하기 전에 해당 공동주택의 관리사무소장으로 하여금 장기수선계획의 비용산출 및 공사방법 등에 관한 교육을 받게 할 수 있다.
② 관리주체는 해당 공동주택의 시설물로 인한 안전사고를 예방하기 위하여 대통령령으로 정하는 바에 따라 안전관리계획을 수립하고 이에 따라 시설물별로 안전관리자 및 안전관리책임자를 선정하여 이를 시행하여야 한다.
③ 주택관리업자와 관리사무소장으로 배치받은 주택관리사등은 시장·군수 또는 구청장이 실시하는 공동주택관리에 관한 교육과 윤리교육을 받아야 한다.
④ 시장·군수 또는 구청장은 입주자대표회의의 운영 및 윤리교육을 실시하려면 교육일시, 교육장소, 교육기간, 교육내용, 교육대상자, 그 밖에 교육에 관하여 필요한 사항을 교육 실시 10일 전까지 공고하거나 대상자에게 알려야 한다.
⑤ 관리사무소장의 직무에 관한 보수교육은 주택관리사와 주택관리사보로 구분하여 실시한다.

17회 출제

해설 ▶ 관리사무소장 교육
주택관리업자(법인인 경우에는 그 대표자)와 관리사무소장으로 배치받은 주택관리사등은 시·도지사로부터 공동주택관리에 관한 교육과 윤리교육을 받아야 한다.

69 공동주택관리법령상 관리사무소장으로 배치된 주택관리사등의 손해배상책임에 대한 설명 중 옳지 않은 것은?

11회 개작

① 공제 또는 보증보험에 가입한 주택관리사등으로서 보증기간이 만료되어 다시 보증설정을 하려고 하는 자는 그 보증기간 만료 후 30일 이내에 다시 보증설정을 하여야 한다.
② 손해배상책임을 보장하기 위하여 공탁한 공탁금은 주택관리사 등이 해당 공동주택의 관리사무소장의 직책을 사임하거나 그 직에서 해임된 날 또는 사망한 날부터 3년 이내에는 회수할 수 없다.
③ 500세대 이상의 공동주택에 배치된 경우 5천만 원을 보장하는 보증보험 또는 공제에 가입하거나 공탁을 하여야 한다.
④ 손해배상책임을 보장하기 위한 보증설정 조치를 한 후 관리사무소장으로 배치된 날에 해당 공동주택의 입주자대표회의의 회장에게 보증보험 등에 가입한 사실을 입증하는 서류를 제출하여야 한다.
⑤ 공탁금으로 손해배상을 한 때에는 15일 이내에 공탁금 중 부족하게 된 금액을 보전하여야 한다.

해설 ▶ 보증의 변경
보증보험 또는 공제에 가입한 주택관리사등으로서 보증기간이 만료되어 다시 보증설정을 하려는 자는 그 보증기간이 만료되기 전에 다시 보증설정을 하여야 한다.

정답 68. ③ 69. ①

제1편 공동주택사무관리

70 다음 중 주택관리사등의 업무상 손해배상책임을 보장하기 위한 보증 및 공탁에 관한 설명으로 옳지 않은 것은?

① 주택관리사등은 관리사무소장의 업무를 집행함에 있어서 고의 또는 과실로 입주자 등에게 재산상의 손해를 입힌 경우에는 그 손해를 배상할 책임이 있다.
② 500세대 미만의 공동주택의 관리사무소장으로 배치된 주택관리사등은 위 손해배상책임을 보장하기 위하여 3,000만원의 금액을 보장하는 보증보험 또는 공제에 가입하거나 공탁을 하여야 한다.
③ 보증설정을 이행한 주택관리사 등은 그 보증설정을 다른 보증설정으로 변경하려는 경우에는 해당 보증설정의 효력이 있는 기간 중에 다른 보증설정을 하여야 한다.
④ 주택관리사등은 공제금·보증보험금 또는 공탁금으로 손해배상을 한 때에는 30일 이내에 보증보험 또는 공제에 다시 가입하거나 공탁금 중 부족하게 된 금액을 보전하여야 한다.
⑤ 입주자대표회의는 손해배상금으로 보증보험금·공제금 또는 공탁금을 지급받으려는 경우에는 해당하는 서류를 첨부하여 보증보험회사, 공제회사 또는 공탁기관에 손해배상금의 지급을 청구하여야 한다.

해설 ▸ 공탁금의 보전
공탁금 등으로 손해배상을 한 후에 그 부족한 금액을 보전하여야 할 기한은 손해배상을 한 때로부터 15일 이내이다.

71 주택관리사등은 손해배상책임을 보장하기 위한 보증보험 또는 공제에 가입하거나 공탁을 한 후 입주자대표회의 등에게 보증보험 등에 가입한 사실을 입증하는 서류를 제출하여야 하는 시기로 옳은 것은?

① 해당 공동주택의 관리사무소장으로 배치된 날
② 해당 공동주택의 관리사무소장으로 배치된 날로부터 3일 이내
③ 해당 공동주택의 관리사무소장으로 배치된 날로부터 7일 이내
④ 해당 공동주택의 관리사무소장으로 배치된 날로부터 14일 이내
⑤ 해당 공동주택의 관리사무소장으로 배치된 날로부터 30일 이내

해설 ▸ 보증증서의 제출
주택관리사등은 손해배상책임을 보장하기 위한 보증보험 또는 공제에 가입하거나 공탁을 한 후 해당 공동주택의 관리사무소장으로 배치된 날에 보증보험 등에 가입한 사실을 입증하는 서류를 제출하여야 한다.

정답 70. ④ 71. ①

72. 다음 중 관리사무소장의 업무에 대한 부당 간섭 배제 등에 관한 내용으로 옳지 <u>않은</u> 것은?

① 입주자대표회의(구성원을 포함한다)는 관리사무소장의 업무에 이 법 또는 관계 법령에 위반되는 지시를 하거나 명령을 하는 등 부당하게 간섭하여서는 아니 된다.
② 시장·군수·구청장은 사실 조사 결과 또는 시정명령 등의 조치 결과를 입주자대표회의에 통보하여야 한다.
③ 입주자대표회의가 관리사무소장의 업무에 부당하게 간섭하여 입주자등에게 손해를 초래하거나 초래할 우려가 있는 경우 관리사무소장은 시장·군수·구청장에게 이를 보고하고, 사실 조사를 의뢰할 수 있다.
④ 시장·군수·구청장은 ③에 따라 사실 조사를 의뢰받은 때에는 즉시 이를 조사하여야 하고, 부당하게 간섭한 사실이 있다고 인정하는 경우 입주자대표회의에 필요한 명령 등의 조치를 하여야 한다.
⑤ 입주자대표회의는 관리사무소장의 보고나 사실 조사 의뢰 또는 ④에 따른 명령 등을 이유로 관리사무소장을 해임하거나 해임하도록 주택관리업자에게 요구하여서는 아니 된다.

해설 ▶ 시장·군수·구청장의 결과 통보
시장·군수·구청장은 사실 조사 결과 또는 시정명령 등의 조치 결과를 관리사무소장에게 통보하여야 한다.

18회 출제

73. 공동주택관리법령상 공동주택 관리사무소장에 관한 설명으로 옳지 <u>않은</u> 것은?

① 500세대 미만의 공동주택에는 주택관리사를 갈음하여 주택관리사보를 해당 공동주택의 관리사무소장으로 배치할 수 있다.
② 관리사무소장은 공동주택의 운영·관리·유지·보수·교체·개량 및 리모델링에 관한 업무와 관련하여 입주자대표회의를 대리하여 재판상 또는 재판 외의 행위를 할 수 없다.
③ 주택관리사등은 관리사무소장의 업무를 집행하면서 고의 또는 과실로 입주자 등에게 재산상의 손해를 입힌 경우에는 그 손해를 배상할 책임이 있다.
④ 관리사무소장은 선량한 관리자의 주의로 그 직무를 수행하여야 한다.
⑤ 관리사무소장은 경비원 등 근로자에게 업무 이외에 부당한 지시를 하거나 명령을 하는 행위를 하여서는 아니 된다.

해설 ▶ 공동주택 관리사무소장
주택관리사등은 공동주택의 운영·관리·유지·보수·교체·개량 및 리모델링에 관한 업무와 관련하여 입주자대표회의를 대리하여 재판상 또는 재판 외의 행위를 할 수 있다.

정답 72. ② 73. ②

74. 공동주택관리법령상 관리사무소장 배치신고에 관한 설명으로 옳지 않은 것은?

① 배치 내용과 업무의 집행에 사용할 직인을 신고하려는 관리사무소장은 배치된 날부터 15일 이내에 법정서류를 첨부하여 주택관리사단체에 제출하여야 한다.
② 제출서류에는 주택관리사보자격시험 합격증서 또는 주택관리사 자격증 사본 1부가 포함된다.
③ 신고 또는 변경신고를 접수한 주택관리사단체는 관리사무소장의 배치 내용 및 직인 신고(변경신고하는 경우를 포함한다) 접수 현황을 분기별로 시장·군수·구청장에게 보고하여야 한다.
④ 공동주택의 관리방법이 위탁관리인 경우에 배치된 공동주택의 전임 관리사무소장이 배치종료 신고를 하지 아니한 경우에는 임명장 사본1부, 근로계약서 사본 1부를 함께 제출하여야 한다.
⑤ 주택관리사단체는 관리사무소장이 신고 또는 변경신고에 대한 증명서 발급을 요청하면 즉시 관리사무소장의 배치 및 직인(변경)신고증명서를 발급하여야 한다.

해설 ▶ 배치신고
공동주택의 관리방법이 자치관리인 경우에 배치된 공동주택의 전임(前任) 관리사무소장이 배치종료 신고를 하지 아니한 경우에는 임명장 사본1부, 위·수탁 계약서 사본 1부를 함께 제출하여야 한다.

75. 공동주택관리법령상 과태료에 관한 설명 중 1천만원 이하의 과태료를 부과하여야 하는 것으로 옳지 않은 것은?

① 유사명칭을 사용한 자
② 관리비·사용료와 장기수선충당금을 이 법에 따른 용도 외의 목적으로 사용한 자
③ 지방자치단체의 장의 보고 또는 자료 제출 등의 명령을 위반한 자
④ 장부나 증빙서류 등의 정보에 대한 열람, 복사의 요구에 응하지 아니하거나 거짓으로 응한 자
⑤ 수립되거나 조정된 장기수선계획에 따라 주요시설을 교체하거나 보수하지 아니한 자

해설 ▶ 회계감사
장부나 증빙서류 등의 정보에 대한 열람, 복사의 요구에 응하지 아니하거나 거짓으로 응한 자의 경우는 500만원 이하의 과태료 부과대상이다.

정답 74. ④ 75. ④

76 공동주택관리법령상 공동주택관리비리 신고센터의 설치 및 구성에 관한 설명으로 옳지 않은 것은?

① 국토교통부장관은 국토교통부에 공동주택 관리비리 신고센터를 설치한다.
② 신고를 하려는 자는 신고자의 성명, 주소, 연락처 등 인적사항 등을 포함한 신고서(전자문서를 포함한다)를 신고센터에 제출하여야 한다.
③ 신고센터는 확인 결과 신고서가 신고자의 인적사항이나 신고내용의 특정에 필요한 사항을 갖추지 못한 경우에는 신고자로 하여금 15일 이내의 기간을 정하여 이를 보완하게 할 수 있다.
④ 신고센터는 신고서를 받은 날부터 10일 이내(보완기간은 제외한다)에 해당 지방자치단체의 장에게 신고사항에 대한 조사 및 조치를 요구하고, 그 사실을 신고자에게 통보하여야 한다.
⑤ 신고사항에 대한 조사 및 조치를 요구받은 지방자치단체의 장은 요구를 받은 날부터 30일 이내에 조사 및 조치를 완료하고, 조사 및 조치를 완료한 날부터 10일 이내에 국토교통부장관에게 통보하여야 한다.

해설 ▶ **지자체장의 조사 및 조치**
신고사항에 대한 조사 및 조치를 요구받은 지방자치단체의 장은 요구를 받은 날부터 60일 이내에 조사 및 조치를 완료하고, 조사 및 조치를 완료한 날부터 10일 이내에 국토교통부장관에게 통보하여야 한다. 다만, 60일 이내에 처리가 곤란한 경우에는 한 차례만 30일 이내의 범위에서 그 기간을 연장할 수 있다.

77 공동주택관리법령상 지역공동주택관리지원센터에 관한 설명이다. 옳지 않은 것은?

① 지방자치단체의 장은 관할 지역 내 공동주택의 효율적인 관리에 필요한 지원 및 시책을 수행하기 위하여 공동주택관리에 전문성을 가진 기관 또는 단체를 지역공동주택관리지원센터로 지정할 수 있다.
② 공동주택관리와 관련한 민원 상담 및 교육, 관리규약 제정·개정의 지원은 지역공동주택관리지원센터의 업무에 해당한다
③ 공동주택의 안전관리 업무 지원, 공동주택 관리상태 진단 및 지원은 지역공동주택관리지원센터의 업무에 해당한다
④ 선거관리위원회의 구성 및 운영과 관련한 지원은 지역공동주택관리지원센터의 업무에 해당한다
⑤ 지방자치단체는 지역공동주택관리지원센터의 운영 및 사무처리에 필요한 비용을 예산의 범위에서 출연 또는 보조할 수 있다.

정답 76. ⑤ 77. ④

해설 ▶ **지역공동주택관리지원센터**
선거관리위원회의 지원은 500세대 이상인 공동주택의 경우에 선거관리위원회법에 따른 선거관리위원회 소속직원 1명을 관리규약으로 정하는 바에 따라 위원으로 위촉할 수 있다.

> 지역센터는 다음 각 호의 업무를 수행한다.
> ㉠ 「공동주택관리법」 제86조제1항 각 호에 따른 업무
>   1. 공동주택관리와 관련한 민원 상담 및 교육
>   2. 관리규약 제정·개정의 지원
>   3. 입주자대표회의 구성 및 운영과 관련한 지원
>   4. 장기수선계획의 수립·조정 지원 또는 공사·용역의 타당성 자문 등 기술지원
>   5. 공동주택 관리상태 진단 및 지원
>   6. 공동주택 입주자등의 공동체 활성화 지원
>   7. 공동주택의 조사·검사 및 분쟁조정의 지원
>   8. 공동주택 관리실태 조사·연구
>   9. 국토교통부장관 또는 지방자치단체의 장이 의뢰하거나 위탁하는 업무
>   10. 그 밖에 공동주택 입주자등의 권익보호와 공동주택관리의 투명화 및 효율화를 위하여 대통령령으로 정하는 업무
> ㉡ 소규모 공동주택에 대한 관리 지원
> ㉢ 그 밖에 지역 내 공동주택의 효율적인 관리를 위하여 지방자치단체의 조례로 정하는 업무

78. 공동주택관리법령상 관리사무소장의 손해배상책임에 관한 설명으로 옳지 않은 것은?

① 주택관리사등은 관리사무소장의 업무를 집행하면서 고의 또는 과실로 입주자등에게 재산상의 손해를 입힌 경우에는 그 손해를 배상할 책임이 있다.
② 500세대 이상의 공동주택의 경우 5천만원의 보증보험 또는 공제에 가입하거나 공탁을 하여야 한다.
③ 공제에 가입한 주택관리사등이 해당 공동주택의 관리사무소장의 직을 사임한 날부터 3년 이내에는 공제금을 회수할 수 없다.
④ 보증보험 또는 공제에 가입한 주택관리사등으로서 보증기간이 만료되어 다시 보증설정을 하려는 자는 그 보증기간이 만료되기 전에 다시 보증설정을 하여야 한다.
⑤ 주택관리사등은 손해배상책임을 보장하기 위한 보증보험 또는 공제에 가입하거나 공탁을 한 후 입주자대표회의가 없는 경우에는 시장·군수·구청장에게 보증보험 등에 가입한 사실을 입증하는 서류를 제출하여야 한다.

해설 ▶ **손해배상책임**
공탁한 공탁금은 주택관리사등이 해당 공동주택의 관리사무소장의 직을 사임하거나 그 직에서 해임된 날 또는 사망한 날부터 3년 이내에는 회수할 수 없다.

정답 78. ③

79 공동주택관리법령상 관리주체의 동의를 요하는 사항에 해당하지 <u>않은</u> 것은?

① 공동주택을 파손하거나 해당 시설의 전부 또는 일부를 철거하는 행위(국토교통부령으로 정하는 경미한 행위는 제외한다)에 따른 경미한 행위로서 주택내부의 구조물과 설비를 교체하는 행위
② 「소방시설 설치 및 관리에 관한 법률」제16조제1항에 위배되지 아니하는 범위에서 공용부분에 물건을 적재하여 통행·피난 및 소방을 방해하는 행위
③ 가축(장애인 보조견을 제외한다)을 사육하거나 방송시설 등을 사용함으로써 공동주거생활에 피해를 미치는 행위
④ 공동주택을 사업계획에 따른 용도 외의 용도에 사용하는 행위
⑤ 「환경친화적 자동차의 개발 및 보급 촉진에 관한 법률」 제2조 제3호에 따른 전기자동차의 이동형 충전기를 이용하기 위한 차량무선인식장치[전자태그(RFID tag)를 말한다]를 콘센트 주위에 부착하는 행위

해설 ▶ 시장·군수·구청장의 허가를 받거나 시장·군수·구청장에게 신고사항

공동주택(일반인에게 분양되는 복리시설을 포함한다)의 입주자등 또는 관리주체가 다음 각 호의 어느 하나에 해당하는 행위를 하려는 경우에는 시장·군수·구청장의 허가를 받거나 시장·군수·구청장에게 신고를 하여야 한다.
1. 공동주택을 사업계획에 따른 용도 외의 용도에 사용하는 행위
2. 공동주택을 증축·개축·대수선하는 행위(「주택법」에 따른 리모델링은 제외한다)
3. 공동주택을 파손하거나 해당 시설의 전부 또는 일부를 철거하는 행위(국토교통부령으로 정하는 경미한 행위는 제외한다)

80 주택법령상 장수명 주택에 관한 설명으로 옳지 <u>않은</u> 것은?

① 국토교통부장관은 구조적으로 오래 유지관리될 수 있는 내구성을 갖추고, 입주자의 필요에 따라 내부 구조를 쉽게 변경할 수 있는 가변성과 수리 용이성 등이 우수한 주택의 건설기준을 정하여 고시할 수 있다.
② 국토교통부장관은 장수명 주택의 공급 활성화를 유도하기 위하여 건설기준에 따라 최우수 등급, 우수 등급, 양호 등급, 일반 등급의 장수명 주택 인증제도를 시행할 수 있다.
③ 사업주체가 1,000세대 이상의 주택을 공급하고자 하는 때에는 인증제도에 따라 일반 등급이상의 등급을 인정받아야 한다.
④ 국가, 지방자치단체 및 공공기관의 장은 장수명 주택을 공급하는 사업주체 및 장수명 주택 취득자에 대하여 법률 등으로 정하는 바에 따라 행정상·세제상의 지원을 할 수 있다.
⑤ 일반등급 이상의 등급을 인정받은 경우 「국토의 계획 및 이용에 관한 법률」에도 불구하고 대통령령으로 정하는 범위에서 건폐율·용적률·높이제한을 완화할 수 있다.

정답 79. ④ 80. ⑤

해설 ▶ **장수명 주택**
우수등급 이상의 등급을 인정받은 경우 「국토의 계획 및 이용에 관한 법률」에도 불구하고 대통령령으로 정하는 범위에서 건폐율·용적률·높이제한을 완화할 수 있다.

81

공동주택관리법령상 관리의 이관 내용으로 옳지 <u>않은</u> 것은?

① 의무관리대상 공동주택을 건설한 사업주체는 입주예정자의 과반수가 입주할 때까지 그 공동주택을 관리하여야 한다.
② 사업주체는 입주자대표회의의 구성에 협력하여야 한다.
③ 입주자등이 관리이관 요구를 받았을 때에는 그 요구를 받은 날부터 3개월 이내에 입주자를 구성원으로 하는 입주자대표회의를 구성하여야 한다.
④ 입주자대표회의의 회장은 입주자등이 해당 공동주택의 관리방법을 결정(위탁관리하는 방법을 선택한 경우에는 그 주택관리업자의 선정을 포함한다)한 경우에는 이를 사업주체에게 통지하고, 대통령령으로 정하는 바에 따라 관할 특별자치시장·특별자치도지사·시장·군수·구청장에게 신고하여야 한다.
⑤ 사업주체는 입주예정자의 과반수가 입주할 때까지 공동주택을 직접 관리하는 경우에는 입주예정자와 관리계약을 체결하여야 하며, 그 관리계약에 따라 관리비예치금을 징수할 수 있다.

해설 ▶ **관리의 이관**
의무관리대상 공동주택을 건설한 사업주체는 입주예정자의 과반수가 입주할 때까지 그 공동주택을 관리하여야 하며, 입주예정자의 과반수가 입주하였을 때에는 입주자등에게 대통령령으로 정하는 바에 따라 그 사실을 통지하고 해당 공동주택을 관리할 것을 요구하여야 한다.

82

공동주택관리법령상 주택관리업자의 등록말소 등에 관한 설명 중 등록말소를 명하여야 하는 것으로 옳지 <u>않은</u> 것은?

① 거짓이나 그 밖의 부정한 방법으로 등록을 한 경우
② 영업정지기간 중에 주택관리업을 영위한 경우 또는 최근 3년간 2회 이상의 영업정지처분을 받은 자로서 그 정지처분을 받은 기간이 합산하여 12개월을 초과한 경우
③ 다른 자에게 자기의 성명 또는 상호를 사용하여 이 법에서 정한 사업이나 업무를 수행하게 한 경우
④ 등록증을 대여한 경우
⑤ 공동주택 관리와 관련하여 부정하게 재물 또는 재산상의 이익을 취득하거나 제공한 경우

정답 81. ① 82. ⑤

> **해설** ▶ **주택관리업자 등록말소**
> 공동주택 관리와 관련하여 부정하게 재물 또는 재산상의 이익을 취득하거나 제공한 경우에는 1년 이내의 기간을 정하여 영업의 전부 또는 일부의 정지를 명하여야 한다.

83. 공동주택관리법령상 관리업무의 인계에 관한 설명으로 옳지 않은 것은?

① 사업주체는 입주자대표회의의 회장으로부터 주택관리업자의 선정을 통지받은 경우에는 그 날로부터 1개월 이내에 해당 관리주체에게 공동주택의 관리업무를 인계하여야 한다.
② 공동주택의 관리주체가 변경되는 경우에 기존 관리주체는 기존 관리의 종료일까지 공동주택관리기구를 구성하여야 하며, 해당 관리의 종료일까지 공동주택의 관리업무를 새로운 관리주체에게 인계하여야 한다.
③ 기존 관리의 종료일까지 인계·인수가 이루어지지 아니한 경우 기존 관리주체는 기존 관리의 종료일(기존 관리의 종료일까지 새로운 관리주체가 선정되지 못한 경우에는 새로운 관리주체가 선정된 날을 말한다)부터 1개월 이내에 새로운 관리주체에게 공동주택의 관리업무를 인계하여야 한다. 이 경우 그 인계기간에 소요되는 기존 관리주체의 인건비 등은 해당 공동주택의 관리비로 지급할 수 있다.
④ 사업주체는 공동주택의 관리업무를 해당 관리주체에 인계할 때에는 입주자대표회의의 회장 및 1명 이상의 이사의 참관하에 인계자와 인수자가 인계·인수서에 각각 서명·날인하여 다음 각 호의 서류를 인계하여야 한다. 기존 관리주체가 새로운 관리주체에게 공동주택의 관리업무를 인계하는 경우에도 또한 같다.
⑤ 사업주체는 세대 전유부분을 입주자에게 인도한 날의 현황을 인계·인수서에 포함하여 인계하여야 한다.

> **해설** ▶ **관리업무의 인계**
> 사업주체는 공동주택의 관리업무를 해당 관리주체에 인계할 때에는 입주자대표회의의 회장 및 1명 이상의 감사의 참관하에 인계자와 인수자가 인계·인수서에 각각 서명·날인하여 다음 각 호의 서류를 인계하여야 한다. 기존 관리주체가 새로운 관리주체에게 공동주택의 관리업무를 인계하는 경우에도 또한 같다.

정답 83. ④

제1편 공동주택사무관리

84 공동주택관리법령상 공동주택관리 분쟁조정위원회에 관한 설명으로 옳은 것은? **22회 출제**
① 중앙분쟁조정위원회를 구성할 때에는 성별을 고려하여야 한다.
② 공동주택의 층간소음에 관한 사항은 공동주택관리 분쟁조정위원회의 심의사항에 해당하지 않는다.
③ 국토교통부에 중앙분쟁조정위원회를 두고, 시·도에 지방분쟁조정위원회를 둔다.
④ 300세대인 공동주택단지에서 발생한 분쟁은 중앙분쟁조정위원회에서 관할한다.
⑤ 중앙분쟁조정위원회는 위원장 1명을 제외한 15명 이내의 위원으로 구성한다.

해설 ▸ 공동주택관리 분쟁조정위원회
② 공동주택의 층간소음에 관한 사항은 공동주택관리 분쟁조정위원회의 심의사항에 <u>해당한다</u>.
③ 국토교통부에 중앙분쟁조정위원회를 두고, <u>시·군·구</u>에 지방분쟁조정위원회를 둔다.
④ <u>500세대 이상인</u> 공동주택단지에서 발생한 분쟁은 중앙분쟁조정위원회에서 관할한다.
⑤ 중앙분쟁조정위원회는 위원장 1명을 <u>포함한</u> 15명 이내의 위원으로 구성한다.

85 공동주택관리법령상의 주택관리업자에 관한 설명이다. 옳지 <u>않은</u> 것은?
① 입주자대표회의 및 입주자등은 관리사무소장의 업무에 대한 부당간섭을 할 목적으로 주택관리업자에게 관리사무소장에 대한 해고, 징계 등 불이익 조치를 요구하여서는 아니 된다.
② 시장·군수·구청장은 주택관리업자가 영업정지기간 중에 주택관리업을 영위한 경우에 2천만원 이하의 과징금을 부과할 수 있다.
③ 과징금은 영업정지기간 1일당 3만원을 부과하며, 영업정지 1개월은 30일을 기준으로 한다.
④ 통지를 받은 자는 통지를 받은 날부터 30일 이내에 과징금을 시장·군수·구청장이 정하는 수납기관에 납부하여야 한다.
⑤ 시장·군수·구청장은 주택관리업자에 대하여 등록말소 또는 영업정지 처분을 하려는 때에는 처분일 1개월 전까지 해당 주택관리업자가 관리하는 공동주택의 입주자대표회의에 그 사실을 통보하여야 한다.

해설 ▸ 주택관리업의 등록말소
시장·군수·구청장은 주택관리업자가 영업정지기간 중에 주택관리업을 영위한 경우에 등록을 말소하여야 한다.

정답 84. ① 85. ②

86
민간임대주택에 관한 특별법령상 임대를 목적으로 하는 주택에 대하여 자기관리형 주택임대관리업자가 업무를 위탁받은 경우 작성하는 위·수탁계약서에 포함되어야 하는 사항이 아닌 것은?

26회 출제

① 임대료
② 계약기간
③ 관리수수료
④ 전대료(轉貸料) 및 전대보증금
⑤ 주택임대관리업자 및 임대인의 권리·의무에 관한 사항

해설 자기관리형 주택임대관리업자
①④ : 자기관리형만 포함사항 / ②⑤ : 공통 포함사항 / ③ : 위탁관리형만 포함사항

참조 〈민간임대주택 관리에 관한 위수탁계약서 포함사항〉
위·수탁계약서에는 계약기간, 주택임대관리업자의 의무 등 대통령령으로 정하는 사항이 포함되어야 한다.
1. 관리수수료[위탁관리형 주택임대관리업자만 해당한다]
2. 임대료(자기관리형 주택임대관리업자만 해당한다)
3. 전대료(轉貸料) 및 전대보증금(자기관리형 주택임대관리업자만 해당한다)
4. 계약기간
5. 주택임대관리업자 및 임대인의 권리·의무에 관한 사항
6. 그 밖에 주택임대관리업자의 업무 외에 임대인·임차인의 편의를 위하여 추가적으로 제공하는 업무의 내용

87
민간임대주택에 관한 특별법상 임대주택분쟁위원회(이하 "조정위원회"라 한다)에 관한 설명으로 옳은 것은?

24회 출제

① 임대료의 증액에 대한 분쟁에 관해서는 조정위원회가 직권으로 조정을 하여야 한다.
② 임차인대표회의는 이 법에 따른 민간임대주택의 관리에 대한 분쟁에 관하여 조정위원회에 조정을 신청할 수 없다.
③ 공무원이 아닌 위원의 임기는 1년으로 하며 연임할 수 있다.
④ 공공주택사업자 또는 임차인대표회의는 공공임대주택의 분양전환승인에 관한 사항의 분쟁에 관하여 조정위원회에 조정을 신청할 수 없다.
⑤ 임차인은 「공공주택 특별법」 제50조의3에 따른 우선 분양전환 자격에 대한 분쟁에 관하여 조정위원회에 조정을 신청할 수 없다.

정답 86. ③ 87. ④

해설 ▶ **임대주택분쟁위원회**
① 임대주택 분쟁조정사항에 관해서는 당사자 신청주의를 취하고 있다. 따라서 분쟁조정위원회가 직권으로 조정을 하지 않는다.
② 임대사업자 또는 임차인대표회의는 이 법에 따른 민간임대주택의 관리에 대한 분쟁에 관하여 조정위원회에 조정을 신청할 수 있다.
③ 공무원이 아닌 위원의 임기는 2년으로 하며 두 차례만 연임할 수 있다.
⑤ 공공주택사업자, 임차인대표회의 또는 임차인은 「공공주택 특별법」 제50조의3에 따른 우선 분양전환 자격에 대한 분쟁에 관하여 조정위원회에 조정을 신청할 수 있다.

88 주택임대관리업자의 보증상품 가입에 대한 설명으로 옳지 않은 것은?

① 자기관리형 주택임대관리업을 하는 주택임대관리업자는 임대인 및 임차인의 권리보호를 위하여 보증상품에 가입하여야 한다.
② 임대인의 권리보호를 위한 보증으로 자기관리형 주택임대관리업자가 약정한 임대료를 지급하지 아니하는 경우 약정한 임대료의 2개월분 이상의 지급을 책임지는 보증상품에 가입하여야 한다.
③ 임차인의 권리보호를 위한 보증으로 자기관리형 주택임대관리업자가 임대보증금의 반환의무를 이행하지 아니하는 경우 임대보증금의 반환을 책임지는 보증상품에 가입하여야 한다.
④ 자기관리형 주택임대관리업자는 임대인과 주택임대관리계약을 체결하거나 임차인과 주택임대차계약을 체결하는 경우에는 보증상품 가입을 증명하는 보증서를 임대인 또는 임차인에게 내주어야 한다.
⑤ 자기관리형 주택임대관리업자는 보증상품의 내용을 변경하거나 해지하는 경우에는 그 사실을 임대인 및 임차인에게 알리고, 자기관리형 주택임대관리업자의 사무실 등 임대인 및 임차인이 잘 볼 수 있는 장소에 게시하여야 한다.

해설 ▶ **보증상품**
임대인의 권리보호를 위한 보증으로 자기관리형 주택임대관리업자가 약정한 임대료를 지급하지 아니하는 경우 약정한 임대료의 3개월분 이상의 지급을 책임지는 보증상품에 가입하여야 한다.

정답   88. ②

89. 민간임대주택에 관한 특별 법령상 특별수선충당금에 대한 설명으로 옳지 않은 것은?

① 150세대 이상의 공동주택으로서 승강기가 설치된 민간임대주택의 임대사업자는 주요 시설을 교체하고 보수하는 데에 필요한 특별수선충당금을 적립하여야 한다.
② 임대사업자가 민간임대주택을 양도하는 경우에는 특별수선충당금을 「공동주택관리법」에 따라 최초로 구성되는 입주자대표회의에 넘겨주어야 한다.
③ 민간임대주택의 임대사업자는 해당 민간임대주택(위탁관리하거나 자체관리하여야 하는 공동주택으로 한정한다)의 공용부분, 부대시설 및 복리시설(분양된 시설은 제외한다)에 대한 장기수선계획을 수립하여 사용검사 신청 시 함께 제출하여야 하며, 임대기간 중 해당 민간임대주택단지에 있는 관리사무소에 장기수선계획을 갖춰 놓아야 한다.
④ 장기수선계획을 수립하여야 하는 민간임대주택의 임대사업자는 특별수선충당금을 사용검사일 또는 임시사용승인일부터 사업계획 승인 당시 표준 건축비의 1만분의 1의 요율로 매달 적립하여야 한다.
⑤ 시장·군수·구청장은 특별수선충당금 적립 현황 보고서를 매년 1월 31일과 7월 31일까지 관할 시·도지사에게 제출하여야 하며, 시·도지사는 이를 종합하여 매년 2월 15일과 8월 15일까지 국토교통부장관에게 보고하여야 한다.

해설 ▶ 특별수선충당금
장기수선계획을 수립하여야 하는 민간임대주택의 임대사업자는 법 제53조 제1항에 따른 특별수선충당금을 사용검사일 또는 임시사용승인일부터 1년이 지난 날이 속하는 달부터 「주택법」 제15조 제1항에 따른 사업계획 승인 당시 표준건축비의 1만분의 1의 요율로 매달 적립하여야 한다.

정답 89. ④

CHAPTER 02 입주자관리

학습포인트

- 이 장에서는 입주자가 입주시 입주절차, 관리인의 관리업무, 입주시 하자관리, 입주자의 기본적⋯ 실태파악을 통한 입주자 카드 작성 및 활용, 입주자의 의무와 권리, 입주자의 불만과 처리, 그리⋯ 단지 내 보안 및 질서유지업무로 이루어져 있다.
- 출제빈도가 높은 장이어서 세심한 학습이 필요하다. 특히 입주자의 권리 및 의결권에서 과반수 동의와 2/3 이상 동의는 비교하여 숙지하여야 한다.

CHAPTER 학습 & 출제되는 키워드

- ☑ 입주자관리의 개념
- ☑ 입주관리
- ☑ 입주자관리의 기본자료
- ☑ 행위허가 및 신고
- ☑ 분쟁의 처리
- ☑ 단지의 보안 및 질서유지업무
- ☑ 경비업무
- ☑ 사고대처 방법
- ☑ 입주자의 협조
- ☑ 관리규약의 제정
- ☑ 입주자의 실태파악
- ☑ 관리주체의 동의
- ☑ 공동주택관리 분쟁조정위원회
- ☑ 공동시설의 보호
- ☑ 보안경비의 임무
- ☑ 대외업무관리
- ☑ 주민들의 참여
- ☑ 공동주택 층간소음의 방지
- ☑ 입주자등의 의무
- ☑ 입주자의 불만과 처리방안
- ☑ 임대주택 분쟁조정위원회
- ☑ 단지 내 질서유지
- ☑ 비상연락망 비치
- ☑ 대외협조기관의 업무

CHAPTER 학습 & 출제되는 질문

- ☑ 공동주택관리법령상 입주자 등이 관리주체의 동의를 받아야만 할 수 있는 행위에 해당되지 않는 것은?
- ☑ 공동주택관리법령상 공동주택관리 분쟁조정위원회의 심의·조정사항이 아닌 것은?
- ☑ 공동주택관리법령상 사용자에게 해당되지 않는 내용으로만 짝지어진 것은?
- ☑ 공동주택관리규약에 관한 설명 중 틀린 것은?
- ☑ 다음 중 사용자의 의무에 관한 설명 중 옳지 않은 것은?

단원 단답형 문제

01 다음 ( )에 알맞은 말을 넣으시오.

( )는 공동주택의 입주자 및 사용자를 보호하고 주거생활의 질서를 유지하기 위하여 공동주택의 관리 또는 사용에 관하여 준거가 되는 관리규약의 준칙을 정하여야 한다. ( )은(는) 관리규약의 준칙을 참조하여 관리규약을 정한다.

02 다음 조건의 공동주택에서 공급면적이 60m²인 세대의 월간 세대별 장기수선충당금을 구하시오(단, 연간수선비는 매년 일정하다고 가정함).

- 총세대수 : 500세대(공급면적 60m² 200세대, 공급면적 80m² 300세대)
- 총공급면적 : 35,000m²
- 장기수선계획기간 : 20년
- 장기수선계획기간 중의 연간 수선비 : 150,000,000원

해설 월간 세대별 장기수선충당금

$$\frac{150,000,000원 \times 20년}{35,000m^2 \times 12월 \times 20년} \times 60m^2 = 21,420원$$

03 공동주택관리법령상 입주자대표회의 감사의 선출방법에 관한 내용이다. ( )에 들어갈 용어를 쓰시오. **21회 개작**

(1) 입주자등의 보통·평등·( )·비밀선거를 통하여 선출
(2) 후보자가 선출필요인원을 초과하는 경우 : 전체 입주자등의 10분의 1 이상이 투표하고 후보자 중 다득표자 순으로 선출
(3) 후보자가 선출필요인원과 같거나 미달하는 경우 : 후보자별로 전체 입주자등의 ( ) 이상이 투표하고 투표자 ( )의 찬성으로 선출

정답 01. 시·도지사, 입주자 등 02. 21,420원 03. 직접, 10분의 1, 과반수

해설 ▶ **감사 선출방법**
① 후보자가 선출필요인원을 초과하는 경우 : 전체 입주자등의 10분의 1 이상이 투표하고 후보자 중 다득표자 순으로 선출
② 후보자가 선출필요인원과 같거나 미달하는 경우 : 후보자별로 전체 입주자등의 10분의 1 이상이 투표하고 투표자 과반수의 찬성으로 선출
③ 다음의 경우에는 입주자대표회의 구성원 과반수의 찬성으로 선출하며, 입주자대표회의 구성원 과반수 찬성으로 선출할 수 없는 경우로서 최다득표자가 2인 이상인 경우에는 추첨으로 선출
  1) 후보자가 없거나 선출된 자가 없는 경우(선출된 자가 선출필요인원에 미달하여 추가 선출이 필요한 경우를 포함한다)
  2) 500세대 미만의 공동주택 단지에서 관리규약으로 정하는 경우

04

공동주택관리법령상 선거관리위원회 구성에 관한 내용이다. ( )에 들어갈 숫자를 순서대로 쓰시오.

20회 출제

> 500세대 이상인인 의무관리대상 공동주택의 경우 선거관리위원회는 입주자등 중에서 위원장을 포함하여 ( )명 이상 ( )명 이하의 위원으로 구성한다.

해설 ▶ **동별 대표자 등의 선거관리**
선거관리위원회는 위원장을 포함하여 5명(500세대 미만의 공동주택의 경우에는 3명) 이상 9명 이하의 위원으로 구성하고, 위원장은 호선한다.

05

공동주택관리법령상 동별 대표자의 임기에 관한 내용이다. ( )에 들어갈 숫자를 순서대로 각각 쓰시오.

> 2회의 선출공고에도 불구하고 동별 대표자의 후보자가 없는 선거구에서 직전 선출공고일부터 ( )개월 이내에 선출공고를 하는 경우에는 동별 대표자를 중임한 사람도 해당 선거구 입주자등의 ( ) 이상의 찬성으로 다시 동별 대표자로 선출될 수 있다. 이 경우 후보자 중 동별 대표자를 중임하지 않은 사람이 있으면 동별 대표자를 중임한 사람은 후보자의 자격을 상실한다.

정답 04. 5, 9 05. 2, 과반수

06
공동주택관리법령상 동별 대표자 후보자에 대한 범죄경력 조회에 관한 내용이다. ( )에 들어갈 용어를 쓰시오.

> ① ( )은 동별 대표자 후보자 또는 동별 대표자에 대한 범죄경력의 확인을 경찰관서의 장에게 요청하여야 한다. 이 경우 동별 대표자 후보자 또는 동별 대표자의 ( )를 첨부하여야 한다.
> ② 요청을 받은 경찰관서의 장은 동별 대표자 후보자 또는 동별 대표자가 범죄의 경력이 있는지 여부를 확인하여 회신해야 한다.

07
공동주택관리법령상 입주자대표회의의 회의소집에 관한 내용이다. ( )에 들어갈 숫자를 순서대로 각각 쓰시오.

> 입주자대표회의는 관리규약으로 정하는 바에 따라 회장이 그 명의로 소집한다. 다만, 다음의 어느 하나에 해당하는 때에는 회장은 해당일부터 ( )일 이내에 입주자대표회의를 소집하여야 하며, 회장이 회의를 소집하지 아니하는 경우에는 관리규약으로 정하는 이사가 그 회의를 소집하고 회장의 직무를 대행한다.
> 1. 입주자대표회의 구성원 3분의 1 이상이 청구하는 때
> 2. 입주자 등의 10분의 1 이상이 요청하는 때
> 3. 전체 ( )의 10분의 1 이상이 요청하는 때(비용지출을 수반하는 장기수선계획의 수립 또는 조정에 관한 사항만 해당한다)

08
공동주택관리법령상 공동주택관리에 관한 감독에 대한 내용이다. ( )에 들어갈 숫자를 쓰시오. **20회 출제**

> 공동주택의 입주자등은 이 법 또는 이 법에 따른 명령이나 처분을 위반하여 조치가 필요한 경우, 공동주택단지 내 분쟁의 조정이 필요한 경우 또는 입주자대표회의 등이 공동주택 관리규약을 위반한 경우 전체 입주자등의 ( ) 이상의 동의를 받아 지방자치단체의 장에게 입주자대표회의나 그 구성원, 관리주체, 관리사무소장 또는 선거관리위원회나 그 위원 등의 업무에 대하여 감사를 요청할 수 있다. 이 경우 감사 요청은 그 사유를 소명하고 이를 뒷받침할 수 있는 자료를 첨부하여 서면으로 하여야 한다.

정답 06. 선거관리위원회 위원장, 동의서 07. 14, 입주자 08. 10분의 2

09

공동주택관리법령상 동별 대표자의 결격사유 및 자격상실사유에 관한 내용이다. ( )에 들어갈 숫자를 순서대로 각각 쓰시오.

> 1. 미성년자, 피성년후견인 또는 피한정후견인
> 2. 파산자로서 복권되지 아니한 사람
> 3. 이 법 또는 「주택법」, 「민간임대주택에 관한 특별법」, 「공공주택 특별법」, 「건축법」, 「집합건물의 소유 및 관리에 관한 법률」을 위반한 범죄로 금고 이상의 실형 선고를 받고 그 집행이 끝나거나(집행이 끝난 것으로 보는 경우를 포함한다) 집행이 면제된 날부터 ( )년이 지나지 아니한 사람
> 4. 금고 이상의 형의 집행유예선고를 받고 그 유예기간 중에 있는 사람
> 5. 법 또는 「주택법」, 「민간임대주택에 관한 특별법」, 「공공주택 특별법」, 「건축법」, 「집합건물의 소유 및 관리에 관한 법률」을 위반한 범죄로 벌금형을 선고받은 후 ( )년이 지나지 않은 사람
> 6. 선거관리위원회 위원(사퇴하거나 해임 또는 해촉된 사람으로서 그 남은 임기 중에 있는 사람을 포함한다)
> 7. 공동주택의 소유자가 서면으로 위임한 대리권이 없는 소유자의 배우자나 직계존비속
> 8. 해당 공동주택 관리주체의 소속 임직원과 해당 공동주택 관리주체에 용역을 공급하거나 사업자로 지정된 자의 소속 임원. 이 경우 관리주체가 주택관리업자인 경우에는 해당 주택관리업자를 기준으로 판단한다.
> 9. 해당 공동주택의 동별 대표자를 사퇴한 날부터 ( )년(해당 동별 대표자에 대한 해임이 요구된 후 사퇴한 경우에는 2년을 말한다)이 지나지 아니하거나 해임된 날부터 ( )년이 지나지 아니한 사람
> 10. 관리비 등을 최근 ( )개월 이상 연속하여 체납한 사람
> 11. 동별 대표자로서 임기 중에 관리비 등을 최근 3개월 이상 연속하여 체납한 사람에 해당하여 당연히 퇴임한 사람으로서 그 남은 임기(남은 임기가 1년을 초과하는 경우에는 1년을 말한다) 중에 있는 사람

정답 09. 2, 2, 1, 2, 3

10

공동주택관리법령상 동별 대표자의 결격사유에 관한 규정의 일부이다. ( )에 들어갈 숫자를 순서대로 각각 쓰시오. **19회 개작**

> - 「공동주택관리법」, 「주택법」, 「민간임대주택에 관한 특별법」, 「공공주택 특별법」, 「건축법」, 「집합건물의 소유 및 관리에 관한 법률」을 위반한 범죄로 벌금형을 선고받은 후 ( )년이 지나지 않은 사람
> - 해당 동별 대표자로서 임기 중에 관리비 등을 최근 ( )개월 이상 연속하여 체납한 사람에 해당하여 법 제14조 제5항에 따라 당연히 퇴임한 사람으로서 그 남은 임기(남은 임기가 1년을 초과하는 경우에는 1년을 말한다) 중에 있는 사람

해설 ▶ 동별 대표자의 결격사유

1) 「공동주택관리법」, 「주택법」, 「민간임대주택에 관한 특별법」, 「공공주택 특별법」, 「건축법」, 「집합건물의 소유 및 관리에 관한 법률」을 위반한 범죄로 벌금형을 선고받은 후 2년이 지나지 않은 사람
2) 동별 대표자로서 임기 중에 관리비 등을 최근 3개월 이상 연속하여 체납한 사람에 해당하여 법 제14조 제5항에 따라 당연히 퇴임한 사람으로서 그 남은 임기(남은 임기가 1년을 초과하는 경우에는 1년을 말한다) 중에 있는 사람

11

공동주택관리법령상 분쟁조정의 신청 및 조정 등에 관한 내용이다. ( )에 들어갈 용어를 쓰시오.

> 당사자가 조정안을 수락하거나 수락한 것으로 보는 때에는 그 조정서의 내용은 ( )와 동일한 효력을 갖는다. 다만, 당사자가 임의로 처분할 수 없는 사항에 관한 것은 그러하지 아니하다.

12

공동주택관리법령상 입주자대표회의에서 의결한 안건에 대한 재심의 요청에 관한 내용이다. ( )에 들어갈 용어를 쓰시오.

> 1. ( )은(는) 입주자대표회의에서 의결한 안건이 관계법령 및 관리규약에 위반된다고 판단되는 경우에는 입주자대표회의에 재심의를 요청할 수 있다.
> 2. 위 1에 따라 재심의를 요청받은 입주자대표회의는 지체없이 해당 안건을 다시 심의하여야 한다.

정답 10. 2, 3 11. 재판상 화해 12. 감사

13 주택법령상 용어의 정의 중 리모델링에 관한 설명이다. (　)에 들어갈 용어를 쓰시오.

> (　)이란 세대수 증가형 리모델링으로 인한 도시과밀, 이주수요 집중 등을 체계적으로 관리하기 위하여 수립하는 계획을 말한다.

14 주택법령상 리모델링의 허가기준에 관한 내용이다. (　)에 들어갈 숫자를 순서대로 각각 쓰시오.

구 분	세부기준
동의비율	가. 입주자·사용자 또는 관리주체의 경우 　　공사기간, 공사방법 등이 적혀 있는 동의서에 입주자 전체의 동의를 받아야 한다. 나. 리모델링 주택조합의 경우 　　다음의 사항이 적혀 있는 결의서에 주택단지 전체를 리모델링하는 경우에는 주택단지 전체 구분소유자 및 의결권의 각 (　)퍼센트 이상의 동의와 각 동별 구분소유자 및 의결권의 각 (　)퍼센트 이상의 동의를 받아야 하며(리모델링을 하지 않는 별동의 건축물로 입주자 공유가 아닌 복리시설 등의 소유자는 권리변동이 없는 경우에 한정하여 동의비율 산정에서 제외한다), 동을 리모델링하는 경우에는 그 동의 구분소유자 및 의결권의 각 (　)퍼센트 이상의 동의를 받아야 한다. 　　1) 리모델링 설계의 개요　2) 공사비　3) 조합원의 비용분담 명세 다. 입주자대표회의 경우 　　다음의 사항이 적혀 있는 결의서에 주택단지의 소유자 전원의 동의를 받아야 한다. 　　1) 리모델링 설계의 개요　2) 공사비　3) 소유자의 비용분담 명세

정답　13. 리모델링 기본계획　14. 75, 50, 75

제2장 입주자관리

응용 출제예상문제

01 공동주거관리의 의의와 내용에 관한 설명으로 옳지 않은 것은? `11회 출제`

① 주거관리의 다양한 목적 중의 하나는 주택의 물리적 노후화에 대비한 관리행위를 통해 주택이 적절한 기능을 유지할 수 있도록 관리하여 안전하고 쾌적한 주거생활을 유지하도록 하는 것이다.
② 입주자 간에 분쟁이 발생했을 경우에는 무엇보다도 관리규약에 의거한 충분한 의사소통과 합의의 노력을 최우선으로 해야 한다.
③ 공동주거자산관리에 있어 입주자관리는 공동주택시설을 운영하여 유지하는 것으로서 그 업무는 설비운전 및 보수, 외주관리, 에너지관리, 환경관리 등이다.
④ 공동주거관리는 주민들의 삶에 대한 사고의 전환을 기반으로 관리주체, 민간기업, 지자체, 정부와의 네트워크를 활용하는 관리개념이다.
⑤ 공동주택은 높은 재건축 비율로 인한 자원낭비와 환경파괴 등의 문제가 발생할 수 있기 때문에 수명연장을 위해 적절한 유지관리가 필요하다.

해설 ▶ 공동주거관리
공동주거관리는 시설물 관리(기술관리) 및 입주자관리로 나눌 수 있으며, 입주자관리란 관리주체가 입주자들의 요구와 희망사항을 파악하여 해결하고, 입주자 상호간의 대화를 촉진시키며, 계몽을 통하여 공동생활에 참여하게 하고 협동하도록 하는 업무로서, 설비 및 보수, 외주관리, 에너지관리, 환경관리 등은 시설물 관리에 속한다.

02 공동주거와 정보 네트워크에 관한 설명으로 옳지 않은 것은? `15회 출제`

① "초고속정보통신건물"이라 함은 초고속정보통신서비스를 편리하게 이용할 수 있도록 일정 기준 이상의 구내정보통신 설비를 갖춘 건축물을 말한다.
② 초고속 정보통신 건물인증제도는 일정기준 이상의 구내 정보통신 설비를 갖춘 건물에 대해 국가가 직접 인증을 부여해 줌으로써 건설업계가 신축건물에 대해 구내통신망의 고도화에 적극적으로 참여하도록 유도하는 제도이다.
③ "홈네트워크건물"이라 함은 원격에서 조명, 난방, 출입통제 등의 홈네트워크 서비스를 제공할 수 있도록 일정 기준 이상의 홈네트워크용배관, 배선 등을 갖춘 건축물을 말한다.
④ 홈네트워크건물인증 대상은「건축법」의 공동주택 또는「방송통신설비의 기술기준에 관한 규정」의 준주택, 오피스텔을 대상으로 한다.
⑤ 건축법에 의한 공동주택 중 20세대 이하인 경우에는 초고속정보통신 건물인증 대상이 아니다.

정답 01. ③ 02. ⑤

제1편 공동주택사무관리

해설 ▸ 공동주거관리
초고속정보통신건물 인증대상은 「건축법」의 공동주택 또는 업무시설을 대상으로 한다.

03 공동주거와 관련된 내용으로 옳지 않은 것은? [17회 출제]

① 주택이 물리적인 것을 의미하는 반면, 주거는 주택에서 일어나는 경험적인 측면과 정서적인 측면을 포함하는 개념이다.
② 새집증후군은 주택이나 건물을 새로 지을 때 사용하는 건축자재나 벽지 등에서 나오는 유해물질로 인해 거주자들이 느끼는 건강상 문제 및 불쾌감을 말한다.
③ 주거복지는 사회구성원인 국민 전체의 주거수준 향상으로 사회적 안정을 도모하고 복지를 증진시키는 것이다.
④ 주택의 유형에는 경사진 대지에 계단식으로 건축되어 지면에서 직접 각 세대가 있는 층으로의 출입이 가능하고 위층 세대가 아래층 세대의 지붕을 정원 등으로 활용하는 주택도 있다.
⑤ 코하우징(cohousing)은 행정과 주민이 협력하여 지역공간의 의미를 재발견하고 거기서 문화적 정체성을 찾아 도시공간의 활력을 되찾고 생활공간의 쾌적성을 높이려는 일련의 시도라고 볼 수 있다.

해설 ▸ 공동주거
코하우징이란 입주자들이 사생활을 누리면서도 주방, 세탁실 또는 서재 등의 공용공간에서는 공동체 생활을 하는 협동주거의 형태를 말한다.

04 공동주거관리에서 주민참여의 기능에 관한 설명으로 옳지 않은 것은? [19회 출제]

① 관리사안 결정 및 수행에 주민의 참여가 이루어질 때 입주자대표회의와 관리주체의 업무처리에 대한 신뢰 구축에 긍정적인 영향을 미친다.
② 주민참여는 의결결정권자인 입주자대표회의를 감독하고 관리업무수행의 주체인 관리주체에 대하여 견제할 수 있다.
③ 모든 관리사안 결정에 주민이 참여하는 경우에는 운영과정상의 효율성이 증대된다.
④ 주민참여는 주민들 간의 이해관계가 보다 쉽게 조정될 수 있는 기회를 부여하기도 한다.
⑤ 주민의 개인적 견해와 자기중심적인 이해가 지나치게 반영될 경우, 주민 전체의 이익과 객관성에 문제가 생길 수 있다.

해설 ▸ 공동주거관리
③ 주민참여의 역기능 중 하나로서 모든 관리사안 결정에 주민이 참여하는 경우에는 운영과정상의 비효율성이 초래될 수 있다.

정답 03. ⑤ 04. ③

05. 공동주거관리의 필요성에 관한 다음의 설명에 부합하는 것은? `20회 출제`

> 지속가능한 주거환경의 정착을 위하여 재건축으로 인한 단절보다는 주택의 수명을 연장시키고 오랫동안 이용하고 거주할 수 있는 관리방식이 요구되고 있다. 특히 공동주택은 건설 시에 대량의 자원과 에너지를 소비하게 되고 제거 시에도 대량의 폐기물이 발생되므로 주택의 수명연장이 필수적이다.

① 양질의 사회적 자산형성
② 자원낭비로부터의 환경보호
③ 자연재해로부터의 안전성 확보
④ 공동주거를 통한 자산가치의 향상
⑤ 지속적인 커뮤니티로부터의 주거문화 계승

해설 ▶ 공동주거관리의 필요성
② 주거관리의 필요성은 크게 "㉠자원낭비로부터의 환경보호 ㉡양질의 사회적 자산형성 ㉢자연재해로부터의 안전성 확보 ㉣지속적인 커뮤니티로부터의 주거문화 계승"의 4측면에서 생각해볼 수 있다. 그 중에서 지문은 ㉠자원낭비로부터의 환경보호에 관한 내용이다.

06. 공동주거관리의 의의와 내용에 관한 설명으로 옳지 않은 것은? `21회 출제`

① 지속적인 커뮤니티로부터의 주거문화 계승 측면에서 공동주거관리 행위가 바람직하게 지속적으로 이루어져야 된다.
② 자연재해로부터의 안전성 확보 측면에서 주민들이 생활변화에 대응하면서 쾌적하게 오랫동안 살 수 있는 주택 스톡(stock) 대책으로 공동주택이 적절히 유지관리되어야 한다.
③ 공동주거관리 시스템은 물리적 지원 시스템의 구축, 주민의 자율적 참여유도를 위한 인프라의 구축, 관리주체의 전문성 체계의 구축 측면으로 전개되어야 한다.
④ 자원낭비로부터의 환경 보호 측면에서 지속가능한 주거환경을 정착시키기 위해서는 재건축으로 인한 단절보다는 주택의 수명을 연장시키고 오랫동안 이용하고 거주할 수 있는 관리의 모색이 요구되고 있다.
⑤ 공동주거관리는 주민들의 다양한 삶을 담고 있는 공동체를 위하여 휴먼웨어 관리, 하드웨어 관리, 소프트웨어 관리라는 메커니즘 안에서 거주자가 중심이 되어 관리주체와의 상호 신뢰와 협조를 바탕으로 관리해 나가는 능동적인 관리이다.

해설 ▶ 공동주거관리의 필요성
② 자연재해로부터의 안전성 측면 → 양질의 사회적 자산 형성 측면

정답 05. ② 06. ②

07 공동주택관리법령상 관리규약에 관한 설명으로 옳지 않은 것은? 22회 출제

① 공동체 생활의 활성화에 필요한 경비의 일부를 공동주택을 관리하면서 부수적으로 발생하는 수입에서 지원하는 경우, 그 경비의 지원은 관리규약으로 정하거나 관리규약에 위배되지 아니하는 범위에서 입주자대표회의 의결로 정한다.
② 자치관리기구의 구성·운영사항은 관리규약준칙에 포함되어야 한다.
③ 사업주체가 입주자대표회의가 구성되기 전에 공동주택의 어린이집·다함께돌봄센터·공동육아나눔터 임대계약을 체결하려는 경우에는 입주개시일 3개월 전부터 관리규약 제정안을 제안할 수 있다.
④ 관리규약이 개정은 전체 입주자등이 10분의 1 이상이 제안하고 투표자의 과반수가 찬성하는 방법에 따른다.
⑤ 사업주체는 시장·군수·구청장에게 관리규약의 제정을 신고하는 경우 관리규약의 제정 제안서 및 그에 대한 입주자등의 동의서를 첨부하여야 한다.

해설▶ 관리규약의 개정
④ 관리규약이 개정은 전체 입주자등이 10분의 1 이상 또는 입주자대표회의의 의결로 제안하고 전체 입주자등의 과반수가 찬성하는 방법에 따른다.

08 다음 중 공동주택관리규약에 대한 설명으로 틀린 것은?

① 의무관리대상 전환 공동주택의 관리규약 제정안은 의무관리대상 전환 공동주택의 관리인이 제안하고, 그 내용을 전체 입주자등 과반수의 서면동의로 결정한다.
② 관리규약의 제정·개정의 경우 사업주체는 해당 공동주택단지의 인터넷 홈페이지에 제안내용을 공고하고 입주예정자에게 개별 통지해야 한다.
③ 관리규약 제정신고의 경우에 의무관리대상 전환 공동주택의 관리인은 시장·군수·구청장에게 관리규약의 제정·개정 제안서 및 그에 대한 입주자 등의 동의서를 첨부하여 제출하여야 한다.
④ 의무관리대상 전환 공동주택의 관리인이 관리규약의 제정 신고를 하지 아니하는 경우에는 입주자등의 10분의 1 이상이 연서하여 신고할 수 있다.
⑤ 관리규약의 제정 및 개정 등 신고를 하려는 관리사무소장은 관리규약이 제정·개정된 날부터 30일 이내에 신고서를 시장·군수·구청장에게 제출해야 한다.

해설▶ 관리규약의 제정 및 개정 신고
관리규약의 제정 및 개정 등 신고를 하려는 입주자대표회의의 회장은 관리규약이 제정·개정된 날부터 30일 이내에 신고서를 시장·군수·구청장에게 제출해야 한다.

정답 09. ④ 10. ⑤

09

공동주택관리법령상 공동주택의 관리규약준칙에 포함되어야 할 공동주택의 어린이집 임대계약에 대한 임차인 선정기준에 해당하지 않는 것은? (단, 그 선정기준은 「영유아보육법」에 따른 국공립어린이집 위탁제 선정관리 기준에 준하여야 함)

① 임차인이 신청자격
② 임차인 선정을 위한 심사기준
③ 어린이집을 이용하는 입주자등 중 어린이집 임대에 동의하여야 하는 비율
④ 임대료 및 임대기간
⑤ 시장·군수·구청장이 입주자대표회의가 구성되기 전에 어린이집 임대계약을 체결하려 할 때 입주예정자가 동의하여야 하는 비율

해설 관리규약준칙의 포함사항

공동주택의 어린이집 임대계약(지방자치단체에 무상임대하는 것을 포함한다)에 대한 다음 각 목의 임차인 선정기준. 이 경우 그 기준은 「영유아보육법」에 따른 국공립어린이집 위탁제 선정관리 기준에 준하여야 한다.
가. 임차인의 신청자격
나. 임차인 선정을 위한 심사기준
다. 어린이집을 이용하는 입주자 등 중 어린이집 임대에 동의하여야 하는 비율
라. 임대료 및 임대기간
마. 그 밖에 어린이집의 적정한 임대를 위하여 필요한 사항

10

공동주택관리법상 공동주택의 입주자등을 보호하고 주거생활의 질서를 유지하기 위하여 대통령령으로 정하는 바에 따라 공동주택의 관리 또는 사용에 관하여 준거가 되는 관리규약의 준칙을 정하여야 하는 주체로 옳지 않은 것은?

① 서울특별시장
② 광주광역시장
③ 세종특별자치시장
④ 강원특별자치도지사
⑤ 경상남도 진주시장

해설 관리규약준칙

⑤ 특별시장·광역시장·특별자치시장·도지사 또는 특별자치도지사(이하 "시·도지사"라 한다)는 공동주택의 입주자등을 보호하고 주거생활의 질서를 유지하기 위하여 대통령령으로 정하는 바에 따라 공동주택의 관리 또는 사용에 관하여 준거가 되는 관리규약의 준칙을 정하여야 한다.(법 제18조)

정답 09. ⑤   10. ⑤

제1편 공동주택사무관리

11. 다음 중 시·도지사가 정하는 관리규약준칙에 반드시 포함되어야 하는 사항만을 묶어 놓은 것은?

> ㉠ 지능형 홈네트워크 설비의 기본적인 유지·관리에 관한 사항
> ㉡ 관리주체의 동의기준
> ㉢ 장기수선충당금의 요율 및 사용절차
> ㉣ 위탁관리기구의 구성·운영 및 관리사무소장과 그 소속 직원의 자격요건·인사·보수·책임
> ㉤ 관리규약을 위반한 자 및 공동생활의 질서를 문란하게 한 자에 대한 조치

① ㉠, ㉡, ㉢, ㉣, ㉤   ② ㉠, ㉡, ㉢, ㉤   ③ ㉡, ㉢, ㉣, ㉤
④ ㉡, ㉢, ㉣   ⑤ ㉢, ㉣, ㉤

해설 ▶ 시·도지사의 관리규약준칙의 필수 포함사항
1) 입주자등의 권리 및 의무(관리주체의 동의를 받아야 하는 의무를 포함)
2) 입주자대표회의 구성·운영과 그 구성원의 의무 및 책임
3) 동별 대표자의 선거구·선출절차와 해임 사유·절차 등에 관한 사항
4) 선거관리위원회의 구성·운영·업무·경비, 위원의 선임·해임 및 임기 등에 관한 사항
5) 입주자대표회의 소집절차, 임원의 해임 사유·절차 등에 관한 사항
6) 입주자대표회의 운영경비의 용도 및 사용금액(운영·윤리교육 수강비용을 포함)
7) 자치관리기구의 구성·운영 및 관리사무소장과 그 소속 직원의 자격요건·인사·보수·책임
8) 입주자대표회의 또는 관리주체가 작성·보관하는 자료의 종류 및 그 열람방법 등에 관한 사항
9) 위·수탁관리계약에 관한 사항
10) 관리주체의 동의를 받아야 하는 각 행위에 대한 관리주체의 동의기준
11) 관리비예치금의 관리 및 운용방법
12) 관리비 등의 세대별 부담액 산정방법, 징수, 보관, 예치 및 사용절차
13) 관리비 등을 납부하지 아니한 자에 대한 조치 및 가산금의 부과
14) 장기수선충당금의 요율 및 사용절차
15) 회계관리 및 회계감사에 관한 사항
16) 회계관계 임직원의 책임 및 의무(재정보증에 관한 사항을 포함)
17) 각종 공사 및 용역의 발주와 물품구입의 절차
18) 관리 등으로 인하여 발생한 수입의 용도 및 사용절차
19) 공동주택의 관리책임 및 비용부담
20) 관리규약을 위반한 자 및 공동생활의 질서를 문란하게 한 자에 대한 조치
21) 공동주택의 어린이집 임대계약(지방자치단체에 무상임대하는 것을 포함한다)에 대한 다음의 임차인 선정기준, 이 경우 그 기준은 국공립어린이집 위탁제 선정관리기준에 따라야 한다.
  ① 임차인의 신청자격
  ② 임차인 선정을 위한 심사기준
  ③ 어린이집을 이용하는 입주자등 중 어린이집 임대에 동의하여야 하는 비율
  ④ 임대료 및 임대기간
  ⑤ 그 밖에 어린이집의 적정한 임대를 위하여 필요한 사항

정답 11. ①

22) 공동주택의 층간소음 및 간접흡연에 관한 사항
23) 주민공동시설의 위탁에 따른 방법 또는 절차에 관한 사항
24) 주민공동시설을 인근 공동주택단지 입주자등도 이용할 수 있도록 허용하는 경우에 대한 다음의 기준
  ① 입주자등 중 허용에 동의하여야 하는 비율
  ② 이용자의 범위
  ③ 그 밖에 인근 공동주택단지 입주자등의 이용을 위하여 필요한 사항
25) 혼합주택단지의 관리에 관한 사항
26) 전자투표의 본인확인 방법에 관한 사항
27) 공동체 생활의 활성화에 관한 사항
28) 공동주택의 주차장 임대계약 등에 대한 다음의 기준
  ①「도시교통정비 촉진법」제33조 제1항 제4호에 따른 승용차 공동이용을 위한 주차장 임대계약의 경우
    ㉠ 입주자등 중 주차장의 임대에 동의하는 비율
    ㉡ 임대할 수 있는 주차대수 및 위치
    ㉢ 이용자의 범위
    ㉣ 그 밖에 주차장의 적정한 임대를 위하여 필요한 사항
  ② 지방자치단체와 입주자대표회의 간 체결한 협약에 따라 지방자치단체 또는「지방공기업법」제76조에 따라 설립된 지방공단이 직접 운영·관리하거나 위탁하여 운영·관리하는 방식으로 입주자등 외의 자에게 공동주택의 주차장을 개방하는 경우
    ㉠ 입주자등 중 주차장의 개방에 동의하는 비율
    ㉡ 개방할 수 있는 주차대수 및 위치
    ㉢ 주차장의 개방시간
    ㉣ 그 밖에 주차장의 적정한 개방을 위하여 필요한 사항
29) 경비원 등 근로자에 대한 괴롭힘의 금지 및 발생 시 조치에 관한 사항
30)「주택건설기준 등에 관한 규정」에 따른 지능형 홈네트워크 설비의 기본적인 유지·관리에 관한 사항
31) 그 밖에 공동주택의 관리에 필요한 사항

12 시·도지사가 정하는 관리규약준칙에 포함되어야 하는 사항에 속하지 않는 것은?

① 입주자등의 권리 및 의무(관리주체의 동의를 받아야 할 의무를 포함한다)
② 동별 대표자의 선거구·선출절차와 해임 사유·절차 등에 관한 사항
③ 관리규약을 위반한 자 및 공동생활의 질서를 문란하게 한 자에 대한 조치
④ 리모델링의 제안 및 시행
⑤ 공동주택의 어린이집 임대계약(지방자치단체에 무상임대하는 것을 포함한다)에 대한 다음 각 목의 임차인 선정기준

정답 12. ④

해설 ▶ **관리규약준칙에 포함되어야 하는 사항**
리모델링의 제안 및 시행에 관한 사항은 입주자대표회의의 의결사항이다(영 제19조 제1항 참조).

13. 다음 중 공동주택관리규약에 관한 설명으로 옳지 <u>않은</u> 것은?

① 시·도지사는 공동주택의 입주자등의 보호와 주거생활의 질서유지를 위하여 공동주택의 관리 또는 사용의 준거가 되는 관리규약의 준칙을 정하여야 한다.
② 공동주택 입주자등은 공동주택관리규약을 시·도지사가 정하는 관리규약의 준칙에 따라 정할 수 있다.
③ 시·도지사가 정하는 관리규약준칙에는 공동주택의 입주자 등이 아닌 자의 기본적인 권리를 침해하는 사항이 포함되어서는 아니 된다.
④ 관리규약준칙에는 공동주택의 어린이집 임대계약시 어린이집을 이용하는 입주자 등 중 어린이집 임대에 동의하여야 하는 비율에 관한 선정기준이 포함되어야 한다.
⑤ 관리규약준칙에는 공동주택의 층간소음에 관한 사항이 포함되어야 한다.

해설 ▶ **공동주택관리규약**
입주자등은 공동주택관리규약을 시·도지사가 정하는 관리규약의 준칙을 참고하여 정한다.

14. 공동주택관리법령상 공동주택관리와 관련된 업무 중 시장·군수·구청장에게 신고하여야 할 의무사항이 <u>아닌</u> 것은? [11회 개작]

① 500세대인 공동주택의 임차인대표회의 구성사항
② 300세대인 분양주택의 관리사무소장 배치내용과 그 관리사무소장이 업무의 집행에 사용할 직인 신고사항
③ 350세대인 분양주택의 관리방법 변경결정사항
④ 120세대인 의무관리대상 전환 공동주택의 입주자대표회의 구성현황
⑤ 300세대인 분양주택의 관리규약 개정사항

해설 ▶ **시·군·구청장에게 신고하여야 하는 사항**
550세대인 분양주택의 입주자대표회의 구성사항은 공동주택관리법령상 시·군·구청장에게 신고하여야 하는 사항이지만 임차인대표회의의 구성사항은 신고사항이 아니다.

정답 13. ② 14. ①

15. 다음 중 시·도지사의 소관업무에 해당하는 것은?

① 입주자대표회의 운영교육
② 시설물의 안전교육
③ 장기수선조정교육
④ 관리사무소장 배치 및 직인내용과 그 변경신고
⑤ 주택관리업자 등록 및 규제

해설 ▶ 소관업무
장기수선계획에 관한 조정교육은 시·도지사가 실시하는 것이 원칙이다.

16. 다음은 용도변경 등의 행위기준 중 신고사항에 관한 내용이다. 틀린 것은?

① 「주택건설기준 등에 관한 규정」에 따른 설치기준에 적합한 범위에서 기존 부대시설을 필수시설이나 경비원 등 근로자 휴게시설로 용도변경을 하는 경우에는 전체 입주자등 1/2 이상의 동의요건을 충족하면 신고로서 가능하다.
② 공동주택의 이동통신구내중계설비를 설치하는 경우로서 입주자대표회의 동의를 받은 경우에는 신고로서 가능하다.
③ 입주자 공유인 복리시설의 이동통신구내중계설비를 설치하는 경우로서 입주자대표회의 동의를 받은 경우에는 신고로서 가능하다.
④ 공동주택 및 입주자 공유가 아닌 복리시설에서 사용검사를 받은 면적의 10퍼센트의 범위에서 유치원을 증축하려는 경우에는 신고로서 가능하다.
⑤ 부대시설의 내력벽에 배관설비를 설치하는 경우에는 전체 입주자등의 2분의 1 이상의 동의를 충족하면 신고로서 가능하다.

해설 ▶ 입주자의 권리
부대시설 및 입주자 공유인 복리시설의 개축, 재축, 대수선 행위를 하는 경우에는 시장·군수·구청장의 허가사항으로서, 전체 입주자 2/3 이상의 동의가 필요하다. 다만, 내력벽에 배관설비를 설치하는 경우에는 전체 입주자등 2분의 1 이상의 동의만 받으면 된다.

17. 다음 용도변경 등의 행위허가 기준 중 시장·군수·구청장에게 신고를 하여야 하는 것은?

① 공동주택의 용도변경
② 공동주택의 개축
③ 입주자 공유가 아닌 복리시설의 용도폐지
④ 부대시설의 재축
⑤ 입주자 공유가 아닌 복리시설의 용도변경

해설 ▶ 입주자 공유가 아닌 복리시설의 용도변경 기준
입주자 공유가 아닌 복리시설의 용도변경은 신고기준만 있다. ①②③④는 모두 시장·군수·구청장에게 허가를 받아야 하는 사항이다

정답 15. ③ 16. ⑤ 17. ⑤

제1편 공동주택사무관리

18 공동주택관리법령상 공동주택의 행위허가 또는 신고의 기준 중 허가기준을 정하고 있지 <u>않는</u> 것은? **19회 출제**

① 입주자 공유가 아닌 복리시설의 용도변경
② 세대구분형 공동주택의 설치
③ 부대시설의 용도변경
④ 입주자 공유인 복리시설의 개축
⑤ 부대시설의 재축

해설 ▶ 입주자의 의무
①은 신고기준만 정하고 있다. ②③④⑤는 허가기준만 정하고 있다.

19 입주자·사용자 및 관리주체의 배상책임에 대한 설명으로 <u>부적당한</u> 것은?

① 입주자와 사용자가 고의 또는 과실로 공용부분 및 시설물 등을 훼손하였을 경우에는 원상을 회복하거나 보수에 필요한 비용을 부담하여야 하며, 제3자에게 손해를 끼쳤을 경우에는 그 손해를 배상하여야 한다.
② 건물의 점검, 보수를 위한 관리주체의 전유부분의 출입을 거부한 입주자와 사용자는 그로 인하여 제3자에게 손해를 끼쳤을 경우에는 그 손해를 배상하여야 한다.
③ 관리주체는 건물의 점검이나 보수를 위하여 전유부분에 출입하여 그 전유부분에 설치된 시설을 훼손한 경우에는 지체없이 이를 원상복구하여야 한다.
④ 입주자가 과실로 공용부분을 훼손하였을 경우에는 제3자에 대하여는 손해배상책임이 있다.
⑤ 전유부분 시설물의 마모, 자연훼손으로 제3자에게 손해가 발생한 경우에는 제3자에게 손해배상의 책임이 없다.

해설 ▶ 손해배상의 책임
입주자 전유부분 시설물의 마모, 자연훼손의 경우에도 관리소홀로 인하여 제3자에게 피해를 주었을 때에는 원상회복을 하고 이를 변상하여야 한다.

정답 21. ① 22. ⑤

20

공동주택에서 입주자등 또는 관리주체가 용도변경 등의 행위를 하는 경우에 적용해야 할 허가 기준에 관한 설명이다. 다음 중 **틀린** 것은?

① 「주택건설기준 등에 관한 규정」에 따른 주택의 건설기준에 부적합하게 된 공동주택의 전유부분을 적합한 시설로의 용도변경 행위는 전체 입주자 2/3 이상의 동의를 받아야 한다.
② 부대시설 및 입주자 공유인 복리시설의 증축·증설 행위는 전체 입주자 2/3 이상의 동의를 받아야 한다.
③ 공동주택의 개축·재축·대수선 행위 중에서 내력벽에 배관설비를 설치하는 경우에는 해당 동에 거주하는 입주자등 1/2 이상의 동의를 받아야 한다.
④ 공동주택 전유부분의 시설물 또는 설비의 철거로 구조안전에 이상이 없다고 시장·군수·구청장이 인정하는 경우에는 해당 동에 거주하는 입주자등 1/2 이상의 동의을 받아야 한다.
⑤ 부대시설의 용도폐지는 위해의 방지를 위하여 시장·군수·구청장이 부득이하다고 인정하는 경우로서 해당 동 입주자 1/2이상의 동의를 받아야 한다.

해설 → 공동주택 용도폐지시 허가기준
부대시설 및 입주자 공유인 복리시설의 용도폐지는 위해의 방지를 위하여 시장·군수·구청장이 부득이하다고 인정하는 경우로서 전체 입주자 2/3 이상의 동의를 받아야 한다.

21

국토교통부령이 정하는 경미한 사항으로서 입주자대표회의의 동의를 받아 신고만으로 사용검사를 받은 면적의 10% 범위 안에서 증축·증설할 수 <u>없는</u> 시설은?

① 영상정보처리기기   ② 실내주민운동시설   ③ 폐기물보관시설
④ 주차장   ⑤ 주택단지 안의 도로

해설 → 국토교통부령으로 정하는 경미한 사항 (규칙 제15조 제2항)
1) 주차장·조경시설·어린이놀이터·관리사무소·경비실·경로당 또는 입주자집회소
2) 대문·담장 또는 공중화장실
3) 경비실과 통화가 가능한 구내전화 또는 영상정보처리기기
4) 보안등, 자전거보관소 또는 안내표지판
5) 옹벽, 축대(문기둥을 포함한다) 또는 주택단지 안의 도로
6) 폐기물보관시설(재활용품 분류보관시설을 포함한다), 택배보관함 또는 우편함
7) 주민운동시설(실외에 설치된 시설로 한정한다)

정답   20. ⑤   21. ②

22

다음 중 입주자 등이 관리주체의 동의만 있으면 가능한 행위는 몇 개인가? **9회 출제**

> ㉠ 공용부분에 물건을 적재하여 통행·피난 및 소방을 방해하는 행위
> ㉡ 전기자동차의 이동형 충전기를 이용하기 위한 차량무선인식장치(전자태그를 말한다)를 콘센트 주위에 부착하는 행위
> ㉢ 공동주택을 대수선하는 행위
> ㉣ 세대구분형 공동주택을 설치하는 행위
> ㉤ 공동주택의 증설행위

① 1개 ② 2개 ③ 3개 ④ 4개 ⑤ 5개

해설 ▸ 관리주체에 동의를 받아야 하는 사항
㉠, ㉡은 관리주체의 동의를 요하는 행위이고, ㉢, ㉣, ㉤은 시장 등의 허가사항이다.

23

공동주택관리법령상 공동주택의 입주자등 또는 관리주체가 시장·군수·구청장의 허가를 받거나 시장·군수·구청장에게 신고하여야 하는 행위가 <u>아닌</u> 것은? **23회 출제**

① 공동주택의 용도변경
② 입주자 공유가 아닌 복리시설의 비내력벽 철거
③ 세대구분형 공동주택의 설치
④ 부대시설의 대수선
⑤ 입주자 공유인 복리시설의 증설

해설 ▸ 시·군·구청장의 허가를 받거나 또는 신고하고 해야 하는 행위
② 공동주택(일반인에게 분양되는 복리시설을 포함한다)의 입주자등 또는 관리주체가 다음 각 호의 어느 하나에 해당하는 행위를 하려는 경우에는 시장·군수·구청장의 허가를 받거나 시장·군수·구청장에게 신고를 하여야 한다.
1. 공동주택을 사업계획에 따른 용도 외의 용도에 사용하는 행위
2. 공동주택을 증축·개축·대수선하는 행위(「주택법」에 따른 리모델링은 제외한다)
3. 공동주택을 파손 또는 훼손하거나 해당 시설의 전부 또는 일부를 철거하는 행위(국토교통부령으로 정하는 경미한 행위는 제외)
4. 세대구분형 공동주택을 설치하는 행위
5. 그 밖에 공동주택의 효율적 관리에 지장을 주는 행위로서 대통령령으로 정하는 행위
   가. 공동주택의 용도폐지
   나. 공동주택의 재축·증설 및 비내력벽의 철거(입주자 공유가 아닌 복리시설의 비내력벽의 철거는 제외)

정답 22. ② 23. ②

24. 공동주택과 부대시설 및 복리시설에 대하여 시행하는 건축행위 중 시장·군수 및 구청장의 허가나 신고를 필요로 하지 않는 것은?

① 보도블록의 교체행위
② 공동주택을 사업계획에 따른 용도 이외의 용도에 사용하는 행위
③ 공동주택을 대수선하는 행위
④ 공동주택을 파손하거나 당해 시설의 전부 또는 일부를 철거하는 행위
⑤ 공동주택의 효율적 관리에 지장을 주는 행위로서 공동주택의 용도폐지, 공동주택의 재축·증설 및 비내력벽의 철거(입주자 공유가 아닌 복리시설의 비내력벽의 철거는 제외한다)

해설 ▶ 시·군·구청장의 허가의 예외

①과 같은 경미한 행위는 공동주택관리법령상의 용도외 사용 등에 관한 규정(법 제35조 제1항)을 적용하지 아니한다. 여기에서의 경미한 행위는 다음의 어느 하나에 해당하는 행위를 말한다(규칙 제15조 제1항).
1) 창틀·문틀의 교체
2) 세대 내 천장·벽·바닥의 마감재 교체
3) 급·배수관 등 배관설비의 교체
4) 난방방식의 변경(시설물의 파손·철거는 제외)
5) 구내통신선로설비, 경비실과 통화가 가능한 구내전화, 지능형 홈네트워크 설비, 방송수신을 위한 공동수신설비 또는 영상정보처리기기의 교체
6) 보안등, 자전거보관소, 안내표지판, 담장(축대는 제외한다) 또는 보도블록의 교체
7) 폐기물보관시설(재활용품 분유보관시설을 포함한다), 택배보관함 또는 우편함의 교체
8) 조경시설 중 수목(樹木)의 일부 제거 및 교체
9) 주민운동시설의 교체(다른 운동종목을 위한 시설로 변경하는 것을 말하며, 면적이 변경되는 경우는 제외한다)
10) 부대시설 중 각종 설비나 장비의 수선·유지·보수를 위한 부품의 일부 교체
11) 그 밖에 1)부터 10)에서 정한 사항과 유사한 행위로서 시장·군수·구청장이 인정하는 행위

25. 공동주택의 경비업무에 관한 사항 중 부적당한 것은?

① 일반경비원은 시설경비업무, 호송경비업무, 신변보호업무, 기계경비업무를 수행하는 자를 말한다.
② 관리주체는 경비업무에 종사하는 사람에 대한 교육을 관할경찰서에 위탁하여 방범교육을 실시하여야 한다.
③ 특수경비원은 특수경비업무[공항(항공기를 포함한다) 등 국가중요시설의 경비 및 도난·화재 그 밖의 위험발생을 방지하는 업무를 수행하는 자를 말한다.
④ 경비원은 직무를 수행함에 있어 타인에게 위력을 과시하거나 물리력을 행사하는 등 경비업무의 범위를 벗어난 행위를 하여서는 아니된다.
⑤ 누구든지 경비원으로 하여금 경비업무의 범위를 벗어난 행위를 하게 하여서는 아니된다.

정답 24. ① 25. ②

해설 ▶ **방범교육**

경비업무에 종사하는 사람은 공동주택단지의 각종 안전사고의 예방과 방범을 위하여 시장·군수·구청장이 실시하는 방범교육 및 안전교육을 받아야 한다. 시장·군수·구청장은 방범교육을 관할 경찰서장 또는 법인에 위임하거나 위탁하여 실시할 수 있다. (규칙 제12조 참조).

26
공동주택단지 안의 경비업무에 종사하는 자에 대한 방범교육을 실시할 수 있는 자는 다음 중 누구인가?

① 도지사 및 특별시장
② 행정안전부장관
③ 시장·군수·구청장, 관할 경찰서장 또는 공동주택관리법 제89조 제2항에 따라 인정받은 법인
④ 국토교통부장관
⑤ 한국경비협회

해설 ▶ **방범교육 및 안전교육 실시권자 (법 제32조 제3항).**

시장·군수·구청장은 방범교육 및 안전교육을 다음 각 호의 구분에 따른 기관 또는 법인에 위임하거나 위탁하여 실시할 수 있다.
1. 방범교육 : 관할 경찰서장 또는 공동주택관리법 제89조 제2항에 따라 인정받은 법인
2. 소방에 관한 안전교육 : 관할 소방서장 또는 공동주택관리법 제89조 제2항에 따라 인정받은 법인
3. 시설물에 관한 안전교육 : 공동주택관리법 제89조 제2항에 따라 인정받은 법인

27
지속가능한 공동주거관리에 대한 설명 중 틀린 것은? **10회 개작**

① 사업주체가 1000세대 이상의 공동주택을 공급할 때에는 공동주택성능에 대한 등급을 발급받아 입주자 모집공고에 표시하여야 한다.
② 조경·일조확보율·실내공기질·에너지절약 등 환경 관련 등급은 입주자 모집공고에 표시하여야 한다.
③ 화재·소방·피난안전 등 화재·소방 관련 등급은 공동주택성능등급에 포함된다.
④ 쾌적한 온열환경의 유지를 위해 각 실별 또는 난방영역마다 별개의 실내 자동온도조절장치를 설치하거나 온도센서를 두고 특정실에 통합 자동온도조절장치를 설치한다.
⑤ 일조는 환경권의 하나로서 공동주택 각 세대는 동지일 기준 오전 9시부터 오후 3시 사이 6시간 동안 최소 2시간의 연속일조를 받아야 한다.

정답 26. ③ 27. ①

> **해설** 공동주택관리 분쟁조정위원회
> 사업주체가 500세대 이상의 공동주택을 공급할 때에는 주택의 성능 및 품질을 입주자가 알 수 있도록 「녹색건축물 조성 지원법」에 따라 다음의 공동주택성능에 대한 등급을 발급받아 국토교통부령으로 정하는 방법(공동주택성능등급 인증서를 발급받아 입주자 모집공고에 표시하는 방법을 말한다. 이 경우 공동주택성능등급 인증서는 쉽게 알아볼 수 있는 위치에 쉽게 읽을 수 있는 글자 크기로 표시해야 한다)으로 입주자 모집공고에 표시하여야 한다.

28. 공동주택관리법령상 지방분쟁조정위원회의 심의·조정사항이 아닌 것은?

14회 개작

① 공동주택 전유부분의 유지·보수·개량 등에 관한 사항
② 혼합주택단지에서의 분쟁에 관한 사항
③ 관리비·사용료 및 장기수선충당금의 징수·사용 등에 관한 사항
④ 공동주택관리기구의 구성·운영 등에 관한 사항
⑤ 공동주택의 층간소음에 관한 사항

> **해설** 공동주택관리 분쟁조정위원회의 심의·조정
> 공동주택(공용부분만 해당한다)의 유지·보수·개량 등에 관한 사항을 심의·조정한다.

29. 민간임대주택에 관한 특별법상 임대주택분쟁위원회(이하 "조정위원회"라 한다)에 관한 설명으로 옳은 것은?

24회 출제

① 임대료의 증액에 대한 분쟁에 관해서는 조정위원회가 직권으로 조정을 하여야 한다.
② 임차인대표회의는 이 법에 따른 민간임대주택의 관리에 대한 분쟁에 관하여 조정위원회에 조정을 신청할 수 없다.
③ 공무원이 아닌 위원의 임기는 1년으로 하며 연임할 수 있다.
④ 공공주택사업자 또는 임차인대표회의는 공공임대주택의 분양전환승인에 관한 사항의 분쟁에 관하여 조정위원회에 조정을 신청할 수 없다.
⑤ 임차인은 「공공주택 특별법」 제50조의3에 따른 우선 분양전환 자격에 대한 분쟁에 관하여 조정위원회에 조정을 신청할 수 없다.

> **해설** 임대주택분쟁위원회
> ① 임대주택 분쟁조정사항에 관해서는 당사자 신청주의를 취하고 있다. 따라서 분쟁조정위원회가 직권으로 조정을 하지 않는다.
> ② 임대사업자 또는 임차인대표회의는 이 법에 따른 민간임대주택의 관리에 대한 분쟁에 관하여 조정위원회에 조정을 신청할 수 있다.
> ③ 공무원이 아닌 위원의 임기는 2년으로 하며 두 차례만 연임할 수 있다.
> ⑤ 공공주택사업자, 임차인대표회의 또는 임차인은 「공공주택 특별법」 제50조의3에 따른 우선 분양전환 자격에 대한 분쟁에 관하여 조정위원회에 조정을 신청할 수 있다.

정답 28. ① 29. ④

30. 「민간임대주택에 관한 특별법령」상 임대주택분쟁조정위원회에 관한 설명으로 옳은 것은?

① 위원회는 위원장 1명을 포함하여 20명 이내로 구성한다.
② 분쟁조정은 임대사업자와 임차인대표회의의 신청 또는 위원회의 직권으로 개시한다.
③ 공공임대주택의 임차인대표회의는 공공주택사업자와 분양전환승인에 관하여 분쟁이 있는 경우 위원회에 조정을 신청할 수 있다.
④ 위원회의 위원장은 위원 중에서 호선한다.
⑤ 공무원이 아닌 위원의 임기는 2년으로 하되, 두 차례만 연임할 수 있다.

[20회 출제]

해설 ▶ 임대주택분쟁조정위원회
① 위원회는 위원장 1명을 포함하여 10명 이내로 구성한다.
② 분쟁조정은 임대사업자와 임차인대표회의의 조정신청으로 개시한다. 위원회의 직권으로 개시할 수는 없다.
③ 공공임대주택의 분양전환승인에 관한 사항은 공공주택사업자와 임차인대표회의의 조정신청 대상에 해당하지 않는다.
④ 조정위원회의 위원장은 해당 지방자치단체의 장이 된다. 부위원장은 위원 중에서 호선(互選)한다.

31. 다음 중 임대주택분쟁조정위원회의 조정사항이 아닌 것은?

① 임차인대표회의와 민간임대사업자 간의 협의사항
② 부도임대주택등의 도시주택기금 융자금의 변제 및 임대보증금 반환 등에 관한 사항
③ 공공임대주택의 분양승인에 관한 사항
④ 부도임대주택 등의 분양전환
⑤ 부도임대주택 등의 관리에 관한 사항

해설 ▶ 임대주택분쟁조정위원회
1) 임대사업자와 임차인대표회의는 다음에 해당하는 분쟁에 관하여 조정위원회에 조정을 신청할 수 있다.
   ① 임대료의 증액, 관리비, 하자보수
   ② 민간임대주택의 공용부분·부대시설 및 복리시설의 유지·보수, 임대료 증감
   ③ 주택관리, 민간임대주택 관리규약의 제정 및 개정
   ④ 공동주택의 관리에 관하여 임대사업자와 임차인대표회의가 합의한 사항
   ⑤ 임차인 외의 자에게 민간임대주택 주차장을 개방하는 경우 다음 각 목의 사항
      가. 개방할 수 있는 주차대수 및 위치
      나. 주차장의 개방시간
      다. 주차료 징수 및 사용에 관한 사항
      라. 그 밖에 주차장의 적정한 개방을 위해 필요한 사항
2) 공공주택사업자와 임차인대표회의는 다음에 해당하는 분쟁에 관하여 조정위원회에 조정을 신청할 수 있다.
   ① 1)의 ①~⑤의 사항
   ② 공공임대주택의 분양전환가격. 다만, 분양전환승인에 관한 사항은 제외한다.

정답 30. ⑤   31. ③

32. 다음 중 임대주택분쟁조정위원회에 관한 설명으로 타당하지 않은 것은?

① 임대주택분쟁조정위위원회의 부위원장은 위원 중에서 호선(互選)한다.
② 시·군 또는 자치구 산하에서 임의적으로 구성·운영할 수 있는 기구이다.
③ 위원장은 회의 개최일 2일 전까지 회의와 관련된 사항을 위원에게 알려야 한다.
④ 조정위원회의 회의는 재적위원 과반수의 출석으로 개의하고, 출석위원 과반수의 찬성으로 의결한다.
⑤ 분쟁당사자 간에 조정안이 수락된 때에는 조정조서와 동일한 내용의 합의가 성립한 것으로 본다.

해설 ▶ 분쟁조정위원회
「민간임대주택에 관한 특별법」은 시장 등은 동 조정위원회를 '구성한다'고 규정하고 있는데, 법문상 문리해석에 따르거나 임차인 보호라는 「민간임대주택에 관한 특별법」상의 입법취지를 감안하여 보더라도 이는 시장 등이 반드시 설치·운영하여야 하는 필수기구로 보여진다(법 제55조 제1항 참조).

33. 민간임대주택에 관한 특별법령상 임대주택분쟁조정위원회의 구성에 관한 내용이다. ( )에 들어갈 용어와 숫자를 순서대로 나열한 것은?

- 임대주택분쟁조정위원회의 구성은 ( )가(이) 한다.
- 임대주택분쟁조정위원회는 위원장 1명을 포함하여 ( )명 이내로 구성한다.

① 시·도지사, 7
② 지방자치단체의 장, 7
③ 국토교통부장관, 10
④ 임차인대표회장, 10
⑤ 시장·군수·구청장, 10

19회 출제

해설 ▶ 임대주택분쟁조정위원회
1) 시장·군수·구청장은 임대주택[민간임대주택 및 「공공주택 특별법」 제2조 제1호 가목에 따른 공공임대주택(이하 "공공임대주택"이라 한다)을 말한다. 이하 같다]에 관한 학식 및 경험이 풍부한 자 등으로 임대주택분쟁조정위원회를 구성한다.
2) 조정위원회는 위원장 1명을 포함하여 10명 이내로 구성하되, 조정위원회의 구성, 운영, 절차 등에 필요한 사항은 대통령령으로 정한다.

정답 32. ② 33. ⑤

34. 공동주택관리법령상 과태료 부과금액이 가장 높은 경우는? (단, 가중·감경사유는 고려하지 않음) [19회 출제]

① 입주자대표회의의 대표자가 장기수선계획에 따라 주요시설을 교체하거나 보수하지 않은 경우
② 입주자대표회의등이 하자보수보증금을 법원의 재판 결과에 따른 하자보수비용 외의 목적으로 사용한 경우
③ 관리주체가 장기수선계획에 따라 장기수선충당금을 적립하지 않은 경우
④ 관리사무소장으로 배치받은 주택관리사가 시·도지사로부터 주택관리의 교육을 받지 않은 경우
⑤ 의무관리대상 공동주택의 관리주체가 주택관리업자 또는 사업자와 계약을 체결한 후 1개월 이내에 그 계약서를 공개하지 아니하거나 거짓으로 공개한 경우

해설 ▶ 과태료
① 입주자대표회의의 대표자가 장기수선계획에 따라 주요시설을 교체하거나 보수하지 않은 경우 : 1천만원 이하
② 입주자대표회의등이 하자보수보증금을 법원의 재판 결과에 따른 하자보수비용 외의 목적으로 사용한 경우 : 2천만원 이하
③ 관리주체가 장기수선계획에 따라 장기수선충당금을 적립하지 않은 경우 : 5백만원 이하
④ 관리사무소장으로 배치받은 주택관리사가 시·도지사로부터 공동주택관리에 관한 교육과 윤리교육을 받지 않은 경우 : 5백만원 이하
⑤ 의무관리대상 공동주택의 관리주체가 주택관리업자 또는 사업자와 계약을 체결한 후 1개월 이내에 그 계약서를 공개하지 아니하거나 거짓으로 공개한 경우 : 5백만원 이하

35. 공동주택관리법령상 입주자대표회의의 구성 등에 관한 설명으로 옳지 않은 것은?

① 입주자대표회의에는 회장 1명, 감사 2명 이상, 이사 1명 이상을 두어야 한다.
② 입주자인 동별 대표자 중에서 회장 후보자가 없는 경우로서 선출 전에 전체 입주자 과반수의 서면동의를 얻은 경우에는 사용자인 동별 대표자도 회장이 될 수 있다.
③ 입주자대표회의가 회의를 개최한 경우 입주자대표회의는 관리규약으로 정하는 바에 따라 입주자등에게 회의를 실시간 또는 녹화·녹음 등의 방식으로 중계하거나 방청하게 할 수 있다.
④ 300세대 미만인 공동주택의 관리주체도 관리규약으로 정하는 범위·방법 및 절차 등에 따라 회의록을 입주자등에게 공개하여야 한다.
⑤ 입주자대표회의는 주택관리업자가 공동주택을 관리하는 경우에는 주택관리업자의 직원인사·노무관리 등의 업무수행에 부당하게 간섭해서는 아니 된다.

정답 34. ② 35. ④

> **해설** ▶ 입주자대표회의의 회의록 공개의무
> 300세대 이상인 공동주택의 관리주체는 관리규약으로 정하는 범위·방법 및 절차 등에 따라 회의록을 입주자등에게 공개하여야 하며, 300세대 미만인 공동주택의 관리주체는 관리규약으로 정하는 바에 따라 회의록을 공개할 수 있다.

36. 공동주택관리법령상 임원의 업무범위에 관한 설명으로 옳지 않은 것은?

① 입주자대표회의의 회장은 입주자대표회의를 대표하고, 그 회의의 의장이 된다.
② 이사는 회장이 사퇴 또는 해임으로 궐위된 경우 및 사고나 그 밖에 부득이한 사유로 그 직무를 수행할 수 없을 때에는 관리규약에서 정하는 바에 따라 그 직무를 대행한다.
③ 감사는 회계 관계 업무와 관리업무 전반에 대하여 관리주체의 업무를 감사한다.
④ 감사는 감사를 한 경우에는 감사보고서를 작성하여 입주자대표회의와 관리주체에게 제출하고 인터넷 홈페이지에 공개하여야 한다.
⑤ 감사가 입주자대표회의에서 의결한 안건이 관계 법령 및 관리규약에 위반된다고 판단하여 입주자대표회의에 재심의를 요청한 경우에는 재심의를 요청받은 입주자대표회의는 해당 안건을 다시 심의할 수 있다.

> **해설** ▶ 입주자대표회의 임원의 업무범위
> 재심의를 요청받은 입주자대표회의는 지체없이 해당 안건을 다시 심의하여야 한다.

37. 공동주택관리법령상 중앙 공동주택관리 분쟁조정위원회의 의원 구성 등에 관한 사항으로 옳지 않은 것은?

① 중앙분쟁조정위원회는 위원장 1명을 포함한 15명 이내의 위원으로 구성한다.
② 중앙분쟁조정위원회의 위원은 주택관리사로서 공동주택의 관리사무소장으로 10년 이상 근무한 사람이 포함되어야 한다.
③ 중앙분쟁조정위원회의 위원장은 위원회의 회의를 소집하려면 특별한 사정이 있는 경우를 제외하고는 회의 개최 5일 전까지 회의의 일시·장소 및 심의안건을 각 위원에게 서면으로 알려야 한다.
④ 중앙분쟁조정위원회는 위원회의 소관 사무 처리절차와 그 밖에 위원회의 운영에 관한 규칙을 정할 수 있다.
⑤ 500세대 이상의 공동주택단지에서 발생한 분쟁은 중앙분쟁조정위원회의 심의·조정사항이다.

> **해설** ▶ 중앙분쟁조정위원회의 위원구성
> 중앙분쟁조정위원회의 위원장은 위원회의 회의를 소집하려면 특별한 사정이 있는 경우를 제외하고는 회의 개최 3일 전까지 회의의 일시·장소 및 심의안건을 각 위원에게 서면(전자우편을 포함한다)으로 알려야 한다.

정답 36. ⑤ 37. ③

38

공동주택관리법령상 공동주택의 관리사무소장 배치등에 관한 다음 사항 중에서 옳지 <u>않은</u> 것은?

① 500세대의 공동주택에는 주택관리사보를 해당 공동주택의 관리사무소장으로 배치할 수 없다.
② 관리사무소장은 공동주택의 운영·관리·유지·보수·교체·개량 및 리모델링에 관한 업무와 관련하여 입주자대표회의를 대리하여 재판상 또는 재판 외의 행위를 할 수 없다.
③ 주택관리사등은 관리사무소장의 업무를 진행하면서 과실로 입주자에게 재산상의 손해를 입힌 경우에도 그 손해를 배상할 책임이 있다.
④ 주택관리사단체는 관리사무소장이 신고 또는 변경신고에 대한 증명서 발급을 요청하면 즉시 관리사무소장의 배치 및 직인 (변경)신고증명서를 발급하여야 한다.
⑤ 주택관리사 등은 해당 공동주택의 관리사무소장으로 배치된 날에 입주자대표회의의 회장에게 보증보험 등에 가입한 사실을 입증하는 서류를 제출하여야 한다.

> **해설** ▶ 관리사무소장의 업무
> ② 관리사무소장은 공동주택의 운영·관리·유지·보수·교체·개량에 관한 업무와 이 업무를 집행하기 위한 관리비·장기수선충당금이나 그 밖의 경비의 청구·수령·지출 및 그 금액을 관리하는 업무와 관련하여 입주자대표회의를 대리하여 재판상 또는 재판외의 행위를 할 수 있다.

39

공동주택관리법령상 관리규약준칙 및 관리규약에 관한 설명으로 옳지 <u>않은</u> 것은?

① 시·도지사는 공동주택의 입주자등을 보호하고 주거생활의 질서를 유지하기 위하여 대통령령으로 정하는 바에 따라 공동주택의 관리 또는 사용에 관하여 준거가 되는 관리규약의 준칙을 정하여야 한다.
② 주민공동시설의 위탁에 따른 방법 또는 절차에 관한 사항은 관리규약준칙의 포함사항이다.
③ 입주자등은 관리규약의 준칙을 참조하여 관리규약을 정한다.
④ 공동주택분양 후 최초의 관리규약은 사업주체가 제안한 내용을 해당 입주예정자의 과반수가 서면으로 동의하는 방법으로 결정한다.
⑤ 입주자대표회의의 회장은 관리규약이 제정된 날부터 30일 이내에 신고서를 시장·군수·구청장에게 제출하여야 한다.

> **해설** ▶ 관리규약
> 입주자대표회의의 회장(관리규약 제정의 경우에는 사업주체 또는 의무관리대상 전환 공동주택의 관리인을 말한다)은 관리규약이 제정·개정된 날부터 30일 이내에 신고서를 시장·군수·구청장에게 제출하여야 한다.

정답 38. ② 39. ⑤

40. 공동주택관리법령상 동별 대표자의 임기 등에 관한 설명으로 옳지 않은 것은?

① 동별 대표자의 임기는 2년으로 한다. 다만, 보궐선거로 선출된 동별 대표자의 임기는 전임자 임기의 남은 기간으로 한다.
② 동별 대표자는 한 번만 중임할 수 있다. 이 경우 보궐선거 또는 재선거로 선출된 동별 대표자의 임기가 3개월 미만인 경우에는 임기의 횟수에 포함하지 않는다.
③ 동별 대표자는 관리규약으로 정한 사유가 있는 경우에 해당 선거구 전체 입주자등의 과반수가 투표하고 투표자 과반수의 찬성으로 해임한다.
④ 회장 및 감사(입주자대표회의에서 선출된 회장 및 감사는 제외한다)는 관리규약으로 정한 사유가 있는 경우에 전체 입주자등의 10분의 1 이상이 투표하고 투표자 과반수의 찬성으로 해임한다.
⑤ 이사(입주자대표회의에서 선출된 회장 및 감사를 포함한다)는 관리규약으로 정한 사유가 있는 경우에 관리규약으로 정하는 절차에 따라 해임한다.

해설 ▶ 동별 대표자 임기
동별 대표자는 한 번만 중임할 수 있다. 이 경우 보궐선거 또는 재선거로 선출된 동별 대표자의 임기가 6개월 미만인 경우에는 임기의 횟수에 포함하지 아니한다.

41. 공동주택관리법령상 중앙 공동주택관리 분쟁조정위원회의 분쟁조정의 신청 및 조정 등에 관한 사항으로 옳지 않은 것은?

① 중앙분쟁조정위원회는 조정의 신청을 받은 때에는 지체없이 조정의 절차를 개시하여야 한다.
② 중앙분쟁조정위원회는 조정절차를 개시한 날부터 60일 이내에 그 절차를 완료한 후 조정안을 작성하여 지체없이 이를 각 당사자에게 제시하여야 한다. 다만, 부득이한 사정으로 조정절차를 완료할 수 없는 경우에는 그 기간을 연장할 수 있다.
③ 조정안을 제시받은 당사자는 그 제시를 받은 날부터 30일 이내에 그 수락 여부를 중앙분쟁조정위원회에 서면으로 통보하여야 한다. 이 경우 30일 이내에 의사표시가 없는 때에는 수락한 것으로 본다.
④ 당사자가 조정안을 수락하거나 수락한 것으로 보는 경우 중앙분쟁조정위원회는 조정서를 작성하고, 위원장 및 각 당사자가 서명·날인한 후 조정서 정본을 지체없이 각 당사자 또는 그 대리인에게 송달하여야 한다.
⑤ 조정안을 수락하거나 수락한 것으로 보는 때에는 그 조정서의 내용은 재판상 화해와 동일한 효력을 갖는다.

정답 40. ② 41. ②

해설 ▶ **분쟁조정**
중앙분쟁조정위원회는 조정절차를 개시한 날부터 30일 이내에 그 절차를 완료한 후 조정안을 작성하여 지체없이 이를 각 당사자에게 제시하여야 한다. 다만, 부득이한 사정으로 30일 이내에 조정절차를 완료할 수 없는 경우 중앙분쟁조정위원회는 그 기간을 연장할 수 있다. 이 경우 그 사유와 기한을 명시하여 당사자에게 서면으로 통지하여야 한다.

42

공동주택관리법령상 동별 대표자 등의 선거관리에 관한 설명으로 옳지 <u>않은</u> 것은?

① 관리주체는 동별 대표자나 입주자대표회의 임원을 선출하거나 해임하기 위하여 선거관리위원회를 구성한다.
② 선거관리위원회는 500세대 미만인 공동주택은 입주자등 중에서 위원장을 포함하여 3명 이상 9명 이하 위원으로 구성한다.
③ 동별 대표자의 자격요건 미충족, 결격사유에 해당됨에 따라 당연 퇴임한 사람으로서 그 남은 임기 중에 있는 사람은 선거관리위원회 위원이 될 수 없으며 그 자격을 상실한다.
④ 500세대 이상인 공동주택은 「선거관리위원회법」 제2조에 따른 선거관리위원회 소속 직원 1명을 관리규약으로 정하는 바에 따라 위원으로 위촉할 수 있다.
⑤ 선거관리위원회는 그 구성원(관리규약으로 정한 정원을 말한다) 과반수의 찬성으로 그 의사를 결정한다.

해설 ▶ **동별 대표자 등의 선거관리**
입주자등은 동별 대표자나 입주자대표회의 임원을 선출하거나 해임하기 위하여 선거관리위원회를 구성한다.

43

공동주택관리법령상 입주자대표회의 의결사항으로 옳지 <u>않은</u> 것은?

① 공동주택 공용부분의 담보책임 종료 확인
② 장기수선충당금의 징수·적립 및 관리
③ 공동주택 공용부분의 행위허가 또는 신고행위의 제안
④ 주민공동시설(어린이집, 다함께돌봄센터, 공동육아나눔터는 제외한다) 위탁운영의 제안
⑤ 입주자 등 상호간에 이해가 상반되는 사항의 조정

해설 ▶ **입주자대표회의 의결사항**
장기수선충당금의 징수·적립 및 관리는 관리주체의 업무이다.

정답 42. ① 43. ②

44 주거기본법령상 최저주거기준에 관한 설명으로 옳지 않은 것은?

① 국토교통부장관은 국민이 쾌적하고 살기 좋은 생활을 하기 위하여 필요한 최소한의 주거수준에 관한 지표로서 최저주거기준을 설정·공고할 수 있다.
② 국토교통부장관이 최저주거기준을 설정·공고하려는 경우에는 미리 관계 중앙행정기관의 장과 협의한 후 주거정책심의위원회의 심의를 거쳐야 한다. 공고된 최저주거기준을 변경하려는 경우에도 또한 같다.
③ 최저주거기준에는 주거면적, 용도별 방의 개수, 주택의 구조·설비·성능 및 환경요소 등 대통령령으로 정하는 사항이 포함되어야 하며, 사회적·경제적인 여건의 변화에 따라 그 적정성이 유지되어야 한다.
④ 국가 또는 지방자치단체가 주거정책을 수립·시행하거나 사업주체가 주택건설사업을 시행하는 경우에는 최저주거기준에 미달되는 가구를 줄이기 위하여 노력하여야 한다.
⑤ 국토교통부장관 또는 지방자치단체의 장은 주택의 건설과 관련된 인가·허가 등을 할 때 그 건설사업의 내용이 최저주거기준에 미달되는 경우에는 그 기준에 맞게 사업계획승인신청서를 보완할 것을 지시하는 등 필요한 조치를 하여야 한다. 다만, 도심지역에 건설되는 1인 가구 등을 위한 소형주택 등 대통령령으로 정하는 주택에 대하여는 그러하지 아니하다.

해설 최저주거기준
국토교통부장관은 국민이 쾌적하고 살기 좋은 생활을 하기 위하여 필요한 최소한의 주거수준에 관한 지표로서 최저주거기준을 설정·공고하여야 한다.

45 공동주택관리법령상 선거관리위원회의 위원이 될 수 없는 사람을 모두 고른 것은? **27회 출제**

ㄱ. 피성년후견인 또는 피한정후견인
ㄴ. 동별 대표자 후보자의 직계존비속
ㄷ. 임기 중에 결격사유에 해당하여 동별 대표자에서 퇴임한 사람으로서 그 남은 임기 중에 있는 사람
ㄹ. 선거관리위원회 위원에서 해임된 사람으로서 그 남은 임기 중에 있는 사람

① ㄱ
② ㄱ, ㄴ
③ ㄱ, ㄴ, ㄷ
④ ㄴ, ㄷ, ㄹ
⑤ ㄱ, ㄴ, ㄷ, ㄹ

정답 44. ① 45. ⑤

> **해설** ▶ 선거관리위원회의 위원의 결격사유 등
> 1. 미성년자, 피성년후견인 또는 피한정후견인
> 2. 동별 대표자를 사퇴하거나 그 지위에서 해임된 사람 또는 퇴임한 사람으로서 그 남은 임기 중에 있는 사람
> 3. 선거관리위원회 위원을 사퇴하거나 그 지위에서 해임 또는 해촉된 사람으로서 그 남은 임기 중에 있는 사람

46 공동주택관리법령상 입주자대표회의의 구성 등에 관한 설명으로 옳지 <u>않은</u> 것은? 〔27회 출제〕

① 입주자대표회의는 4명 이상으로 구성한다.
② 하나의 공동주택단지를 여러 개의 공구로 구분하여 순차적으로 건설하는 경우, 먼저 이주하여 이미 입주자대표회의를 구성한 공구의 입주자들은 다음 공구의 입주 예정자의 과반수가 입주한 때에는 다시 입주자대표회의를 구성하여야 한다.
③ 동별 대표자 선출공고에서 정한 각종 서류 제출 마감일을 기준으로, 해당 동별 대표자에서 해임된 날부터 2년이 지나지 아니한 사람은 동별 대표자가 될 수 없으며 그 자격을 상실한다.
④ 최초의 입주자대표회의를 구성하기 위하여 동별 대표자를 선출하는 경우, 동별 대표자는 동별 대표자 선출공고에서 정한 각종 서류 제출 마감일을 기준으로 해당 공동주택단지 안에서 주민등록을 마친 후 계속하여 3개월 이상 거주하고 있어야 한다.
⑤ 동별 대표자는 선거구별로 1명씩 선출하되, 후보자가 1명인 경우 해당 선거구 전체 입주자등의 과반수가 투표하고 과반수의 찬성으로 선출한다.

> **해설** ▶ 입주자대표회의 구성
> 최초의 입주자대표회의를 구성하기 위하여 동별 대표자를 선출하는 경우, 동별 대표자는 동별 대표자 선출공고에서 정한 각종 서류 제출 마감일을 기준으로 해당 공동주택단지 안에서 주민등록을 마친 후 계속하여 3개월 이상 거주할 요건이 필요없다.

정답 46. ④

47. 공동주택관리법령상 입주자대표회의의 구성원 교육에 관한 사항으로 옳지 않은 것은?

① 시장·군수·구청장은 입주자대표회의의 구성원에게 입주자대표회의 운영과 관련하여 필요한 교육 및 윤리교육을 실시하여야 한다.
② 입주자대표회의 구성원은 매년 8시간의 운영·윤리교육을 이수하여야 한다.
③ 운영·윤리교육은 집합교육의 방법으로 하는 것이 원칙이다.
④ 시장·군수·구청장은 운영·윤리교육을 이수한 사람에게 수료증을 내주어야 한다. 다만, 교육수료사실을 수료자가 소속된 입주자대표회의에 문서로 통보함으로써 수료증의 수여를 갈음할 수 있다.
⑤ 운영·윤리교육의 수강비용은 입주자대표회의 운영경비에서 부담한다. 다만, 시장·군수·구청장은 필요하다고 인정하는 경우에는 그 비용의 전부 또는 일부를 지원할 수 있다.

해설 ▶ **입주자대표회의 구성원 교육**
입주자대표회의 구성원은 매년 4시간의 운영·윤리교육을 이수하여야 한다.

48. 공동주택관리법령상 입주자대표회의에 관한 설명으로 옳지 않은 것은? [17회 개작]

① 동별 대표자는 관리규약으로 정한 사유가 있는 경우 해당 선거구 전체 입주자등의 과반수가 투표하고 투표자 과반수 찬성으로 해임한다.
② 자치관리를 하는 경우 입주자대표회의 구성원 과반수의 찬성으로 자치관리기구 직원의 임면에 관한 사항을 의결한다.
③ 해당 공동주택 관리주체의 소속 임직원은 동별 대표자가 될 수 없으며 그 자격을 상실한다.
④ 입주자대표회의의 회장 및 감사는 전체 입주자등의 10분의 1 이상이 투표하고 투표자 과반수 의 찬성으로 해임한다. 다만, 입주자대표회의에서 선출된 회장 및 감사는 관리규약으로 정하는 절차에 따라 해임한다.
⑤ 입주자인 동별 대표자 후보자가 있는 선거구에서도 법정 요건을 갖춘 사용자는 동별 대표자로 선출될 수 있다.

해설 ▶ **사용자의 동별대표자 선출 가능한 경우**
사용자도 대통령령으로 정하는 요건을 갖추면 동별대표자가 가능하다. 다만, 이 경우에 입주자인 후보자가 있으면 사용자는 후보자의 자격을 상실한다.
사용자는 2회의 선출공고(직전 선출공고일부터 2개월 이내에 공고하는 경우만 2회로 계산한다)에도 불구하고 입주자인 동별 대표자의 후보자가 없는 선거구에서 직전 선출공고일부터 2개월 이내에 선출공고를 하는 경우로서 주민등록과 거주요건과 다음 각 호의 어느 하나에 해당하는 요건을 모두 갖춘 경우에는 동별 대표자가 될 수 있다.
㉠ 공동주택을 임차하여 사용하는 사람일 것. 이 경우 법인인 경우에는 그 대표자를 말한다.
㉡ 공동주택을 임차하여 사용하는 사람의 배우자 또는 직계존비속일 것. 이 경우 공동주택을 임차하여 사용하는 사람이 서면으로 위임한 대리권이 있는 경우만 해당한다.

정답 47. ② 48. ⑤

49

공동주택관리법령상 입주자대표회의의 의결사항 중 그 구성원 과반수의 찬성으로 의결하는 것으로 옳지 <u>않은</u> 것은?

① 공용시설물 이용료 부과기준의 결정
② 관리비 등의 회계감사 요구
③ 장기수선계획에 따른 공동주택의 전유부분 및 공용부분의 보수·교체 및 개량
④ 인근 공동주택단지 입주자 등의 주민공동시설 이용에 대한 허용제안
⑤ 공동주택 공용부분의 행위허가 또는 신고 행위의 제안

해설 ▶ 입주자대표회의 의결사항
장기수선계획에 따른 공동주택의 공용부분의 보수·교체 및 개량이다. 전유부분은 대상이 아니다.

50

공동주택관리법령상 입주자대표회의에 관한 내용으로 옳지 <u>않은</u> 것은?

① 300세대 이상인 공동주택의 관리주체는 관리규약으로 정하는 범위·방법 및 절차 등에 따라 회의록을 입주자등에게 공개하여야 하며, 300세대 미만인 공동주택의 관리주체는 관리규약으로 정하는 바에 따라 회의록을 공개할 수 있다.
② 입주자대표회의 구성원 중 사용자인 동별 대표자가 과반수인 경우에는 장기수선계획의 수립 또는 조정에 관한 사항은 의결사항에서 제외한다.
③ 감사는 입주자대표회의에서 의결한 안건이 관계법령 및 관리규약에 위반된다고 판단되는 경우에는 입주자대표회의에 재심의를 요청할 수 있다.
④ 공동주택 소유자의 결격사유는 그를 대리하는 자에게 미치며, 공유(共有)인 공동주택 소유자의 결격사유를 판단할 때에는 지분의 과반을 소유한 자의 결격사유를 기준으로 한다.
⑤ 입주자대표회의 구성원 중 사용자인 동별 대표자가 과반수인 경우에는 공동주택 공용부분의 담보책임 종료 확인에 관한 사항은 의결사항에서 제외한다.

해설 ▶ 동별 대표자 임기
입주자대표회의 구성원 중 사용자인 동별 대표자가 과반수인 경우에는 장기수선계획의 수립 또는 조정에 관한 사항은 전체 입주자 과반수의 서면동의를 받아 그 동의 내용대로 의결한다.

정답 49. ③ 50. ②

51. 공동주택관리법령상 동별 대표자의 결격사유 및 자격상실사유로 옳지 <u>않은</u> 것은?

① 금고 이상의 형의 집행유예선고를 받고 그 유예기간 중에 있는 사람
② 해당 공동주택 관리주체에 용역을 공급하거나 사업자로 지정된 자의 소속 임원
③ 「주택법」을 위반한 범죄로 벌금형을 선고받은 후 2년이 지나지 않은 사람
④ 관리비 등을 최근 3개월 이상 연속하여 체납한 사람
⑤ 해당 공동주택의 동별 대표자를 사퇴 또는 해임한 날부터 1년이 지나지 아니한 사람

해설 ▶ 동별 대표자 결격사유

해당 공동주택의 동별 대표자를 사퇴한 날부터 1년(해당 동별 대표자에 대한 해임이 요구된 후 사퇴한 경우에는 2년을 말한다)이 지나지 아니하거나 해임된 날부터 2년이 지나지 아니한 사람이다.

52. 공동주택관리법령상 입주자대표회의 의결사항으로 옳지 <u>않은</u> 것은?

① 관리규약 개정안의 제안
② 공동주택 관리방법의 제안
③ 주민공동시설(어린이집, 다함께돌봄센터, 공동육아나눔터는 제외한다) 위탁운영의 제안
④ 인근 공동주택단지 입주자등의 주민공동시설 이용에 대한 허용 제안
⑤ 공동주택 전용부분의 담보책임 종료 확인

해설 ▶ 입주자대표회의 의결사항

공동주택 전유부분의 담보책임 종료 확인은 하자보수가 끝난 때에는 담보책임기간이 만료된 후에 사업주체와 입주자가 공동으로 담보책임 종료확인서를 작성해야 한다. 이 경우에 사업주체는 담보책임 종료확인서를 작성하려면 입주자대표회의 회장에게 의견청취를 위해 입주자에게 일정 사항 서면통지 및 단지 안의 게시판에 20일 이상 게시를 요청해야 한다.

53. 공동주택관리법령상 중앙분쟁조정위원회의 위원 구성으로 옳지 <u>않은</u> 것은?

① 국가, 지방자치단체, 「공공기관의 운영에 관한 법률」에 따른 공공기관 및 「비영리민간단체 지원법」에 따른 비영리민간단체에서 공동주택관리 관련 업무에 5년 이상 종사한 사람
② 공인된 대학이나 연구기관에서 부교수 이상 또는 이에 상당하는 직에 재직한 사람
③ 판사·검사 또는 변호사의 직에 6년 이상 재직한 사람
④ 「민사조정법」 제10조제1항에 따른 조정위원으로서 같은 조 제3항에 따른 사무를 3년 이상 수행한 사람
⑤ 주택관리사로서 공동주택의 관리사무소장으로 7년 이상 근무한 사람

정답 51. ⑤ 52. ⑤ 53. ⑤

제1편 공동주택사무관리

해설 ▶ **중앙분쟁조정위원회 위원구성**
주택관리사로서 공동주택의 관리사무소장으로 10년 이상 근무한 사람이다.

54. 공동주택관리법령상 중앙공동주택관리 분쟁조정위원회의 회의 등에 관한 사항으로 옳지 <u>않은</u> 것은?

① 중앙 공동주택관리 분쟁조정위원회(이하 "중앙분쟁조정위원회"라 한다)를 구성할 때에는 성별을 고려하여야 한다.
② 중앙분쟁조정위원회는 조정을 효율적으로 하기 위하여 필요하다고 인정하면 해당 사건들을 분리하거나 병합할 수 있다.
③ 중앙분쟁조정위원회는 제3항에 따라 해당 사건들을 분리하거나 병합한 경우에는 조정의 당사자에게 지체 없이 서면으로 그 뜻을 알려야 한다.
④ 중앙분쟁조정위원회는 조정을 위하여 필요하다고 인정하면 당사자에게 증거서류 등 관련 자료의 제출을 요청할 수 있다.
⑤ 중앙분쟁조정위원회의 위원장은 위원회의 회의를 소집하려면 특별한 사정이 있는 경우를 제외하고는 회의 개최 5일 전까지 회의의 일시·장소 및 심의안건을 각 위원에게 서면(전자우편을 포함한다)으로 알려야 한다.

해설 ▶ **중앙분쟁조정위원회**
중앙분쟁조정위원회의 위원장은 위원회의 회의를 소집하려면 특별한 사정이 있는 경우를 제외하고는 회의 개최 3일 전까지 회의의 일시·장소 및 심의안건을 각 위원에게 서면(전자우편을 포함한다)으로 알려야 한다.

55. 주택법령상 리모델링에 관한 설명으로 옳지 <u>않은</u> 것은?

① 리모델링은 동 또는 단지 전체 단위로 대수선하거나 증축하는 것으로 증축은 각 세대의 증축 가능 면적을 합산한 면적의 범위에서 기존 세대수의 15퍼센트 이내로 세대수를 증가하는 증축행위를 말한다.
② 리모델링에서 아파트의 행위허가기준에 따르면 내력벽의 철거에 의하여 세대를 합치는 행위가 불가능하다.
③ 수직증축의 경우 증축 층수는 기존건축물이 15층 이상인 경우 3개층 범위에서 증축 가능하다.
④ 시장·군수·구청장이 50세대 이상 세대수 증가형 리모델링을 허가하려는 경우에는 기반시설에의 영향이나 도시·군 관리계획과의 부합 여부 등에 대하여 시·군·구 도시계획위원회의 심의를 거쳐야 한다.
⑤ 세대수가 증가되는 리모델링을 하는 경우에는 기존 주택의 권리변동, 비용분담 등 대통령령으로 정하는 사항에 대한 리모델링 기본계획을 수립하여 사업계획승인 또는 행위허가를 받아야 한다.

정답 54. ⑤ 55. ⑤

해설 ▸ 리모델링
세대수가 증가되는 리모델링을 하는 경우에는 기존 주택의 권리변동, 비용분담 등 대통령령으로 정하는 사항에 대한 권리변동계획을 수립하여 사업계획승인 또는 행위허가를 받아야 한다.

56. 주택법령에서 정하는 리모델링 기본계획에 관한 설명으로 옳지 <u>않은</u> 것은?

① 특별시장·광역시장 및 대도시의 시장은 관할구역에 대하여 다음의 사항을 포함한 리모델링 기본계획을 10년 단위로 수립하여야 한다.
② 리모델링 대상 공동주택 현황 및 세대수 증가형 리모델링 수요 예측을 포함하여야 한다.
③ 특별시장·광역시장 및 대도시의 시장은 3년마다 리모델링 기본계획의 타당성 여부를 검토하여 그 결과를 리모델링 기본계획에 반영하여야 한다.
④ 대도시가 아닌 시의 시장은 세대수 증가형 리모델링에 따른 도시과밀이나 일시집중 등이 우려되어 도지사가 리모델링 기본계획의 수립이 필요하다고 인정한 경우 리모델링 기본계획을 수립하여야 한다.
⑤ 특별시장·광역시장 및 대도시의 시장은 리모델링 기본계획을 수립하거나 변경한 때에는 이를 지체없이 해당 지방자치단체의 공보에 고시하여야 한다.

해설 ▸ 리모델링 기본계획
특별시장·광역시장 및 대도시의 시장은 5년마다 리모델링 기본계획의 타당성 여부를 검토하여 그 결과를 리모델링 기본계획에 반영하여야 한다.

정답 56. ③

57

주택법령상의 수직증축형 리모델링의 안전성 검토 등에 관한 다음 설명 중 옳지 <u>않은</u> 것은?

① 시장·군수·구청장은 수직증축형 리모델링을 하려는 자가 건축위원회의 심의를 요청하는 경우 구조계획상 증축범위의 적정성 등에 대하여 한국건설기술연구원, 국토안전관리원에 안전성 검토를 의뢰하여야 한다.
② 시장·군수·구청장은 수직증축형 리모델링을 하려는 자의 허가 신청이 있거나 수직증축형 리모델링 허가 후의 안전진단 결과 설계도서의 변경이 있는 경우 제출된 설계도서상 구조안전의 적정성 여부 등에 대하여 검토를 수행한 전문기관에 안전성 검토를 의뢰하여야 한다.
③ 검토의뢰를 받은 전문기관은 검토기준에 따라 검토한 결과를 안전성 검토를 의뢰받은 날부터 30일[다만, 검토 의뢰를 받은 전문기관이 부득이하게 검토기간의 연장이 필요하다고 인정하여 20일의 범위에서 그 기간을 연장(한 차례로 한정한다)한 경우 그 연장된 기간을 포함한 기간]이내에 시장·군수·구청장에게 제출하여야 한다.
④ 시장·군수·구청장은 특별한 사유가 없는 경우 이 법 및 관계 법률에 따른 위원회의 심의 또는 허가시 제출받은 안전성 검토결과를 반영하여야 한다.
⑤ 시장·군수·구청장은 전문기관의 안전성 검토비용의 전부를 리모델링을 하려는 자에게 부담하게 한다.

해설 ▶ 수직증축형 리모델링의 안전성 검토 등
시장·군수·구청장은 전문기관의 안전성 검토비용의 전부 또는 일부를 리모델링을 하려는 자에게 부담하게 할 수 있다.

정답 57. ⑤

58. 「주택법」상 리모델링주택조합의 리모델링에 관한 내용으로 가장 옳지 않은 것은?

① 일부 동을 위한 리모델링주택조합을 설립하려는 경우 그 동의 구분소유자 및 의결권의 각 3분의 2 이상의 결의를 증명하는 서류를 첨부하여 관할 시장·군수·구청장의 인가를 받아야 한다.
② 리모델링주택조합이 주택단지 전체를 리모델링하고자 하는 경우에는 주택단지 전체 구분소유자와 의결권의 각 75% 이상의 동의 및 각 동별 구분소유자 및 의결권의 각 50% 이상의 동의를 받아야 한다.
③ 주택조합이 일부 동을 리모델링하고자 하는 경우에는 그 동의 구분소유자 및 의결권의 각 70% 이상의 동의를 얻어야 한다.
④ 주택과 주택 외의 시설을 동일건축물로 건축한 경우의 주택 외의 시설은 입주자 공유가 아닌 복리시설의 리모델링의 경우에 주택의 증축면적비율의 범위 안에서 증축할 수 있다.
⑤ 증축형 리모델링을 하려는 자는 시장·군수·구청장에게 안전진단을 요청하여야 하며, 안전진단을 요청받은 시장·군수·구청장은 해당 건축물의 증축 가능 여부의 확인 등을 위하여 안전진단을 실시하여야 한다.

해설 ▶ 일부 동의 리모델링
주택조합이 일부 동을 리모델링하고자 하는 경우에는 그 동의 구분소유자 및 의결권의 각 75% 이상의 동의를 얻어야 한다.

59. 다음 중 녹색건축 인증에 대한 내용으로 틀린 것은?

① 녹색건축 인증은 「건축법」 제2조 제1항 제2호에 따른 건축물을 대상으로 한다.
② 건축주나 건축물의 소유자, 사업주체 또는 시공자(건축주나 건축물 소유자가 인증신청에 동의하는 경우에만 해당한다)는 사용승인를 받은 후에 녹색건축 인증을 신청할 수 있다.
③ 녹색건축 인증의 유효기간은 녹색건축 인증서를 발급한 날부터 5년으로 한다.
④ 유효기간의 연장 신청을 받은 인증기관의 장은 국토교통부장관과 환경부장관이 공동으로 정하여 고시하는 기준에 적합하다고 인정되면 유효기간을 연장할 수 있다. 이 경우 연장된 유효기간은 유효기간의 만료일 다음 날부터 5년으로 한다.
⑤ 녹색건축 인증등급은 최우수(그린1등급), 우수(그린2등급), 우량(그린3등급) 또는 일반(그린4등급)으로 한다.

정답 58. ③ 59. ③

해설 ▶ [녹색건축 인증에 관한 규칙 제9조 제3항]
녹색건축 인증의 유효기간은 녹색건축 인증서를 발급한 날부터 10년으로 한다.

60

다음은 공동주택관리법령상 공동주택의 행위 신고의 기준 중 부대시설 및 입주자 공유인 복리시설의 증축, 증설에 관한 설명이다. (   )에 내용으로 옳은 것은?

> 주차장에「환경친화적 자동차의 개발 및 보급촉진에 관한 법률」제2조 제3호에 따른 전기자동차의 고정형 충전기 및 충전 전용주차구획을 설치하는 행위로서 (   ) 동의를 받은 경우 시장·군수·구청장에게 신고를 하여야 한다. 시장·군수·구청장은 신고를 받은 경우 그 내용을 검토하여 이 법에 적합하면 신고를 수리하여야 한다.

① 입주자 과반수
② 입주자 3분의 2 이상
③ 입주자 3분의 1이상
④ 입주자대표회의
⑤ 관리주체

해설 ▶ 행위허가 등
주차장에「환경친화적 자동차의 개발 및 보급촉진에 관한 법률」제2조 제3호에 따른 전기자동차의 고정형 충전기 및 충전전용 주차구획을 설치하는 행위로서 입주자대표회의의 동의를 받은 경우이다.

정답 60. ④

CHAPTER 03 사무관리

학습포인트

- 이 장은 주택관리인의 사무관리에 관한 내용으로 이루어져 있다. 일반문서관리 이외에도 산재보험, 고용보험, 국민건강보험, 국민연금 등 4대보험과 「화재로 인한 재해보상과 보험가입에 관한 법률」에 의한 화재보험을 소개하고 있다.
- 특히 문서보존기간과 산재보험은 출제빈도가 높고, 고용보험도 출제가 예상된다.

CHAPTER 학습 & 출제되는 키워드

- ☑ 사무관리의 개념
- ☑ 사무관리의 과제
- ☑ 문서분류의 원칙
- ☑ 문서의 보존
- ☑ 보험관계의 성립·소멸
- ☑ 심사청구 및 재심사청구
- ☑ 보험의 관장과 보험사업의 수행주체
- ☑ 국민연금가입대상

- ☑ 사무와 사무관리
- ☑ 문서관리
- ☑ 공동주택의 문서분류 방법
- ☑ 4대보험
- ☑ 보험료의 납부
- ☑ 시효
- ☑ 피보험자 관리
- ☑ 국민건강보험

- ☑ 정보관리의 기능
- ☑ 문서와 장표
- ☑ 문서의 분류
- ☑ 산재보험
- ☑ 보험급여
- ☑ 고용보험
- ☑ 국민연금
- ☑ 실업자에 대한 특례

CHAPTER 학습 & 출제되는 질문

- ☑ 문서분류의 원칙에 관한 다음의 설명 중 옳은 것은?
- ☑ 고용보험법령상 고용보험사업에 관한 설명으로 옳은 것을 모두 고른 것은?
- ☑ 산업재해보상보험법상 보험급여에 관한 설명으로 옳지 않은 것은?
- ☑ 국민건강보험법상 건강보험 가입자의 자격 상실 시기로 옳지 않은 것은?

제1편 공동주택사무관리

단원 단답형 문제

01 공동주택관리법령상 관리사무소장 배치신고에 관한 내용이다. (   )에 들어갈 용어를 쓰시오.

> 배치내용과 업무의 집행에 사용할 직인을 신고하려는 관리사무소장은 배치된 날부터 15일 이내에 관리사무소장 배치 및 직인 (변경)신고서에 다음 각 호의 서류를 첨부하여 주택관리사단체에 제출하여야 한다.
> 1. 관리사무소장 교육 또는 주택관리사등의 교육 이수현황(주택관리사단체가 해당 교육 이수현황을 발급하는 경우에는 제출하지 아니할 수 있다) 1부
> 2. 임명장 사본 1부. 다만, 배치된 공동주택의 전임 관리소장이 배치종료 신고를 하지 아니한 경우에는 배치를 증명하는 다음 각 목의 구분에 따른 서류를 함께 제출하여야 한다.
>   가. 자치관리인 경우 : 근로계약서 사본 1부
>   나. 위탁관리인 경우 : (   ) 사본 1부
> 3. 주택관리사보자격시험 합격증서 또는 주택관리사 자격증 사본 1부
> 4. 주택관리사등의 손해배상책임을 보장하기 위한 보증설정을 입증하는 서류 1부

02 공동주택관리법령상 관리사무소장의 손해배상책임에 관한 내용이다. 다음 (   )에 알맞은 낱말 또는 숫자를 넣으시오.

> • 주택관리사등은 관리사무소장의 업무를 집행하면서 고의 또는 (   )로 입주자 등에게 재산상의 손해를 입힌 경우에는 그 손해를 배상할 책임이 있다.
> • 주택관리사등은 위의 손해배상책임을 보장하기 위하여 500세대 미만의 공동주택은 (   ), 500세대 이상의 공동주택은 5천만원의 보증보험 또는 공제에 가입하거나 공탁을 하여야 한다.
> • 공탁한 공탁금은 주택관리사등이 해당 공동주택의 관리사무소장의 직책을 사임하거나 그 직에서 해임된 날 또는 사망한 날부터 (   ) 이내에는 회수할 수 없다.
> • 주택관리사등은 공제금·보증보험금 또는 공탁금으로 손해배상을 한 때에는 (   ) 이내에 보증보험 또는 공제에 다시 가입하거나 공탁금 중 부족한 금액을 보전하여야 한다.

정답 **01.** 위·수탁 계약서 **02.** 과실, 3천만원, 3년, 15일

03

「근로기준법」상 임산부의 보호에 관한 내용이다. ( )안에 알맞은 낱말 또는 숫자를 넣으시오.

> 사용자는 임신 중의 여성에게 출산 전과 출산 후를 통하여 90일[미숙아를 출산한 경우에는 ( )일, 한 번에 둘 이상 자녀를 임신한 경우에는 120일]의 출산전후휴가를 주어야 한다. 이 경우 휴가 기간의 배정은 출산 후에 ( )일[한 번에 둘 이상 자녀를 임신한 경우에는 60일] 이상이 되어야 하고, 미숙아의 범위, 휴가 부여 절차 등에 필요한 사항은 고용노동부령으로 정한다.

해설 ▶ 연장근로의 제한

사용자는 임신 중의 여성에게 출산 전과 출산 후를 통하여 90일(미숙아를 출산한 경우에는 100일, 한 번에 둘 이상 자녀를 임신한 경우에는 120일)의 출산전후휴가를 주어야 한다. 이 경우 휴가 기간의 배정은 출산 후에 45일(한 번에 둘 이상 자녀를 임신한 경우에는 60일) 이상이 되어야 하고, 미숙아의 범위, 휴가 부여 절차 등에 필요한 사항은 고용노동부령으로 정한다.

04

「국민연금법」 제61조의 연금내용이다. 아래에서 설명하는 연금 종류를 쓰시오.

> 가입기간이 10년 이상인 가입자 또는 가입자였던 자로서 55세 이상인 자가 대통령령으로 정하는 소득이있는 업무에 종사하지 아니하는 경우 본인이 희망하면 제1항에도 불구하고 60세가 되기 전이라도 본인이 청구한 때부터 그가 생존하는 동안 일정한 금액의 연금을 받을 수 있다.

05

「산재보상보험법」상 아래에서 설명하는 급여의 종류를 쓰시오.

> 요양급여를 받는 근로자가 요양을 시작한지 2년이 지난 날 이후에 그 부상이나 질병이 치유되지 않은 상태 및 그 부상이나 질병에 따른 중증요양상태의 정도가 대통령령으로 정하는 중증요양상태등급기준에 해당하며 요양으로 인하여 취업하지 못한 상태가 계속되는 경우 휴업급여 대신 그 근로자에게 지급한다.

해설 ▶ 상병보상연금

요양급여를 받는 근로자가 요양을 시작한 지 2년이 지난 날 이후에 다음 각 호의 요건 모두에 해당하는 상태가 계속되면 휴업급여 대신 상병보상연금을 그 근로자에게 지급한다.
① 그 부상이나 질병이 치유되지 않은 상태일 것
② 그 부상이나 질병에 따른 중증요양상태의 정도가 대통령령으로 정하는 중증요양상태 등급기준에 해당할 것
③ 요양으로 인하여 취업하지 못하였을 것

정답 03. 100, 45   04. 조기노령연금   05. 상병보상연금

06. 산업재해보상보험법령상 심사 청구에 대한 심리·결정에 관한 규정이다. ( )에 들어갈 내용을 쓰시오.

> 공단은 심사 청구서를 받은 날부터 ( )일 이내에 심사위원회의 심의를 거쳐 심사 청구에 대한 결정을 하여야 한다. 다만, 부득이한 사유로 그 기간 이내에 결정을 할 수 없으면 한 차례만 20일을 넘지 아니하는 범위에서 그 기간을 연장할 수 있다.

해설 ▸ 보험급여의 심사 청구
공단은 심사 청구서를 받은 날부터 60일 이내에 심사위원회의 심의를 거쳐 심사 청구에 대한 결정을 하여야 한다. 다만, 부득이한 사유로 그 기간 이내에 결정을 할 수 없으면 한 차례만 20일을 넘지 아니하는 범위에서 그 기간을 연장할 수 있다. 단서에 따라 결정기간을 연장할 때에는 최초의 결정기간이 끝나기 7일 전까지 심사 청구인 및 보험급여 결정등을 한 공단의 소속 기관에 알려야 한다.

07. 고용산재보험료징수법령상 보험사업의 수행주체에 관한 규정이다. 다음 ( )에 알맞은 말을 넣으시오.

> 「고용보험법」 및 「산업재해보상보험법」에 따른 보험사업에 관하여 이 법에서 정한 사항은 고용노동부장관으로부터 위탁을 받아 ( )이 수행한다. 「다만, 보험료등(개산보험료 및 확정보험료, 징수금은 제외한다)의 고지 및 수납에 해당하는 징수업무는 ( )이 고용노동부장관으로부터 위탁을 받아 수행한다.

08. 산업재해보상보험법상 휴업급여에 관한 내용이다. ( )에 들어갈 숫자를 순서대로 쓰시오. **22회 출제**

> 휴업급여는 업무상 사유로 부상을 당하거나 질병에 걸린 근로자에게 요양으로 취업하지 못한 기간에 대하여 지급하되, 1일당 지급액은 평균임금의 100분의 ( )에 상당하는 금액으로 한다. 다만, 취업하지 못한 기간이 ( )일 이내이면 지급하지 아니한다.

정답 06. 60   07. 근로복지공단, 국민건강보험공단   08. 70, 3

09

「산업재해보상보험법」에 따른 보험급여에 관한 다음 ( )에 알맞은 말을 넣으시오.

- ( )는 근로자가 업무상의 사유로 부상을 당하거나 질병에 걸린 경우에 그 근로자에게 지급한다.
- ( )는 업무상 사유로 부상을 당하거나 질병에 걸린 근로자에게 요양으로 취업하지 못한 기간에 대하여 지급하되, 1일당 지급액은 평균임금의 100분의 ( )에 상당하는 금액으로 한다. 다만, 취업하지 못한 기간이 ( ) 이내이면 지급하지 아니한다.
- ( )는 요양급여를 받은 사람 중 치유 후 의학적으로 상시 또는 수시로 간병이 필요하여 실제로 간병을 받는 사람에게 지급한다

10

산업재해보상보험법상 장례비에 관한 내용이다. ( )에 들어갈 아라비아 숫자를 쓰시오.

24회 출제

장례비는 근로자가 업무상의 사유로 사망한 경우에 지급하되, 평균임금의 (㉠)일분에 상당하는 금액을 그 장례를 지낸 유족에게 지급한다. 다만, 장례를 지낼 유족이 없거나 그 밖에 부득이한 사유로 유족이 아닌 사람이 장례를 지낸 경우에는 평균임금의 (㉡)일분에 상당하는 금액의 범위에서 실제 드는 비용을 그 장례를 지낸 사람에게 지급한다.

11

「고용보험법령」상 구직급여의 소정급여일수에 관한 설명이다. ( )에 들어갈 숫자를 순서대로 쓰시오. (단, A, B는 구직급여의 수급 요건을 갖춘 자로서 자영업자가 아님)

21회 출제

- A는 이직일 현재 연령이 28세인 자로서 피보험기간이 2년인 경우 – ( )일
- B는 「장애인고용촉진 및 직업재활법」에 따른 장애인으로서 이직일 현재 연령이 32세인 자로서 피보험기간이 4년인 경우 – ( )일

해설 구직급여의 소정급여일수(제50조 제1항 관련, 별표1)

구분		피보험기간				
		1년 미만	3년 미만	5년 미만	10년 미만	10년 이상
이직일 현재 연령	50세 미만	120일	150일	180일	210일	240일
	50세 이상, 장애인	120일	180일	210일	240일	270일

정답 09. 요양급여, 휴업급여, 70, 3일, 간병급여 10. ㉠ 120일, ㉡ 120일 11. 150, 210

12

「고용보험법」상 실업급여의 기초가 되는 임금일액에 관한 내용이다. (　)에 들어갈 용어를 쓰시오.

24회 출제

> 구직급여의 산정 기초가 되는 임금일액은 고용보험법 제43조 제1항에 따른 수급자격의 인정과 관련된 마지막 이직 당시 「근로기준법」 제2조 제1항 제6호에 따라 산정된 (　)으로 한다. 다만, 마지막 이직일 이전 3개월 이내에 피보험자격을 취득한 사실이 2회 이상인 경우에는 마지막 이직일 이전 3개월간(일용근로자의 경우에는 마지막 이직일 이전 4개월 중 최종 1개월을 제외한 기간)에 그 근로자에게 지급된 임금 총액을 그 산정의 기준이 되는 3개월의 총 일수로 나눈 금액을 기초일액으로 한다.

13

다음은 산업재해보상보험법상 부분휴업급여에 관한 내용이다. (　)에 들어갈 숫자를 쓰시오.

> 요양 또는 재요양을 받고 있는 근로자가 그 요양기간 중 일정기간 또는 단시간 취업을 하는 경우에는 그 취업한 날에 해당하는 그 근로자의 평균임금에서 그 취업한 날에 대한 임금을 뺀 금액의 100분의 (　)에 상당하는 금액을 지급할 수 있다. 다만, 최저임금액을 1일당 휴업급여 지급액으로 하는 경우에는 최저임금액(감액하는 경우에는 그 감액한 금액)에서 취업한 날에 대한 임금을 뺀 금액을 지급할 수 있다.

14

국민연금법령상 심사청구에 관한 설명이다. (　)에 들어갈 용어를 순서대로 쓰시오.

21회 출제

> 가입자의 자격, 기준소득월액, 연금보험료, 그 밖의 「국민연금법」에 따른 징수금과 급여에 관한 국민연금공단 또는 국민건강보험공단의 처분에 이의가 있는 자는 그 처분을 한 국민연금공단 또는 국민건강보험공단에 심사청구를 할 수 있으며, 심사청구 사항을 심사하기 위하여 국민연금공단에 (　)를 두고, 국민건강보험공단에 (　)를 둔다.

정답　12. 평균임금　13. 80　14. 국민연금심사위원회, 징수심사위원회

15
국민건강보험법상 국민건강보험가입자격에 관한 내용이다. ( )에 들어갈 아라비아 숫자를 쓰시오. `24회 출제`

- 가입자의 자격이 변동된 경우 직장가입자의 사용자와 지역가입자의 세대주는 그 명세를 보건복지부령으로 정하는 바에 따라 자격이 변동된 날부터 (㉠)일 이내에 보험자에게 신고하여야 한다.
- 가입자의 자격을 잃은 경우 직장가입자의 사용자와 지역가입자의 세대주는 그 명세를 보건복지부령으로 정하는 바에 따라 자격을 잃은 날부터 (㉡)일 이내에 보험자에게 신고하여야 한다.

16
국민연금법령상 재심사청구에 관한 내용이다. ( )에 들어갈 용어를 쓰시오.

심사청구에 대한 결정에 불복하는 자는 그 결정통지를 받은 날부터 ( )일 이내에 국민연금재심사위원회에 재심사를 청구할 수 있다. 공단 또는 건강보험공단은 재심사청구서를 제출받으면 재심사청구서를 받은 날부터 ( )일 이내에 그 재심사청구서를 보건복지부장관에게 보내야 한다.

17
근로자퇴직급여보장법의 용어정의에 관한 내용이다. ( )에 들어갈 용어를 쓰시오. `22회 출제`

( ) 퇴직연금제도란 가입자의 선택에 따라 가입자가 납입한 일시금이나 사용자 또는 가입자가 납입한 부담금을 적립·운용하기 위하여 설정한 퇴직연금제도로서 급여의 수준이나 부담금의 수준이 확정되지 아니한 퇴직연금제도를 말한다.

18
「남녀고용평등과 일·가정 양립 지원에 관한 법률」상 모성보호에 관한 내용이다. ( )에 들어갈 용어 또는 숫자를 쓰시오. `23회 출제`

사업주는 근로자가 인공수정 또는 체외수정 등 (   )(을)를 받기 위하여 휴가를 청구하는 경우에 연간 (   )일 이내의 휴가를 주어야 하며, 이 경우 최초 1일은 유급으로 한다. 다만, 근로자가 청구한 시기에 휴가를 주는 것이 정상적인 사업운영에 중대한 지장을 초래하는 경우에는 근로자와 협의하여 그 시기를 변경할 수 있다.

정답 15. ㉠14, ㉡14   16. 90, 10   17. 개인형   18. 난임치료, 3

19

근로기준법령상 직장 내 괴롭힘 발생 시 조치에 관한 내용이다. ( )에 들어갈 용어를 쓰시오.

23회 출제

> 사업주는 직장 내 괴롭힘 발생 사실을 인지한 경우에는 지체 없이 그 사실 확인을 위한 조사를 실시하여야 한다. 사용자는 조사 기간 동안 직장 내 괴롭힘과 관련하여 피해근로자등을 보호하기 위하여 필요한 경우 해당 피해근로자등에 대하여 근무장소의 변경, ( ) 명령 등 적절한 조치를 하여야 한다.

20

노동조합 및 노동관계조정법령상 단체협약의 유효기간에 관한 설명이다. ( )에 들어갈 숫자를 순서대로 쓰시오.

21회 출제

> - 단체협약의 유효기간이 만료되는 때를 전후하여 당사자 쌍방이 새로운 단체협약을 체결하고자 단체교섭을 계속하였음에도 불구하고 새로운 단체협약이 체결되지 아니한 경우에는 별도의 약정이 있는 경우를 제외하고는 종전의 단체협약은 그 효력만료일부터 ( )월까지 계속 효력을 갖는다.
> - 단체협약에 그 유효기간이 경과한 후에도 새로운 단체협약이 체결되지 아니한 때에는 새로운 단체협약이 체결될 때까지 종전 단체협약의 효력을 존속시킨다는 취지의 별도의 약정이 있는 경우에는 그에 따르되, 당사자 일방은 해지하고자 하는 날의 ( )월전까지 상대방에게 통고함으로써 종전의 단체협약을 해지할 수 있다.

정답 19. 유급휴가 20. 3, 6

제3장 사무관리

응용 출제예상문제

01 공동주택관리법령상 관리사무소장의 손해배상책임에 관한 설명으로 옳은 것을 모두 고른 것은?

22회 출제

㉠ 주택관리사등은 관리사무소장의 업무를 집행하면서 고의 또는 과실로 입주자 등에게 재산상의 손해를 입힌 경우에는 그 손해를 배상할 책임이 있다.

㉡ 임대주택의 경우 주택관리사등은 손해배상책임을 보장하기 위한 보증보험 또는 공제에 가입하거나 공탁을 한 후 해당 공동주택의 관리사무소장으로 배치된 날에 임대사업자에게 보증보험 등에 가입한 사실을 입증하는 서류를 제출하여야 한다.

㉢ 주택관리사등이 손해배상책임 보장을 위하여 공탁한 공탁금은 주택관리사등이 해당 공동주택의 관리사무소장의 직을 사임하거나 그 직에서 해임된 날 또는 사망한 날부터 3년 이내에는 회수할 수 없다.

㉣ 주택관리사등은 보증보험금·공제금 또는 공탁금으로 손해배상을 한 때에는 지체 없이 보증보험 또는 공제에 다시 가입하거나 공탁금 중 부족하게 된 금액을 보전하여야 한다.

① ㉠
② ㉠, ㉡
③ ㉠, ㉡, ㉢
④ ㉡, ㉢, ㉣
⑤ ㉠, ㉡, ㉢, ㉣

해설 관리사무소장의 손해배상책임

㉣ 주택관리사등은 보증보험금·공제금 또는 공탁금으로 손해배상을 한 때에는 지체없이 보증보험 또는 공제에 다시 가입하거나 공탁금 중 부족하게 된 금액을 보전하여야 한다.

정답 01. ③

02 공동주택관리법령상 관리사무소장의 업무와 손해배상책임에 관한 설명으로 옳지 않은 것은?

23회 출제

① 관리사무소장은 하자의 발견 및 하자보수의 청구, 장기수선계획의 조정, 시설물 안전관리계획의 수립 및 안전점검업무가 비용지출을 수반하는 경우 입주자대표회의의 의결 없이 이를 집행할 수 있다.
② 관리사무소장은 안전관리계획의 조정을 3년마다 하되, 관리여건상 필요하여 입주자대표회의 구성원 과반수의 서면동의를 받은 경우에는 3년이 지나가기 전에 조정할 수 있다.
③ 주택관리사등은 관리사무소장의 업무를 집행하면서 고의 또는 과실로 입주자등에게 재산상의 손해를 입힌 경우에는 그 손해를 배상할 책임이 있다.
④ 관리사무소장은 관리비, 장기수선충당금의 관리업무에 관하여 입주자대표회의를 대리하여 재판상 또는 재판외의 행위를 할 수 있다.
⑤ 관리사무소장은 입주자대표회의에서 의결하는 공동주택의 운영·관리·유지·보수·교체·개량에 대한 업무를 집행한다.

해설 관리사무소장의 업무
① 관리사무소장은 하자의 발견 및 하자보수의 청구, 장기수선계획의 조정, 시설물 안전관리계획의 수립 및 안전점검업무가 비용지출을 수반하는 경우 입주자대표회의의 의결을 거쳐야 한다.

03 다음은 관계법령에 의하여 보관하여야 할 문서에 대한 설명이다. 보존기간이 잘못된 것은?

① 「공동주택관리법」에 의한 주택관리업자 및 사업자 선정 관련 증빙서류는 해당 계약 체결일부터 5년간 보존하여야 한다.
② 「근로기준법」에 의한 퇴직급여 중간정산 관련 증명서류는 5년간 보존하여야 한다.
③ 「전기사업법」에 의한 관리비등의 징수·보관·예치·집행 등 모든 거래 행위에 관하여 월별로 작성한 장부 및 그 증빙서류는 해당 회계연도 종료일부터 5년간 보존하여야 한다.
④ 「수도법」에 의한 급수관의 세척·갱생·교체 등 조치자료는 3년간 이를 보존하여야 한다.
⑤ 「공동주택관리법령」에 따라 공동주택에 설치된 영상정보처리기기의 촬영자료는 15일 이상 보존하여야 한다.

해설 문서의 보관
⑤ 30일 이상 보존하여야 한다.

정답 02. ① 03. ⑤

04. 보존대상문서와 그 법정보존기간이 잘못 짝지어진 것은?

16회 출제

① 수도법령상 저수조의 수질검사결과기록 — 2년
② 승강기 안전관리법령상 승강기의 자체점검기록 — 2년
③ 어린이놀이시설 안전관리법령상 어린이놀이시설의 안전점검실시대장 — 최종 기재일부터 3년
④ 남녀고용평등과 일·가정 양립 지원에 관한 법령상 직장 내 성희롱 예방교육을 하였음을 확인할 수 있는 서류 — 2년
⑤ 공동주택관리법령상 회계관련 장부 및 그 증빙서류 — 회계연도 종료일로부터 5년

해설 ▶ 문서의 보존
남녀고용평등과 일·가정 양립 지원에 관한 법령상 직장 내 성희롱 예방교육을 하였음을 확인할 수 있는 서류는 3년간 보존하여야 한다.

05. 다음 중 국민연금 가입자 등에 관한 내용으로서 타당하지 않은 것은?

① 가입자는 사업장가입자, 지역가입자, 임의가입자 및 임의계속가입자로 구분한다.
② 당연적용사업장의 18세 이상 60세 미만인 근로자와 사용자는 당연히 사업장가입자가 된다.
③ 퇴직연금등수급권자가 「국민연금과 직역연금의 연계에 관한 법률」 제8조에 따라 연계 신청을 한 경우 외에는 퇴직연금 등 수급권자는 사업장가입자에서 제외한다.
④ 노령연금 수급권자로서 급여를 지급받고 있는 자는 임의계속가입자가 될 수 없다.
⑤ 당연적용사업장 가입자가 아닌 자로서 18세 이상 60세 미만인 자는 국민연금공단에 가입을 신청하면 지역가입자가 된다.

해설 ▶ 자격의 상실
당연적용사업장 가입자가 아닌 자로서 18세 이상 60세 미만인 자는 당연히 지역가입자가 된다.

06. 국민연금법령상 유족연금을 지급받을 수 있는 유족에 속하지 않은 사람은?

① 25세 미만이거나 장애상태에 있는 자녀
② 60세 이상이거나 장애상태에 있는 부모(배우자의 부모 포함)
③ 18세 미만이거나 장애상태에 있는 손자녀
④ 60세 이상이거나 장애상태에 있는 조부모(배우자의 조부모 포함)
⑤ 배우자

정답 04. ④ 05. ⑤ 06. ③

제1편 공동주택사무관리

> **해설** ▶ 유족연금을 지급받을 수 있는 유족의 범위
> 1. 배우자
> 2. 자녀. 다만, 25세 미만이거나 장애상태에 있는 사람만 해당한다.
> 3. 부모(배우자의 부모 포함). 다만, 60세 이상이거나 장애상태에 있는 사람만 해당한다.
> 4. 손자녀. 다만, 19세 미만이거나 장애상태에 있는 사람만 해당한다.
> 5. 조부모(배우자의 조부모 포함). 다만, 60세 이상이거나 장애상태에 있는 사람만 해당한다.

07 다음 중 국민연금보험급여에 관한 내용으로서 적합하지 않은 것은?

① 연금액은 지급사유에 따라 기본연금액과 부양가족연금액을 기초로 산정한다.
② 급여는 수급권자의 청구에 따라 공단이 지급한다.
③ 연금은 지급하여야 할 사유가 생긴 날이 속하는 달의 다음 달부터 수급권이 소멸한 날이 속하는 달까지 지급한다.
④ 가입자 또는 가입자이었던 자가 가입기간이 20년 미만인 자가 65세에 달한 때에는 본인 또는 그 유족의 청구에 의하여 반환일시금을 지급받을 수 있다.
⑤ 연금은 지급을 정지하여야 할 사유가 생기면 그 사유가 생긴 날이 속하는 달의 다음 달부터 그 사유가 소멸한 날이 속하는 달까지는 지급하지 아니한다.

> **해설** ▶ 반환일시금
> 가입자 또는 가입자이었던 자가 다음에 해당하게 된 때에는 본인 또는 그 유족의 청구에 의하여 반환일시금을 지급받을 수 있다(법 제77조 제1항).
> 1) 가입기간이 10년 미만인 자가 60세에 달한 때
> 2) 가입자 또는 가입자이었던 자가 사망한 때. 다만, 제72조에 따라 유족연금이 지급되는 경우에는 그러하지 아니하다.
> 3) 국적을 상실하거나 국외에 이주한 때

08 국민연금법령상 사업장가입자의 가입자격 상실사유가 아닌 것은? **14회 개작**

① 국적을 상실한 때
② 사용관계가 끝난 때
③ 60세가 된 때
④ 사업장가입자의 배우자로서 별도의 소득이 없게 된 때
⑤ 국외로 이주한 때

> **해설** ▶ 자격상실의 시기
> 사업장가입자는 다음에 해당하게 된 날의 다음 날에 자격을 상실한다. 다만, 5)의 경우에는 그에 해당하게 된 날에 자격을 상실한다.
> 1) 사망한 때
> 2) 국적을 상실하거나 국외로 이주한 때
> 3) 사용관계가 끝난 때
> 4) 60세가 된 때
> 5) 국민연금 가입대상제외자에 해당하게 된 때

정답 07. ④ 08. ④

09. 산업재해보상보험법상 보험급여에 관한 설명으로 옳지 않은 것은? 27회 출제

① 직업재활급여는 보험급여의 종류에 해당하지 아니한다.
② 업무상 사유로 인한 부상 또는 질병이 3일 이내의 요양으로 치유될 수 있으면 근로자에게 요양급여를 지급하지 아니한다.
③ 보험급여는 지급 결정일부터 14일 이내에 지급하여야 한다.
④ 유족보상연금 수급자격자인 유족이 사망한 근로자와의 친족 관계가 끝난 경우 그 자격을 잃는다.
⑤ 보험급여로서 지급된 금품에 대하여는 국가나 지방자치단체의 공과금을 부과하지 아니한다.

해설 ▶ 직업재활급여

보험급여의 종류는 다음 각 호와 같다. 다만, 진폐에 따른 보험급여의 종류는 요양급여, 간병급여, 장례비, 직업재활급여, 진폐보상연금 및 진폐유족연금으로 하고, 건강손상자녀에 대한 보험급여의 종류는 요양급여, 장해급여, 간병급여, 장례비, 직업재활급여로 한다.
1. 요양급여   2. 휴업급여   3. 장해급여   4. 간병급여
5. 유족급여   6. 상병(傷病)보상연금   7. 장례비   8. 직업재활급여

10. 산업재해보상보험법상 보험급여에 관한 설명으로 옳지 않은 것은? 26회 개작

① 업무상 사유로 인한 부상 또는 질병이 3일 이내의 요양으로 치유될 수 있으면 근로자에게 요양급여를 지급하지 아니한다.
② 장해보상연금 또는 진폐보상연금의 수급권자가 사망한 경우 그 수급권이 소멸한다.
③ 장해보상연금의 수급권자가 재요양을 받는 경우에도 그 연금의 지급을 정지하지 아니한다.
④ 근로자가 사망할 당시 그 근로자와 생계를 같이 하고 있던 유족 중 25세 미만인 자녀는 유족보상연금 수급자격자에 해당한다.
⑤ 유족보상연금 수급자격자인 손자녀가 25세가 된 때에도 그 자격을 잃지 아니한다.

해설 ▶ 유족보상연금 수급자격자

유족보상연금을 받을 수 있는 자격이 있는 사람은 근로자가 사망할 당시 그 근로자와 생계를 같이 하고 있던 유족(그 근로자가 사망할 당시 대한민국 국민이 아닌 사람으로서 외국에서 거주하고 있던 유족은 제외한다) 중 배우자와 다음 각 호의 어느 하나에 해당하는 사람으로 한다.
1. 부모 또는 조부모로서 각각 60세 이상인 사람
2. 자녀로서 25세 미만인 사람
3. 손자녀로서 25세 미만인 사람
4. 형제자매로서 19세 미만이거나 60세 이상인 사람
5. 제1호부터 제3호까지의 규정 중 어느 하나에 해당하지 아니하는 자녀·부모·손자녀·조부모 또는 형제자매로서 「장애인복지법」 제2조에 따른 장애인 중 고용노동부령으로 정한 장애 정도에 해당하는 사람

정답   09. ①   10. ⑤

11 다음 중 산재보험의 보험료에 관한 설명으로 타당하지 않은 것은?

① 고용노동부장관은 특정 사업 종류의 산재보험료율이 인상되거나 인하되는 경우에는 직전 보험연도 산재보험료율의 100분의 30의 범위에서 조정하여야 한다.
② 산재보험의 보험료는 사업주 및 근로자가 각각 절반씩 부담한다.
③ 고용노동부장관은 산재보험료율을 정하는 경우에는 특정 사업 종류의 산재보험료율이 전체 사업의 평균 산재보험료율의 20배를 초과하지 아니하도록 하여야 한다.
④ 동일한 사업주가 하나의 장소에서 사업의 종류가 다른 사업을 둘 이상 하는 경우에는 그 중 근로자 수 및 보수총액 등의 비중이 큰 주된 사업에 적용되는 산재보험료율을 그 장소의 모든 사업에 적용한다.
⑤ 보험급여로서 지급된 금품에 대하여는 국가나 지방자치단체의 공과금을 부과하지 아니한다.

해설 ▶ 보험료의 부담

산재보험은 사업의 사업주에 한하여 보험가입자가 되며(「고용보험 및 산업재해보상보험의 보험료징수 등에 관한 법률」 제5조 제3항), 보험료는 공단이 매월 부과하고, 건강보험공단이 이를 징수하므로(법 제13조 제1항 제2호), 근로자는 보험료 납부의무를 부담하지 아니한다.

12 다음 중 「산업재해보상보험법」의 내용으로 틀린 것은?

① 장해보상연금 또는 진폐보상연금의 수급권자가 대한민국 국민이 아닌 수급권자가 외국에서 거주하기 위하여 출국하는 경우 그 수급권이 소멸한다.
② 보험료, 이 법에 따른 그 밖의 징수금을 징수하거나 그 반환받을 수 있는 권리는 3년간 행사하지 아니하면 시효로 인하여 소멸한다.
③ 보험에 가입한 사업주는 그 이름, 사업의 소재지 등 대통령령으로 정하는 사항이 변경된 경우에는 그 날부터 15일 이내에 그 변경사항을 공단에 신고하여야 한다.
④ 장해보상연금의 수급권자가 재요양을 받는 경우에도 그 연금의 지급을 정지하지 아니한다.
⑤ 공단은 사업 실체가 없는 등의 사유로 계속하여 보험관계를 유지할 수 없다고 인정하는 경우에는 그 보험관계를 소멸시킬 수 있다.

해설 ▶ 고용산재보험료징수법 제5조(보험가입자)

보험에 가입한 사업주는 그 이름, 사업의 소재지 등 대통령령으로 정하는 사항이 변경된 경우에는 그 날부터 14일 이내에 그 변경사항을 공단에 신고하여야 한다.

정답 11. ② 12. ③

13 산재보상보험법령상의 보험급여에 관한 다음 설명 중 옳지 않은 것은?

① 장례비는 근로자가 업무상의 사유로 사망한 경우에 지급하되, 평균임금의 120일분에 상당하는 금액을 그 장례를 지낸 유족에게 지급한다.
② 휴업급여는 업무상 사유에 의하여 부상을 당하거나 질병에 걸린 근로자에게 요양으로 인하여 취업하지 못한 기간에 대하여 지급하되, 1일당 지급액은 평균임금의 100분의 70에 상당하는 금액으로 한다.
③ 장애급여는 근로자가 업무상의 사유에 의하여 부상을 당하거나 질병에 걸려 치유 후 신체 등에 장애가 있는 경우에 당해근로자에게 지급한다.
④ 간병급여는 요양급여를 받은 자가 치유 후 의학적으로 상시 또는 수시로 간병이 필요하여 실제로 간병을 받는 자에게 지급한다.
⑤ 유족보상연금 수급자격자인 유족이 재혼한 때(사망한 근로자의 배우자만 해당하며, 재혼에는 사실상 혼인 관계에 있는 경우를 포함한다)에 해당하면 그 자격을 잃는다.

> **해설** ▶ **장해급여**
> '장해급여'는 근로자가 업무상의 사유에 의하여 부상을 당하거나 질병에 걸려 치유 후 신체 등에 '장해'가 있는 경우에 당해근로자에게 지급한다. 장해급여는 장해등급에 따라 장해보상연금 또는 장해보상일시금으로 하되, 그 장해등급의 기준은 대통령령으로 정한다(「산업재해보상보험법」 제57조 제2항). 「국민연금법」상의 보험급여인 '장애연금'과 구분된다.

14 「산업재해보상보험법」 상 심사청구에 관한 설명으로 옳지 않은 것은? [17회 출제]

① 보험급여 결정등에 불복하는 자는 근로복지공단에 심사청구를 할 수 있고, 심사청구는 그 보험급여 결정등을 한 근로복지공단의 소속기관을 거쳐 근로복지공단에 제기하여야 한다.
② 심사청구서를 받은 근로복지공단의 소속기관은 10일 이내에 의견서를 첨부하여 근로복지공단에 보내야 한다.
③ 심사청구를 심의하기 위하여 근로복지공단에 관계 전문가 등으로 구성되는 산업재해보상보험심사위원회를 둔다.
④ 근로복지공단은 심사청구서를 받은 날부터 60일 이내에 산업재해보상보험 심사위원회의 심의를 거쳐 심사청구에 대한 결정을 하여야 한다. 다만, 부득이한 사유로 그 기간 이내에 결정을 할 수 없으면 1차에 한하여 20일을 넘지 아니하는 범위에서 그 기간을 연장할 수 있다.
⑤ 보험급여 결정등에 대하여는 행정심판법에 따른 행정심판을 제기할 수 없다.

> **해설** ▶ **심사청구**
> 심사청구서를 받은 공단의 소속기관은 5일 이내에 의견서를 첨부하여 공단에 보내야 한다(법 제103조 제4항).

정답 13. ③ 14. ②

15. 다음 중 「국민건강보험법」상 피부양자에 해당하지 않는 자는?

① 「독립유공자예우에 관한 법률」 및 「국가유공자 등 예우 및 지원에 관한 법률」에 따라 의료보호를 받는 사람
② 직장가입자의 배우자 중 직장가입자에 의하여 주로 생계를 의존하는 사람으로서 소득 및 재산이 보건복지부령으로 정하는 기준 이하에 해당하는 사람
③ 유공자등 의료보호대상자 중 건강보험의 적용을 보험자에게 신청한 사람
④ 건강보험을 적용받고 있던 사람이 유공자등 의료보호대상자로 되었으나 건강보험의 적용배제신청을 보험자에게 하지 아니한 사람
⑤ 직장가입자의 형제·자매 중 직장가입자에 의하여 주로 생계를 의존하는 사람으로서 소득 및 재산이 보건복지부령으로 정하는 기준 이하에 해당하는 사람

해설 ▶ 국민건강보험상 피부양자

1. 「의료급여법」에 따라 의료급여를 받는 사람,
2. 「독립유공자예우에 관한 법률」 및 「국가유공자 등 예우 및 지원에 관한 법률」에 따라 의료보호를 받는 사람(이하 "유공자등 의료보호대상자"라 한다). 다만, 다음 각 목의 어느 하나에 해당하는 사람은 가입자 또는 피부양자가 된다.
   가. 유공자등 의료보호대상자 중 건강보험의 적용을 보험자에게 신청한 사람
   나. 건강보험을 적용받고 있던 사람이 유공자등 의료보호대상자로 되었으나 건강보험의 적용배제신청을 보험자에게 하지 아니한 사람국민건강보험의 대상자에서 제외되는 자이다.

16. 다음 중 국민건강보험에 관한 내용으로 옳지 않은 것은?

① 건강보험가입자는 직장가입자 및 지역가입자로 구분한다.
② 모든 사업장의 근로자 및 사용자와 공무원 및 교직원은 직장가입자가 되는 것이 원칙이다.
③ 보험급여를 받을 수 있는 사람이 국외에 체류하는 경우 그 기간에는 보험급여를 하지 아니한다.
④ 보험급여를 받을 권리는 3년 동안 행사하지 아니하면 소멸시효가 완성된다.
⑤ 공단은 보험급여를 받을 수 있는 사람이 중대한 과실로 공단이나 요양기관의 요양에 관한 지시에 따르지 아니한 경우에 보험급여를 아니할 수 있다.

해설 ▶ 건강보험급여의 제한

공단은 보험급여를 받을 수 있는 사람이 고의 또는 중대한 과실로 공단이나 요양기관의 요양에 관한 지시에 따르지 아니한 경우에 보험급여를 하지 아니한다.

정답 15. ① 16. ⑤

17 다음 중 국민건강보험의 가입자격에 관한 내용으로서 맞지 않는 것은?

① 직장가입자의 피부양자이었던 사람은 그 자격을 잃은 날에 직장가입자 또는 지역가입자의 자격을 얻는다.
② 가입자는 국적을 잃은 날의 다음 날에 그 자격을 잃는다.
③ 가입자는 직장가입자의 피부양자가 된 날의 다음 날에 그 자격을 잃는다.
④ 자격을 얻은 경우 당해 직장가입자의 사용자 및 지역가입자의 세대주는 그 명세를 자격을 취득한 날부터 14일 이내에 보험자에게 신고하여야 한다.
⑤ 자격을 잃은 경우 당해 직장가입자의 사용자 및 지역가입자의 세대주는 그 명세를 자격을 잃은 날부터 14일 이내에 보험자에게 신고하여야 한다.

해설 ▸ 국민건강보험 가입자자격의 취득 및 상실시기
피부양자가 된 그 '해당일'에 가입자격을 상실한다.

18 산업재해보상보험법령상 요양급여에 관한 설명으로 옳지 않은 것은? **16회 출제**

① 근로자가 업무상의 사유로 부상을 당하거나 질병에 걸린 경우에는 현금으로 요양비를 지급하여야 한다. 다만, 부득이한 경우에는 요양비에 갈음하여 법령에서 정하는 산재보험 의료기관에서 요양을 하게 할 수 있다.
② 근로자가 업무상의 사유로 부상을 당하거나 질병에 걸린 경우 그 부상 또는 질병이 3일 이내의 요양으로 치유될 수 있다면 요양급여를 지급하지 아니한다.
③ 요양급여의 신청을 한 자는 근로복지공단이 요양급여에 관한 결정을 하기 전에는 「국민건강보험법」에 따른 요양급여 또는 「의료급여법」에 따른 의료급여를 받을 수 있다.
④ 간호 및 간병, 재활치료도 요양급여의 범위에 포함된다.
⑤ 근로자를 진료한 산재보험 의료기관은 그 근로자의 재해가 업무상의 재해로 판단되면 그 근로자의 동의를 받아 요양급여의 신청을 대행할 수 있다.

해설 ▸ **요양급여**
요양급여는 산재보험 의료기관에서 요양을 하게 한다. 다만, 부득이한 경우에는 요양을 갈음하여 요양비를 지급할 수 있다

정답 17. ③ 18. ①

19. 다음 중 국민건강보험법령상의 보험료에 관한 설명으로 타당하지 <u>않은</u> 것은?

① 직장가입자의 보수 외 소득월액보험료는 사업주가 부담한다.
② 공단은 직장가입자가 국외에 3개월 이상 체류하는 경우(다만, 업무에 종사하기 위해 국외에 체류하는 경우라고 공단이 인정하는 경우에는 1개월을 말한다) 그 가입자의 보험료를 면제한다. 다만, 직장가입자의 경우에는 국내에 거주하는 피부양자가 없을 때에만 보험료를 면제한다.
③ 직장가입자의 월별 보험료액은 보수월액보험료와 보수 외 소득월액보험료에 따라 산정한 금액으로 한다.
④ 직장가입자의 보수월액은 직장가입자가 지급받는 보수를 기준으로 하여 산정한다.
⑤ 직장가입자의 보수 외 소득월액보험료

해설 ▸ 보험료의 납부의무자
직장가입자의 보수 외 소득월액보험료는 직장가입자가 부담한다.

20. 다음 중 국민건강보험법상의 보험급여에 해당하지 <u>않는</u> 것은?

① 요양급여　　② 장애인에 대한 특례　　③ 부가급여
④ 건강검진　　⑤ 직업재활급여

해설 ▸ 국민건강보험급여
⑤ 구「의료보험법」상의 보험급여에 해당하는 것으로, 「국민건강보험법」의 시행에 의하여 요양급여로 대체되었다.

21. 고용보험법상의 실업급여에 관한 설명으로 옳지 <u>않은</u> 것은? **22회 출제**

① 구직급여는 실업급여에 포함된다.
② 취업촉진수당에는 이주비는 포함되지만 조기재취업수당은 포함되지 않는다.
③ 실업급여수급계좌의 해당 금융기관은「고용보험법」에 따른 실업급여만이 실업급여수급계좌에 입금되도록 관리하여야 한다.
④ 실업급여를 받을 권리는 양도할 수 없다.
⑤ 실업급여로서 지급된 금품에 대하여는 국가나 지방자치단체의 공과금(「국세기본법」 또는 「지방세기본법」에 따른 공과금을 말한다)을 부과하지 아니한다.

해설 ▸ 실업급여
① 실업급여는 구직급여와 취업촉진수당으로 구분한다.
② 취업촉진수당의 종류는 다음 각 호와 같다.
　1. 조기재취업수당　2. 직업능력개발수당　3. 광역구직활동비　4. 이주비

정답　19. ①　20. ⑤　21. ②

22

다음 중 고용보험법령에 관한 내용으로서 타당하지 <u>않은</u> 것은?

① 자영업자인 피보험자의 실업급여의 종류에 연장급여와 조기재취업 수당은 제외한다.
② 거짓이나 그 밖의 부정한 방법으로 구직급여를 지급받은 사람이 사업주와 공모한 경우에는 그 사업주도 그 구직급여를 지급받은 사람과 연대(連帶)하여 책임을 진다.
③ 육아휴직 급여를 지급받으려는 사람은 육아휴직을 시작한 날 이후부터 육아휴직이 끝난 날까지 신청하여야 한다.
④ 근로자인 피보험자가 이직한 경우에는 이직한 날의 다음 날에 그 피보험자격을 상실한다.
⑤ 피보험자가 육아휴직 기간 중에 그 사업에서 이직한 경우에는 그 이직하였을 때부터 육아휴직 급여를 지급하지 아니한다.

해설 ▶ 육아휴직급여의 신청

육아휴직 급여를 지급받으려는 사람은 육아휴직을 시작한 날 이후 1개월부터 육아휴직이 끝난 날 이후 12개월 이내에 신청하여야 한다. 다만, 해당 기간에 대통령령으로 정하는 사유로 육아휴직 급여를 신청할 수 없었던 사람은 그 사유가 끝난 후 30일 이내에 신청하여야 한다.

23

다음 중 고용보험 및 산재보험의 보험료에 관한 내용으로 타당하지 <u>않은</u> 것은?

① 건강보험공단은 보험사업에 드는 비용에 충당하기 위하여 피보험자로부터 직접 고용안정·직업능력개발사업 및 실업급여의 보험료를 징수한다.
② 고용보험가입자인 근로자가 부담하여야 하는 고용보험료는 자기의 보수총액에 실업급여의 보험료율의 2분의 1을 곱한 금액으로 한다.
③ 사업주가 부담하여야 하는 고용보험료는 그 사업에 종사하는 고용보험가입자인 근로자의 임금총액에 고용안정·직업능력개발사업의 보험료율을 곱한 금액 및 실업급여의 보험료율의 2분의 1을 곱한 금액을 합한 금액으로 한다.
④ 65세 이후에 고용(65세 전부터 피보험자격을 유지하던 사람이 65세 이후에 계속하여 고용된 경우는 제외한다)되거나 자영업을 개시한 자에 대하여는 고용보험료 중 실업급여의 보험료를 징수하지 아니한다.
⑤ 사업주는 고용보험가입자인 근로자가 부담하는 고용보험료에 상당하는 금액을 그 근로자에게 지급할 임금에서 원천공제할 수 있다.

해설 ▶ 고용보험

건강보험공단은 보험사업에 드는 비용에 충당하기 위하여 '보험가입자'로부터 고용안정·직업능력개발사업 및 실업급여의 보험료를 징수한다(고용산재보험료징수법 제13조 제1항). 여기서 보험가입자는 피보험자와 구별되는 개념이다. 즉, 보험가입자는 당연히 「고용보험법」의 적용을 받는 사업의 사업주와 근로자이며(동법 제5조 제1항), 피보험자라 함은 「고용산재보험료징수법」의 규정에 따라 보험에 가입되거나 가입된 것으로 보는 근로자, 예술인 또는 노무제공자를 말한다(「고용보험법」 제2조 제1호).

정답 22. ③ 23. ①

24. 고용보험법상 용어 정의 및 피보험자의 관리에 관한 설명으로 옳지 않은 것은? (권한의 위임·위탁은 고려하지 않음) [24회 출제]

① 일용근로자란 3개월 미만 동안 고용되는 사람을 말한다.
② 실업의 인정이란 직업안정기관의 장이 이 법에 따른 수급자격자가 실업한 상태에서 적극적으로 직업을 구하기 위하여 노력하고 있다고 인정하는 것을 말한다.
③ 근로자인 피보험자가 이 법에 따른 적용 제외 근로자에 해당하게 된 경우에는 그 적용 제외 대상자가 된 날에 그 피보험자격을 상실한다.
④ 이 법에 따른 적용 제외 근로자였던 사람이 이 법의 적용을 받게 된 경우에는 그 적용을 받게 된 날에 피보험자격을 취득한 것으로 본다.
⑤ 사업주는 그 사업에 고용된 근로자의 피보험자격의 취득 및 상실 등에 관한 사항을 대통령령으로 정하는 바에 따라 고용노동부장관에게 신고하여야 한다.

해설 ▶ 용어의 정의
① 일용근로자란 1개월 미만 동안 고용되는 사람을 말한다.

25. 「고용보험법」상의 내용으로 옳지 않은 것은? [17회 출제]

① 이직일 현재 40세로서 피보험기간이 4년인 비장애인인 구직급여 수급자의 소정급여일수는 180일이다.
② 최종 이직 당시 건설일용근로자였던 사람에 대해서는 실업의 신고일부터 계산하여 구직급여를 지급한다.
③ 수급자격자가 수급기간에 새로 수급자격의 인정을 받은 경우에는 새로 인정받은 수급자격을 기준으로 구직급여를 지급한다.
④ 구직급여를 지급받기 위하여 실업을 신고하려는 사람은 이직하기 전 사업의 사업주에게 이직확인서의 발급을 요청할 수 있다. 이 경우 요청을 받은 사업주는 이직확인서를 발급하여 주어야 한다.
⑤ 근로자가 보험관계가 성립되어 있는 둘 이상의 사업에 동시에 고용되어 있는 경우에는 각 사업의 근로자로서의 피보험자격을 모두 취득한다.

해설 ▶ 피보험자 자격의 취득
근로자가 보험관계가 성립되어 있는 둘 이상의 사업에 동시에 고용되어 있는 경우에는 그 중 한 사업의 근로자로서의 피보험자격을 취득한다.

정답 24. ① 25. ⑤

26. 고용보험법령상 고용보험사업에 관한 설명으로 옳은 것을 모두 고른 것은? 〔27회 출제〕

> ㄱ. 배우자의 직계존속이 사망한 경우는 육아휴직 급여 신청기간의 연장 사유에 해당하지 않는다.
> ㄴ. 조기재취업 수당의 금액은 구직급여의 소정급여일수 중 미지급일수의 비율에 따라 구직급여일액에 미지급일수의 2분의 1을 곱한 금액으로 한다.
> ㄷ. 이주비는 구직급여의 종류에 해당한다.
> ㄹ. 실업급여를 받을 권리는 양도할 수 없지만 담보로 제공할 수는 있다.

① ㄱ   ② ㄴ   ③ ㄱ, ㄴ   ④ ㄷ, ㄹ   ⑤ ㄴ, ㄷ, ㄹ

해설 ▶ 고용보험사업
ㄷ. 실업급여는 구직급여와 취업촉진 수당으로 구분한다. 취업촉진 수당의 종류에는 조기(早期)재취업 수당, 직업능력개발 수당, 광역 구직활동비, 이주비가 있다.
ㄹ. 실업급여를 받을 권리는 양도 또는 압류하거나 담보로 제공할 수 없다.

27. 다음 중 사회보험법령상의 구제절차 등에 관한 내용으로 타당하지 않은 것은?

① 국민연금가입자의 자격, 기준소득월액, 연금보험료 기타 이 법에 의한 징수금과 급여에 관한 국민연금관리공단의 처분에 이의가 있는 자는 그 처분이 있음을 안 날로부터 90일 이내에 문서로 그 처분을 한 공단 또는 건강보험공단에 심사청구를 할 수 있다.
② 업무상질병판정위원회의 심의를 거친 산재보험급여에 관한 결정에 불복하는 자는 심사 청구를 하지 아니하고 재심사 청구를 할 수 있다.
③ 국민건강보험법령상 이의신청에 대한 결정에 불복하는 자는 건강보험정책심의위원회에 심판청구를 할 수 있다.
④ 고용보험법령상 직업안정기관 또는 근로복지공단은 심사청구서를 받은 날부터 5일 이내에 의견서를 첨부하여 심사청구서를 심사관에게 보내야 한다.
⑤ 심사의 청구는 원처분등의 집행을 정지시키지 아니한다.

해설 ▶ 심판청구
국민건강보험법령상 이의신청에 대한 결정에 불복하는 자는 건강보험분쟁조정위원회에 심판청구를 할 수 있다.

정답 26. ③ 27. ③

28. 국민연금법령상의 연금의 중복급여 조정에 관한 내용으로 옳지 않은 것은?

① 국민연금의 장애연금 또는 유족연금의 수급권자가 동일한 사유로 「산업재해보상보험법」에 따른 장해급여 또는 유족급여를 지급받을 수 있는 경우에는 「국민연금법」에 의한 장애연금액 또는 유족연금액은 그 2분의 1에 해당하는 액을 지급한다.
② 수급자격자가 「근로기준법」에 따른 휴업보상, 「산업재해보상보험법」에 따른 휴업급여, 그 밖에 이에 해당하는 급여 또는 보상으로서 대통령령으로 정하는 보상 또는 급여를 지급받을 수 있는 경우에는 상병급여를 지급하지 아니한다.
③ 산재보상보험의 수급권자가 「산업재해보상보험법」에 의하여 보험급여를 받았거나 받을 수 있는 경우에는 보험가입자는 동일한 사유에 대하여 「근로기준법」에 의한 재해보상책임이 면제된다.
④ 산재보상보험의 수급권자가 동일한 사유에 대하여 「산업재해보상보험법」에 의한 보험급여를 받은 경우에도 보험가입자는 「민법」 기타 법령에 의한 손해배상의 책임을 별도로 부담하여야 한다.
⑤ 국민건강보험공단은 보험급여를 받을 수 있는 자가 업무상 또는 공무상 질병·부상·재해로 인하여 다른 법령에 의한 보험급여나 보상 또는 보상을 받게 되는 때에는 보험급여를 하지 아니한다.

해설 ▶ 손해배상책임의 면제
산재보상보험의 수급권자가 동일한 사유에 대하여 「산업재해보상보험법」에 의한 보험급여를 받은 경우에는 보험가입자는 그 금액의 한도 안에서 「민법」 기타 법령에 의한 손해배상의 책임이 면제된다.

29. 산업재해보상보험법령상 보험급여 결정등에 대한 심사 청구 및 재심사 청구에 관한 설명으로 옳지 않은 것은? *21회 출제*

① 근로복지공단의 보험급여 결정등에 불복하는 자는 그 보험급여 결정등을 한 근로복지공단의 소속 기관을 거쳐 산업재해보상보험 심사위원회에 심사 청구를 할 수 있다.
② 근로복지공단이 심사 청구에 대한 결정을 연장할 때에는 최초의 결정기간이 끝나기 7일 전까지 심사 청구인 및 보험급여 결정등을 한 근로복지공단의 소속 기관에 알려야 한다.
③ 근로복지공단의 보험급여 결정에 대하여 심사 청구기간이 지난 후에 제기된 심사 청구는 산업재해보상보험 심사위원회의 심의를 거치지 아니할 수 있다.
④ 산업재해보상보험 심사위원회는 위원장 1명을 포함하여 150명 이내의 위원으로 구성하되, 위원 중 2명은 상임으로 한다.
⑤ 업무상질병판정위원회의 심의를 거친 보험급여에 관한 결정에 불복하는 자는 심사 청구를 하지 아니하고 재심사 청구를 할 수 있다.

정답 28. ④ 29. ①

제3장 사무관리

해설 ▶ 보험급여 결정 등
근로복지공단의 보험급여 결정등에 불복하는 자는 그 보험급여 결정 등을 한 근로복지공단의 소속 기관을 거쳐 근로복지공단에 심사청구를 할 수 있다.

30 산업재해보상보험법상 심사청구에 관한 설명으로 옳지 않은 것은? 〔17회 출제〕

① 보험급여 결정 등에 불복하는 자는 근로복지공단에 심사청구를 할 수 있고, 심사청구는 그 보험급여결정 등을 한 근로복지공단의 소속기관을 거쳐 근로복지공단에 제기하여야 한다.
② 심사청구서를 받은 근로복지공단의 소속기관은 10일 이내에 의견서를 첨부하여 근로복지공단에 보내야 한다.
③ 심사청구를 심의하기 위하여 근로복지공단에 관계전문가 등으로 구성되는 산업재해보상보험심사위원회를 둔다.
④ 근로복지공단은 심사청구서를 받은 날부터 60일 이내에 산업재해보상보험심사위원회의 심의를 거쳐 심사청구에 대한 결정을 하여야 한다. 다만, 부득이한 사유로 그 기간 이내에 결정을 할 수 없으면 1차에 한하여 20일을 넘지 아니하는 범위에서 그 기간을 연장할 수 있다.
⑤ 보험급여 결정 등에 대하여는 행정심판법에 따른 행정심판을 제기할 수 없다.

해설 ▶ 심사청구
② 심사청구서를 받은 근로복지공단의 소속 기관은 5일 이내에 의견서를 첨부하여 근로복지공단에 보내야 한다.

31 국민연금법상 연금급여에 관한 설명으로 옳은 것은? 〔22회 출제〕

① 「국민연금법」상 급여의 종류는 노령연금, 장애연금, 유족연금의 3가지로 구분된다.
② 유족연금 등의 수급권자가 될 수 있는 자를 고의로 사망하게 한 유족에게는 사망에 따라 발생되는 유족연금 등의 일부를 지급하지 아니할 수 있다.
③ 수급권자의 청구가 없더라도 급여원인이 발생하면 공단은 급여를 지급한다.
④ 연금액은 지급사유에 따라 기본연금액과 부양가족연금액을 기초로 산정한다.
⑤ 장애연금의 수급권자가 정당한 사유없이 「국민연금법」에 따른 공단의 진단요구에 응하지 아니한 때에는 급여의 전부의 지급을 정지한다.

정답 30. ② 31. ④

해설 ▶ **연금급여**
① 「국민연금법」상 급여의 종류는 노령연금, 장애연금, 유족연금, 반환일시금의 4가지로 구분된다.
② 다음 각 호의 어느 하나에 해당하는 사람에게는 사망에 따라 발생되는 유족연금 등을 지급하지 않는다.
  1. 가입자 또는 가입자였던 자를 고의로 사망하게 한 유족
  2. 유족연금등의 수급권자가 될 수 있는 자를 고의로 사망하게 한 유족
  3. 다른 유족연금등의 수급권자를 고의로 사망하게 한 유족연금등의 수급권자
③ 급여는 수급권자의 청구에 따라 급여를 지급한다.
⑤ 장애연금의 수급권자가 정당한 사유없이 「국민연금법」에 따른 공단의 진단요구에 응하지 아니한 때에는 급여의 전부 또는 일부의 지급을 정지할 수 있다.

32

고용보험법령상 정해진 기간에 대통령령으로 정하는 사유로 육아휴직 급여를 신청할 수 없었던 사람은 그 사유가 끝난 후 30일 이내에 신청하여야 한다. 대통령령으로 정하는 사유가 아닌 것은?　　　**23회 출제**

① 천재지변　　　② 「병역법」에 따른 의무복무
③ 본인이나 배우자의 질병·부상　　　④ 본인이나 배우자의 직계존속 및 직계비속의 사망
⑤ 범죄혐의로 인한 구속이나 형의 집행

해설 ▶ **육아휴직 급여**
본인이나 배우자의 직계존속 및 직계비속의 "사망"은 연장사유에 해당하지 않는다.
[영 제94조(육아휴직 급여 신청기간의 연장 사유)]
법 제70조 제2항 단서에서 "대통령령으로 정하는 사유"란 다음 각 호의 어느 하나에 해당하는 사유를 말한다.
  1. 천재지변　　　　　　　　　2. 본인이나 배우자의 질병·부상
  3. 본인이나 배우자의 직계존속 및 직계비속의 질병·부상
  4. 「병역법」에 따른 의무복무　　5. 범죄혐의로 인한 구속이나 형의 집행

정답　32. ④

33

국민건강보험법령에 관한 설명으로 옳은 것은? `21회 출제`

① 고용기간이 3개월 미만인 일용근로자나 「병역법」에 따른 현역병(지원에 의하지 아니하고 임용된 하사를 포함한다), 전환복무된 사람 및 군간부후보생은 직장가입자에서 제외된다.
② 가입자는 국적을 잃은 날, 직장가입자의 피부양자가 된 날, 수급권자가 된 날 건강보험자격을 상실한다.
③ 국내에 거주하는 피부양자가 있는 직장가입자가 국외에서 업무에 종사하고 있는 경우에는 보험료를 면제한다.
④ 국민건강보험료는 가입자의 자격을 취득한 날이 속하는 달의 다음 달부터 가입자의 자격을 잃은 날의 전날이 속하는 달까지 징수하며, 가입자의 자격을 매월 1일에 취득한 경우에는 그 달부터 징수한다.
⑤ 과다납부된 본인일부부담금을 돌려받을 권리는 5년 동안 행사하지 아니하면 시효로 소멸한다.

해설 ▶ 건강보험료의 징수

① 고용기간이 1개월 미만인 일용근로자나 「병역법」에 따른 현역병(지원에 의하지 아니하고 임용된 하사를 포함한다), 전환복무된 사람 및 군간부후보생은 직장가입자에서 제외된다.
② 가입자는 국적을 잃은 날의 다음 날, 직장가입자의 피부양자가 된 날, 수급권자가 된 날 건강보험자격을 상실한다.
③ 국내에 거주하는 피부양자가 없는 직장가입자가 국외에서 업무에 종사하고 있는 경우에는 보험료를 면제한다.
⑤ 과다납부된 본인일부부담금을 돌려받을 권리는 3년 동안 행사하지 아니하면 시효로 소멸한다.

정답 33. ④

34. 국민연금법령에 관한 설명으로 옳지 않은 것은? [15회 개작]

① 「국민기초생활 보장법」 제7조제1항제1호에 따른 생계급여 수급자 또는 같은 항 제3호에 따른 의료급여 수급자는 본인의 희망에 따라 사업장가입자가 되지 아니할 수 있다.
② 국민연금공단은 수급권이 소멸 또는 정지된 급여를 받은 자에 대하여 지급한 금액에 대통령령으로 정하는 이자를 더하여 환수하여야 한다.
③ 수급권자가 사망한 경우 그 수급권자에게 지급하여야 할 급여 중 아직 지급되지 아니한 것이 있으면 그 배우자·자녀·부모·손자녀·조부모 또는 형제자매의 청구에 따라 그 미지급 급여를 지급한다.
④ 혼인 기간(배우자의 가입기간 중의 혼인 기간으로서 별거, 가출 등의 사유로 인하여 실질적인 혼인관계가 존재하지 아니하였던 기간을 제외한 기간을 말한다)이 5년 이상인 자가 법정 요건을 모두 갖추면 그때부터 그가 생존하는 동안 분할연금을 받을 수 있다.
⑤ 조기노령연금을 받고 있는 60세 미만인 자가 소득이 있는 업무에 종사하는 경우 그 기간에 해당하는 조기노령연금은 지급을 정지한다.

해설 ▶ **국민연금급여의 환수**
㉠ 거짓이나 그 밖의 부정한 방법으로 급여를 받은 경우 → 지급금액 + 이자환수
㉡ 수급권 소멸사유를 공단에 신고하지 아니하거나 늦게 신고하여 급여가 잘못지급된 경우
→ 지급금액 +이자환수
㉢ 그 밖의 사유로 급여가 잘못 지급된 경우 → 지급금액

35. 국민건강보험법령상 피부양자의 요건과 자격인정 기준을 충족하는 사람을 모두 고른 것은? [23회 출제]

> ㄱ. 직장가입자의 직계존속과 직계비속
> ㄴ. 직장가입자의 배우자의 직계존속과 직계비속
> ㄷ. 직장가입자의 형제·자매
> ㄹ. 직장가입자의 형제·자매의 직계비속

① ㄱ, ㄴ   ② ㄱ, ㄷ   ③ ㄱ, ㄴ, ㄷ
④ ㄱ, ㄴ, ㄹ   ⑤ ㄴ, ㄷ, ㄹ

해설 ▶ **건강보험의 피부양자**
1. 직장가입자의 배우자
2. 직장가입자의 직계존속(배우자의 직계존속을 포함한다)
3. 직장가입자의 직계비속(배우자의 직계비속을 포함한다) 및 그 배우자
4. 직장가입자의 형제·자매

정답   34. ②   35. ③

36. 산업재해보상보험에 관한 설명 중 틀린 것은?

① 노무제공자의 보험급여는 보험료징수법에 따라 공단에 신고된 해당 노무제공자의 보수를 기준으로 평균보수를 산정한 후 그에 따라 지급한다.
② 진폐보상연금은 평균임금을 기준으로 하여 진폐장해등급별 진폐장해연금과 기초연금을 합산한 금액으로 한다.
③ 공단은 업무상 질병에 대하여 요양 신청을 한 경우로서 요양급여의 결정에 걸리는 기간 등을 고려하여 대통령령으로 정하는 사람에 대하여 「국민건강보험법」 제44조에 따른 요양급여 비용의 본인 일부 부담금에 대한 대부사업을 할 수 있다.
④ 장해급여는 이 법에서 정한 장해등급에 따라 장해보상연금 또는 장해보상일시금으로 한다.
⑤ 산업재해보상보험법령은 「사립학교교직원 연금법」에 따라 재해보상이 되는 사업에는 적용되지 않으나, 가구내 고용활동에는 적용된다.

[해설] 산업재해보상보험

① 이 법은 근로자를 사용하는 모든 사업 또는 사업장에 적용한다. 다만, 위험률·규모 및 장소 등을 고려하여 대통령령으로 정하는 사업에 대하여는 이 법을 적용하지 아니한다.

[영 제2조(법의 적용 제외 사업)]
1. 「공무원 재해보상법」 또는 「군인 재해보상법」에 따라 재해보상이 되는 사업. 다만, 「공무원 재해보상법」 제60조에 따라 순직유족급여 또는 위험직무순직유족급여에 관한 규정을 적용받는 경우는 제외한다.
2. 「선원법」, 「어선원 및 어선 재해보상보험법」 또는 「사립학교교직원 연금법」에 따라 재해보상이 되는 사업
3. 가구내 고용활동
4. 농업, 임업(벌목업은 제외한다), 어업 및 수렵업 중 법인이 아닌 자의 사업으로서 상시근로자 수가 5명 미만인 사업

정답 36. ⑤

37. 국민건강보험법령상의 급여의 제한이나 급여의 정지에 대한 다음 설명 중 옳지 않은 것은?

① 공단은 보험급여를 받을 수 있는 사람이 고의 또는 중대한 과실로 인한 범죄행위에 그 원인이 있거나 고의로 사고를 일으킨 경우 보험급여를 하지 아니한다.
② 공단은 보험급여를 받을 수 있는 사람이 고의 또는 중대한 과실로 공단이나 요양기관의 요양에 관한 지시에 따르지 아니한 경우 보험급여를 하지 아니한다.
③ 공단은 보험급여를 받을 수 있는 사람이 교도소에 수용되어 있는 경우 그 기간에는 보험급여를 하지 않을 수 있다.
④ 공단은 업무 또는 공무로 생긴 질병·부상·재해로 다른 법령에 따른 보험급여나 보상(報償) 또는 보상(補償)을 받게 되는 경우에는 그 한도에서 보험급여를 하지 아니한다.
⑤ 공단은 고의 또는 중대한 과실로 문서와 그 밖의 물건의 제출을 거부하거나 질문 또는 진단을 기피한 경우에는 그 한도에서 보험급여를 하지 아니한다.

해설 ▸ 급여의 정지

공단은 보험급여를 받을 수 있는 사람이 다음 각 호의 어느 하나에 해당하면 그 기간에는 보험급여를 하지 아니한다. 다만, 제3호 및 제4호의 경우에는 제60조(현역병 등에 대한 요양급여비용 등의 지급)에 따른 요양급여를 실시한다.
1. 국외에 체류하는 경우
2. 「병역법」에 따른 현역병(지원에 의하지 아니하고 임용된 하사를 포함한다), 전환복무된 사람 및 군간부후보생에 해당하게 된 경우
3. 교도소, 그 밖에 이에 준하는 시설에 수용되어 있는 경우

정답 37. ③

38 산업재해보상보험령상 장해급여에 대한 설명으로 옳지 <u>않은</u> 것은?

① 장해급여는 장해등급에 따라 장해보상연금 또는 장해보상일시금으로 하되, 그 장해등급의 기준은 대통령령으로 정한다.
② 장해보상연금 또는 장해보상일시금은 수급권자의 선택에 따라 지급한다.
③ 장해보상연금 또는 진폐보상연금의 수급권자가 사망한 경우에는 그 수급권이 소멸한다.
④ 재요양을 받고 치유된 후 장해상태가 종전에 비하여 호전되거나 악화된 경우에는 그 호전 또는 악화된 장해상태에 해당하는 장해등급에 따라 장해급여를 지급한다.
⑤ 장해보상연금의 수급권자가 재요양을 받는 경우에 그 연금의 지급을 정지한다.

해설 ▶ **장해보상연금**
장해보상연금의 수급권자가 재요양을 받는 경우에도 그 연금의 지급을 정지하지 아니한다.

39 국민연금법상의 징수권, 환수권 등의 시효에 관한 설명으로 옳지 <u>않은</u> 것은?

① 연금보험료 징수권 - 3년
② 환수금 환수권 - 3년
③ 급여를 받을 수급권자의 권리 - 5년
④ 과오납금을 반환받을 가입자 등의 권리 - 10년
⑤ 반환일시금을 지급받을 권리 - 10년

해설 ▶ **소멸시효**
과오납금을 반환받을 수급권자 또는 가입자 등의 권리 - 5년

정답 38. ⑤ 39. ④

CHAPTER 04 인사 · 노무관리

학습포인트

- 이 장의 전반부에서는 관리요원을 채용, 배치하고 교육훈련시키며 인사고과를 평가하고 임금관리에 관하여 설명하고 있다.
- 후반부에서는 관리직원의 근로관계에 대한 실무사항인 근로계약과 근로자명부, 휴일과 휴가, 법정수당과 퇴직금의 기준임금, 취업규칙의 작성 및 변경절차와 노동조합의 설립절차 및 해산과 부당노동행위로 이루어져 있으며 앞으로 점점 출제빈도가 높아질 것이라고 예상된다.

CHAPTER 학습 & 출제되는 키워드

- ☑ 인사관리의 개념
- ☑ 공동주택의 인사관리의 특성
- ☑ 관리요원의 채용과 배치
- ☑ 교육훈련
- ☑ 인사고과의 방식
- ☑ 임금수준의 결정요인
- ☑ 임금결정의 원칙
- ☑ 근로기준법
- ☑ 근로계약
- ☑ 임금
- ☑ 근로시간과 휴식
- ☑ 임산부의 보호
- ☑ 취업규칙
- ☑ 퇴직금제도
- ☑ 퇴직연금제도
- ☑ 남녀고용평등
- ☑ 직장 내 성희롱 예방교육
- ☑ 모성보호
- ☑ 서류의 보존
- ☑ 최저임금
- ☑ 노동조합
- ☑ 단체교섭 및 단체협약
- ☑ 부당노동행위
- ☑ 노사협의회

CHAPTER 학습 & 출제되는 질문

- ☑ 주택관리인에게 근무평정 및 업적평가가 필요한 이유로서 부적당한 것은?
- ☑ 관리직원의 교육훈련 중 OJT(직장내 교육훈련)의 특징에 관한 설명으로 옳지 않은 것은?
- ☑ 근로자퇴직급여 보장법령상 퇴직금에 관한 설명으로 옳지 않은 것은?
- ☑ 다음 중 공동주택관리직원의 노동조합설립 및 가입과 관련하여 틀린 것은?

단원 단답형 문제

01 근로기준법령상 용어의 정의이다. ( )안에 들어갈 숫자를 순서대로 각각 쓰시오.
`18회 출제`

> ○ "평균임금"이란 이를 산정하여야 할 사유가 발생한 날 이전 ( )개월 동안에 그 근로자에게 지급된 임금의 총액을 그 기간의 총일수로 나눈 금액을 말한다.
> ○ "단시간근로자"란 1주 동안의 소정근로시간이 그 사업장에서 같은 종류의 업무에 종사하는 통상 근로자의 ( )주 동안의 소정근로시간에 비하여 짧은 근로자를 말한다.

해설 ▸ 용어의 뜻
1. "평균임금"이란 이를 산정하여야 할 사유가 발생한 날 이전 3개월 동안에 그 근로자에게 지급된 임금의 총액을 그 기간의 총일수로 나눈 금액을 말한다.
2. "단시간근로자"란 1주 동안의 소정근로시간이 그 사업장에서 같은 종류의 업무에 종사하는 통상 근로자의 1주 동안의 소정근로시간에 비하여 짧은 근로자를 말한다.

02 근로자퇴직급여 보장법상 퇴직급여에 관한 내용이다. (   )에 들어갈 숫자를 쓰시오.
`23회 출제`

> 사용자에게 지급의무가 있는 "퇴직급여등"은 사용자의 총재산에 대하여 질권 또는 저당권에 의하여 담보된 채권을 제외하고는 조세·공과금 및 다른 채권에 우선하여 변제되어야 한다. 다만, 질권 또는 저당권에 우선하는 조세·공과금에 대하여는 그러하지 아니하다. 그럼에도 불구하고 최종 ( )년간의 퇴직급여등은 사용자의 총재산에 대하여 질권 또는 저당권에 의하여 담보된 채권, 조세·공과금 및 다른 채권에 우선하여 변제되어야 한다.

해설 ▸ 퇴직급여
최종 3년간의 퇴직급여등은 사용자의 총재산에 대하여 질권 또는 저당권에 의하여 담보된 채권, 조세·공과금 및 다른 채권에 우선하여 변제되어야 한다.

정답   01. 3, 1   02. 3

03

「근로기준법」상 이행강제금에 관한 내용이다. ( )에 들어갈 숫자를 순서대로 쓰시오.

20회 출제

> 노동위원회는 최초의 구제명령을 한 날을 기준으로 매년 ( )회의 범위에서 구제명령이 이행될 때까지 반복하여 이행강제금을 부과·징수할 수 있다. 이 경우 이행강제금은 ( )년을 초과하여 부과·징수하지 못한다.

해설 ▶ 이행강제금

노동위원회는 최초의 구제명령을 한 날을 기준으로 매년 2회의 범위에서 구제명령이 이행될 때까지 반복하여 제1항에 따른 이행강제금을 부과·징수할 수 있다. 이 경우 이행강제금은 2년을 초과하여 부과·징수하지 못한다. 노동위원회는 구제명령(구제명령을 내용으로 하는 재심판정을 포함한다)을 받은 후 이행기한까지 구제명령을 이행하지 아니한 사용자에게 3천만원 이하의 이행강제금을 부과한다.

04

노동조합 및 노동관계조정법상 부당노동행위에 관한 내용이다. ( )에 들어갈 용어를 쓰시오.

26회 출제

> 사용자는 근로자가 어느 노동조합에 가입하지 아니할 것 또는 탈퇴할 것을 고용으로 하거나 특정한 노동조합의 조합원이 될 것을 공용조건으로 하는 행위를 할 수 없다. 다만, 노동조합이 당해 사업장에 종사하는 근로자의 3분의 2이상을 대표하고 있을 때에는 근로자가 그 노동조합의 조합원이 될 것을 고용조건으로 하는 (ㄱ)의 체결은 예외로 한다.

05

최저임금법상 용어의 정의와 최저임금의 결정에 관한 내용이다. ( )에 들어갈 용어를 쓰시오.

> 제2조(정의) 이 법에서 "근로자", "사용자" 및 "임금"이란 「(ㄱ)」 제2조에 따른 근로자, 사용자 및 임금을 말한다.
> 제4조(최저임금의 결정기준과 구분) ① 최저임금은 근로자의 생계비, 유사 근로자의 임금, 노동생산성 및 소득분배율 등을 고려하여 정한다. 이 경우 사업의 종류별로 구분하여 정할 수 있다.
> ② 제1항에 따른 사업의 종류별 구분은 제12조에 따른 (ㄴ)의 심의를 거쳐 고용노동부장관이 정한다.

정답 03. 2 , 2 04. 단체협약 05. ㄱ : 근로기준법 , ㄴ : 최저임금위원회

제4장 인사 · 노무관리

> **해설** 용어의 정의와 최저임금의 결정
> 제2조(정의) 이 법에서 "근로자", "사용자" 및 "임금"이란 「근로기준법」 제2조에 따른 근로자, 사용자 및 임금을 말한다.
> 제4조(최저임금의 결정기준과 구분)
> ① 최저임금은 근로자의 생계비, 유사 근로자의 임금, 노동생산성 및 소득분배율 등을 고려하여 정한다. 이 경우 사업의 종류별로 구분하여 정할 수 있다.
> ② 제1항에 따른 사업의 종류별 구분은 제12조에 따른 최저임금위원회의 심의를 거쳐 고용노동 부장관이 정한다.

06
최저임금법상 최저임금액에 관한 내용이다. ( )에 들어갈 용어를 쓰시오.

> 최저임금액은 시간·일(日)·주(週) 또는 월(月)을 단위로 하여 정한다. 이 경우 일·주 또는 월을 단위로 최저임금액을 정할 때에는 (㉠)(으)로도 표시하여야 한다.

24회 출제

> **해설** 최저임금액
> 최저임금액은 시간·일(日)·주(週) 또는 월(月)을 단위로 하여 정한다. 이 경우 일·주 또는 월을 단위로 최저임금액을 정할 때에는 시간급으로도 표시하여야 한다.

07
최저임금법령상 수습 중에 있는 근로자에 대한 최저임금액에 관한 내용이다. ( )에 들어갈 아라비아 숫자를 쓰시오.

26회 출제

> 1년 이상의 기간을 정하여 근로계약을 체결하고 수습 중에 있는 근로자로서 수습을 시작한 날부터 (ㄱ)개월 이내인 사람에 대해서는 시간급 최저임금액(최저임금으로 정한 금액을 말한다)에서 100분의 (ㄴ)을(를) 뺀 금액을 그 근로자의 시간급 최저임금액으로 한다.

08
다음 「근로기준법」의 내용 중 ( )에 알맞은 말이나 숫자를 넣으시오.

> • 근로자를 해고한 사용자는 근로자를 해고한 날부터 ( ) 이내에 해고된 근로자가 해고 당시 담당하였던 업무와 같은 업무를 할 근로자를 채용하려고 할 경우 해고된 근로자가 원하면 그 근로자를 우선적으로 고용하여야 한다.
> • 사용자는 근로자를 해고하려면 적어도 ( ) 전에 예고를 하여야 하고, ( ) 전에 예고를 하지 아니하였을 때에는 ( )분 이상의 ( )을 지급하여야 한다.

정답 06. 시간급 07. ㄱ : 3, ㄴ : 10 08. 3년, 30일, 30일, 30일, 통상임금

09
다음 「근로기준법」의 내용 중 ( )에 알맞은 말이나 숫자를 넣으시오.

> ① 사용자는 1년간 ( )퍼센트 이상 출근한 근로자에게 15일의 유급휴가를 주어야 한다.
> ② 사용자는 계속하여 근로한 기간이 1년 미만인 근로자 또는 1년간 ( )퍼센트 미만 출근한 근로자에게 1개월 개근 시 1일의 유급휴가를 주어야 한다.
> ③ 사용자는 3년 이상 계속하여 근로한 근로자에게는 휴가에 최초 1년을 초과하는 계속근로연수 매 ( )년에 대하여 1일을 가산한 유급휴가를 주어야 한다. 이 경우 가산휴가를 포함한 총 휴가일수는 ( )일을 한도로 한다.

10
「근로기준법」상 여성의 시간외근로에 관한 규정이다. ( )에 들어갈 내용을 순서대로 각각 쓰시오. **25회 출제**

> 사용자는 산후 1년이 지나지 아니한 여성에 대하여는 ( )이 있는 경우라도 1일에 2시간, 1주일에 6시간, 1년에 ( )시간을 초과하는 시간외근로를 시키지 못한다.

해설 ▶ 시간외근로
사용자는 산후 1년이 지나지 아니한 여성에 대하여는 단체협약이 있는 경우라도 1일에 2시간, 1주일에 6시간, 1년에 150시간을 초과하는 시간외근로를 시키지 못한다.

11
근로자퇴직급여보장법령상 퇴직급여제도의 설정에 관한 규정이다. ( )에 들어갈 숫자를 순서대로 각각 쓰시오. **19회 출제**

> 사용자는 퇴직하는 근로자에게 급여를 지급하기 위하여 퇴직급여제도 중 하나 이상의 제도를 설정하여야 한다. 다만, 계속근로기간이 ( )년 미만인 근로자, 4주간을 평균하여 1주간의 소정근로시간이 ( )시간 미만인 근로자에 대하여는 그러하지 아니하다.

해설 ▶ 퇴직급여제도의 설정
사용자는 퇴직하는 근로자에게 급여를 지급하기 위하여 퇴직급여제도 중 하나 이상의 제도를 설정하여야 한다. 다만, 계속근로기간이 1년 미만인 근로자, 4주간을 평균하여 1주간의 소정근로시간이 15시간 미만인 근로자에 대하여는 그러하지 아니하다.

정답 09. 80, 80, 2, 25 10. 단체협약, 150 11. 1, 15

12
「남녀고용평등과 일·가정 양립지원에 관한 법령」상 직장 내 성희롱 예방교육에 관한 내용이다. ( )에 들어갈 숫자를 쓰시오. **22회 출제**

> 상시 ( )명 미만의 근로자를 고용하는 사업의 사업주는 근로자가 알 수 있도록 홍보물을 게시하거나 배포하는 방법으로 직장 내 성희롱 예방교육을 할 수 있다.

13
남녀고용평등과 일·가정 양립 지원에 관한 법령상 육아휴직 종료에 관한 내용이다. ( )에 들어갈 아라비아 숫자를 쓰시오. **27회 출제**

> 시행령 제14조(육아휴직의 종료)
> ① 육아휴직 중인 근로자는 다음 각 호의 구분에 따른 사유가 발생하면 그 사유가 발생한 날부터 (ㄱ)일 이내에 그 사실을 사업주에게 알려야 한다.
> 1. 임신 중인 여성 근로자가 육아휴직 중인 경우: 유산 또는 사산
> 2. 제1호 외의 근로자가 육아휴직 중인 경우
>   가. 해당 영유아의 사망
>   나. 〈생략〉
> ② 사업주는 제1항에 따라 육아휴직 중인 근로자로부터 영유아의 사망 등에 대한 사실을 통지받은 경우에는 통지받은 날부터 (ㄴ)일 이내로 근무개시일을 지정하여 그 근로자에게 알려야 한다.

14
남녀고용평등과 일·가정 양립 지원에 관한 법률상 배우자 출산휴가에 관한 내용이다. ( )에 들어갈 아라비아 숫자와 용어를 쓰시오. **26회 출제**

> 제18조의2(배우자 출산휴가)
> ① 사업주는 근로자가 배우자의 출산을 이유로 휴가(이하 "배우자 출산휴가"라 한다)를 청구하는 경우에 (ㄱ) 일의 휴가를 주어야 한다. 이 경우 사용한 휴가기간은 (ㄴ) (으)로 한다.
> ② 제1항 후단에도 불구하고 출산전후휴가급여등이 지급된 경우에는 그 금액의 한도서 지급의 책임을 면한다.
> ③ 배우자 출산휴가는 근로자의 배우자가 출산한 날부터 (ㄷ)일이 지나면 청구할 수 없다.

정답 12. 10   13. ㄱ: 7, ㄴ: 30   14. ㄱ: 10, ㄴ: 유급, ㄷ: 90

제1편 공동주택사무관리

응용 출제예상문제

01 관리직원의 교육훈련 중 OJT(직장 내 교육훈련)의 특징에 관한 설명으로 옳지 않은 것은?
12회 출제

① 현장감이 있어 추상적이 아니고 실제적으로 할 수 있다.
② 현장작업과 관계없이 예정된 계획에 따라 훈련할 수 있다.
③ 우수한 상사라고 해서 반드시 양질의 교육을 할 수 있는 것은 아니다.
④ 교육훈련을 하면서 훈련성과를 쉽게 알 수 있어 종업원의 동기를 유발할 수 있다.
⑤ 교육훈련과 업무를 제대로 병행하지 못할 가능성이 있다.

해설 ▶ OJT의 특징
직장교육훈련은 직장 내 교육을 말하며, 이는 현장작업에 맞추어 계획을 수립하여야 하며, 또는 실제 교육을 하는 경우에도 현장작업에 맞추어서 교육을 실시하여야 한다.

02 근로기준법상의 임금에 관한 설명이다. 다음 중 옳지 않은 것은?

① 임금은 매월 1회 이상 일정한 날짜를 정하여 지급하여야 한다.
② 평균임금이라 함은 이를 산정하여야 할 사유가 발생한 날 이전 1월간에 그 근로자에 대하여 지급된 임금의 총액을 그 기간의 총일수로 나눈 금액을 말한다.
③ 통상임금이라 함은 근로자에게 정기적·일률적으로 소정근로 또는 총근로에 대하여 지급하기로 정하여진 시간급금액·일급금액·주급금액·월급금액 또는 도급금액을 말한다.
④ 임금은 통화(通貨)로 직접 근로자에게 그 전액을 지급하여야 한다.
⑤ 사용자는 근로자가 출산, 질병, 재해, 그 밖에 대통령령으로 정하는 비상(非常)한 경우의 비용에 충당하기 위하여 임금 지급을 청구하면 지급기일 전이라도 이미 제공한 근로에 대한 임금을 지급하여야 한다.

해설 ▶ 평균임금
「근로기준법」에서 "평균임금"이라 함은 이를 산정하여야 할 사유가 발생한 날 이전 3월간에 그 근로자에 대하여 지급된 임금의 총액을 그 기간의 총일수로 나눈 금액을 말한다. 취업후 3월 미만도 이에 준한다. 또한 평균임금으로 산출된 금액이 당해 근로자의 통상임금보다 저액일 경우에는 그 통상임금액을 평균임금으로 한다(법 제2조).

정답 01. ② 02. ②

03 다음 중 공동주택 관리직원에 대한 임금지급에 관한 설명으로 타당하지 않은 것은?

① 사용자는 임금을 지급하는 때에는 근로자에게 임금의 구성항목·계산방법, 임금의 일부를 공제한 경우의 내역 등 대통령령으로 정하는 사항을 적은 임금명세서를 서면으로 교부하여야 한다.
② 사용자의 귀책사유로 휴업하는 경우에 사용자는 평균임금의 100분의 70에 해당하는 금액이 통상임금을 초과하는 경우에는 통상임금을 휴업수당으로 지급할 수 있다.
③ 사용자는 도급이나 그 밖에 이에 준하는 제도로 사용하는 근로자에게 근로시간에 따라 일정액의 임금을 보장하여야 한다.
④ 관리사무소는 각 사업장별로 임금대장을 작성하고 임금과 가족수당 계산의 기초가 되는 사항, 임금액 등에 관한 사항을 임금지급시마다 기입하여야 한다.
⑤ 임금채권은 10년간 행사하지 아니하는 때에는 시효로 인하여 소멸한다.

> **해설** ▶ **임금채권의 시효**
> 「근로기준법」 규정에 의한 임금채권은 3년간 행사하지 아니하는 때에는 시효로 인하여 소멸한다(법 제49조).

04 근로기준법상 근로자에게 지급되는 임금 등에 관한 설명이다. 옳지 않은 것은?

① 사용자는 근로자를 해고하고자 할 때에는 적어도 30일 전에 그 예고를 하여야 하며, 30일 전에 예고를 하지 아니한 때에는 30일분 이상의 평균임금을 지급하여야 한다.
② 사용자의 귀책사유로 인하여 휴업하는 경우에는 사용자는 휴업기간중 당해 근로자에 대하여 평균임금의 100분의 70 이상의 수당을 지급하여야 한다.
③ 퇴직금제도를 설정하고자 하는 사용자는 계속근로기간 1년에 대하여 30일분 이상의 평균임금을 퇴직금으로 퇴직하는 근로자에게 지급할 수 있는 제도를 설정하여야 한다.
④ 사용자는 근로자가 사망 또는 퇴직한 경우에는 그 지급사유가 발생한 때로부터 14일 이내에 임금·보상금 기타 일체의 금품을 지급하여야 한다.
⑤ 사용자는 8시간을 초과한 휴일근로에 대하여는 통상임금의 100분의 100이상을 가산하여 지급하여야 한다.

> **해설** ▶ **평균임금과 통상임금**
> ① 사용자는 근로자를 해고(경영상 이유에 의한 해고를 포함)하고자 할 때에는 적어도 30일 전에 그 예고를 하여야 하며 30일 전에 예고를 하지 아니한 때에는 30일분 이상의 '통상임금'을 지급하여야 한다. 다만, 천재·사변 기타 부득이한 사유로 사업계속이 불가능한 경우 또는 근로자가 고의로 사업에 막대한 지장을 초래하거나 재산상 손해를 끼친 경우로서 고용노동부령이 정하는 사유에 해당하는 경우에는 그러하지 아니하다(법 제26조).

정답 03. ⑤ 04. ①

제1편 공동주택사무관리

05 근로기준법령의 다음 설명 중 옳지 <u>않은</u> 것은?

① 임금은 표준생계비·유사기관의 임금 및 기타 사정을 고려하여 직무의 난이도 및 책임의 정도에 적합하도록 직급별로 이를 정하여야 한다.
② 평균임금의 증감제도는 보험급여를 산정할 때 해당근로자의 근로형태가 특이하여 평균임금을 적용하는 것이 적당하지 아니하다고 인정되는 경우에 적용될 수 있다.
③ 도급사업의 경우에 하수급인이 직상 수급인의 귀책사유로 근로자에게 임금을 지급하지 못한 경우에 그 직상 수급인은 그 하수급인과 연대하여 책임을 진다.
④ 사용자는 근로자가 사망 또는 퇴직한 경우에는 그 지급사유가 발생한 때부터 15일 이내에 임금, 보상금, 그 밖의 모든 금품을 지급하여야 한다.
⑤ 재해보상금 채권은 사용자의 총재산에 대하여 질권 또는 저당권 또는 「동산·채권 등의 담보에 관한 법률」에 따른 담보권에 따라 담보된 채권, 조세·공과금 및 다른 채권에 우선하여 변제되어야 한다.

해설 ▶ 근로자의 임금 등 지급
④ 사용자는 근로자가 사망 또는 퇴직한 경우에는 그 지급사유가 발생한 때부터 14일 이내에 임금, 보상금, 그 밖의 모든 금품을 지급하여야 한다.

06 관리사무소장이 직원에게 다음과 같이 휴가에 대하여 설명하고 있다. 「근로기준법」상 ( )에 들어갈 내용으로 바르게 나열된 것은? **9회 출제**

> 3년 이상 계속 근로한 근로자로서 (㉠)간 80퍼센트 이상 출근한 자에 대하여, 사용자는 15일의 유급휴가에 최초 1년을 초과하는 계속근로연수 매 (㉡)에 대하여 1일을 가산한 유급휴가를 주어야 한다. 이 경우 가산휴가를 포함한 총휴가일수는 (㉢)을 한도로 한다.

① (㉠) : 1년 (㉡) : 2년 (㉢) : 25일
② (㉠) : 1년 (㉡) : 2년 (㉢) : 30일
③ (㉠) : 2년 (㉡) : 3년 (㉢) : 25일
④ (㉠) : 3년 (㉡) : 3년 (㉢) : 30일
⑤ (㉠) : 3년 (㉡) : 1년 (㉢) : 45일

해설 ▶ 연차휴가
3년 이상 계속 근로한 근로자로서 1년간 8할 이상 출근한 자에 대하여, 사용자는 15일의 유급휴가에 최초 1년을 초과하는 계속근로연수 매 2년에 대하여 1일을 가산한 유급휴가를 주어야 하는데 이 경우 가산휴가를 포함한 총휴가일수는 25일을 한도로 한다.

정답 05. ④   06. ①

07 근로기준법령상 근로조건 등에 관한 설명이다. 다음 중 타당하지 않은 것은?

① 이 법에서 정하는 근로조건은 최저기준이므로 근로 관계 당사자는 이 기준을 이유로 근로조건을 낮출 수 없다.
② 사용자는 근로자가 근로시간 중에 선거권, 그 밖의 공민권(公民權) 행사 또는 공(公)의 직무를 집행하기 위하여 필요한 시간을 청구하면 거부하지 못한다.
③ 사용자는 산전·산후의 여성이 「근로기준법」의 규정에 의하여 휴업한 기간과 그 후 60일간은 해고하지 못한다.
④ 근로계약은 기간을 정하지 아니한 것과 일정한 사업의 완료에 필요한 기간을 정한 것 외에는 그 기간은 1년을 초과하지 못한다.
⑤ 명시된 근로조건이 사실과 다를 경우에 근로자는 근로조건 위반을 이유로 손해의 배상을 청구할 수 있으며 즉시 근로계약을 해제할 수 있다.

해설 ▶ 공동주택 관리직원의 근로조건
③ 사용자는 근로자가 업무상 부상 또는 질병의 요양을 위하여 휴업한 기간과 그 후 30일 동안 또는 산전(産前)·산후(産後)의 여성이 이 법에 따라 휴업한 기간과 그 후 30일 동안은 해고하지 못한다. 다만, 사용자가 제84조에 따라 일시보상을 하였을 경우 또는 사업을 계속할 수 없게 된 경우에는 그러하지 아니하다(「근로기준법」 제23조 제2항).

08 다음 중 3개월 이내의 탄력적 근로시간제에 관한 내용으로 틀린 것은?

① 사용자는 취업규칙에서 정하는 바에 따라 2주 이내의 일정한 단위기간을 평균하여 1주 간의 근로시간이 법정 근로시간을 초과하지 아니하는 범위에서 특정한 주 또는 특정한 날에 법정 근로시간을 초과하여 근로하게 할 수 있다.
② 위 ①에도 불구하고 특정한 주의 근로시간은 24시간을 초과할 수 없다.
③ 사용자는 근로자대표와의 서면 합의에 따라 3개월 이내의 단위기간을 평균하여 1주 간의 근로시간이 근로시간을 초과하지 아니하는 범위에서 특정한 주에, 특정한 날에 근로시간을 초과하여 근로하게 할 수 있다.
④ 위 ③에도 불구하고 특정한 주의 근로시간은 52시간을, 특정한 날의 근로시간은 12시간을 초과할 수 없다.
⑤ 사용자는 ① 및 ③에 따라 근로자를 근로시킬 경우에는 기존의 임금 수준이 낮아지지 아니하도록 임금보전방안(賃金補塡方案)을 강구하여야 한다.

해설 ▶ 탄력적 근로시간제
② 특정한 주의 근로시간은 48시간을 초과할 수 없다.

정답 07. ③ 08. ②

09 근로관계법률과 관련한 다음 내용 중 적합하지 않은 것은?

① 임금이 도급제나 그 밖에 이와 비슷한 형태로 정해진 경우에 근로시간을 파악하기 어렵거나 그 밖에 최저임금액을 정하는 것이 적합하지 않다고 인정되면 해당 근로자의 생산고 또는 업적의 일정단위에 의하여 최저임금액을 정한다.
② 퇴직연금사업자는 확정기여형 퇴직연금제도의 경우 반기마다 1회 이상 위험과 수익구조가 서로 다른 세 가지 이상의 적립금 운용방법을 제시하여야 한다.
③ 근로자를 대표하는 자나 사용자를 대표하는 자는 고시된 최저임금안에 대하여 이의가 있으면 고시된 날부터 7일 이내에 고용노동부장관에게 이의를 제기할 수 있다.
④ 퇴직금은 근로자가 지정한 개인형퇴직연금제도의 계정 또는 중소기업퇴직연금기금제도 가입자부담금 계정으로 이전하는 방법으로 지급하여야 한다.
⑤ 사전지정운용제도란 가입자가 적립금의 운용방법을 스스로 선정하지 아니한 경우 사전에 지정한 운용방법으로 적립금을 운용하는 제도를 말한다.

해설 ▸ 취업규칙의 적용
③ 근로자를 대표하는 자나 사용자를 대표하는 자는 고시된 최저임금안에 대하여 이의가 있으면 고시된 날부터 10일 이내에 대통령령으로 정하는 바에 따라 고용노동부장관에게 이의를 제기할 수 있다.

10 근로기준법령상 부당해고 등의 구제절차에 관한 설명으로 옳은 것은?

① 사용자가 근로자에게 부당해고를 하면 노동조합은 부당해고가 있었던 날부터 3개월 이내에 노동위원회에 구제를 신청할 수 있다.
② 노동위원회가 사용자에게 구제명령을 하는 경우 이행기간을 정하여야 하며, 그 이행기한은 사용자가 구제명령을 서면으로 통지받은 날부터 30일 이내로 한다.
③ 중앙노동위원회의 재심판정에 대하여 근로자는 재심판정서를 송달받은 날부터 20일 이내에 행정소송을 제기할 수 있다.
④ 중앙노동위원회의 재심판정은 행정소송 제기에 의하여 그 효력이 정지된다.
⑤ 노동위원회는 최초의 구제명령을 한 날을 기준으로 매년 3회의 범위에서 구제명령이 이행될 때까지 반복하여 이행강제금을 부과·징수할 수 있다.

정답 09. ③   10. ②

해설 ▶ **부당해고 등의 구제절차**
① 사용자가 근로자에게 부당해고등을 하면 근로자는 노동위원회에 구제를 신청할 수 있다.
③ 중앙노동위원회의 재심판정에 대하여 사용자나 근로자는 재심판정서를 송달받은 날부터 15일 이내에 「행정소송법」의 규정에 따라 소(訴)를 제기할 수 있다.
④ 노동위원회의 구제명령, 기각결정 또는 재심판정은 중앙노동위원회에 대한 재심 신청이나 행정소송 제기에 의하여 그 효력이 정지되지 아니한다.
⑤ 노동위원회는 최초의 구제명령을 한 날을 기준으로 매년 2회의 범위에서 구제명령이 이행될 때까지 반복하여 이행강제금을 부과·징수할 수 있다. 이 경우 이행강제금은 2년을 초과하여 부과·징수하지 못한다.

11. 근로기준법령상 여성근로 보호등에 관한 설명이다. 옳지 않은 것은?

① 사용자는 임신 중의 여성에게 출산 전과 출산 후를 통하여 미숙아를 출산한 경우에는 120일의 출산전후휴가를 주어야 한다.
② 사용자는 임신 중인 여성 근로자가 유산의 경험 등 대통령령으로 정하는 사유로 출산전후휴가를 청구하는 경우 출산 전 어느 때라도 휴가를 나누어 사용할 수 있도록 하여야 한다.
③ 출산전후휴가 중 최초 60일(한 번에 둘 이상 자녀를 임신한 경우에는 75일)은 유급으로 한다. 다만, 「남녀고용평등과 일·가정 양립지원에 관한 법률」 제18조에 따라 출산전후휴가급여 등이 지급된 경우에는 그 금액의 한도에서 지급의 책임을 면한다.
④ 사용자는 임신 후 12주 이내 또는 32주 이후에 있는 여성 근로자가 1일 2시간의 근로시간 단축을 신청하는 경우 이를 허용하여야 한다.
⑤ 위 ④의 경우에 1일 근로시간이 8시간 미만인 근로자에 대하여는 1일 근로시간이 6시간이 되도록 근로시간 단축을 허용할 수 있다.

해설 ▶ **여성근로 보호등**
① 사용자는 임신 중의 여성에게 출산 전과 출산 후를 통하여 미숙아를 출산한 경우에는 100일의 출산전후휴가를 주어야 한다.

정답 11. ①

12. 근로자퇴직급여보장법령에 관한 설명으로 옳지 않은 것은?

① 확정급여형 퇴직연금제도 또는 퇴직금제도를 설정한 사용자는 근로기준법 일부 개정법률 시행에 따라 근로시간이 단축되어 근로자의 임금이 감소하는 경우 근로자에게 퇴직급여가 감소할 수 있음을 미리 알리고 근로자의 퇴직급여 감소를 예방하기 위하여 필요한 조치를 하여야 한다.
② 중소기업의 사용자는 중소기업퇴직연금기금표준계약서에서 정하고 있는 사항에 관하여 근로자대표의 동의를 얻거나 의견을 들어 공단과 계약을 체결함으로써 중소기업퇴직연금기금제도를 설정할 수 있다.
③ 가입자는 주택구입 등 대통령령으로 정하는 사유와 요건을 갖춘 경우에도 수급자 보호를 위해서 퇴직연금제도의 급여를 받을 권리를 담보로 제공할 수 없다.
④ 퇴직급여등 중 확정기여형 퇴직연금제도의 부담금, 중소기업퇴직연금기금제도의 부담금 및 개인형 퇴직연금제도의 부담금은 가입자의 연간 임금총액의 12분의 1에 해당하는 금액으로 계산한 금액으로 한다.
⑤ 최종 3년간의 퇴직급여등은 사용자의 총재산에 대하여 질권 또는 저당권에 의하여 담보된 채권, 조세·공과금 및 다른 채권에 우선하여 변제되어야 한다.

해설 ▶ 수급권의 보호
가입자는 주택구입 등 대통령령으로 정하는 사유와 요건을 갖춘 경우에는 대통령령으로 정하는 한도에서 퇴직연금제도의 급여를 받을 권리를 담보로 제공할 수 있다.

13. 다음 중 퇴직급여제도에 관한 설명으로 타당하지 않은 것은?

① 사용자는 퇴직하는 근로자에게 급여를 지급하기 위하여 퇴직급여제도 중 하나 이상의 제도를 설정하여야 한다.
② 계속근로기간이 1년 미만인 근로자, 4주간을 평균하여 1주간의 소정근로시간이 15시간 미만인 근로자에 대하여는 퇴직급여제도를 설정하지 아니한다.
③ 퇴직급여제도라 함은 퇴직연금제도만을 말한다.
④ 적립금이란 가입자의 퇴직 등 지급사유가 발생할 때에 급여를 지급하기 위하여 사용자 또는 가입자가 납입한 부담금으로 적립된 자금을 말한다.
⑤ 퇴직연금사업자란 퇴직연금제도의 운용관리업무 및 자산관리업무를 수행하기 위하여 고용노동부장관에게 등록한 자를 말한다.

해설 ▶ 퇴직급여제도
퇴직급여제도란 확정급여형 퇴직연금제도, 확정기여형 퇴직연금제도, 중소기업퇴직연금기금제도 및 퇴직금제도를 말한다.

정답 12. ③ 13. ③

14. 다음 중 근로자 퇴직급여제도에 관한 설명으로 옳지 않은 것은?

① 사용자는 근로자가 퇴직한 경우에는 그 지급사유가 발생한 날부터 14일 이내에 퇴직금을 지급하여야 한다.
② 사용자가 퇴직급여제도나 개인형 퇴직연금제도를 설정하지 아니한 경우에는 퇴직금제도를 설정한 것으로 본다.
③ 확정급여형 퇴직연금제도의 가입기간은 퇴직연금제도의 설정 이후 해당 사업에서 근로를 제공하는 기간으로 한다.
④ 확정기여형 퇴직연금제도를 설정하고자 하는 사용자는 근로자대표의 동의를 얻어 일정한 사항을 포함한 확정기여형 퇴직연금규약을 작성하여 고용노동부장관에게 신고하여야 한다.
⑤ 모든 사업의 경우 개별 근로자의 동의를 받거나 근로자의 요구에 따라 개인형 퇴직연금제도를 설정하는 경우에는 해당 근로자에 대하여 퇴직급여제도를 설정한 것으로 본다.

해설 ▶ 개인퇴직계좌
상시 10명 미만의 근로자를 사용하는 사업과 같이 소규모 사업장에 적용되는 특례사항이다.

15. 근로자퇴직급여보장법령상 용어의 정의가 옳은 것은? **14회 출제**

① 확정기여형 퇴직연금제도란 근로자가 받을 급여의 수준이 사전에 결정되어 있는 퇴직연금제도를 말한다.
② 확정급여형 퇴직연금제도란 급여의 지급을 위하여 사용자가 부담하여야 할 부담금의 수준이 사전에 결정되어 있는 퇴직연금제도를 말한다.
③ 개인형 퇴직연금제도란 가입자의 선택에 따라 가입자가 납입한 일시금이나 사용자 또는 가입자가 납입한 부담금을 적립·운용하기 위하여 설정한 퇴직연금제도로서 급여의 수준이나 부담금의 수준이 확정되지 아니한 퇴직연금제도를 말한다.
④ 급여라 함은 퇴직급여제도에 의하여 근로자에게 지급되는 연금을 말하며, 일시금은 포함되지 않는다.
⑤ 가입자라 함은 퇴직연금에 가입한 근로자를 말하며, 개인형 퇴직연금제도를 설정한 근로자는 포함되지 않는다.

해설 ▶ 근로자퇴직급여보장법
① 확정기여형 퇴직연금제도란 급여의 지급을 위하여 사용자가 부담하여야 할 부담금의 수준이 사전에 결정되어 있는 퇴직연금제도를 말한다.
② 확정급여형 퇴직연금제도란 근로자가 받을 급여의 수준이 사전에 결정되어 있는 퇴직연금제도를 말한다.
④ 급여란 퇴직급여제도나 제25조에 따른 개인형 퇴직연금제도에 의하여 근로자에게 지급되는 연금 또는 일시금을 말한다.
⑤ 가입자란 퇴직연금제도에 가입한 사람을 말한다.

정답 14. ⑤ 15. ③

16. 근로자퇴직급여보장법령상 퇴직급여제도에 관한 설명으로 옳지 않은 것은? [16회 출제]

① 퇴직금제도를 설정하려는 사용자는 계속근로기간 1년에 대하여 30일분 이상의 평균임금을 퇴직금으로 퇴직근로자에게 지급할 수 있는 제도를 설정하여야 한다.
② 퇴직금을 받을 권리는 3년간 행사하지 않으면 시효로 인하여 소멸한다.
③ 사용자가 퇴직금을 미리 정산하여 지급한 경우에는 근로자의 퇴직금청구권의 소멸시효가 완성되는 날까지 관련 증명 서류를 보존하여야 한다.
④ 최종 3년간의 퇴직금은 사용자의 총재산에 대한 질권 또는 저당권에 의하여 담보된 채권, 조세·공과금 및 다른 채권에 우선하여 변제되어야 한다.
⑤ 퇴직급여 중 확정급여형 퇴직연금제도의 급여는 계속 근로기간 1년에 대하여 30일분의 평균임금으로 계산한 금액으로 한다.

해설 ▶ 퇴직금제도
사용자는 퇴직금을 미리 정산하여 지급한 경우 근로자가 퇴직한 후 5년이 되는 날까지 관련 증명 서류를 보존하여야 한다.

17. 근로자퇴직급여보장법령상 퇴직급여제도에 관한 설명으로 옳지 않은 것은? [17회 출제]

① 확정급여형 퇴직연금제도의 가입자는 적립금의 운용방법을 스스로 선정할 수 있고, 반기마다 1회 이상 적립금의 운용방법을 변경할 수 있다.
② 사용자가 설정된 퇴직급여제도를 다른 종류의 퇴직급여제도로 변경하려면 근로자의 과반수가 가입한 노동조합이 있는 경우에는 그 노동조합의 동의를 받아야 한다.
③ 퇴직연금제도의 급여를 받을 권리는 무주택자인 가입자가 본인 명의로 주택을 구입하는 경우에 대통령령으로 정하는 한도에서 담보로 제공할 수 있다.
④ 상시 10명 미만의 근로자를 사용하는 사업의 경우 사용자가 개별근로자의 동의를 받거나 근로자의 요구에 따라 개인형 퇴직연금제도를 설정하는 경우에는 해당 근로자에 대하여 퇴직급여제도를 설정한 것으로 본다.
⑤ 사용자는 근로자가 퇴직한 경우에는 그 지급사유가 발생한 날부터 14일 이내에 퇴직금을 지급하여야 한다. 다만, 특별한 사정이 있는 경우에는 당사자 간의 합의에 따라 지급기일을 연장할 수 있다.

해설 ▶ 퇴직연금제도
확정기여형 퇴직연금제도의 가입자는 적립금의 운용방법을 스스로 선정할 수 있고, 반기마다 1회 이상 적립금의 운용방법을 변경할 수 있다.

정답 16. ③   17. ①

18. 최저임금법령상 최저임금제도에 대한 설명 중 옳지 않은 것은? 〔11회 개작〕

① 고용노동부장관이 고시한 최저임금은 다음 연도 1월 1일부터 효력을 발생한다. 다만, 고용노동부장관은 사업의 종류별로 임금교섭시기 등을 감안하여 필요하다고 인정할 때에는 효력발생시기를 따로 정할 수 있다.
② 「최저임금법」은 근로자를 사용하는 모든 사업 또는 사업장에 적용한다. 다만, 동거의 친족만을 사업과 가사사용인, 「선원법」의 적용을 받는 선원 및 선원을 사용하는 선박의 소유자에 대하여는 이를 적용하지 아니한다.
③ 사용자는 이 법에 의한 최저임금을 이유로 종전의 임금수준을 저하시킬 수 있다.
④ 최저임금을 적용받는 사용자는 당해 최저임금을 그 사업의 근로자가 쉽게 볼 수 있는 장소에 게시하거나 그 외의 적당한 방법으로 이를 근로자에게 주지시켜야 한다.
⑤ 최저임금은 근로자의 생계비, 유사 근로자의 임금, 노동생산성 및 소득분배율 등을 고려하여 정한다.

해설 ▶ 최저임금의 적용
사용자는 최저임금을 이유로 종전의 임금수준을 저하시킬 수 없다.

19. 최저임금법령상의 다음 내용 중 적합하지 않은 것은?

① 사용자는 최저임금의 적용을 받는 근로자에 대하여 최저임금액 이상의 임금을 지급하여야 하지만, 최저임금을 이유로 종전의 임금수준을 저하시킬 수 있다.
② 최저임금은 근로자의 생계비, 유사 근로자의 임금, 노동생산성 및 소득분배율 등을 고려하여 정한다. 이 경우 사업의 종류별로 구분하여 정할 수 있다.
③ 1년 이상의 기간을 정하여 근로계약을 체결하고 수습 중에 있는 근로자로서 수습을 시작한 날부터 3개월 이내인 사람에 대하여는 최저임금액과 다른 금액으로 최저임금액을 정할 수 있다.
④ 정신장애나 신체장애로 근로능력이 현저히 낮은 사람에 해당하는 사람으로서 사용자가 대통령령으로 정하는 바에 따라 고용노동부장관의 인가를 받은 사람에 대하여는 최저임금의 효력을 적용하지 아니한다.
⑤ 사용자는 최저임금의 내용을 최저임금의 효력발생일인 다음 연도 1월 1일의 전일까지 근로자에게 주지시켜야 한다.

해설 ▶ 최저임금의 적용
사용자는 최저임금의 적용을 받는 근로자에 대하여 최저임금액 이상의 임금을 지급하여야 한다. 사용자는 이 법에 의한 최저임금을 이유로 종전의 임금수준을 저하시켜서는 아니된다. 이러한 의무에 위반한 자는 3년 이하의 징역 또는 2천만원 이하의 벌금에 처하거나 이를 병과할 수 있다.

정답 18. ⑤ 19. ①

20
다음 중 공동주택에 적용되는 최저임금제도에 관한 설명으로 타당하지 <u>않은</u> 것은?

① 근로자를 사용하는 모든 사업 또는 사업장에 적용한다. 다만, 동거하는 친족만을 사용하는 사업과 가사사용인, 「선원법」의 적용을 받는 선원과 선원을 사용하는 선박의 소유자에게는 적용하지 아니한다.
② 「최저임금법」의 적용을 받는 사업장의 근로자는 정규직 상용근로자에 한한다.
③ 최저임금은 근로자의 생계비, 유사 근로자의 임금, 노동생산성 및 소득분배율 등을 고려하여 정한다.
④ 최저임금은 사업의 종류별로 구분하여 정할 수 있고, 사업의 종류별 구분은 최저임금위원회의 심의를 거쳐 고용노동부장관이 정한다.
⑤ 1년 이상의 기간을 정하여 근로계약을 체결하고 수습 중에 있는 근로자로서 수습을 시작한 날부터 3개월 이내인 사람에 대하여는 시간급 최저임금액에서 100분의 10을 뺀 금액을 그 근로자의 시간급 최저임금액으로 한다.

해설 ▸ 최저임금의 적용
상용근로자뿐만 아니라 임시직·일용직·시간제 근로자, 외국인근로자 등 고용형태나 국적에 관계없이 「근로기준법」상 근로자이면 모두 포함된다.

21
근로기준법상 해고에 관한 설명으로 옳은 것은? **24회 출제**

① 사용자는 근로자를 해고하려면 적어도 20일 전에 예고를 하여야 한다.
② 근로자에 대한 해고는 해고사유와 해고시기를 밝히면 서면이 아닌 유선으로 통지하여도 효력이 있다.
③ 노동위원회는 부당해고 구제신청에 대한 심문을 할 때에 직권으로 증인을 출석하게 하여 필요한 사항을 질문할 수는 없다.
④ 지방노동위원회에 해고에 대한 구제명령은 행정소송 제기가 있으면 그 효력이 정지된다.
⑤ 노동위원회는 이행강제금을 부과하기 30일 전까지 이행강제금을 부과·징수한다는 뜻을 사용자에게 미리 문서로써 알려 주어야 한다.

정답 20. ② 21. ⑤

해설 ▶ 해고

① 사용자는 근로자를 해고(경영상 이유에 의한 해고를 포함한다)하려면 적어도 30일 전에 예고를 하여야 하고, 30일 전에 예고를 하지 아니하였을 때에는 30일분 이상의 통상임금을 지급하여야 한다. ② 사용자는 근로자를 해고하려면 해고사유와 해고시기를 서면으로 통지하여야 하며, 근로자에 대한 해고는 서면으로 통지하여야 효력이 있다. ③ 노동위원회는 부당해고 구제신청에 대한 심문을 할 때에는 관계 당사자의 신청이나 직권으로 증인을 출석하게 하여 필요한 사항을 질문할 수 있다. ④ 지방노동위원회의 구제명령, 기각결정 또는 재심판정은 중앙노동위원회에 대한 재심 신청이나 행정소송 제기에 의하여 그 효력이 정지되지 아니한다.

22. 근로기준법령상 근로계약에 관한 설명으로 옳은 것은? **26회 출제**

① 사용자는 전차금(前借金)이나 그 밖에 근로할 것을 조건으로 하는 전대(前貸)채권과 임금을 상계할 수 있다.
② 「근로기준법」에서 정하는 기준에 미치지 못하는 근로조건을 정한 근로계약은 그 계약 전부를 무효로 한다.
③ 사용자는 근로자 명부와 임금대장을 5년간 보존하여야 한다.
④ 노동위원회는 구제명령을 받은 후 이행기한까지 구제명령을 이행하지 아니한 사용자에게 3천만원 이하의 이행강제금을 부과한다.
⑤ 노동위원회의 구제명령, 기각결정 또는 재심판정은 행정소송 제기에 의하여 그 효력이 정지된다.

해설 ▶ 근로계약

① 사용자는 전차금(前借金)이나 그 밖에 근로할 것을 조건으로 하는 전대(前貸)채권과 임금을 상계할 수 없다. (전차금 상계금지, 법 제21조) ② 「근로기준법」에서 정하는 기준에 미치지 못하는 근로조건을 정한 근로계약은 그 부분에 한정하여 무효로 하고 근로기준법이 정하는 기준에 따른다. ③ 사용자는 근로자 명부와 임금대장을 3년간 보존하여야 한다. ⑤ 노동위원회의 구제명령, 기각결정 또는 재심판정은 행정소송 제기에 의하여 그 효력이 정지되지 아니한다.

정답 22. ④

23. 남녀고용평등과 일·가정 양립 지원에 관한 법률에 관한 설명으로 옳지 않은 것은? **19회 개작**

① 사업주는 근로자가 배우자의 출산을 이유로 휴가를 고지하는 경우에 20일의 휴가를 주어야 한다. 이 경우 사용한 휴가기간은 유급으로 한다.
② 가족돌봄휴직 기간은 연간 최장 180일로 하며, 이를 나누어 사용할 수 있다.
③ 배우자 출산휴가는 근로자의 배우자가 출산한 날부터 120일이 지나면 사용할 수 없으며, 3회에 한정하여 나누어 사용할 수 있다.
④ 사업주는 근로자가 인공수정 또는 체외수정 등 난임치료를 받기 위하여 휴가(이하 "난임치료휴가"라 한다)를 청구하는 경우에 연간 6일 이내의 휴가를 주어야 하며, 이 경우 최초 2일은 유급으로 한다.
⑤ 같은 자녀를 대상으로 부모가 모두 육아휴직을 각각 3개월 이상 사용한 경우의 부 또는 모의 경우에는 6개월 이내에서 추가로 육아휴직을 사용할 수 있다.

해설 ▶ **가족돌봄휴직**
가족돌봄휴직 기간은 연간 최장 90일로 하며, 이를 나누어 사용할 수 있을 것. 이 경우 나누어 사용하는 1회의 기간은 30일 이상이 되어야 한다. 가족돌봄휴가 기간은 연간 최장 10일[제3호에 따라 가족돌봄휴가 기간이 연장되는 경우 20일(「한부모가족지원법」 제4조 제1호의 모 또는 부에 해당하는 근로자의 경우 25일) 이내로 하며, 일단위로 사용할 수 있을 것. 다만, 가족돌봄휴가 기간은 가족돌봄휴직 기간에 포함된다.

24. 다음은 노동조합에 관한 내용이다. 잘못된 것은?

① 사용자란 사업주, 경영담당자 또는 근로자에 관한 사항에 대하여 사업주를 위하여 행동하는 자를 말한다.
② 노동조합이 해산된 때에는 그 대표자는 해산한 날로부터 14일 이내에 신고하여야 한다.
③ 경비의 주된 부분을 사용자로부터 원조받는 경우에는 노동조합이라 할 수 없다.
④ 매년 1회 이상 총회를 개최하여야 한다.
⑤ 노동조합의 임원이 없고 1년 이상 활동하지 아니하다고 인정되는 경우로서 행정관청이 노동위원회의 의결을 얻은 경우 해산사유가 된다.

해설 ▶ **노동조합의 해산**
해산한 때에는 15일 이내에 신고하여야 한다.

정답 23. ② 24. ②

25. 육아기 근로시간 단축 등에 관한 다음 설명 중 옳지 않은 것은?

① 사업주는 근로자가 만 8세 이하 또는 초등학교 2학년 이하의 자녀를 양육하기 위하여 근로시간의 단축(이하 "육아기 근로시간 단축")을 신청하는 경우에 이를 허용하여야 한다.
② 육아기 근로시간 단축의 기간은 1년 이내로 한다. 다만, 근로자가 1년 이내의 육아휴직 기간 중 사용하지 아니한 기간이 있으면 그 기간의 두 배를 가산한 기간 이내로 한다.
③ 근로자는 육아휴직을 3회에 한정하여 나누어 사용할 수 있다.
④ 근로자는 육아기 근로시간 단축을 나누어 사용할 수 있다. 이 경우 나누어 사용하는 1회의 기간은 1개월(근로계약기간의 만료로 1개월 이상 근로시간 단축을 사용할 수 없는 기간제근로자에 대해서는 남은 근로계약기간을 말한다) 이상이 되어야 한다.
⑤ 위사업주는 육아기 근로시간 단축을 하고 있는 근로자에게 단축된 근로시간 외에 연장근로를 요구할 수 없다.

> **해설** ▶ 육아기 근로시간 단축
> 사업주는 근로자가 만 12세 이하 또는 초등학교 6학년 이하의 자녀를 양육하기 위하여 근로시간의 단축(이하 "육아기 근로시간 단축")을 신청하는 경우에 이를 허용하여야 한다.

26. 다음 중 공동주택에 적용되는 해고제도에 관한 설명으로 옳지 않은 것은?

① 사용자는 근로자를 해고하려면 해고사유와 해고시기를 서면으로 통지하여야 하는 것이 원칙이나, 부득이한 경우에는 구두로 해고할 수도 있다.
② 사용자가 근로자에게 부당해고를 하면 근로자는 부당해고가 있었던 날부터 3개월 이내에 노동위원회에 구제를 신청할 수 있다.
③ 노동위원회는 심문을 끝내고 부당해고가 성립한다고 판정하면 사용자에게 구제명령을, 부당해고가 성립하지 아니한다고 판정하면 구제신청을 기각하는 결정을 각각 서면으로 통지하여야 한다.
④ 노동위원회는 해고에 대한 구제명령을 할 때에 근로자가 원직복직(原職復職)을 원하지 아니하면 원직복직을 명하는 대신 근로자가 해고기간 동안 근로를 제공하였더라면 받을 수 있었던 임금 상당액 이상의 금품을 근로자에게 지급하도록 명할 수 있다.
⑤ 확정되거나 행정소송을 제기하여 확정된 구제명령 또는 구제명령을 내용으로 하는 재심판정을 이행하지 아니한 자는 1년 이하의 징역 또는 1천만원 이하의 벌금에 처한다.

> **해설** ▶ 해고제도
> 근로자에 대한 해고는 반드시 서면으로 통지하여야 효력이 있다.

정답 25. ① 26. ①

27. 다음 중 공동주택에 적용되는「근로기준법」상의 이행강제금제도에 관한 내용으로 옳지 않은 것은?

① 노동위원회는 구제명령(구제명령을 내용으로 하는 재심판정을 포함한다)을 받은 후 이행기한까지 구제명령을 이행하지 아니한 사용자에게 3천만원 이하의 이행강제금을 부과한다.
② 노동위원회는 최초의 구제명령을 한 날을 기준으로 매년 2회의 범위에서 구제명령이 이행될 때까지 반복하여 이행강제금을 부과·징수할 수 있다. 이 경우 이행강제금은 2년을 초과하여 부과·징수하지 못한다.
③ 노동위원회는 구제명령을 받은 자가 구제명령을 이행하면 새로운 이행강제금을 부과하지 아니하고, 구제명령을 이행하기 전에 이미 부과된 이행강제금도 징수하지 아니한다.
④ 노동위원회는 이행강제금을 부과하는 때에는 이행강제금의 부과통지를 받은 날부터 15일 이내의 납부기한을 정하여야 한다.
⑤ 노동위원회는 천재·사변, 그 밖의 부득이한 사유가 발생하여 납부기한 내에 이행강제금을 납부하기 어려운 경우에는 그 사유가 없어진 날부터 15일 이내의 기간을 납부기한으로 할 수 있다.

해설 ▶ 이행강제금제도
노동위원회는 구제명령을 받은 자가 구제명령을 이행하면 새로운 이행강제금을 부과하지 아니하되, 구제명령을 이행하기 전에 이미 부과된 이행강제금은 징수하여야 한다.

28. 최저임금법령상 벌금이나 과태료 부과 사유가 아닌 것은? **23회 출제**

① 사용자가 최저임금에 매월 1회 이상 정기적으로 지급하는 임금을 포함시키기 위하여 1개월을 초과하는 주기로 지급하는 임금을 총액의 변동 없이 매월 지급하는 것으로 취업규칙을 변경하면서 해당 사업 또는 사업장에 근로자의 과반수로 조직된 노동조합의 의견을 듣지 아니한 경우
② 최저임금의 적용을 받는 사용자가 최저임금의 효력발생 연월일을 법령이 정하는 방법으로 근로자에게 널리 알리지 아니한 경우
③ 고용노동부장관이 임금에 관한 사항의 보고를 하게 하였으나 보고를 하지 아니하거나 거짓으로 보고한 경우
④ 근로감독관의 장부제출 요구 또는 물건에 대한 검사를 거부·방해 또는 기피하거나 질문에 대하여 거짓 진술을 하는 경우
⑤ 고용노동부장관이 고시하는 최저임금안이 근로자의 생활안정에 미치지 못함에도 불구하고 사용자가 고시된 날부터 10일 이내에 이의를 제기하지 아니한 경우

정답 27. ③ 28. ⑤

해설 ▶ 벌금, 과태료 부과사유
① 500만원 이하 벌금(법 제28조 제3항) ②③④ 100만원 이하의 과태료(법 제31조 제1항)

29
남녀고용평등과 일·가정 양립 지원에 관한 법령상 직장 내 성희롱의 금지 및 예방에 관한 설명으로 옳지 <u>않는</u> 것은?

24회 출제

① 사업주는 직장 내 성희롱 예방을 위한 교육을 연 1회 이상 하여야 한다.
② 사업주는 성희롱 예방 교육의 내용을 근로자가 자유롭게 열람할 수 있는 장소에 항상 게시하거나 갖추어 두어 근로자에게 널리 알려야 한다.
③ 사업주가 마련해야 하는 성희롱 예방지침에는 직장 내 성희롱 조사절차가 포함되어야 한다.
④ 직장 내 성희롱 발생 사실을 조사한 사람은 해당 조사와 관련된 내용을 사업주에게 보고해서는 아니 된다.
⑤ 사업주가 해야 하는 직장 내 성희롱 예방을 위한 교육에는 직장 내 성희롱에 관한 법령이 포함되어야 한다.

해설 ▶ 직장 내 성희롱의 금지 및 예방
직장 내 성희롱 발생 사실을 조사한 사람, 조사 내용을 보고 받은 사람 또는 그 밖에 조사 과정에 참여한 사람은 해당 조사 과정에서 알게 된 비밀을 피해근로자등의 의사에 반하여 다른 사람에게 누설하여서는 아니 된다. 다만, 조사와 관련된 내용을 사업주에게 보고하거나 관계 기관의 요청에 따라 필요한 정보를 제공하는 경우는 제외한다(법 제14조 제7항).

30
「남녀고용평등과 일·가정 양립 지원에 관한 법률」에 관한 설명으로 옳지 <u>않은</u> 것은?

19회 개작

① 사업주가 해당 근로자에게 육아기 근로시간 단축을 허용하는 경우 단축 후 근로시간은 주당 15시간 이상이어야 하고 35시간을 넘어서는 아니 된다.
② 가족돌봄휴가 기간은 연간 최장 30일로 하며, 일단위로 사용할 수 있어야 한다.
③ 사업주가 해당 근로자에게 근로시간 단축을 허용하는 경우 단축 후 근로시간은 주당 15시간 이상이어야 하고 30시간을 넘어서는 아니 된다.
④ 근로시간 단축의 기간은 1년 이내로 한다. 다만, 근로자가 가족의 질병, 사고, 노령으로 인하여 그 가족을 돌보기 위한 경우 등 합리적 이유가 있는 경우에는 추가로 2년의 범위 안에서 근로시간 단축의 기간을 연장할 수 있다.
⑤ 육아휴직 중인 근로자가 새로운 육아휴직을 시작하거나 「근로기준법」에 따른 출산전후휴가 또는 육아기 근로시간 단축을 시작하는 경우에는 그 새로운 육아휴직, 출산전후휴가 또는 육아기 근로시간 단축 개시일의 전날에 육아휴직이 끝난 것으로 본다.

정답 29. ④ 30. ②

해설 ▶ **가족돌봄 휴가**
1. 가족돌봄 휴직기간 : 연간 최장 90일로 하며, 이를 나누어 사용할 수 있다. 이 경우 나누어 사용하는 1회의 기간은 30일 이상이 되어야 한다.
2. 가족돌봄휴가 기간 : 연간 최장 10일[감염병의 확산 등으로 심각단계의 위기경보가 발령되거나, 이에 준하는 대규모 재난이 발생한 경우로서 근로자에게 가족을 돌보기 위한 특별한 조치가 필요하다고 인정되는 경우 가족돌봄휴가 기간이 연장되는 경우 20일(「한부모가족지원법」의 모 또는 부에 해당하는 근로자의 경우 25일) 이내]로 하며, 일단위로 사용할 수 있을 것. 다만, 가족돌봄휴가 기간은 가족돌봄휴직 기간에 포함된다.

31
노동조합 및 노동관계조정법상 단체교섭 및 단체협약에 관한 다음 설명으로 옳지 않은 것은?

① 하나의 사업 또는 사업장에서 조직형태에 관계없이 근로자가 설립하거나 가입한 노동조합이 2개 이상인 경우 노동조합은 교섭대표노동조합을 정하여 교섭을 요구하여야 한다.
② 사용자는 교섭을 요구한 모든 노동조합과 성실히 교섭하여야 하고, 차별적으로 대우해서는 아니 된다.
③ 교섭대표노동조합을 결정하여야 하는 단위는 하나의 사업 또는 사업장으로 한다.
④ 단체협약의 당사자는 단체협약의 체결일부터 30일 이내에 이를 행정관청에게 신고하여야 한다.
⑤ 단체협약에 정한 근로조건 기타 근로자의 대우에 관한 기준에 위반하는 취업규칙 또는 근로계약의 부분은 무효로 한다.

해설 ▶ **단체교섭 및 단체협약**
단체협약의 당사자는 단체협약의 체결일부터 15일 이내에 이를 행정관청에게 신고하여야 한다.

32
다음 중 공동주택 관리직원에 대하여 인정되는 단체교섭권에 관한 내용으로서 적합하지 않은 것은?

① 관리직원 노동조합의 대표자는 그 노동조합 또는 조합원을 위하여 사용자인 관리사무소와 교섭하고 단체협약을 체결할 권한을 가진다.
② 관리직원 노동조합과 관리사무소는 신의에 따라 성실히 교섭하고 단체협약을 체결하여야 하며 그 권한을 남용하여서는 아니된다.
③ 관리직원 노동조합과 관리사무소는 정당한 이유없이 교섭 또는 단체협약의 체결을 거부하거나 해태하여서는 아니된다.
④ 관리사무소는 「노동조합 및 노동관계조정법」에 의한 단체교섭 또는 쟁의행위로 인하여 손해를 입은 경우에 관리직원 노동조합에 대하여 그 배상을 청구할 수 없다.
⑤ 단체교섭과정에서 발생하는 폭력이나 파괴행위는 「형법」상의 정당행위로서 위법성이 조각된다.

정답 31. ④ 32. ⑤

해설 노동3권의 적용

「형법」 제20조의 규정은 노동조합이 단체교섭·쟁의행위 기타의 행위로서 제1조의 목적을 달성하기 위하여 한 정당한 행위에 대하여 적용된다. 다만, 어떠한 경우에도 폭력이나 파괴행위는 정당한 행위로 해석되어서는 아니된다(「노동조합 및 노동관계조정법」 제4조).

33. 노동조합 및 노동관계조정법령상 단체협약에 관한 내용으로 옳지 않은 것은?

① 행정관청은 단체협약중 위법한 내용이 있는 경우에는 노동위원회의 의결을 얻어 그 시정을 명할 수 있다.
② 단체협약의 유효기간은 3년을 초과하지 않는 범위에서 노사가 합의하여 정할 수 있다.
③ 단체협약의 유효기간이 만료되는 때를 전후하여 당사자 쌍방이 새로운 단체협약을 체결하고자 단체교섭을 계속하였음에도 불구하고 새로운 단체협약이 체결되지 아니한 경우에는 별도의 약정이 있는 경우를 제외하고는 종전의 단체협약은 그 효력 만료일부터 3월까지 계속 효력을 갖는다.
④ 단체협약에 정한 근로조건 기타 근로자의 대우에 관한 기준에 위반하는 근로계약의 부분은 무효로 한다.
⑤ 하나의 사업 또는 사업장에 상시 사용되는 동종의 근로자 반수 이상이 하나의 단체협약의 적용을 받게 된 때에는 당해 사업 또는 사업장에 사용되는 다른 동종의 근로자에 대하여도 당해 단체협약이 적용된다.

18회 출제

해설 단체협약

단체협약의 유효기간은 3년을 초과하지 않는 범위에서 노사가 합의하여 정할 수 있다.

34. 다음 중 근로자의 단체행동에 관한 내용으로 적합하지 않은 것은?

① 노동조합은 사용자의 점유를 배제하여 조업을 방해하는 형태로 쟁의행위를 해서는 아니 된다.
② 조합원은 노동조합에 의하여 주도되지 아니한 쟁의행위를 하여서는 아니된다.
③ 쟁의행위는 그 쟁의행위와 관계없는 자 또는 근로를 제공하고자 하는 자의 출입·조업 기타 정상적인 업무를 방해하는 방법으로 행하여져서는 아니되며 쟁의행위의 참가를 호소하거나 설득하는 행위로서 폭행·협박을 사용하여서는 아니된다.
④ 사용자는 「노동조합 및 노동관계조정법」에 의한 쟁의행위로 인하여 손해를 입은 경우에는 노동조합 또는 근로자에 대하여 그 배상을 청구할 수 있다.
⑤ 근로자는 쟁의행위 기간중에는 현행범외에는 노동조합 및 노동관계조정법 위반을 이유로 구속되지 아니한다.

정답 33. ② 34. ④

해설 ▶ **배상청구**
사용자는 「노동조합 및 노동관계조정법」이 인정하는 정당한 단체교섭 또는 쟁의행위로 인하여 손해를 입은 경우에 노동조합 또는 근로자에 대하여 그 배상을 청구할 수 없다(법 제3조 참조).

35 다음 중 근로자의 단체행동권에 관한 설명으로 타당하지 않은 것은?

① 쟁의행위와 관계없는 자 또는 근로를 제공하고자 하는 자의 출입·조업 기타 정상적인 업무를 방해하는 것은 근로자의 단체행동권의 정당한 행사방법이다.
② 노동조합의 쟁의행위는 그 조합원(제29조의2에 따라 교섭대표노동조합이 결정된 경우에는 그 절차에 참여한 노동조합의 전체 조합원)의 직접·비밀·무기명투표에 의한 조합원 과반수의 찬성으로 결정하지 아니하면 이를 행할 수 없다.
③ ②의 경우에 조합원 수 산정은 종사근로자인 조합원을 기준으로 한다.
④ 사용자는 쟁의행위기간중 그 쟁의행위로 중단된 업무를 도급 또는 하도급 줄 수 없다.
⑤ 노동조합은 쟁의행위 기간에 대한 임금의 지급을 요구하여 이를 관철할 목적으로 쟁의행위를 하여서는 아니된다.

해설 ▶ **단체행동권**
① 쟁의행위는 그 쟁의행위와 관계없는 자 또는 근로를 제공하고자 하는 자의 출입·조업 기타 정상적인 업무를 방해하는 방법으로 행하여져서는 아니되며, 쟁의행위의 참가를 호소하거나 설득하는 행위로서 폭행·협박을 사용하여서는 아니된다(법 제38조 제1항).
⑤ 사업장의 안전보호시설에 대하여 정상적인 유지·운영을 정지·폐지 또는 방해하는 행위는 쟁의행위로서 이를 행할 수 없다. 행정관청은 쟁의행위가 위의 행위에 해당한다고 인정하는 경우에는 노동위원회의 의결을 얻어 그 행위를 중지할 것을 통보하여야 한다. 다만, 사태가 급박하여 노동위원회의 의결을 얻을 시간적 여유가 없을 때에는 그 의결을 얻지 아니하고 즉시 그 행위를 중지할 것을 통보할 수 있다. 위 단서의 경우에 행정관청은 지체없이 노동위원회의 사후승인을 얻어야 하며 그 승인을 얻지 못한 때에는 그 통보는 그때부터 효력을 상실한다(법 제42조 제2·3·4항).

정답 35. ①

36
다음 중 관리직원 노동조합이 쟁의행위를 할 경우에 관리사무소에서 취할 수 있는 조치에 관한 설명으로 옳지 <u>않은</u> 것은?

① 관리사무소는 관리직원 노동조합이 쟁의행위를 개시하기 전이라도 예방적 차원에서 직장폐쇄를 할 수 있다.
② 관리사무소는 쟁의행위기간 중 그 쟁의행위로 중단된 관리업무의 수행을 위하여 당해 사업과 관계없는 자를 채용 또는 대체할 수 없다.
③ 관리사무소는 쟁의행위기간 중 그 쟁의행위로 중단된 관리업무를 도급 또는 하도급 줄 수 없다.
④ 관리사무소는 쟁의행위에 참가하여 근로를 제공하지 아니한 관리직원에 대하여는 그 기간 중의 임금을 지급할 의무가 없다.
⑤ 관리사무소의 쟁의행위도 폭력이나 파괴행위 또는 생산 기타 주요업무에 관련되는 시설을 점거하는 형태로 이를 행할 수 없다.

해설 ▸ 직장폐쇄
사용자는 노동조합이 쟁의행위를 개시한 이후에만 직장폐쇄를 할 수 있다. 사용자는 직장폐쇄를 할 경우에는 미리 행정관청 및 노동위원회에 각각 신고하여야 한다(법 제46조).

37
다음 노동쟁의의 해결방안으로서 조정절차에 관한 설명 중 타당하지 <u>않은</u> 것은?

① 노동위원회는 관계 당사자의 일방이 노동쟁의의 조정을 신청한 때에는 지체없이 조정을 개시하여야 하며, 관계 당사자 쌍방은 이에 성실히 임하여야 하며, 노동위원회는 조정신청 전이라도 원활한 조정을 위하여 교섭을 주선하는 등 관계 당사자의 자주적인 분쟁해결을 지원할 수 있다.
② 조정위원회는 기일을 정하여 관계 당사자 쌍방을 출석하게 하여 주장의 요점을 확인하여야 한다.
③ 조정안이 관계 당사자에 의하여 수락된 때에는 조정위원 전원 또는 단독조정인은 조정서를 작성하고 관계 당사자와 함께 서명 또는 날인하여야 한다.
④ 조정위원회는 관계 당사자가 수락을 거부하여 더 이상 조정이 이루어질 여지가 없다고 판단되는 경우에는 이를 즉시 중재위원회에 직권으로 회부하여야 한다.
⑤ 조정서의 내용은 단체협약과 동일한 효력을 가진다.

해설 ▸ 조정의 절차
조정절차는 권고적 효력에 그치는 것으로서, 조정위원회는 관계 당사자가 수락을 거부하여 더 이상 조정이 이루어질 여지가 없다고 판단되는 경우에는 조정의 종료를 결정하고 이를 관계 당사자 쌍방에 통보하여야 한다(법 제60조 제2항). 노동위원회는 제60조 제2항의 규정에 따른 조정의 종료가 결정된 후에도 노동쟁의의 해결을 위하여 조정을 할 수 있다. 이 경우의 조정에 관하여는 일반조정절차에 관한 규정을 준용한다(법 제61조의2).

정답   36. ①   37. ④

38

노동조합 및 노동관계조정법령상 중재에 관한 설명이다. 옳지 <u>않은</u> 것은?

① 노동위원회는 관계 당사자의 쌍방이 함께 중재를 신청한 때나 관계 당사자의 일방이 단체협약에 의하여 중재를 신청한 때에는 중재를 행한다.
② 노동쟁의가 중재에 회부된 때에는 그 날부터 15일간은 쟁의행위를 할 수 없다.
③ 관계 당사자는 지방노동위원회 또는 특별노동위원회의 중재재정이 위법이거나 월권에 의한 것이라고 인정하는 경우에는 그 중재재정서의 송달을 받은 날부터 10일 이내에 중앙노동위원회에 그 재심을 신청할 수 있다.
④ 규정된 기간내에 재심을 신청하지 아니하거나 행정소송을 제기하지 아니한 때에는 그 중재재정 또는 재심결정은 확정된다.
⑤ 중재재정의 내용은 재판상 화해와 동일한 효력을 가진다.

해설 ▶ 중재재정의 효력
①중재재정의 내용은 단체협약과 동일한 효력을 가진다.
②노동위원회의 중재재정 또는 재심결정은 중앙노동위원회에의 재심신청 또는 행정소송의 제기에 의하여 그 효력이 정지되지 아니한다.

39

노동조합 및 노동관계조정법령상 노동조합에 관한 다음 사항 중 틀린 것은?

① 이 법에 의하여 설립된 노동조합이 아니면 노동위원회에 노동쟁의의 조정 및 부당노동행위의 구제를 신청할 수 없다.
② 노동조합이 신고증을 교부받은 경우에는 설립신고서가 접수된 때에 설립된 것으로 본다.
③ 무보수로 일하는 관리직원도 노동조합에 가입할 수 있다.
④ 근로시간 면제 한도를 초과하는 내용을 정한 단체협약 또는 사용자의 동의는 그 부분에 한정하여 무효로 한다.
⑤ 근로자는 단체협약으로 정하거나 사용자의 동의가 있는 경우에는 사용자 또는 노동조합으로부터 급여를 지급받으면서 근로계약 소정의 근로를 제공하지 아니하고 노동조합의 업무에 종사할 수 있다.

해설 ▶ 노동조합의 요건
1) 주된 구성원이 근로자라야 한다.
2) 노동조합은 사용자, 외부단체, 정당 등에 의하여 조직되거나 운영되지 않아야 한다.
3) 근로자들이 자주적으로 조직하고 운영하는 것이어야 한다.
※ 여기서 근로자라 함은 직업의 종류를 불문하고 임금·급료 기타 이에 준하는 수입에 의하여 생활하는 자를 말한다.

정답 38. ⑤ 39. ③

40. 노동조합 및 노동관계조정법상 쟁의행위에 관한 설명으로 옳은 것은? 23회

① 노동조합의 쟁의행위는 그 조합원의 직접·비밀·무기명투표에 의한 조합원 3분의 2 이상의 찬성으로 결정하지 아니하면 이를 행할 수 없다.
② 사용자는 쟁의행위에 참가하여 근로를 제공하지 아니한 근로자에 대하여는 그 기간 중의 임금을 지급할 의무가 없다.
③ 노동조합은 쟁의행위 기간에 대한 임금의 지급을 요구하여 이를 관철할 목적으로 쟁의행위를 할 수 있다.
④ 사용자는 쟁의행위 기간중 그 쟁의행위로 중단된 업무를 도급 또는 하도급 줄 수 있다.
⑤ 사용자는 노동조합의 쟁의행위에 대응하기 위하여 노동조합이 쟁의행위를 개시하기 전에 직장폐쇄를 할 수 있다.

해설▶ 쟁의행위
① 노동조합의 쟁의행위는 그 조합원의 직접·비밀·무기명투표에 의한 조합원 과반수의 찬성으로 결정하지 아니하면 이를 행할 수 없다.
③ 노동조합은 쟁의행위 기간에 대한 임금의 지급을 요구하여 이를 관철할 목적으로 쟁의행위를 하여서는 아니된다.
④ 사용자는 쟁의행위기간 중 그 쟁의행위로 중단된 업무를 도급 또는 하도급 줄 수 없다.
⑤ 사용자는 노동조합이 쟁의행위를 개시한 이후에만 직장폐쇄를 할 수 있다. 직장폐쇄를 할 경우에는 미리 행정관청 및 노동위원회에 각각 신고하여야 한다.

19회 출제

41. 근로기준법령상 부당해고등의 구제신청에 관한 설명으로 옳지 않은 것은?

① 사용자가 근로자에게 부당해고등을 하면 근로자는 노동위원회에 구제를 신청할 수 있다.
② 노동위원회는 부당해고등이 성립한다고 판정하면 사용자에게 구제명령을 하여야 하며, 부당해고등이 성립하지 아니한다고 판정하면 구제신청을 기각하는 결정을 하여야 한다.
③ 지방노동위원회의 구제명령이나 기각결정에 불복하는 사용자나 근로자는 구제명령서나 기각결정서를 통지받은 날부터 10일 이내에 중앙노동위원회에 재심을 신청할 수 있다.
④ 노동위원회의 구제명령, 기각결정 또는 재심판정은 중앙노동위원회에 대한 재심신청이나 행정소송 제기에 의하여 그 효력이 정지된다.
⑤ 행정소송을 제기하여 확정된 구제명령 또는 구제명령을 내용으로 하는 재심판정을 이행하지 아니한 자는 3년 이하의 징역 또는 3천만원 이하의 벌금에 처한다.

해설▶ 부당해고 구제신청
노동위원회의 구제명령, 기각결정 또는 재심판정은 중앙노동위원회에 대한 재심신청이나 행정소송 제기에 의하여 그 효력이 정지되지 아니한다.

정답 40. ② 41. ④

42 근로기준법령상 부당해고 등의 구제신청의 내용으로 옳지 않은 것은?

① 근로자는 부당해고 등이 있었던 날부터 3개월 이내에 노동위원회에 구제신청을 할 수 있다.
② 「노동위원회법」에 따른 노동위원회는 사용자에게 구제명령을 하는 때에는 이행기한을 정하여야 한다. 이 경우 이행기한은 구제명령을 한 날부터 60일 이내로 한다.
③ 「노동위원회법」에 따른 지방노동위원회의 구제명령이나 기각결정에 불복하는 사용자나 근로자는 구제명령서나 기각결정서를 통지받은 날부터 10일 이내에 중앙노동위원회에 재심을 신청할 수 있다.
④ 중앙노동위원회의 재심판정에 대하여 사용자나 근로자는 재심판정서를 송달받은 날부터 15일 이내에 「행정소송법」의 규정에 따라 소(訴)를 제기할 수 있다.
⑤ 확정된 구제명령 또는 재심판정을 불이행한 사용자는 1년 이하의 징역 또는 1,000만원 이하의 벌금에 처한다.

> **해설** ▸ 부당해고 등의 구제신청
> 「노동위원회법」에 따른 노동위원회는 사용자에게 구제명령을 하는 때에는 이행기한을 정하여야 한다. 이 경우 이행기한은 사용자가 구제명령을 서면으로 통지받은 날부터 30일 이내로 한다.

43 퇴직급여보장법령상 퇴직금의 중간정산사유로 옳지 않은 것은?

① 무주택자인 근로자가 주거를 목적으로 전세금 또는 보증금을 부담하는 경우. 이 경우 근로자가 수 개의 사업에 근로하는 동안 1회로 한정한다.
② 퇴직금 중간정산을 신청하는 날부터 거꾸로 계산하여 5년 이내에 근로자가 「채무자 회생 및 파산에 관한 법률」에 따라 파산선고를 받은 경우
③ 사용자가 기존의 정년을 연장하거나 보장하는 조건으로 단체협약 및 취업규칙 등을 통하여 일정 나이, 근속시점 또는 임금액을 기준으로 임금을 줄이는 제도를 시행하는 경우
④ 사용자가 근로자와의 합의에 따라 소정근로시간을 1일 1시간 또는 1주 5시간 이상 변경하여 그 변경된 소정근로시간에 따라 근로자가 3개월 이상 계속 근로하기로 한 경우
⑤ 근로기준법에 따른 근로시간의 단축으로 근로자의 퇴직금이 감소되는 경우

> **해설** ▸ 퇴직금 중간정산
> 무주택자인 근로자가 주거를 목적으로 「민법」 제303조에 따른 전세금 또는 「주택임대차보호법」 제3조의2에 따른 보증금을 부담하는 경우. 이 경우 근로자가 하나의 사업에 근로하는 동안 1회로 한정한다.

정답 42. ② 43. ①

44
근로자 퇴직급여보장법령상 퇴직금에 관한 설명으로 옳지 않은 것은?

① 퇴직금은 근로자가 지정한 개인형퇴직연금제도의 계정등으로 이전하는 방법으로 지급하여야 한다.
② 근로자가 퇴직금을 받을 권리는 3년간 행사하지 않으면 시효로 인하여 소멸된다.
③ 사용자는 계속근로기간 1년에 대하여 30일분 이상의 통상임금을 퇴직하는 근로자에게 퇴직금으로 지급할 수 있는 제도를 설정하여야 한다.
④ 사용자가 퇴직급여제도나 개인형퇴직연금제도를 설정하지 아니한 경우에는 퇴직금제도를 설정한 것으로 본다.
⑤ 사용자는 퇴직금을 미리 정산하여 지급받은 경우에 미리 정산하여 지급한 후의 퇴직금 산정을 위한 계속근로기간은 정산시점부터 새로 계산한다.

해설 ▶ 퇴직금
사용자는 계속근로기간 1년에 대하여 30일분 이상의 평균임금을 퇴직하는 근로자에게 퇴직금으로 지급할 수 있는 제도를 설정하여야 한다.

45
근로자 퇴직급여보장법령상 퇴직연금제도의 급여를 받을 권리의 담보제공사유로 옳지 않은 것은?

① 무주택자인 가입자가 본인 명의로 주택을 구입하는 경우. 이 경우 가입자가 하나의 사업 또는 사업장에 근로하는 동안 1회로 한정한다.
② 무주택자인 가입자가 주거를 목적으로 전세금 또는 임대차보증금을 부담하는 경우. 이 경우 가입자가 하나의 사업 또는 사업장에 근로하는 동안 1회로 한정한다.
③ 6개월 이상 요양을 필요로 하는 가입자 또는 그 배우자의 부양가족 해당하는 사람의 질병이나 부상에 대한 요양비용을 가입자가 부담하는 경우
④ 담보를 제공하는 날부터 거꾸로 계산하여 5년 이내에 가입자가「채무자 회생 및 파산에 관한 법률」에 따라 개인회생절차 개시결정을 받은 경우
⑤ 가입자 또는 그 배우자의 부양가족 해당하는 사람의 대학등록금, 혼례비 또는 장례비를 가입자가 부담하는 경우

해설 ▶ 퇴직연금 담보제공사유
무주택자인 가입자가 본인 명의로 주택을 구입하는 경우이다.

정답 44. ③ 45. ①

CHAPTER 05

회계관리실무

학습포인트

- 이 장은 관리주체가 관리비등의 운용을 통하여 예산을 편성·집행 및 결산하는 회계관리실무를 다루고 있다.
- 특히 공동주택관리에 있어서 예산의 기반이 관리비이므로 관리비의 징수·운용 회계처리를 중점적으로 숙지할 필요가 있다.

CHAPTER 학습 & 출제되는 키워드

- ☑ 회계관리의 기초이론
- ☑ 공동주택회계의 목적과 기능
- ☑ 예산편성
- ☑ 관리비등 사업계획 및 예산안 수립
- ☑ 관리비의 의의
- ☑ 징수대행
- ☑ 관리주체의 회계감사
- ☑ 주민운동시설의 위탁 운영
- ☑ 임대주택의 관리비 등
- ☑ 회계관리의 의의
- ☑ 회계관리의 기능
- ☑ 공동주택예산실무
- ☑ 관리사무소장 등의 재정보증
- ☑ 관리비의 비목
- ☑ 관리비 외의 사용료
- ☑ 관리비등의 집행을 위한 사업자 선정
- ☑ 관리비 운용방식
- ☑ 공동주택회계의 특징
- ☑ 예산의 개념
- ☑ 회계연도
- ☑ 관리비 등의 통지 및 가산금
- ☑ 관리비와 구분징수
- ☑ 관리비등의 공개
- ☑ 관리비의 산정방식

CHAPTER 학습 & 출제되는 질문

- ☑ 공동주택의 회계관리 중에서 예산과 결산에 관한 설명으로 틀린 것은?
- ☑ 공동주택관리법령상 관리비에 포함하여 징수할 수 있는 항목 및 구성내역으로 옳은 것을 모두 고른 것은?
- ☑ 공동주택관리비 중 난방비에 관한 설명으로 맞지 않는 것은?

제5장 회계관리실무

단원 단답형 문제

01 공동주택관리법령상 관리주체의 회계감사 결과 보고·공개의무에 관한 설명이다. ( )에 들어갈 숫자를 쓰시오.

> 관리주체는 감사인의 회계감사를 받은 경우에는 감사보고서 등 회계감사의 결과를 제출받은 날부터 ( )개월 이내에 입주자대표회의에 보고하고 해당 공동주택단지의 인터넷 홈페이지 및 동별 게시판에 공개하여야 한다.

02 공동주택관리법령상 관리비 등의 금융기관 예치에 관한 내용이다. ( )에 에 들어갈 용어를 순서대로 각각 쓰시오.

> 관리주체는 관리비등을 ( )가 지정하는 금융기관에 예치하여 관리하되, 장기수선충당금은 ( )의 계좌로 예치·관리하여야 한다. 이 경우 계좌는 관리사무소장의 직인 외에 입주자대표회의 회장의 인감을 복수로 등록할 수 있다.

03 공동주택관리법령상 계약서의 공개에 관한 규정이다. ( )에 들어갈 숫자를 쓰시오. **19회 개작**

> 의무관리대상 공동주택의 관리주체 또는 입주자대표회의는 선정한 주택관리업자 또는 공사, 용역 등을 수행하는 사업자와 계약을 체결하는 경우 계약 체결일부터 ( )개월 이내에 그 계약서를 해당 공동주택단지의 인터넷 홈페이지 및 동별 게시판에 공개하여야 한다. 이 경우 「개인정보 보호법」에 따른 고유식별정보 등 개인의 사생활의 비밀 또는 자유를 침해할 우려가 있는 정보는 제외하고 공개하여야 한다.

해설 ▶ 계약서의 공개
의무관리대상 공동주택의 관리주체 또는 입주자대표회의는 제7조 제1항 또는 제25조에 따라 선정한 주택관리업자 또는 사업자와 계약을 체결하는 경우 그 체결일부터 1개월 이내에 그 계약서를 해당 공동주택단지의 인터넷 홈페이지 및 동별 게시판에 공개하여야 한다.

정답 01. 1　02. 입주자대표회의, 별도　03. 1

제1편 공동주택사무관리

04
공동주택관리법령상 관리주체의 동의서 사유기재 및 보관의무에 관한 내용이다. (   )에 들어갈 용어를 쓰시오.

> 관리주체는 해당 연도에 회계감사를 받지 아니하기로 서면동의를 받으려는 경우에는 회계감사를 받지 아니할 사유를 입주자등이 명확히 알 수 있도록 동의서에 기재하여야 한다. (   )은(는) 동의서를 관리규약으로 정하는 바에 따라 보관하여야 한다.

05
공동주택관리법령상 다음과 같은 관리비 세부구성내역이 포함되어야 할 관리비 항목을 쓰시오.

> 승강기 정기검사 수수료

06
공동주택관리법령상 감사인의 회계감사 결과제출에 관한 내용이다. (   )에 들어갈 숫자와 용어를 순서대로 각각 쓰시오

> 회계감사의 감사인은 회계감사 완료일부터 (   )개월 이내에 회계감사 결과를 해당 공동주택을 관할하는 시장·군수·구청장에게 제출하고 (   )에 공개하여야 한다.

07
공동주택관리법령상 관리주체에 대한 회계감사에 관한 내용이다. (   )에 들어갈 용어를 쓰시오.

24회 출제

> 공동주택관리법에 따라 회계감사를 받아야 하는 공동주택의 관리주체는 매 회계연도 종료 후 9개월 이내에 다음의 재무제표에 대하여 회계감사를 받아야 한다.
> • 재무상태표
> • 운영성과표
> • 이익잉여금처분계산서(또는 결손금처리계산서)
> • (   )

해설 ▶ 재무제표
1. 재무상태표 2. 운영성과표 3. 이익잉여금처분계산서(또는 결손금처리계산서) 4. 주석

정답   04. 관리주체   05. 수선유지비   06. 1, 공동주택관리정보시스템   07. 주석

제5장 회계관리실무

08. 공동주택관리법령상 관리주체의 회계감사에 관한 내용이다. ( )에 들어갈 숫자를 순서대로 각각 쓰시오. 〔18회 개작〕

> 의무관리대상 공동주택의 관리주체는 대통령령으로 정하는 바에 따라 「주식회사 등의 외부감사에 관한 법률」 제2조제7호에 따른 감사인의 회계감사를 매년 (   ) 회 이상 받아야 한다. 다만, 다음 각 호의 구분에 따른 연도에는 그러하지 아니하다.
> 1) 300세대 이상인 공동주택 : 해당 연도에 회계감사를 받지 아니하기로 입주자 등의 (   ) 이상의 서면동의를 받은 경우 그 연도
> 2) 300세대 미만인 공동주택 : 해당 연도에 회계감사를 받지 아니하기로 입주자 등의 (   )의 서면동의를 받은 경우 그 연도

해설 ▸ 회계감사

의무관리대상 공동주택의 관리주체는 대통령령으로 정하는 바에 따라 「주식회사 등의 외부감사에 관한 법률」 제2조제7호에 따른 감사인의 회계감사를 매년 1회 이상 받아야 한다. 다만, 다음 각 호의 구분에 따른 연도에는 그러하지 아니하다.
1. 300세대 이상인 공동주택: 해당 연도에 회계감사를 받지 아니하기로 입주자등의 3분의 2 이상의 서면동의를 받은 경우 그 연도
2. 300세대 미만인 공동주택: 해당 연도에 회계감사를 받지 아니하기로 입주자등의 과반수의 서면동의를 받은 경우 그 연도

정답 08. 1, 3분의 2, 과반수

응용 출제예상문제

01 다음은 의무관리대상 공동주택 관리주체의 회계서류의 작성·보관 및 공개의무에 관한 내용이다. 틀린 것은?

① 관리비등의 징수·보관·예치·집행 등 모든 거래 행위에 관하여 월별로 작성한 장부 및 그 증빙서류: 해당 회계연도 종료일부터 3년간 보관하여야 한다.
② 관리주체는 「전자문서 및 전자거래 기본법」에 따른 정보처리시스템을 통하여 장부 및 증거서류를 작성하거나 보관할 수 있다.
③ 입주자 및 사용자가 장부나 증빙서류, 관리비등의 사업계획, 예산안, 사업실적서 및 결산서 등의 정보의 열람을 요구하거나 자기의 비용으로 복사를 요구하는 때에는 관리규약으로 정하는 바에 따라 이에 응하여야 한다.
④ 관리주체는 관리비 등의 부과명세(관리비, 사용료 및 이용료 등에 대한 항목별 산출명세를 말한다) 및 연체 내용을 공동주택단지의 인터넷 홈페이지에 공개하거나 입주자 등에게 개별 통지하여야 한다.
⑤ 의사결정과정 또는 내부검토과정에 있는 사항 등으로서 공개될 경우 업무의 공정한 수행에 현저한 지장을 초래할 우려가 있는 정보는 공개하는 정보에서 제외된다.

해설 ▶ 회계서류의 작성·보관
의무관리대상 공동주택의 관리주체는 관리비등의 징수·보관·예치·집행 등 모든 거래 행위에 관하여 월별로 작성한 장부 및 그 증빙서류: 해당 회계연도 종료일부터 5년간 보관하여야 한다.

02 공동주택관리법령상 공동주택 관리주체의 회계감사 및 회계서류에 관한 설명으로 옳지 않은 것은? **23회 개작**

① 200세대인 의무관리대상 공동주택의 관리주체는 해당 공동주택 입주자등의 과반수가 회계감사를 받지 아니하기로 서면동의를 한 연도에는 회계감사를 받지 않을 수 있다.
② 500세대인 공동주택의 관리주체는 해당 공동주택 입주자등의 2분의 1이 회계감사를 받지 아니하기로 서면동의를 한 연도에는 회계감사를 받지 않을 수 있다.
③ 관리주체는 회계감사를 받은 경우에는 회계감사의 결과를 제출받은 날부터 1개월 이내에 입주자대표회의에 보고하여야 한다.
④ 감사인은 관리주체가 회계감사를 받은 날부터 1개월 이내에 관리주체에게 감사보고서를 제출하여야 한다.
⑤ 의무관리대상 공동주택의 관리주체는 관리비등의 징수 등 모든 거래 행위에 관하여 장부를 월별로 작성하여 그 증빙서류와 함께 해당 회계연도 종료일부터 5년간 보관하여야 한다.

정답 01. ① 02. ②

해설 ▸ **회계감사**

300세대 이상인 공동주택의 관리주체는 「주식회사 등의 외부감사에 관한 법률」에 따른 감사인의 회계감사를 매년 1회 이상 받아야 한다. 다만, 해당 연도에 회계감사를 받지 아니하기로 입주자등의 3분의 2 이상의 서면동의를 받은 경우 그 연도에는 그러하지 아니하다.

03

대한아파트의 2023년 결산입주자대표회의 결의사항이 다음과 같을 때, 이익잉여금 처분에 대한 회계처리 일자는 언제이며 장기수선충당금으로 적립될 금액은 얼마인가? (단, 이익잉여금 처분에 대한 회계처리일자는 기업회계기준서를 준용함)

> ㉠ 2023년 12월 31일 대차대조표 잔액
> • 예비비적립금: 10,000,000원
> • 미처분이익잉여금: 20,000,000원
> ㉡ 2024년 2월 10일에 결산입주자대표회의는 관리규약을 준수하면서 예비비적립금 한도액을 15,000,000원으로 결정하였다.
> ㉢ "대한아파트"관리규약에 의할 경우 미처분이익잉여금은 예비비적립금으로 적립하는 경우 외에는 회계연도 종료 후 장기수선충당금으로 적립하는 것으로 규정하고 있다.

	회계처리 일자	장기수선충당금
①	2023.12.31.	15,000,000원
②	2023.12.31.	5,000,000원
③	2023.12.31.	0원
④	2024. 2.10	15,000,000원
⑤	2024. 2.10	5,000,000원

해설 ▸ **장기수선충당금**

2023년 예비비적립금 이월잔액이 1,000만원이고, 2024. 2. 10 결산 입주자대표회의에 의하여 예비비적립금의 한도액이 1,500만원으로 결정되었으므로, 2023년 미처분이익잉여금 중 500만원이 이월잔액에 가산되어 1,500만원의 동 적립금이 적립됨과 동시에 동 관리규약에 따라 나머지 미처분이익잉여금 잔액 1,500만원은 장기수선충당금으로 적립될 것이다.

정답 03. ④

제1편 공동주택사무관리

04
공동주택관리법령상 의무관리대상 공동주택의 관리비 및 회계운영에 관한 설명으로 옳지 않은 것은?

26회 출제

① 관리주체는 입주자등이 납부하는 대통령령으로 정하는 사용료 등을 입주자등을 대행하여 그 사용료 등을 받을 자에게 납부할 수 있다.
② 관리주체는 회계감사를 받은 경우에는 감사보고서의 결과를 제출받은 다음 날부터 2개월 이내에 입주자대표회의에 보고하고 해당 공동주택단지의 인터넷 홈페이지에 공개하여야 한다.
③ 공동주택의 소유자가 그 소유권을 상실한 경우 관리주체는 징수한 관리비예치금을 반환하여야 하되, 소유자가 관리비를 미납한 때에는 관리비예치금에서 정산한 후 그 잔액을 반환할 수 있다.
④ 관리주체는 보수가 필요한 시설이 2세대 이상의 공동사용에 제공되는 것인 경우에는 직접 보수하고 해당 입주자등에게 그 비용을 따로 부과할 수 있다.
⑤ 관리주체는 다음 회계연도에 관한 관리비등의 사업계획 및 예산안을 매 회계연도 개시 1개월 전까지 입주자대표회의에 제출하여 승인을 받아야 한다.

해설 ▶ 의무관리대상 공동주택의 관리비 및 회계운영
② 관리주체는 회계감사를 받은 경우에는 감사보고서의 결과를 제출받은 다음 날부터 1개월 이내에 입주자대표회의에 보고하고 해당 공동주택단지의 인터넷 홈페이지와 동별게시판에 공개하여야 한다.

05
공동주택관리법령상 의무관리대상 공동주택의 관리비등에 관한 설명으로 옳지 않은 것은?

19회 개작

① 관리주체는 하자의 원인이 사업주체 외의 자에게 있는 경우의 안전진단 실시비용에 대하여 관리비와 구분하여 징수하여야 한다.
② 관리주체는 주민공동시설, 인양기 등 공용시설물의 이용료를 해당 시설의 이용자에게 따로 부과할 수 있다.
③ 관리주체는 보수가 필요한 시설이 2세대 이상의 공동사용에 제공되는 것인 경우에는 직접 보수하고, 당해 입주자등에게 그 비용을 따로 부과할 수 있다.
④ 관리주체는 입주자등이 납부하는 가스사용료 등을 입주자 및 사용자를 대행하여 그 사용료 등을 받을 자에게 납부할 수 있다.
⑤ 관리주체는 입주자등이 납부하는 주민공동시설 사용료 등을 입주자 및 사용자를 대행하여 그 사용료 등을 받을 자에게 납부할 수 있다.

정답 04. ② 05. ⑤

해설 ▶ 관리비 등

⑤ 관리주체는 주민공동시설, 인양기 등 공용시설물의 이용료를 해당 시설의 이용자에게 따로 부과할 수 있다. 이 경우 주민공동시설의 운영을 위탁한 경우의 주민공동시설 이용료는 주민공동시설의 위탁에 따른 수수료 및 주민공동시설 관리비용 등의 범위에서 정하여 부과·징수하여야 한다

06 공동주택관리법령상 관리주체가 관리비와 구분하여 징수하여야 하는 것을 모두 고른 것은?

24회 출제

㉠ 경비비	㉡ 장기수선충당금
㉢ 위탁관리수수료	㉣ 급탕비
㉤ 안전진단 실시비용(하자 원인이 사업주체 외의 자에게 있는 경우)	

① ㉠, ㉡
② ㉡, ㉢
③ ㉡, ㉤
④ ㉠, ㉢, ㉣
⑤ ㉡, ㉢, ㉣㉤

해설 ▶ 관리비와 구분징수하여야 하는 비용

관리주체는 장기수선충당금, 안전진단 실시비용(하자 원인이 사업주체 외의 자에게 있는 경우)에 대해서는 관리비와 구분하여 징수하여야 한다.(영 제23조②)

07 공동주택관리법령상 공동주택의 관리에 관한 설명으로 옳지 않은 것은?

① 의무관리대상 공동주택 중 300세대 미만인 공동주택은 주식회사의 외부감사에 관한 법률상 감사인의 회계감사를 예외적으로 받을 의무대상이다.
② 관리주체는 보수를 요하는 시설이 2세대 이상의 공동사용에 제공되는 것인 경우에는 이를 직접 보수하고, 해당 입주자등에게 그 비용을 따로 부과할 수 있다.
③ 수선유지비에는 재난 및 재해 등의 예방에 따른 비용이 포함된다.
④ 관리주체는 장기수선충당금을 관리비와 구분하여 징수하여야 한다.
⑤ 관리주체는 해당 공동주택의 공용부분의 관리 및 운영 등에 필요한 경비를 공동주택의 소유자로부터 징수할 수 있다.

17회 개작

해설 ▶ 회계감사

① 300세대 미만인 공동주택으로서 의무관리대상 공동주택의 관리주체는 해당 연도에 회계감사를 받지 아니하기로 입주자등의 과반수의 서면동의를 받은 경우 그 연도에는 회계감사를 받지 않을 수 있다. 따라서 원칙적으로는 회계감사를 받아야 한다.

정답 06. ③   07. ①

08

의무관리대상 공동주택의 관리주체 또는 입주자대표회의는 다음 사항을 전자입찰방식으로 국토교통부장관이 정하여 고시하는 경우 외에는 경쟁입찰로 사업자를 선정하고 집행하여야 한다. 이에 해당하지 않는 것은?

① 지능형 홈네트워크, 수선·유지(냉방·난방시설의 청소를 포함한다)를 위한 용역 및 공사
② 주민공동시설의 위탁, 물품의 구입과 매각, 잡수입의 취득
③ 16층 이상의 안전점검을 위한 용역
④ 사업주체로부터 지급받은 공동주택 공용부분의 하자보수비용을 사용하여 보수하는 공사
⑤ 전기안전관리를 위한 용역

해설 ▶ 사업자 선정

관리주체 또는 입주자대표회의는 다음 구분에 따라 사업자를 선정하고 집행하여야 한다(「공동주택관리법 시행령」 제25조 제1항).
1) 관리주체가 사업자를 선정하고 집행하는 다음 각 목의 사항
  가. 청소, 경비, 소독, 승강기유지, 지능형 홈네트워크, 수선·유지(냉방·난방시설의 청소를 포함한다)를 위한 용역 및 공사
  나. 주민공동시설의 위탁, 물품의 구입과 매각, 잡수입의 취득(공동주택의 어린이집·다함께돌봄센터·공동육아나눔터 임대에 따른 잡수입의 취득은 제외한다), 보험계약 등 국토교통부장관이 정하여 고시하는 사항
2) 입주자대표회의가 사업자를 선정하고 집행하는 사항
  가. 하자보수보증금을 사용하여 직접 보수하는 공사
  나. 사업주체로부터 지급받은 공동주택 공용부분의 하자보수비용을 사용하여 보수하는 공사
3) 입주자대표회의가 사업자를 선정하고 관리주체가 집행하는 사항
  가. 장기수선충당금을 사용하는 공사
  나. 전기안전관리(「전기사업법」에 따라 전기설비의 안전관리에 관한 업무를 위탁 또는 대행하게 하는 경우를 말한다)를 위한 용역

09

다음 중 사용료에 해당되지 않은 것은?

① 공동으로 사용하는 시설의 전기료
② 선거관리위원회 운영경비
③ 텔레비전방송수신료
④ 공동주택단지 안의 건물 전체를 대상으로 하는 보험료
⑤ 교육훈련비

해설 ▶ 사용료

교육훈련비는 일반관리비 항목이다.

정답 08. ③ 09. ⑤

10. 공동주택관리법령상 의무관리대상 공동주택의 일반관리비 중 인건비에 해당하지않는 것은? 25회 출제

① 퇴직금　　② 상여금　　③ 국민연금
④ 산재보험료　　⑤ 교육훈련비

해설 일반관리비 중 인건비
인건비 : 급여, 제수당, 상여금, 퇴직금, 산재보험료·고용보험료·국민연금료·국민건강보험료·식대 등 후생복리비

11. 다음 중 수선유지비로 처리하여야 하는 항목이 아닌 것은?

① 장기수선계획으로 정하는 공동주택의 공용부분의 수선·보수에 소요되는 비용
② 소화기충약비
③ 냉·난방시설의 청소비
④ 건축물의 안전점검비용
⑤ 재난 및 재해 등의 예방에 따른 비용

해설 수선유지비
장기수선계획에서 제외되는 공동주택의 공용부분의 수선·보수에 소요되는 비용으로 보수용역시는 용역금액, 직영시에는 자재 및 인건비가 수선유지비로 처리된다.

정답　10. ⑤　11. ①

12. 공동주택관리법령상 관리비 등의 공개의무에 관한 설명이다. 옳은 것으로만 짝지어진 것은? [15회 개작]

㉠ 의무관리대상 공동주택의 관리주체는 관리비 등의 내역(세대별 부과내역은 포함한 항목별 산출내역을 말한다)을 해당 공동주택단지의 인터넷 홈페이지 및 동별 게시판과 국토교통부장관이 구축·운영하는 공동주택관리정보시스템에 공개하여야 한다.

㉡ 의무관리대상이 아닌 공동주택으로서 50세대 이상 100세대 미만인 공동주택의 관리인은 관리비 등의 내역을 해당 공동주택단지의 인터넷 홈페이지 및 동별 게시판과 국토교통부장관이 구축·운영하는 공동주택관리정보시스템에 공개하여야 한다.

㉢ 의무관리대상 공동주택 관리주체의 공개 내역은 관리비, 사용료 등, 장기수선충당금과 그 적립금액이며, 잡수입은 제외한다

㉣ 의무관리대상 아닌 공동주택으로서 50세대 이상인 공동주택의 관리인의 공개 내역은 관리비의 비목별 월별 합계액, 장기수선충당금, 각각의 사용료(세대수가 50세대 이상 100세대 미만인 공동주택의 경우에는 각각의 사용료 등의 합계액을 말한다), 잡수입이다.

㉤ 관리주체는 관리비 등을 통합하여 부과하는 때에는 그 수입 및 집행세부내용을 쉽게 알 수 있도록 정리하여 입주자 등에게 알려주어야 한다.

① ㉠, ㉡   ② ㉠, ㉣   ③ ㉡, ㉢   ④ ㉣, ㉤   ⑤ ㉢, ㉣

해설 ▶ 관리비

㉠ 의무관리대상 공동주택의 관리주체는 관리비 등의 내역(항목별 산출내역을 말하며, 세대별 부과내역은 제외한다)을 해당 공동주택단지의 인터넷 홈페이지 및 동별 게시판과 국토교통부장관이 구축·운영하는 공동주택관리정보시스템에 공개하여야 한다.

㉡ 의무관리대상이 아닌 공동주택으로서 50세대 이상 100세대 미만인 공동주택의 관리인은 관리비 등의 내역을 공개할 때 공동주택관리정보시스템 공개는 생략할 수 있다.

㉢ 의무관리대상 공동주택 관리주체의 공개 내역은 관리비, 사용료 등, 장기수선충당금과 그 적립금액이며, 잡수입의 경우에도 동일한 방법으로 공개해야 한다.

정답 12. ④

13 공동주택관리법령상 의무관리대상 공동주택의 관리에 관한 설명으로 옳지 <u>않은</u> 것은?

19회 출제

① 의무관리대상 공동주택의 입주자 등은 그 공동주택의 유지관리를 위하여 필요한 관리비를 관리주체에게 내야 한다.
② 관리주체는 공동주택의 소유권을 상실한 소유자가 관리비·사용료 및 장기수선충당금 등을 미납한 때에는 관리비예치금에서 정산한 후 그 잔액을 반환할 수 있다.
③ 300세대 이상인 공동주택의 관리주체는 해당 공동주택 입주자등의 3분의 1 이상이 서면으로 회계감사를 받지 아니하는 데 동의한 연도에는 회계감사를 받지 아니할 수 있다.
④ 관리주체는 다음 회계연도에 관한 관리비등의 사업계획 및 예산안을 매 회계연도 개시 1개월 전까지 입주자대표회의에 제출하여 승인을 받아야 한다.
⑤ 관리주체는 관리비등을 입주자대표회의가 지정하는 금융기관에 예치하여 관리하되, 장기수선충당금은 별도의 계좌로 예치·관리하여야 한다.

해설 ▶ 회계감사
300세대 이상인 공동주택의 관리주체는 대통령령으로 정하는 바에 따라「주식회사의 외부감사에 관한 법률」에 따른 감사인의 회계감사를 매년 1회 이상 받아야 한다. 다만, 회계감사를 받지 아니하기로 해당 공동주택 입주자등의 2/3 이상의 서면동의를 받은 연도에는 그러하지 아니하다.

14 다음 중 임대주택의 임대사업자가 임차인이 납부하는 사용료 등을 임차인을 대행하여 징수권자에게 납부할 수 있는 항목만을 묶어 놓은 것은?

> ㉠ 전기료(공동으로 사용하는 시설의 전기료를 포함한다)
> ㉡ 수도료(공동으로 사용하는 수도료를 포함한다)
> ㉢ 가스사용료 및 지역난방방식인 공동주택의 난방비와 급탕비
> ㉣ 정화조 오물수수료 및 생활폐기물수수료
> ㉤ 공동주택 단지 안의 건물 전체를 대상으로 하는 보험료

① ㉠, ㉡, ㉢, ㉣, ㉤ ② ㉠, ㉡, ㉢, ㉣ ③ ㉡, ㉢, ㉣, ㉤
④ ㉠, ㉡, ㉣, ㉤   ⑤ ㉠, ㉡, ㉢

해설 ▶ 납부대행사항
공동주택 단지 안의 건물 전체를 대상으로 하는 보험료 및 입주자대표회의의 운영비는 분양된 의무관리대상인 공동주택의 납부대행 항목에 속한다(「민간임대주택에 관한 특별법 시행규칙」제22조 제4항,「공동주택관리법 시행령」제23조 제3항).

정답 13. ③ 14. ②

15 공동주택관리법령상 공동주택의 관리주체는 입주자 및 사용자가 납부하는 사용료 등을 대행하여 납부할 수 있다. 그 대상이 되는 사용료 등으로 옳은 것으로만 짝지어진 것은?

15회 개작

㉠ 장기수선충당금
㉡ 입주자대표회의의 운영비
㉢ 선거관리위원회의 운영경비
㉣ 공동주택단지 안의 건물전체를 대상으로 하는 보험료
㉤ 하자의 원인이 사업주체 외의 자에게 있는 경우의 안전진단 실시비용

① ㉠, ㉡, ㉢   ② ㉠, ㉡, ㉤   ③ ㉠, ㉣, ㉤
④ ㉡, ㉢, ㉣   ⑤ ㉢, ㉣, ㉤

해설 ▶ 사용료 등의 대행납부
납부할 사용료를 대행해서 납부할 수 있는 항목
1) 전기료(공동으로 사용되는 시설의 전기료를 포함한다)
2) 수도료(공동으로 사용하는 수도료를 포함한다)
3) 가스사용료
4) 지역난방 방식인 공동주택의 난방비와 급탕비
5) 정화조오물수수료
6) 생활폐기물수수료
7) 공동주택단지 안의 건물 전체를 대상으로 하는 보험료
8) 입주자대표회의의 운영비
9) 선거관리위원회의 운영경비

정답 15. ④

16

다음 중앙집중식 난방방식 아파트의 가구별 난방비는 얼마인가? (단, 난방비는 ㎡당 단가를 구해서 각 가구별로 부과하며 난방열량계가 설치되어 있지 않음) **12회 개작**

- 총가구수 : 200가구(가구별 공급면적 100㎡)
- 총연면적 : 20,000㎡
- 난방 및 급탕에 소요된 총원가 : 유류대·난방비 및 급탕용수비를 포함하여 총 25,000,000원
- 급탕비총액 : 5,000,000원

① 100,000원　② 120,000원　③ 150,000원
④ 180,000원　⑤ 200,000원

해설 ▶ 난방비
난방비는 난방 및 급탕에 소요된 원가(유류대·난방비 및 급탕용수비)에서 급탕비를 뺀 금액이다. 그러므로 전체 난방비는 25,000,000 − 5,000,000 = 20,000,000원
이를 전체 공급면적에 나눠주면 가구별 난방비는 $\dfrac{20,000,000}{20,000} \times 100 = 100,000$원

17

공동주택관리비에 대한 내용 중 **틀린** 것은?

① 관리주체는 수도·전기·가스 등의 사용료와 건물 전체를 대상으로 하는 보험료를 징수권자를 대행하여 징수할 수 있다.
② 관리주체는 인양기 등의 사용료를 당해 시설의 사용자에게 따로 부과할 수 없다.
③ 관리주체는 보수를 요하는 시설이 2세대 이상의 공동사용에 제공되는 것인 경우에는 이를 직접 보수하고, 당해 입주자에게 그 비용을 따로 부과할 수 있다.
④ 관리주체는 장기수선충당금을 관리비와 구분하여 징수해야 한다.
⑤ 관리주체는 장기수선충당금과 안전진단실시비용을 관리비와 구분하여 징수하여야 한다.

해설 ▶ 관리비등의 부과
인양기 등의 사용료를 당해 시설의 사용자에게 따로 부과할 수 있다.

정답 16. ①　17. ②

18. 공동주택관리법령상 입주자대표회의가 사업자를 선정하고 집행하는 사항은? [19회 출제]

ㄱ. 청소, 경비, 소독, 승강기유지, 지능형 홈네트워크 등을 위한 용역 및 공사
ㄴ. 주민공동시설의 위탁, 물품의 구입과 매각
ㄷ. 하자보수보증금을 사용하여 직접 보수하는 공사
ㄹ. 장기수선충당금을 사용하는 공사

① ㄱ ② ㄷ ③ ㄹ ④ ㄱ, ㄴ ⑤ ㄷ, ㄹ

해설 ▶ 계약관리

관리주체 또는 입주자대표회의는 다음 각 호의 구분에 따라 사업자를 선정(계약의 체결을 포함한다)하고 집행하여야 한다.
1. 관리주체가 사업자를 선정하고 집행하는 다음 각 목의 사항
    가. 청소, 경비, 소독, 승강기유지, 지능형 홈네트워크, 수선·유지(냉방·난방시설의 청소를 포함한다)를 위한 용역 및 공사
    나. 주민운동시설의 위탁, 물품의 구입과 매각, 잡수입의 취득(공동주택의 어린이집 임대에 따른 잡수입의 취득은 제외한다), 보험계약 등 국토교통부장관이 정하여 고시하는 사항
2. 입주자대표회의가 사업자를 선정하고 집행하는 사항
    가. 하자보수보증금을 사용하여 직접 보수하는 공사
    나. 사업주체로부터 지급받은 공동주택 공용부분의 하자보수비용을 사용하여 보수하는 공사
3. 입주자대표회의가 사업자를 선정하고 관리주체가 집행하는 사항
    가. 장기수선충당금을 사용하는 공사
    나. 전기안전관리(「전기사업법」에 따라 전기설비의 안전관리에 관한 업무를 위탁 또는 대행하게 하는 경우를 말한다)를 위한 용역

19. 공동주택관리법령상 관리비등의 집행을 위한 사업자 선정과 사업계획 및 예산안 수립에 관한 설명으로 옳은 것은? [23회 출제]

① 의무관리대상 공동주택의 관리주체는 회계연도마다 사업실적서 및 결산서를 작성하여 회계연도 종료후 3개월 이내에 입주자대표회의에 제출하여야 한다.
② 의무관리대상 공동주택의 관리주체는 다음 회계연도에 관한 관리비등의 사업계획 및 예산안을 매 회계연도 개시 2개월 전까지 입주자대표회의에 제출하여 승인을 받아야 한다.
③ 의무관리대상 공동주택의 관리주체는 관리비, 장기수선충당금을 은행, 상호저축은행, 보험회사 중 입주자대표회의가 지정하는 동일한 계좌로 예치·관리하여야 한다.
④ 입주자대표회의는 주민공동시설의 위탁, 물품의 구입과 매각, 잡수입의 취득에 대한 사업자를 선정하고, 관리주체가 이를 집행하여야 한다.
⑤ 입주자대표회의는 하자보수보증금을 사용하여 보수하는 공사에 대한 사업자를 선정하고 집행하여야 한다.

정답 18. ② 19. ⑤

제5장 회계관리실무

해설 ▶ **사업계획 및 예산안 수립**
① 3개월 → 2개월　　　② 2개월 → 1개월
③ 장기수선충당금은 별도의 계좌로 예치·관리하여야 한다.
④ 주민공동시설의 위탁, 물품의 구입과 매각, 잡수입의 취득(공동주택의 어린이집 임대에 따른 잡수입의 취득은 제외한다), 보험계약 등 국토교통부장관이 정하여 고시하는 사항은 오로지 관리주체가 사업자를 선정하고 집행한다.

20

공동주택관리법령상 공동주택의 관리비 및 회계운영 등에 관한 설명으로 옳지 **않은** 것은?　　**24회 출제**

① 의무관리대상이 아닌 공동주택으로서 50세대 이상인 공동주택의 관리인이 관리비 등의 내역을 공개하는 경우, 공동주택관리정보시스템 공개는 생략할 수 있다.
② 관리주체는 해당 공동주택의 공용부분의 관리 및 운영 등에 필요한 경비(관리비예치금)를 공동주택의 사용자로부터 징수한다.
③ 관리주체는 보수가 필요한 시설이 2세대 이상의 공동사용에 제공되는 것인 경우, 직접 보수하고 해당 입주자등에게 그 비용을 따로 부과할 수 있다.
④ 관리주체는 주민공동시설, 인양기 등 공용시설물의 이용료를 해당 시설의 이용자에게 따로 부과할 수 있다.
⑤ 지방자치단체인 관리주체가 관리하는 공동주택의 관리비가 체납된 경우 지방자치단체는 지방세 체납처분의 예에 따라 강제징수할 수 있다.

해설 ▶ **관리비예치금의 징수**
② 관리주체는 해당 공동주택의 공용부분의 관리 및 운영 등에 필요한 경비(관리비예치금)를 공동주택의 소유자로부터 징수한다.

정답　20. ②

21. 공동주택관리법령상 관리비등 집행을 위한 사업자선정의 내용으로 옳지 않은 것은?

① 의무관리대상 공동주택의 관리주체 또는 입주자대표회의는 선정한 주택관리업자 또는 공사, 용역 등을 수행하는 사업자와 계약을 체결하는 경우 계약 체결일부터 1개월 이내에 그 계약서를 해당 공동주택단지의 인터넷 홈페이지 및 동별 게시판에 공개하여야 한다.
② 사업주체로부터 지급받은 공동주택 공용부분의 하자보수비용을 사용하여 보수하는 공사는 입주자대표회의가 사업자를 선정하고 집행하는 사항이다.
③ 하자보수보증금을 사용하여 보수하는 공사는 입주자대표회의가 사업자를 선정하고 집행하는 사항이다.
④ 장기수선충당금을 사용하는 공사는 입주자대표회의가 사업자를 선정하고 관리주체가 집행하는 사항이다.
⑤ 잡수입의 취득(공동주택의 어린이집 임대에 따른 잡수입의 취득은 제외한다)은 입주자 대표회의가 사업자를 선정하고 관리주체가 집행하는 사항이다.

해설 ▶ 관리비등 집행을 위한 사업자선정

주민공동시설의 위탁, 물품의 구입과 매각, 잡수입의 취득(공동주택의 어린이집·다함께돌봄센터·공동육아나눔터 임대에 따른 잡수입의 취득은 제외한다), 보험계약 등 국토교통부장관이 정하여 고시하는 사항은 관리주체가 사업자를 선정하고 집행하는 사항이다.

22. 공동주택관리법령상 의무관리대상 공동주택의 관리주체에 대한 회계감사 등에 관한 설명으로 옳지 않은 것은? [27회 출제]

① 회계감사는 공동주택 회계의 특수성을 고려하여 제정된 회계감사기준에 따라 실시되어야 한다.
② 입주자대표회의는 입주자등의 10분의 1 이상이 연서하여 감사인의 추천을 요구하는 경우 감사인의 추천을 의뢰한 후 추천을 받은 자 중에서 감사인을 선정하여야 한다.
③ 관리주체는 회계감사를 받은 경우에는 감사보고서 등 회계감사의 결과를 제출받은 날부터 1개월 이내에 입주자대표회의에 보고하고 해당 공동주택관리단지의 인터넷 홈페이지 및 동별 게시판에 공개하여야 한다.
④ 300세대 이상인 공동주택으로서 해당 연도에 회계감사를 받지 아니하기로 입주자등의 과반수의 서면동의를 받은 경우, 그 연도에는 회계감사를 받지 않아도 된다.
⑤ 회계감사의 감사인은 회계감사 완료일부터 1개월 이내에 회계감사 결과를 해당 공동주택을 관할하는 시장·군수·구청장에게 제출하고 공동주택관리정보시스템에 공개하여야 한다.

정답 21. ⑤ 22. ④

해설 ▸ 관리주체에 대한 회계감사 등
④ 입주자등의 과반수의 서면동의를 받은 경우 → 입주자등의 3분의 2 이상의 서면동의를 받은 경우 (cf. 300세대 미만인 공동주택: 입주자등의 과반수의 서면동의)

23. 공동주택관리법령상 관리주체에 대한 회계감사 등에 관한 설명으로 옳지 <u>않</u>은 것은?

① 회계감사를 받아야 하는 공동주택의 관리주체는 매 회계연도 종료 후 9개월 이내에 재무제표에 대하여 회계감사를 받아야 한다.
② 재무제표를 작성하는 회계처리기준은 국토교통부장관이 정하여 고시한다.
③ 회계감사기준은 한국공인회계사회가 정하되, 국토교통부장관의 승인을 받아야 한다.
④ 감사인은 관리주체가 회계감사를 받은 날부터 15일 이내에 관리주체에게 감사보고서를 제출하여야 한다.
⑤ 입주자대표회의는 감사인에게 감사보고서에 대한 설명을 하여 줄 것을 요청할 수 있다.

해설 ▸ 회계감사
감사인은 관리주체가 회계감사를 받은 날부터 1개월 이내에 관리주체에게 감사보고서를 제출하여야 한다.

24. 공동주택관리법령상 다음과 같은 관리비 세부구성내역이 포함되어야 할 관리비 항목은?

| 재난 및 재해 등의 예방에 따른 비용 |

① 수선유지비 ② 난방비 ③ 청소비
④ 일반관리비 ⑤ 위탁관리수수료

해설 ▸ 수선유지비
재난 및 재해 등의 예방에 따른 비용은 수선유지비로 분류된다.

정답 23. ④ 24. ①

제1편 공동주택사무관리

25 다음은 공동주택관리법령상 사업주체의 어린이집 임대계약체결에 관한 설명이다. ( )의 내용으로 옳은 것은?

> (㉠)(는)은 입주자대표회의가 구성되기 전에 어린이집 임대계약의 체결이 필요하다고 인정하는 경우에는 사업주체로 하여금 (㉡) 과반수의 서면 동의를 받아 어린이집 임대계약을 체결하도록 할 수 있다.

	㉠	㉡
①	시장·군수·구청장	입주예정자
②	입주예정자	입주예정자
③	입주자	입주자
④	시장·군수·구청장	입주자
⑤	입주자	입주예정자

해설 ▶ 어린이집 임대계약

(시장·군수·구청장)은(는) 입주자대표회의가 구성되기 전에 어린이집 임대계약의 체결이 필요하다고 인정하는 경우에는 사업주체로 하여금 (입주예정자) 과반수의 서면 동의를 받아 어린이집 임대계약을 체결하도록 할 수 있다.

26 다음 중 관리비와 관리비 예치금에 관한 내용으로 틀린 것은?

① 사업주체는 입주예정자의 과반수가 입주할 때까지 공동주택을 직접 관리하는 경우에는 입주예정자와 관리계약을 체결하여야 하며, 그 관리계약에 따라 관리비예치금을 징수할 수 있다.
② 관리주체는 해당 공동주택의 공용부분의 관리 및 운영 등에 필요한 경비인 관리비예치금을 공동주택의 소유자로부터 징수할 수 있다.
③ 관리주체는 소유자가 공동주택의 소유권을 상실한 경우에는 관리비·사용료 및 장기수선충당금 등을 미납한 때라도 징수한 관리비예치금 전액을 반환하여야 한다.
④ 공동주택의 입주자 및 사용자는 그 공동주택의 유지관리를 위하여 필요한 관리비를 관리주체에게 내야 한다.
⑤ 사업주체는 입주자대표회의의 구성에 협력하여야 하며, 입주자대표회의가 관리방법을 결정하였음을 통지한 때에는 해당 입주자대표회의에 관리비예치금을 인계하여야 한다.

정답 25. ① 26. ③

해설 ► 관리비 예치금
관리주체는 소유자가 공동주택의 소유권을 상실한 경우에는 징수한 관리비예치금을 반환하여야 한다. 다만, 소유자가 관리비·사용료 및 장기수선충당금 등을 미납한 때에는 관리비예치금에서 정산한 후 그 잔액을 반환할 수 있다.

27. 공동주택관리법령상 의무관리대상 공동주택의 관리비 및 회계운영에 관한 설명으로 옳지 않은 것은? [26회 출제]

① 관리주체는 입주자등이 납부하는 대통령령으로 정하는 사용료 등을 입주자등을 대행하여 그 사용료 등을 받을 자에게 납부할 수 있다.
② 관리주체는 회계감사를 받은 경우에는 감사보고서의 결과를 제출받은 다음 날부터 2개월 이내에 입주자대표회의에 보고하고 해당 공동주택단지의 인터넷 홈페이지에 공개하여야 한다.
③ 공동주택의 소유자가 그 소유권을 상실한 경우 관리주체는 징수한 관리비예치금을 반환하여야 하되, 소유자가 관리비를 미납한 때에는 관리비예치금에서 정산한 후 그 잔액을 반환할 수 있다.
④ 관리주체는 보수가 필요한 시설이 2세대 이상의 공동사용에 제공되는 것인 경우에는 직접 보수하고 해당 입주자등에게 그 비용을 따로 부과할 수 있다.
⑤ 관리주체는 다음 회계연도에 관한 관리비등의 사업계획 및 예산안을 매 회계연도 개시 1개월 전까지 입주자대표회의에 제출하여 승인을 받아야 한다.

해설 ► 의무관리대상 공동주택의 관리비 및 회계운영
② 관리주체는 회계감사를 받은 경우에는 감사보고서의 결과를 제출받은 다음 날부터 1개월 이내에 입주자대표회의에 보고하고 해당 공동주택단지의 인터넷 홈페이지와 동별 게시판에 공개하여야 한다.

정답 27. ②

PART 02 기술관리실무

출제비율 54.0%

구분		제23회	제24회	제25회	제26회	제27회	계	비율(%)
기술관리실무	제1장 설비관리	17	14	14	11	12	68	34.0
	제2장 건축물 및 시설관리	5	3	2	7	3	20	10.0
	제3장 안전·방재관리	1	1	1	2	2	7	3.5
	제4장 환경관리	1	4	3	2	3	13	6.5
	소 계	24	22	20	22	20	108	54.0

CHAPTER 01

기술적 관리의 총론

학습포인트

- 이 장은 건축물의 수명주기를 통한 노후화의 원인과 건축물의 유지·관리 및 하자보수·처리, 장기수선계획 및 장기수선충당금, 부대설비·복리시설기준 그리고 리모델링 공사로 구성되어 있다.
- 특히 하자처리실무나 장기수선계획 및 장기수선충당금은 꾸준히 출제되어 온 만큼 중요하다.
- 리모델링이나 복리시설기준도 앞으로 출제가 예상된다.

CHAPTER 학습 & 출제되는 키워드

- ☑ 공동주택의 노후화와 수명주기
- ☑ 건축물의 수명주기
- ☑ 노후화의 원인
- ☑ 유지관리의 내용 및 구분
- ☑ 자료 및 기록의 관리
- ☑ 공동주택의 조사점검
- ☑ 지붕·옥상의 조사점검
- ☑ 외벽의 조사점검사항
- ☑ 열화증상과 조사항목
- ☑ 담보책임 및 하자보수
- ☑ 하자보수대상 및 책임기간
- ☑ 하자보수보증금
- ☑ 예치의무자·금액·방법
- ☑ 하자의 조사방법
- ☑ 하자처리절차
- ☑ 하자보수 불이행
- ☑ 내력구조부의 하자보수
- ☑ 하자심사·분쟁조정위원회
- ☑ 장기수선계획
- ☑ 장기수선충당금
- ☑ 특별수선충당금
- ☑ 부대·복리시설
- ☑ 리모델링사업의 요건
- ☑ 리모델링 공사의 허가요건

CHAPTER 학습 & 출제되는 질문

- ☑ 공동주택관리법령상 시설공사별 하자담보책임기간
- ☑ 공동주택관리법령상 하자보수보증금의 반환비율
- ☑ 공동주택관리법상 조정등의 처리기간 등
- ☑ 장기수선계획 수립기준에 따라 전면교체 수선주기

단원 단답형 문제

01 공동주택관리법령상 하자보수 청구 및 하자보수보증금 사용에 관한 내용이다. ( )에 알맞은 숫자를 순서대로 쓰시오.

> - 입주자대표회의등 또는 임차인등은 공동주택에 하자가 발생한 경우에는 담보책임기간 내에 사업주체에게 하자보수를 청구하여야 한다. 이 경우 사업주체는 하자보수를 청구받은 날(하자진단결과를 통보받은 때에는 그 통보받은 날을 말한다)부터 ( )일 이내에 그 하자를 보수하거나 하자보수계획을 입주자대표회의등 또는 임차인등에 서면으로 통보하고 그 계획에 따라 하자를 보수하여야 한다.
> - 입주자대표회의 등은 하자보수보증금을 하자심사분쟁조정위원회의 하자 여부 판정 등에 따른 하자보수비용 등 대통령령으로 정하는 용도로만 사용하여야 하며, 의무관리대상 공동주택의 경우에는 하자보수보증금의 사용 후 ( )일 이내에 그 사용내역을 국토교통부령으로 정하는 바에 따라 시장·군수·구청장에게 신고하여야 한다.

02 공동주택관리법상 조정등의 처리기간 등에 관한 내용이다. ( )에 들어갈 용어를 쓰시오. **26회 출제**

> 소방제45조(조정등의 처리기간 등) ① 하자분쟁조정위원회는 조정등의 신청을 받은 때에는 지체 없이 조정등의 절차를 개시하여야 한다. 이 경우 하자분쟁조정위원회는 그 신청을 받은 날부터 다음 각 호의 구분에 따른 기간(제2항에 따른 흠결조정기간 및 제48조에 따른 하자감정기간은 제외한다) 이내에 그 절차를 완료하여야 한다.
> 1. 하자심사 및 분쟁조정 : 60일(공용부분의 경우 90일)
> 2. 분쟁 (ㄱ): 150일(공용부분의 경우 180일)

정답 01. 15, 30 02. ㄱ ; 재정

03 다음 (　)에 알맞은 낱말 또는 숫자를 넣으시오.

① 사업주체는 담보책임기간이 만료되기 (　)일 전까지 그 만료 예정일을 해당 공동주택의 입주자대표회의 또는 해당 공공임대주택의 임차인대표회의에 서면으로 통보하여야 한다.

② 만료 예정일의 통보를 받은 입주자대표회의는 다음의 구분에 따른 조치를 하여야 한다.
  1. 전유부분에 대한 조치: 담보책임기간이 만료되는 날까지 하자보수를 청구하도록 입주자에게 개별통지하고 공동주택단지 안의 잘 보이는 게시판에 (　)일 이상 게시
  2. 공용부분에 대한 조치: 담보책임기간이 만료되는 날까지 하자보수 청구

③ 사업주체는 하자보수 청구를 받은 사항에 대하여 지체없이 보수하고 그 보수결과를 서면으로 입주자대표회의등 또는 임차인등에 통보하여야 한다. 다만, 하자가 아니라고 판단한 사항에 대해서는 그 이유를 명확히 기재한 서면을 입주자대표회의등에 통보하여야 한다.

④ 보수결과를 통보받은 입주자대표회의등 또는 임차인등은 통보받은 날부터 (　)일 이내에 이유를 명확히 기재한 서면으로 사업주체에게 이의를 제기할 수 있다. 이 경우 사업주체는 이의제기 내용이 타당하면 지체없이 하자를 보수하여야 한다.

⑤ 사업주체와 다음 각 호의 구분에 따른 자는 하자보수가 끝난 때에는 공동으로 담보책임 종료확인서를 작성하여야 한다. 이 경우 담보책임기간이 만료되기 전에 담보책임 종료확인서를 작성해서는 아니 된다.
  1. 전유부분: (　)
  2. 공용부분: 입주자대표회의의 회장(의무관리대상 공동주택이 아닌 경우에는 「집합건물의 소유 및 관리에 관한 법률」에 따른 관리인을 말한다) 또는 5분의 4 이상의 입주자(입주자대표회의의 구성원 중 사용자인 동별 대표자가 과반수인 경우만 해당한다)

⑥ 입주자대표회의의 회장은 ⑤에 따라 공용부분의 담보책임 종료확인서를 작성하려면 절차를 차례대로 거쳐야 한다. 이 경우 전체 입주자의 (　) 이상이 서면으로 반대하면 입주자대표회의는 제2호에 따른 의결을 할 수 없다.

정답 03. 30, 20, 30, 입주자, 5분의 1

04
주택건설기준 등에 관한 규정상 (   )에 들어갈 아라비아 숫자를 쓰시오. **27회 출제**

> 제14조(세대 간의 경계벽 등) ①공동주택 각 세대 간의 경계벽 및 공동주택과 주택 외의 시설 간의 경계벽은 내화구조로서 다음 각 호의 어느 하나에 해당하는 구조로 해야 한다.
> 1. 철근콘크리트조 또는 철골·철근콘크리트조로서 그 두께(시멘트모르타르, 회반죽, 석고 플라스터, 그 밖에 이와 유사한 재료를 바른 후의 두께를 포함한다)가 (ㄱ)센티미터 이상인 것
> 2. ~ 4. 〈생략〉
> ② ~ ⑥

05
공동주택성능등급의 표시에 관한 다음 (   )에 알맞은 숫자를 넣으시오.

> 사업주체가 (   )세대 이상의 공동주택을 공급할 때에는 주택의 성능 및 품질을 입주자가 알 수 있도록 「녹색건축물 조성 지원법」에 따라 다음의 공동주택성능에 대한 등급을 발급받아 입주자 모집공고에 표시하여야 한다.
> 1) 경량충격음·중량충격음·화장실소음·경계소음 등 소음 관련 등급
> 2) 리모델링 등에 대비한 가변성 및 수리 용이성 등 구조 관련 등급
> 3) 조경·일조확보율·실내공기질·에너지절약 등 환경 관련 등급
> 4) 커뮤니티시설, 사회적 약자 배려, 홈네트워크, 방범안전 등 생활환경 관련 등급
> 5) 화재·소방·피난안전 등 화재·소방 관련 등급

정답 04. ㄱ : 15   05. 500

06

주택건설기준 등에 관한 규칙상 ( )에 들어갈 아라비아 숫자를 쓰시오. **27회 출제**

> 제8조(냉방설비 배기장치 설치공간의 기준) ① 영 제37조제6항에서 "국토교통부령으로 정하는 기준"이란 다음 각 호의 요건을 모두 갖춘 것을 말한다.
> 1. ~ 2. 〈생략〉
> 3. 세대별 주거전용면적이 (ㄱ)제곱미터를 초과하는 경우로서 세대 내 거실 또는 침실이 2개 이상인 경우에는 거실을 포함한 최소 (ㄴ)개의 공간에 냉방설비 배기장치 연결배관을 설치할 것

07

다음 ( )에 알맞은 말이나 숫자를 넣으시오.

> - 사업계획의 승인을 받아 건설하는 아파트, 연립주택, 다세대주택을 건설하는 경우에는 주택의 총에너지사용량 또는 총이산화탄소배출량을 절감할 수 있는 에너지절약형 친환경 주택으로 건설하여야 한다.
> - ( )세대 이상의 공동주택을 건설하는 경우에는 세대 내의 실내공기 오염물질 등을 최소화할 수 있는 건강친화형 주택으로 건설하여야 한다.
> - 장수명 주택 건설기준 및 인증제도에 의하면 사업주체가 ( )세대 이상의 주택을 공급하고자 하는 때에는 일반등급 이상의 등급을 인정받아야 한다.

08

공동주택관리법 시행규칙 제7조(장기수선계획의 수립기준 등)에 관한 내용이다. ( )에 들어갈 용어를 쓰시오. **23회 출제**

> 입주자대표회의와 관리주체는 공동주택관리법 제29조 제2항 및 제3항에 따라 장기수선계획을 조정하려는 경우에는 「에너지이용 합리화법」 제25조에 따라 산업통상자원부장관에게 등록한 에너지절약전문기업이 제시하는 에너지절약을 통한 주택의 ( ) 감소를 위한 시설 개선 방법을 반영할 수 있다.

정답 06. ㄱ : 50, ㄴ : 2 07. 500, 1,000 08. 온실가스

09
공동주택관리법령상 사업주체가 예치한 하자보수보증금을 입주자대표회의가 사업주체에게 반환하여야 하는 비율에 관한 내용이다. ( )에 들어갈 숫자를 쓰시오.

23회 출제

> ○ 사용검사일부터 3년이 경과된 때: 하자보수보증금의 100분의 (ㄱ)
> ○ 사용검사일부터 5년이 경과된 때: 하자보수보증금의 100분의 (ㄴ)
> ○ 사용검사일부터 10년이 경과된 때: 하자보수보증금의 100분의 (ㄷ)

10
공동주택관리법령상 장기수선계획 수립에 관한 내용이다. ( )안에 들어갈 숫자와 용어를 순서대로 각각 쓰시오.

18회 출제

> ( )세대 이상의 공동주택을 건설·공급하는 사업주체는 대통령령으로 정하는 바에 따라 그 공동주택의 ( )에 대한 장기수선계획을 수립하여야 한다.

해설 ▶ 장기수선계획 의무수립대상

300세대 이상의 공동주택, 승강기가 설치된 공동주택, 중앙집중식 난방방식 또는 지역난방방식의 공동주택, 건축허가를 받아 주택 외의 시설과 주택을 동일 건축물로 건축한 건축물을 건설·공급하는 사업주체 또는 「주택법」에 따라 리모델링을 하는 자는 그 공동주택의 공용부분에 대한 장기수선계획을 수립하여 사용검사를 신청할 때에 사용검사권자에게 제출하고, 사용검사권자는 이를 그 공동주택의 관리주체에게 인계하여야 한다.

11
공동주택관리법령상 장기수선계획 수립에 관한 내용이다. ( )에 들어갈 숫자를 순서대로 각각 쓰시오.

> 건물 외부 지붕 중 방수의 전면수리 수선주기는 ( )년이고, 아스팔트 싱글 잇기, 금속기와 잇기의 전면교체 수선주기는 ( )년이다.

해설 ▶ 장기수선계획의 수립기준

구 분	공사종별	수선방법	수선주기(년)
지붕	1) 방수 2) 금속기와 잇기 3) 아스팔트 싱글 잇기	전면수리 전면교체 전면교체	15 20 20

정답 09. 40, 25, 20 10. 300, 공용부분 11. 15, 20

12

다음과 같은 조건에서 아파트 공급면적이 200m²인 세대의 월간 세대별 장기수선충당금을 구하시오. **15회 출제**

- 총세대수 : 총 400세대, 공급면적 100m² 200세대, 200m² 200세대
- 총공급면적 : 60,000m²
- 장기수선계획기간 중의 연간 수선비 : 72,000,000원
- 계획기간 : 10년(단, 연간 수선비는 매년 일정하다고 가정함)

해설 ▶ 월간 세대별 장기수선충당금

$$\text{월간 세대별 장기수선충당금} = \frac{\text{장기수선계획기간 중의 수선비 총액} \times \text{세대당 주택공급면적}}{\text{총공급면적} \times 12월 \times \text{계획기간}}$$

$$= \frac{72{,}000{,}000 \times 10 \times 200}{60{,}000 \times 12월 \times 10년} = 20{,}000원$$

13

다음 ( )에 알맞은 낱말을 넣으시오.

장기수선충당금의 요율은 당해 공동주택의 공용부분의 내구연한 등을 감안하여 ( )으로 정하고, 적립금액은 ( )에서 정한다. 다만 임대를 목적으로 하여 건설한 공동주택을 분양전환한 이후 관리업무를 인계하기 전까지의 장기수선충당금 요율은 ( ) 적립요율에 따라야 한다.

14

공동주택관리법령상 장기수선계획에 관한 규정이다. ( )에 들어갈 용어와 숫자를 순서대로 쓰시오. **20회 출제**

( )와(과) 관리주체는 장기수선계획을 ( )년마다 검토하고, 필요한 경우 이를 국토교통부령으로 정하는 바에 따라 조정하여야 하며, 수립 또는 조정된 장기수선계획에 따라 주요시설을 교체하거나 보수하여야 한다.

정답 12. 20,000원 13. 관리규약, 장기수선계획, 특별수선충당금 14. 입주자대표회의, 3

15
「건축물의 설비기준 등에 관한 규칙」상 물막이설비 설치에 관한 내용이다. (   )에 들어갈 용어를 쓰시오.

18회 개작

> 다음 각 호의 어느 하나에 해당하는 지역에서 건축물을 건축하려는 자는 빗물 등의 유입으로 건축물이 침수되지 않도록 해당 건축물의 지하층 및 1층의 출입구(주차장의 출입구를 포함한다)에 물막이판 등 물막이설비를 설치해야 한다. 다만, 해당 건축물의 지하층 및 1층의 출입구를 국토교통부장관이 정하여 고시하는 예상 침수 높이 이상으로 설치한 경우에는 물막이설비를 설치한 것으로 본다.
> 1. 「국토의 계획 및 이용에 관한 법률」 제37조 제1항 제4호에 따른 (   )
> 2. 「자연재해대책법 시행령」 제15조제2호마목에 따른 행정안전부장관이 고시하는 지역

해설 ▶ 물막이설비

다음 각 호의 어느 하나에 해당하는 지역에서 건축물을 건축하려는 자는 빗물 등의 유입으로 건축물이 침수되지 않도록 해당 건축물의 지하층 및 1층의 출입구(주차장의 출입구를 포함한다)에 물막이판 등 해당 건축물의 침수를 방지할 수 있는 설비(이하 "물막이설비")를 설치해야 한다. 다만, 해당 건축물의 지하층 및 1층의 출입구를 국토교통부장관이 정하여 고시하는 예상 침수 높이 이상으로 설치한 경우에는 물막이설비를 설치한 것으로 본다.
  1. 「국토의 계획 및 이용에 관한 법률」 제37조 제1항 제4호에 따른 방재지구
  2. 「자연재해대책법 시행령」 제15조 제2호마목에 따른 행정안전부장관이 고시하는 지역

16
「주택건설기준 등에 관한 규정」상 난간에 관한 내용이다. (   )에 들어갈 숫자를 쓰시오.

18회 출제

> 난간의 높이는 바닥의 마감면으로부터 (   )cm 이상. 다만, 건축물 내부계단에 설치하는 난간, 계단중간에 설치하는 난간 기타 이와 유사한 것으로 위험이 적은 장소에 설치하는 난간의 경우에는 90cm 이상으로 할 수 있다.

해설 ▶ 난간

난간의 각 부위의 치수는 다음 각호의 기준에 적합하여야 한다.
1) 난간의 높이 : 바닥의 마감면으로부터 "120cm" 이상. 다만, 건축물내부계단에 설치하는 난간, 계단중간에 설치하는 난간 기타 이와 유사한 것으로 위험이 적은 장소에 설치하는 난간의 경우에는 90cm 이상으로 할 수 있다.
2) 난간의 간살의 간격 : 안목치수 10cm 이하

정답 15. 방재지구   16. 120

17 공동주택관리법령상 하자보수보증금의 예치 및 사용에 관한 내용이다. ( )에 들어갈 내용을 순서대로 각각 쓰시오.

> 1. ( )은(는) 대통령령으로 정하는 바에 따라 하자보수보증금을 예치하여야 한다. 다만, 국가·지방자치단체·한국토지주택공사 및 지방공사인 사업주체의 경우에는 그러하지 아니하다.
> 2. 입주자대표회의등은 하자보수보증금을 하자심사·분쟁조정위원회의 하자 여부 판정 등에 따른 하자보수비용 등 대통령령으로 정하는 용도로만 사용하여야 하며, 의무관리대상 공동주택의 경우에는 하자보수보증금의 사용 후 ( )일 이내에 그 사용내역을 국토교통부령으로 정하는 바에 따라 시장·군수·구청장에게 신고하여야 한다.

18 공동주택관리법령상의 하자담보책임기간에 관한 설명이다. ( )에 들어갈 내용을 쓰시오.

> 기초공사·지정공사 등 「집합건물의 소유 및 관리에 관한 법률」 제9조의2 제1항 제1호에 따른 ( )의 경우 담보책임기간은 10년

19 공동주택관리법령상 장기수선충당금의 요율과 적립금액에 대한 설명이다. ( )를 채우시오.

> 장기수선충당금의 요율은 당해 공동주택의 공용부분의 내구연한 등을 감안하여 ( )으로 정하고, 적립금액은 ( )에서 정한다.

정답 17. 사업주체, 30 18. 지반공사 19. 관리규약, 장기수선계획

20

공동주택관리법령상 전유부분 인도에 관한 내용이다. ( )를 채우시오.

> 전유부분의 인도일 공개 및 현황 인계
> 1. 사업주체(「건축법」제11조에 따른 건축허가를 받아 분양을 목적으로 하는 공동주택을 건축한 건축주를 포함한다)는 해당 공동주택의 전유부분을 입주자에게 인도한 때에는 국토교통부령으로 정하는 바에 따라 ( )를 작성하여 관리주체(의무관리대상 공동주택이 아닌 경우에는「집합건물의 소유 및 관리에 관한 법률」에 따른 관리인을 말한다)에게 인계하여야 한다. 이 경우 관리주체는 ( )일 이내에 공동주택관리정보시스템에 전유부분의 인도일을 공개하여야 한다.
> 2. 사업주체가 해당 공동주택의 전유부분을 법 제36조 제2항에 따른 공공임대주택의 임차인에게 인도한 때에는 주택인도증서를 작성하여 분양전환하기 전까지 보관하여야 한다. 이 경우 사업주체는 주택인도증서를 작성한 날부터 ( )일 이내에 공동주택관리정보시스템에 전유부분의 인도일을 공개하여야 한다.
> 3. 사업주체는 주택의 미분양(未分讓) 등으로 인하여 제10조 제4항에 따른 인계·인수서에 같은 항 제5호에 따른 인도일의 현황이 누락된 세대가 있는 경우에는 주택의 인도일부터 ( )일 이내에 인도일의 현황을 관리주체에게 인계하여야 한다.

21

하자보수의 인도일 공개 및 인도현황 인계에 관한 내용이다. ( )에 들어갈 용어를 순서대로 각각 쓰시오.

> 1. 전유부분
> 입주자(공공임대주택이 분양전환이 되기 전까지의 임차인에 대한 하자보수에 대한 담보책임의 경우에는 임차인)에게 ( )한 날
> 2. 공용부분
> 「주택법」제49조에 따른 ( )일(같은 법 제49조 제4항 단서에 따라 공동주택의 전부에 대하여 임시 사용승인을 받은 경우에는 그 임시사용승인일을 말하고, 같은 법 제49조 제1항 단서에 따라 분할 사용검사나 동별 사용검사를 받은 경우에는 그 분할 사용검사일 또는 동별 사용검사일을 말한다) 또는「건축법」제22조에 따른 공동주택의 사용승인일

정답   20. 주택인도증서, 30, 30, 15   21. 인도, 사용검사

22
공동주택관리법령상 공용부분의 담보책임 종료확인서에 관한 내용이다. ( )에 들어갈 숫자를 순서대로 쓰시오.

> 입주자대표회의의 회장은 공용부분의 담보책임 종료확인서를 작성하려면 다음 각 호의 절차를 차례대로 거쳐야 한다. 이 경우 전체 입주자의 ( ) 이상이 서면으로 반대하면 입주자대표회의는 제2호에 따른 의결을 할 수 없다.
> 1. 의견 청취를 위하여 입주자에게 다음 각 목의 사항을 서면으로 개별통지하고 공동주택단지 안의 게시판에 ( )일 이상 게시할 것
>   가. 담보책임기간이 만료된 사실
>   나. 완료된 하자보수의 내용
>   다. 담보책임 종료확인에 대하여 반대의견을 제출할 수 있다는 사실, 의견제출기간 및 의견제출서
> 2. 입주자대표회의 의결

23
공동주택관리법령상 하자보수보증금의 예치 및 사용에 관한 내용이다. ( )에 들어갈 용어를 쓰시오.

> 사용검사권자는 입주자대표회의가 구성된 때에는 지체없이 예치명의 또는 가입명의를 해당 입주자대표회의로 변경하고 ( )에 현금 예치증서 또는 보증서를 인계하여야 한다.

24
공동주택관리법령상 공동주택의 하자보수종료에 관한 내용이다. ( )에 들어갈 내용을 순서대로 각각 쓰시오.

> ( )은 공용부분의 담보책임 종료확인서를 작성하려면 다음 각 호의 절차를 차례대로 거쳐야 한다. 이 경우 전체 입주자의 5분의 1 이상이 서면으로 반대하면 입주자대표회의는 ②에 따른 의결을 할 수 없다.
> ① 의견청취를 위하여 입주자에게 다음 각 목의 사항을 서면으로 개별통지하고 공동주택단지 안의 게시판에 ( )일 이상 게시할 것
>   ㉠ 담보책임기간이 만료된 사실
>   ㉡ 완료된 하자보수의 내용
>   ㉢ 담보책임 종료확인에 대하여 반대의견을 제출할 수 있다는 사실, 의견제출기간 및 의견제출서
> ② 입주자대표회의 의결

정답 22. 5분의 1, 20 23. 입주자대표회의 24. 입주자대표회의 회장, 20

제1장 기술적 관리의 총론

25 공동주택관리법령상 하자보수보증금의 예치 및 사용에 관한 내용이다. ( )에 들어갈 용어를 쓰시오.

> ( )는 입주자대표회의가 구성된 때에는 지체없이 예치명의 또는 가입명의를 해당 입주자대표회의로 변경하고 입주자대표회의에 현금 예치증서 또는 보증서를 인계하여야 한다.

26 다음 ( )에 들어갈 용어를 쓰시오.

> ( )은 하자담보책임기간에 공동주택의 구조안전에 중대한 하자가 있다고 인정하는 경우에는 안전진단기관에 의뢰하여 안전진단을 할 수 있다.

27 공동주택관리법령상 하자분쟁조정에 관한 내용이다. ( )에 들어갈 내용을 순서대로 각각 쓰시오.

> 1. 조정안을 제시받은 당사자는 그 제시를 받은 날부터 ( )일 이내에 그 수락 여부를 하자분쟁조정위원회에 통보하여야 한다. 이 경우 수락 여부에 대한 답변이 없는 때에는 그 조정안을 수락한 것으로 본다.
> 2. 조정서의 내용은 ( )와 동일한 효력이 있다. 다만, 당사자가 임의로 처분할 수 없는 사항으로 대통령령으로 정하는 것은 그러하지 아니하다.

28 공동주택관리법령상 조정등의 신청의 통지 등에 관한 내용이다. ( )에 들어갈 숫자를 쓰시오.

> 1. 하자분쟁조정위원회는 당사자 일방으로부터 조정등의 신청을 받은 때에는 그 신청내용을 상대방에게 통지하여야 한다.
> 2. 통지를 받은 상대방은 신청내용에 대한 답변서를 특별한 사정이 없으면 ( )일 이내에 하자분쟁조정위원회에 제출하여야 한다.

정답 25. 사용검사권자 26. 시장·군수·구청장 27. 30, 재판상 화해 28. 10

29

다음은 장기수선계획 수립기준의 일부이다. ( )를 채우시오.

	공사종별	수선방법	수선주기(년)	수선율(%)	비 고
피난시설	1) 방화문 2) 옥상 비상문 자동개폐장치	전면교체 전면교체	( ) ( )	100 100	공용부분에 설치되는 경우만 해당

30

다음은 공동주택관리법령상 장기수선충당금의 사용에 대한 내용이다. ( )를 채우시오.

> 장기수선충당금의 사용은 ( )에 따른다. 다만, 해당 공동주택의 ( ) 과반수의 서면동의가 있는 경우에는 다음 각 호의 용도로 사용할 수 있다.
> 1. 제45조에 따른 조정등의 비용
> 2. 제48조에 따른 하자진단 및 감정에 드는 비용
> 3. 제1호 또는 제2호의 비용을 청구하는 데 드는 비용

31

의무관리대상 공동주택의 경우에는 하자보수보증금의 사용 후 그 사용내역을 국토교통부령으로 정하는 바에 따라 시장·군수·구청장에게 신고하여야 한다. ( )에 들어갈 숫자를 쓰시오.

> 의무관리대상 공동주택의 경우에는 하자보수보증금의 사용 후 ( )일 이내에 그 사용내역을 국토교통부령으로 정하는 바에 따라 시장·군수·구청장에게 신고하여야 한다.

정답 29. 15, 15 30. 장기수선계획, 입주자 31. 30

32

공동주택관리법령상 장기수선계획의 수립기준의 일부이다. ( )에 공통적으로 들어갈 숫자를 쓰시오.

공사종별		수선방법	수선주기(년)	수선율(%)	비 고
옥외부대시설 및 옥외 복리시설	전기자동차의 고정형 충전기	전면교체 부분수선	( ) 5	100 10	공동주택에서 직접 설치하여 운영·관리하는경우만 해당
난방설비	순환펌프	전면교체	( )	100	

33

다음 ( )에 알맞은 낱말 또는 숫자를 넣으시오.

- 의무관리대상 공동주택단지에 영상정보처리기기를 설치하거나 설치된 영상정보처리기기를 보수하려는 경우에는 ( )에 반영하여야 한다.
- 주택단지에 설치하는 영상정보처리기기는 다음 각 호의 기준에 적합하게 관리하여야 한다.
  1. 선명한 화질이 유지될 수 있도록 관리할 것
  2. 촬영된 자료는 컴퓨터보안시스템을 설치하여 ( ) 이상 보관할 것
  3. 영상정보처리기기가 고장 난 경우에는 지체없이 수리할 것
  4. 영상정보처리기기의 안전관리자를 지정하여 관리할 것

정답 32. 10 33. 장기수선계획, 30일

응용 출제예상문제

01 다음 중 복리시설에 해당하는 것은?
① 안내표지판
② 주민공동시설
③ 자전거보관소
④ 조경시설
⑤ 「건축법」상의 건축설비

해설 ▶ 복리시설
입주자등의 생활복리를 위하여 필요한 공동시설로서 복리시설에 해당한다. 주요 부대시설 및 복리시설은 다음과 같다.

02 주택건설기준 등에 관한 규칙상 주택의 부엌·욕실 및 화장실에 설치하는 배기설비에 관한 설명으로 옳지 않은 것은?   25회 출제
① 배기구는 반자 또는 반자 아래 80센티미터 이내의 높이에 설치하고, 항상 개방될 수 있는 구조로 한다.
② 세대간 배기통을 서로 연결하고 직접 외기에 개방되도록 설치하여 연기나 냄새의 역류를 방지한다.
③ 배기구는 외기의 기류에 의하여 배기에 지장이 생기지 아니하는 구조로 한다.
④ 배기통에는 그 최상부 및 배기구를 제외하고 개구부를 두지 아니한다.
⑤ 부엌에 설치하는 배기구에는 전동환기설비를 설치한다.

해설 ▶ 부엌·욕실 및 화장실의 배기설비
② 세대간 배기통을 서로 연결하지 아니하고 직접 외기에 개방되도록 설치하여 연기나 냄새의 역류를 방지한다.

03 공동주택관리법령상 관리주체가 영상정보처리기기의 촬영자료를 타인에게 열람하게 하거나 제공할 수 있는 예외적인 규정으로 옳지 않은 것은?   15회 출제
① 정보주체에게 열람 또는 제공하는 경우
② 정보주체의 동의가 있는 경우
③ 입주자대표회의의 요청이 있는 경우
④ 범죄에 대한 재판업무수행을 위하여 필요한 경우
⑤ 범죄의 수사와 공소의 제기 및 유지에 필요한 경우

정답 01. ② 02. ② 03. ③

제1장 기술적 관리의 총론

> **해설** 영상정보처리기기
> 입주자대표회의의 요청이 있는 경우는 해당사항이 없다.

04 주택단지에 설치하는 영상정보처리기기는 다음 기준에 적합하게 관리하여야 한다. 이에 바르지 않은 것은?

① 카메라의 해상도는 41만 화소 이상일 것
② 촬영된 자료는 컴퓨터보안시스템을 설치하여 30일 이상 보관할 것
③ 영상정보처리기기가 고장난 경우에는 지체없이 수리할 것
④ 영상정보처리기기의 안전관리자를 지정하여 관리할 것
⑤ 정보주체에게 열람 또는 제공하는 경우에는 관리주체는 영상정보처리기기의 촬영자료를 타인에게 열람하게 하거나 제공할 수 있다.

> **해설** 영상정보처리기기
> 카메라의 해상도는 130만 화소 이상이어야 한다.

05 다음 중 「주택건설기준 등에 관한 규정」에 의한 영상정보처리기기의 설치에 관한 기준으로 틀린 것은?

① 의무관리대상 공동주택(의무관리대상 전환 공동주택은 제외한다)을 건설하는 주택단지에는 보안 및 방범 목적을 위한 영상정보처리기기를 설치하여야 한다.
② 승강기, 어린이놀이터 및 각 동의 출입구마다 영상정보처리기기 카메라를 설치하여야 한다.
③ 카메라는 전체 또는 주요 부분이 조망되고 잘 식별될 수 있도록 설치하되, 카메라의 해상도는 31만 화소 이상이어야 한다.
④ 관리주체는 영상정보처리기기의 촬영자료를 보안 및 방범 목적 외의 용도로 활용하거나 타인에게 열람하게 하거나 제공하여서는 아니 된다.
⑤ 모니터 화면이 다채널로 분할 가능하고 다채널의 카메라 신호를 1대의 녹화장치에 연결하여 감시할 경우에 연결된 카메라 신호가 전부 모니터 화면에 표시되어야 하며 1채널의 감시화면의 대각선 방향 크기는 최소한 4인치 이상이고, 채널별로 확대감시기능이 있으며 재생할 경우에 화면의 크기 조절 기능이 있는 경우에는 카메라 수와 녹화장치의 모니터 수가 같지 않아도 된다.

> **해설** 영상정보처리기기
> 카메라는 전체 또는 주요 부분이 조망되고 잘 식별될 수 있도록 설치하되, 카메라의 해상도는 130만 화소 이상이어야 한다.

정답 04. ① 05. ③

06 다음 중 「주택건설기준 등에 관한 규정」에 의한 도로 등의 설계기준에 적합하지 <u>않은</u> 것은?

① 공동주택을 건설하는 주택단지에는 폭 1.5m 이상의 보도를 포함한 폭 7m 이상의 도로(보행자전용도로, 자전거도로는 제외한다)를 설치하여야 한다.
② 500세대 이상의 공동주택을 건설하는 주택단지 안의 도로에는 어린이 통학버스의 정차가 가능하도록 어린이 안전보호구역을 1개소 이상 설치하여야 한다.
③ 어린이 안전보호구역은 차량의 진출입이 쉬운 곳에 승합자동차의 주차가 가능한 면적 이상의 공간으로 설치하여야 한다.
④ 해당 도로를 이용하는 공동주택의 세대수가 100세대 미만이고 해당 도로가 막다른 도로로서 그 길이가 35m 미만인 경우에는 단지 내 도로의 폭을 4m 이상으로 할 수 있다. 이 경우 해당 도로에 폭 1.5m 이상의 보도를 설치하여야 한다.
⑤ 지하주차장의 출입구, 경사형·유선형 차도 등 차량의 속도를 제한할 필요가 있는 곳에는 높이 7.5cm 이상 10cm 이하, 너비 1m 이상인 과속방지턱을 설치하여야 한다.

해설 ▶ 단지 내 도로
해당 도로를 이용하는 공동주택의 세대수가 100세대 미만이고 해당 도로가 막다른 도로로서 그 길이가 35m 미만인 경우에는 단지 내 도로의 폭을 4m 이상으로 할 수 있다. 이 경우 해당 도로에는 보도를 설치하지 아니할 수 있다.

07 다음 중 「주택건설기준 등에 관한 규정」의 내용으로 맞지 <u>않는</u> 것은?

① 공동주택의 세대 내의 층간바닥(화장실의 바닥은 제외한다)의 콘크리트 슬래브 두께는 210mm[라멘구조(보와 기둥을 통해서 내력이 전달되는 구조를 말한다)의 공동주택은 150mm] 이상으로 하여야 한다.
② 공동주택과 그 외의 공동주택 중 발코니, 현관 등은 각 층간 바닥충격음이 경량충격음은 58데시벨 이하, 중량충격음은 50데시벨 이하의 구조가 되어야 한다.
③ 공동주택의 3층 이상인 층의 발코니에 세대간 경계벽을 설치하는 경우에는 화재 등의 경우에 피난용도로 사용할 수 있는 피난구를 경계벽에 설치하거나 경계벽의 구조를 파괴하기 쉬운 경량구조등으로 할 수 있다. 다만, 경계벽에 창고 기타 이와 유사한 시설을 설치하는 경우에는 그러하지 아니하다.
④ 법 제51조제1항에 따라 인정받은 공업화주택의 층간바닥은 세대 내의 층간바닥(화장실의 바닥은 제외한다)의 콘크리트 슬래브 두께가 210mm 이하의 기준으로도 가능하다.
⑤ 각 동 지상 출입구에 국기봉을 꽂을 수 있는 장치를 설치하는 경우에는 해당 출입구 위쪽 벽면의 중앙 또는 왼쪽(출입구 앞쪽에서 건물을 바라볼 때의 왼쪽을 말한다)에 설치해야 한다.

정답 06. ④ 07. ②

제1장 기술적 관리의 총론

해설 ▶ **바닥충격음**
각 층간 바닥은 바닥충격음 차단성능[바닥의 경량충격음(비교적 가볍고 딱딱한 충격에 의한 바닥충격음을 말한다) 및 중량충격음(무겁고 부드러운 충격에 의한 바닥충격음을 말한다)이 각각 49데시벨 이하인 성능을 말한다]을 갖춘 구조일 것. 다만, 다음 각 목의 층간바닥은 그렇지 않다.
㉠ 라멘구조의 공동주택(인정받은 공업화주택은 제외한다)의 층간바닥
㉡ 위 ㉠의 공동주택 외의 공동주택 중 발코니, 현관 등 국토교통부령으로 정하는 부분(발코니, 현관, 세탁실, 대피공간, 벽으로 구획된 창고, 그 외에 주택법에 따른 사업계획승인권자가 층간소음으로 인한 피해가능성이 적어 바닥충격음 성능기준 적용이 불필요하다고 인정하는 공간)의 층간바닥

08 다음 중 주민공동시설의 설치기준으로 틀린 것은?

① 100세대 이상의 주택을 건설하는 주택단지에는 주민공동시설을 설치하여야 한다.
② 100세대 이상 1,000세대 미만의 공동주택에는 세대당 2.5m² 를 더한 면적 이상의 주민공동시설을 설치하여야 한다.
③ 1,000세대 이상의 공동주택에는 500m² 에 세대당 2m² 를 더한 면적 이상의 주민공동시설을 설치하여야 한다.
④ 300세대 이상의 공동주택에는 어린이집을 설치하여야 한다.
⑤ 300세대 이상의 공동주택에는 작은도서관을 설치하여야 한다.

해설 ▶ **주민공동시설의 설치기준**
150세대 이상 : 경로당, 어린이놀이터
300세대 이상 : 경로당, 어린이놀이터, 어린이집
500세대 이상 : 경로당, 어린이놀이터, 어린이집, 주민운동시설, 작은도서관, 다함께돌봄센터

09 세대수가 1,200세대인 공동주택의 주민공동시설의 법정 설치면적은?

① 140m² 이상
② 1,400m² 이상
③ 1,900m² 이상
④ 2,500m² 이상
⑤ 2,900m² 이상

해설 ▶ **공동주택의 주민공동시설**
100세대 이상의 주택을 건설하는 주택단지에는 다음에 따라 산정한 면적 이상의 주민공동시설을 설치하여야 한다. 다만, 지역 특성, 주택 유형 등을 고려하여 특별시·광역시·특별자치도·시 또는 군의 조례로 주민공동시설의 설치면적을 그 기준의 4분의 1 범위에서 강화하거나 완화하여 정할 수 있다.
1) 100세대 이상 1,000세대 미만 : 세대당 2.5m² 를 더한 면적
2) 1,000세대 이상 : 500m² 에 세대당 2m² 를 더한 면적 500m² + 1,200 × 2m² = 2,900m²

정답   08. ⑤   09. ⑤

10. 「주택건설기준등에 관한 규정」상 주민공동시설에 관한 설명이다. 옳지 않은 것은?

① 100세대 이상의 주택을 건설하는 주택단지에는 주민공동시설을 설치하여야 한다.
② 면적은 각 시설별로 전용으로 사용되는 면적을 합한 면적으로 산정한다. 다만, 실외에 설치되는 시설의 경우에는 그 시설이 설치되는 부지 면적으로 한다.
③ 150세대 이상의 경우 경로당, 어린이놀이터를 설치하여야 한다.
④ 어린이놀이터를 실외에 설치하는 경우 인접대지경계선(도로·광장·시설녹지, 그 밖에 건축이 허용되지 아니하는 공지에 접한 경우에는 그 반대편의 경계선을 말한다)으로부터 2m, 주택단지 안의 도로 및 주차장으로부터 3m 이상의 거리를 두고 설치하여야 한다.
⑤ 국토교통부장관은 문화체육관광부장관, 보건복지부장관과 협의하여 주민공동시설별 세부 면적에 대한 사항을 정하여 특별시·광역시·특별자치도·시 또는 군에 이를 활용하도록 제공할 수 있다.

해설 주민공동시설
어린이놀이터를 실외에 설치하는 경우 인접대지경계선(도로·광장·시설녹지, 그 밖에 건축이 허용되지 아니하는 공지에 접한 경우에는 그 반대편의 경계선을 말한다)과 주택단지 안의 도로 및 주차장으로부터 3m 이상의 거리를 두고 설치하여야 한다.

11. 다음의 공동주택 부대시설 또는 복리시설의 설치기준에 관한 내용으로 타당하지 않은 것은?

① 세대수가 300세대 이상인 공동주택을 건설하는 경우 경로당을 설치하여야 한다.
② 50세대 이상의 공동주택을 건설하는 주택단지에는 관리사무소와 경비원 등 공동주택 관리 업무에 종사하는 근로자를 위한 휴게시설을 모두 설치해야 한다.
③ 위 ②의 경우에 관리사무소는 관리업무의 효율성과 입주민의 접근성 등을 고려하여 배치해야 한다.
④ 위 ②의 경우에 휴게시설은 「산업안전보건법」에 따라 설치해야 한다.
⑤ 위 ②의 관리사무소와 휴게시설의 면적의 합계가 10m²에 50세대를 넘는 매 세대마다 500cm²를 더한 면적 이상이 되도록 설치해야 한다. 다만, 그 면적의 합계가 100m²를 초과하는 경우에는 설치면적을 100m²로 할 수 있다.

정답 10. ④ 11. ①

제1장 기술적 관리의 총론

해설 ▶ 경로당
주민공동시설을 설치하는 경우 해당 주택단지에는 다음의 구분에 따른 시설이 포함되어야 한다. 다만, 해당 주택단지의 특성, 인근 지역의 시설설치 현황 등을 고려할 때 사업계획승인권자가 설치할 필요가 없다고 인정하는 시설이거나 입주예정자의 과반수가 서면으로 반대하는 다함께돌봄센터는 설치하지 않을 수 있다.
150세대 이상 : 경로당, 어린이놀이터
300세대 이상 : 경로당, 어린이놀이터, 어린이집
500세대 이상 : 경로당, 어린이놀이터, 어린이집, 주민운동시설, 작은도서관, 다함께돌봄센터

12. 환경친화적 자동차의 개발 및 보급 촉진에 관한 법률 시행령상 ( )에 들어갈 내용으로 옳은 것은? [25회 출제]

> 제18조의6(전용주차구역의 설치기준) ① …〈생략〉…. 다만, 2022년 1월 28일 전에 건축허가를 받은 시설(이하 "기축시설"이라 한다) 중 다음 각 호의 자가 소유하고 관리하는 기축시설(이하 "공공기축시설"이라 한다)이 아닌 기축시설의 경우에는 해당 시설의 총주차대수의 ( ) 이상의 범위에서 시·도의 조례로 정한다.
> 1. ~ 2. 〈생략〉

① 100분의 1
② 100분의 2
③ 100분의 3
④ 100분의 4
⑤ 100분의 5

해설 ▶ 전용주차구역의 설치기준
환경친화적 자동차 전용주차구역의 수는 해당 시설의 총주차대수의 100분의 5 이상의 범위에서 시·도의 조례로 정한다. 다만, 2022년 1월 28일 전에 건축허가를 받은 시설(이하 "기축시설") 중 "공공기축시설"이 아닌 기축시설의 경우에는 해당 시설의 총주차대수의 100분의 2 이상의 범위에서 시·도의 조례로 정한다.

13. 다음 중 사업주체의 하자담보책임기간의 기산일이 잘못된 것은?

① 전유부분은 사용검사일로부터
② 공용부분은 사용검사일로부터
③ 주택단지 안의 공동주택의 전부에 대하여 임시 사용승인을 받은 경우에는 그 임시 사용승인일부터
④ 분할 사용검사나 동별 사용검사를 받은 경우에는 분할 사용검사일 또는 동별 사용검사일로부터
⑤ 「건축법」에 따른 건축허가를 받아 건설한 공동주택은 공동주택의 사용승인일부터

정답 12. ② 13. ①

해설 ▶ **하자보수책임기간의 기산일**
전유부분은 입주자에게 인도한 날부터

14 다음 중 공동주택의 구조안전을 위하여 시장 등이 안전진단을 의뢰할 수 있는 기관에 속하지 <u>않는</u> 것은?

① 한국건설기술연구원　　　　② 국토안전관리원
③ 건축사협회　　　　　　　　④ 대학의 상설부설연구기관
⑤ 대기업의 부설연구기관

해설 ▶ **안전진단 기관**
시장 등은 공동주택의 내력구조부에 중대한 하자가 있다고 인정하는 경우에는 다음에 열거하는 기관에 안전진단을 의뢰할 수 있다(「공동주택관리법 시행령」 제34조 제3항).
1) 한국건설기술연구원　　2) 국토안전관리원　　3) 건축사협회
4) 대학 및 산업대학의 부설연구기관(상설의 경우에 한한다)
5) 「시설물의 안전 및 유지관리에 관한 특별법 시행령」에 따른 건축 분야 안전진단전문기관

15 다음 중 사업주체가 입주자대표회의 등과 협의하여 하자진단을 의뢰할 수 있는 자에 속하지 <u>않는</u> 것은?

① 엔지니어링사업자　　　　　② 한국건설기술연구원
③ 국토안전관리원　　　　　　④ 「기술사법」에 의한 해당 분야의 기술사
⑤ 산업대학의 상설부설연구기관

해설 ▶ **하자진단기관**
사업주체는 입주자대표회의등 또는 임차인등의 하자보수 청구에 이의가 있는 경우 입주자대표회의등 또는 임차인등과 협의하여 안전진단기관에 보수책임이 있는 하자범위에 해당하는지 여부 등 하자진단을 의뢰할 수 있다.
1) 국토안전관리원　　　　　　2) 한국건설기술연구원
3) 해당 분야의 엔지니어링사업자　　4) 「기술사법」에 따라 등록한 해당 분야의 기술사
5) 「건축사법」에 따라 신고한 건축사　　6) 건축분야 안전진단전문기관

16 다음 중 사업주체에 대하여 하자보수를 청구할 수 있는 자에 해당하지 <u>않는</u> 것은?

① 입주자
② 입주자대표회의
③ 하자보수청구 등에 관하여 입주자 또는 입주자대표회의를 대행하는 관리주체
④ 사용자
⑤ 공공임대주택의 임차인 또는 임차인대표회의

정답　14. ⑤　15. ⑤　16. ④

제1장 기술적 관리의 총론

> **해설** ▶ **하자보수 청구자**
> 하자담보책임기간에 하자가 발생한 경우에는 해당 공동주택의 입주자, 입주자대표회의, 하자보수청구 등에 관하여 입주자 또는 입주자대표회의를 대행하는 관리주체, 「집합건물의 소유 및 관리에 관한 법률」에 따른 관리단(이하 "입주자대표회의등"), 공공임대주택의 임차인 또는 임차인대표회의(이하 "임차인등")의 청구에 따라 그 하자를 보수하여야 한다. 이 경우 하자보수의 절차 및 종료 등에 필요한 사항은 대통령령으로 정한다.

17 공동주택관리법령상 공동주택의 관리에 관한 설명으로 옳지 않은 것은? 〔17회 출제〕

① 동별 대표자의 임기는 2년으로 하며, 한 번만 중임할 수 있다.
② 공동주택 분양 후 최초의 관리규약은 사업주체가 제안한 내용(관리규약의 준칙에 따라 입주예정자와 관리계약을 체결할 때에 제안한 내용을 말한다)을 해당 입주예정자의 과반수가 서면으로 동의하는 방법으로 결정한다.
③ 하자보수보증금을 사용하여 직접 보수하는 공사는 관리주체가 사업자를 선정하고 집행하는 사항이다.
④ 관리주체가 주민운동시설을 위탁한 때에는 주민운동시설의 사용료는 주민운동시설의 위탁에 따른 수수료, 주민운동시설의 관리비용 등의 범위에서 정하여야 한다.
⑤ 관리규약의 준칙에는 공동주택의 어린이집 임대계약에 대한 어린이집을 이용하는 입주자등 중 어린이집 임대에 동의하는 비율에 관한 사항이 포함되어야 한다.

> **해설** ▶ **입주자대표회의등의 직접보수**
> 하자보수보증금을 사용하여 보수하는 공사는 입주자대표회의가 사업자를 선정하고 집행하는 사항이다.

18 공동주택관리법령상 공동주택의 시설공사별 하자에 대한 담보책임기간으로 옳은 것을 모두 고른 것은? 〔26회 출제〕

| ㄱ. 도배공사 : 2년 | ㄴ. 타일공사 : 2년 |
| ㄷ. 공동구공사 : 3년 | ㄹ. 방수공사 : 3년 |

① ㄱ, ㄴ, ㄷ   ② ㄱ, ㄴ, ㄹ   ③ ㄱ, ㄷ, ㄹ
④ ㄴ, ㄷ, ㄹ   ⑤ ㄱ, ㄴ, ㄷ, ㄹ

> **해설** ▶ **하자에 대한 담보책임기간**
> ㄹ. 방수공사 : 5년

정답 17. ③   18. ①

19. 공동주택관리법령상 담보책임 및 하자보수 등에 관한 설명으로 옳지 않은 것은? [18회 출제]

① 사업주체에 대한 하자보수청구는 입주자 단독으로는 할 수 없으며 입주자대표회의를 통하여야 한다.
② 하자보수에 대한 담보책임을 지는 사업주체에는 「건축법」에 따라 건축허가를 받아 분양을 목적으로 하는 공동주택을 건축한 건축주도 포함된다.
③ 한국토지주택공사가 사업주체인 경우에는 공동주택관리법령에 따른 하자보수보증금을 예치하지 않아도 된다.
④ 사업주체는 담보책임기간에 공동주택의 내력구조부에 중대한 하자가 발생한 경우에는 하자 발생으로 인한 손해를 배상할 책임이 있다.
⑤ 시장·군수·구청장은 담보책임기간에 공동주택의 구조안전에 중대한 하자가 있다고 인정하는 경우에는 안전진단기관에 의뢰하여 안전진단을 할 수 있다.

해설 ▶ 담보책임 및 하자보수
① 입주자·입주자대표회의·관리주체(하자보수청구 등에 관하여 입주자 또는 입주자대표회의를 대행하는 관리주체를 말한다)·「집합건물의 소유 및 관리에 관한 법률」에 따른 관리단은 사업주체에 하자보수를 요구할 수 있으며, 입주자가 하자보수를 요구하는 경우 입주자대표회의를 통하여야 한다는 규정은 없다.

20. 다음 중 공동주택 하자보수절차에 관한 설명으로 옳지 않은 것은?

① 입주자는 전유부분에 대한 하자보수의 청구를 관리주체가 대행하도록 할 수 있으며, 공용부분에 대한 하자보수의 청구를 입주자대표회의 또는 공공임대주택의 임차인대표회의, 관리주체, 관리단의 어느 하나에 해당하는 자에게 요청할 수 있다.
② 사업주체는 하자보수를 청구받은 날부터 15일 이내에 그 하자를 보수하거나 보수일정을 명시한 하자보수계획을 입주자대표회의등 또는 임차인등에 서면으로 통보하고 그 계획에 따라 하자를 보수하여야 한다.
③ 시장·군수·구청장은 입주자대표회의등 및 임차인등이 하자보수를 청구한 사항에 대하여 사업주체가 정당한 사유 없이 따르지 아니할 때에는 시정을 명할 수 있다.
④ 관리주체는 사업주체가 하자보수를 이행하지 아니하는 경우에는 하자보수보증서 발급기관에 하자보수보증금의 지급을 청구할 수 있다.
⑤ 하자보수보증서 발급기관은 의무관리대상 공동주택에 하자보수보증금을 지급할 때에는 입주자대표회의의 회장의 인감과 관리사무소장의 직인을 복수로 등록한 금융계좌로 이체하는 방법으로 지급하여야 하며, 입주자대표회의는 그 금융계좌로 해당 하자보수보증금을 관리하여야 한다.

정답 19. ① 20. ④

제1장 기술적 관리의 총론

해설 ▸ **하자진단비용**
입주자대표회의는 사업주체가 하자보수를 이행하지 아니하는 경우에는 하자보수보증서 발급기관에 하자보수보증금의 지급을 청구할 수 있다.

21

다음 중 공동주택의 하자보수제도에 관한 내용으로 옳지 않은 것은?

① 관리주체는 담보책임기간에 공동주택의 구조안전에 중대한 하자가 있다고 인정하는 경우에는 안전진단기관에 의뢰하여 안전진단을 할 수 있다.
② 사업주체 등은 입주자대표회의등 또는 임차인등의 하자보수 청구에 이의가 있는 경우, 입주자대표회의등 또는 임차인등과 협의하여 안전진단기관에 보수책임이 있는 하자범위에 해당하는지 여부 등 하자진단을 의뢰할 수 있다.
③ 사업주체 등은 국토안전관리원에 보수책임이 있는 하자범위에 해당하는지 여부 등 하자진단을 의뢰할 수 있다.
④ 하자진단을 의뢰받은 안전진단기관은 하자진단을 의뢰받은 날부터 20일 이내에 그 결과를 사업주체 등과 입주자대표회의 등에 제출하여야 한다. 다만, 당사자 사이에 달리 약정한 경우에는 그에 따른다.
⑤ 내력구조부의 하자보수의 절차 등은 사업주체의 하자보수에 관한 규정과 함께 규정되어 있다.

해설 ▸ **안전진단의 의뢰**
① 공동주택의 하자보수제도와 관련하여 '시장·군수 또는 자치구의 구청장'은 담보책임기간에 공동주택의 구조안전에 중대한 하자가 있다고 인정하는 경우에는 안전진단기관에 의뢰하여 안전진단을 할 수 있다(공동주택관리법 제37조 제3항). 안전진단에 소요되는 비용은 사업주체가 부담한다. 다만, 하자의 원인이 사업주체 이외의 자에게 있는 경우에는 그 자가 부담한다(영 제40조 제2항).

정답 21. ①

제2편 공동주택기술관리

22 「주택법」 제15조에 따른 사업계획승인을 받아 분양을 목적으로 건설한 공동주택 하자의 조사, 보수비용 산정 및 하자판정기준에 관한 설명이다. 다음 중 옳지 않은 것은?

① 누수를 동반하는 균열, 철근이 배근된 위치에 철근길이 방향으로 발생한 균열, 관통균열을 제외하고는 콘크리트에 발생한 균열은 균열 폭이 0.3mm 이상인 경우 시공하자로 본다.
② 거실 또는 침실별로 난방조절이 안 되는 경우에는 특별한 사정이 없는 한 시공하자로 본다.
③ 균열은 콘크리트, 미장 또는 도장으로 구분하여 표본조사하는 것을 원칙으로 한다.
④ 조경수는 수관부의 가지 3분의 2 이상이 고사되거나, 수목의 생육상태가 극히 불량하여 회복하기 어렵다고 인정되는 경우에는 고사(枯死)된 것으로 간주하여 시공하자로 본다.
⑤ 시공상 결함 등이 원인이 되어 승강기의 버튼 또는 호출기능 작동불량, 비상통화장치 작동불량, 승강기와 승강장 사이 이격과다 및 수평불량 등이 발생하여 안전상, 기능상 지장을 초래하는 경우 이를 시공하자로 본다.

해설 ▶ 하자보수의 원인
③ 균열은 콘크리트, 미장 또는 도장으로 구분하여 전수조사하는 것을 원칙으로 한다. 그러나 균열의 면적이 광범위하거나 고층부위를 포함하는 분쟁의 경우에는 표본조사를 실시할 수 있다.

23 하자분쟁조정위원회는 하자원인이 불분명한 사건에 해당하는 사건의 경우에 안전진단기관에 하자감정을 요청할 수 있다. 다음 중 감정을 요청할 수 있는 안전진단기관에 해당하지 않는 것은?

① 국토안전관리원
② 한국건설기술연구원
③ 국립 또는 공립의 주택 관련 시험·검사기관
④ 건축사협회
⑤ 「고등교육법」에 따른 대학 및 산업대학의 주택 관련 부설 연구기관(상설기관으로 한정한다)

해설 ▶ 감정 요청 안전진단기관
다만, 하자진단을 한 안전진단기관은 같은 사건의 심사·조정대상시설에 대해서는 감정을 하는 안전진단기관이 될 수 없다.
1. 국토안전관리원 2. 한국건설기술연구원 3. 국립 또는 공립의 주택 관련 시험·검사기관 4. 「고등교육법」에 따른 대학 및 산업대학의 주택 관련 부설 연구기관(상설기관으로 한정한다) 5. 신고한 해당 분야의 엔지니어링사업자, 기술사, 건축사, 건축 분야 안전진단전문기관[이 경우 분과위원회(소위원회에서 의결하는 사건은 소위원회를 말한다)에서 해당 하자감정을 위한 시설 및 장비를 갖추었다고 인정하고 당사자 쌍방이 합의한 자로 한정한다]

정답 22. ③ 23. ④

24. 다음 중 공동주택의 하자보수보증금으로 잘못 연결된 것은?

① 대지조성과 함께 공동주택을 건설하는 경우 : 사업계획승인서에 기재된 당해 공동주택의 총사업비에서 당해 공동주택을 건설하는 대지가격을 뺀 금액의 100분의 3
② 공동주택을 증축·개축·대수선하는 경우 : 허가신청서 또는 신고서에 기재된 해당 공동주택의 총사업비의 100분의 3
③ 주택사업계획승인만 받아 대지조성 없이 공동주택을 건설하는 경우 : 사업계획승인서에 기재된 해당 공동주택의 총사업비에서 대지가격을 뺀 금액의 100분의 3
④ 공동주택을 리모델링을 하는 경우 : 허가신청서 또는 신고서에 기재된 해당 공동주택 총사업비의 100분의 3
⑤ 건축허가를 받아 분양을 목적으로 공동주택을 건설하는 경우 : 사용승인을 신청할 당시의 공공건설임대주택 분양전환가격의 산정기준에 따른 표준건축비를 적용하여 산출한 건축비의 100분의 3

해설 ▶ 하자보수보증금
대지조성과 함께 공동주택을 건설하는 경우에는 사업계획승인서에 기재된 해당 공동주택의 총사업비[간접비(설계비, 감리비, 분담금, 부담금, 보상비 및 일반분양시설경비를 말한다)는 제외한다]에서 해당 공동주택을 건설하는 대지의 '조성 전 가격'을 뺀 금액의 100분의 3으로 한다(영 제42조 제1항 제1호).

25. 다음 중 하자보수보증금의 예치방법으로 옳지 않은 것은?

① 현금
② 금융기관의 지급보증서
③ 보증보험업을 영위하는 자가 발행하는 이행보증보험증권
④ 「건설산업기본법」에 의하여 건설공제조합이 발행하는 보증서
⑤ 대한주택공제조합이 발행하는 보증서

해설 ▶ 하자보수보증금
주택도시보증공사가 발행하는 보증서이다(영 제41조 제1항).

정답 24. ①   25. ⑤

26. 사업주체의 하자보수보증금 예치 또는 보증가입 등과 관련한 다음 설명 중 틀린 것은?

① 하자보수보증금의 예치명의 또는 가입명의는 사용검사권자(「주택법」에 따른 사용검사권자 또는 「건축법」에 따른 사용승인권자를 말한다)로 하여야 한다.
② 사용검사권자는 입주자대표회의가 구성된 때에는 지체 없이 예치명의 또는 가입명의를 해당 입주자대표회의로 변경하고 입주자대표회의에 현금 예치증서 또는 보증서를 인계하여야 한다.
③ 입주자대표회의는 인계받은 현금 예치증서 또는 보증서를 해당 공동주택의 입주자대표회의 회장과 관리사무소장으로 하여금 보관하게 하여야 한다.
④ 하자보수보증금의 지급 청구를 받은 하자보수보증서 발급기관은 청구일부터 30일 이내에 하자보수보증금을 지급하여야 하며, 의무관리대상 공동주택의 입주자대표회의에 지급한 날부터 30일 이내에 지급 내역을 관할 시장·군수·구청장에게 통보하여야 한다.
⑤ 입주자대표회의 등은 하자보수보증금을 사용한 때에는 그 날부터 30일 이내에 그 사용명세를 사업주체에게 통보하여야 한다.

> **해설** 하자보수보증금의 보증서
> 입주자대표회의는 인계받은 현금 예치증서 또는 보증서를 해당 공동주택의 관리주체(의무관리대상 공동주택이 아닌 경우에는 「집합건물의 소유 및 관리에 관한 법률」에 따른 관리인을 말한다)로 하여금 보관하게 하여야 한다.

27. 다음 중 공동주택의 하자에 대한 분쟁조정에 관한 내용으로 틀린 것은?

① 사업주체 등·설계자 및 감리자는 하자의 책임범위 등에 대하여 서로 간에 분쟁이 발생한 때에는 하자분쟁조정위원회에 분쟁조정을 신청할 수 있다.
② 하자분쟁조정위원회는 국토교통부에 두며 위원장 1명을 포함한 60명 이내의 위원으로 구성하며, 위원장은 상임으로 한다.
③ 하자분쟁조정위원회는 조정 등의 신청을 받은 때에는 지체없이 조정등의 절차를 개시하여야 하며, 조정의 신청을 받은 날로부터 분쟁재정은 60일(공용부분의 경우 90일) 이내에 그 절차를 완료하여야 한다.
④ 조정안을 제시받은 당사자는 그 제시를 받은 날로부터 30일 이내에 그 수락 여부를 하자분쟁조정위원회에 통보하여야 한다.
⑤ 당사자가 조정안을 수락한 경우에는 조정서의 내용은 재판상 화해와 동일한 효력이 있다.

정답 26. ③ 27. ③

제1장 기술적 관리의 총론

해설 ▶ **조정 등의 처리기간**

하자분쟁조정위원회는 조정등의 신청을 받은 때에는 지체 없이 조정등의 절차를 개시하여야 한다. 이 경우 하자분쟁조정위원회는 그 신청을 받은 날부터 다음 각 호의 구분에 따른 기간(제2항에 따른 흠결보정기간 및 제48조에 따른 하자감정기간은 제외한다) 이내에 그 절차를 완료하여야 한다.
1. 하자심사 및 분쟁조정: 60일(공용부분의 경우 90일)
2. 분쟁재정: 150일(공용부분의 경우 180일)

28 다음 중 하자심사·분쟁조정위원회에 관한 것으로 틀린 것은?

① 하자분쟁조정위원회는 공용부분에 분쟁재정 신청을 받은 날부터 180일 이내에 재정을 완료할 수 없는 경우에는 해당 사건을 담당하는 분과위원회 또는 소위원회의 의결로 그 기간을 한 차례만 연장할 수 있으나, 그 기간은 30일 이내로 한다.
② 위원회는 당사자 일방으로부터 조정등의 신청을 받은 때에는 그 신청내용을 상대방에게 통지하여야 하며 통지를 받은 상대방은 신청내용에 대한 답변서를 특별한 사정이 없는 한 30일 이내에 위원회에 제출하여야 한다.
③ 하자분쟁조정위원회로부터 조정등의 신청에 관한 통지를 받은 사업주체등, 설계자, 감리자, 입주자대표회의등 및 임차인등은 분쟁조정에 응하여야 한다.
④ 위원회는 조정절차를 완료한 때에는 지체 없이 조정안을 결정하고 각 당사자 또는 그 대리인에게 이를 제시하여야 하며, 조정안을 제시받은 당사자는 그 제시를 받은 날부터 30일 이내에 그 수락 여부를 위원회에 통보하여야 한다.
⑤ 하자분쟁조정위원회에는 하자 여부 판정 또는 분쟁조정을 전문적으로 다루는 분과위원회를 두되, 분과위원회는 하자분쟁조정위원회의 위원장이 지명하는 9명 이상 15명 이하의 위원으로 구성한다.

해설 ▶ **하자심사·분쟁조정위원회**

위원회는 당사자 일방으로부터 조정등의 신청을 받은 때에는 그 신청내용을 상대방에게 통지하여야 하며 통지를 받은 상대방은 신청내용에 대한 답변서를 특별한 사정이 없는 한 10일 이내에 위원회에 제출하여야 한다.

정답 28. ②

제2편 공동주택기술관리

29 다음 중 하자담보책임기간이 가장 짧은 것은?
① 블록공사　　② 철 및 보온공사　　③ 커튼월공사
④ 가스설비공사　　⑤ 주방기구공사

> **해설** 하자담보책임기간
> ① -5년, ②③④ -3년, ⑤ -2년

30 다음 중 분양된 공동주택의 장기수선충당금에 관한 내용으로 타당하지 <u>않은</u> 것은?

① 장기수선충당금을 적립하여야 할 대상은 300세대 이상 또는 승강기가 설치되거나 중앙집중식 난방방식 또는 지역난방방식의 공동주택, 건축허가를 받아 주택 외의 시설과 주택을 동일 건축물로 건축한 건축물이다.
② 관리주체는 장기수선계획에 따라 공동주택의 주요 시설의 교체 및 보수에 필요한 장기수선충당금을 해당 주택의 소유자로부터 징수하여 적립하여야 한다.
③ 장기수선충당금의 사용절차 및 요율은 장기수선계획에 의하되, 그 사용 및 적립금액은 관리규약으로 정한다.
④ 장기수선충당금은 관리주체가 공사기간 및 공사방법 등이 포함된 장기수선충당금 사용계획서를 장기수선계획에 따라 작성하고 입주자대표회의의 의결을 거쳐 사용한다.
⑤ 장기수선충당금은 해당 공동주택의 입주자 과반수의 서면동의가 있는 경우에는 하자분쟁 조정등의 비용, 하자진단 및 감정에 드는 비용, 조정 등이나 하자진단 및 감정에 드는 비용을 청구하는 데 드는 비용의 용도로 사용할 수 있다.

> **해설** 장기수선충당금의 사용
> 장기수선충당금의 사용은 장기수선계획에 따른다. 다만, 해당 공동주택의 입주자 과반수의 서면동의가 있는 경우에는 하자분쟁 조정등의 비용, 하자진단 및 감정에 드는 비용, 조정 등이나 하자진단 및 감정에 드는 비용을 청구하는 데 드는 비용의 용도로 사용할 수 있다.(「공동주택관리법 시행령」 제31조 제1항). 장기수선충당금의 요율은 당해 공동주택의 공용부분의 내구연한 등을 감안하여 관리규약으로 정하고, 적립금액은 장기수선계획으로 정한다(동법 시행령 동조 제2항). 즉, 기본적인 사항인 요율 및 사용절차는 관리규약으로 정하고, 구체적인 사항인 적립금액 및 사용은 장기수선계획에서 정한다.

정답　29. ⑤　30. ③

31

다음 중 민간임대주택인 공동주택의 특별수선충당금에 관한 내용으로 옳지 않은 것은?

① 민간임대주택이 300세대 이상이거나 또는 150세대 이상의 공동주택으로서 승강기가 설치되었거나 150세대 이상의 공동주택으로서 중앙집중식 난방방식 또는 지역난방방식인 공동주택의 임대사업자는 주요 시설을 교체하고 보수하는 데에 필요한 특별수선충당금을 적립하여야 한다.
② 임대사업자가 민간임대주택을 양도하는 경우에는 특별수선충당금을 「공동주택관리법」에 따라 최초로 구성되는 입주자대표회의에 넘겨주어야 한다.
③ 특별수선충당금은 임대사업자와 해당 민간임대주택의 소재지를 관할하는 시장·군수·구청장의 공동 명의로 금융회사 등에 예치하여 따로 관리하여야 한다.
④ 민간임대주택의 임대사업자는 해당 민간임대주택의 공용부분, 부대시설 및 복리시설에 대한 장기수선계획을 수립하여 사용검사 신청 시 함께 제출하여야 하며, 임대기간 중 해당 민간임대주택단지에 있는 관리사무소에 장기수선계획을 갖춰 놓아야 한다.
⑤ 특별수선충당금의 요율 및 사용절차는 임차인대표회의와 임대사업자가 협의하여 정한다.

해설 ▶ 공동주택의 특별수선충당금
특별수선충당금의 사용방법, 세부 사용절차, 그 밖에 필요한 사항은 장기수선계획으로 정한다.

32

다음 중 공동주택의 장기수선충당금의 적립방식에 대한 설명으로서 옳지 않은 것은?

① 장기수선충당금의 적립방식은 건물의 생애주기 및 감가상각과 관련이 깊다.
② 건물의 신축단계 및 안정화단계에서는 장기수선충당금의 소요액이 적으므로, 정률체증식이 적합할 것이다.
③ 건물의 노후화단계에서는 장기수선충당금의 지출액이 급격히 증가하므로, 정률체증식이 적합할 것이다.
④ 정률체감식은 사용자부담의 원칙에 적합하나, 정액균등식은 공평부담의 원칙에 어긋난다.
⑤ 정률체증식이나 정률체감식은 적립기간동안의 소유자 부담액이 균등하지 못하여 민원이 유발될 가능성이 있다.

해설 ▶ 장기수선충당금의 적립방식
정률체감식은 사용자부담의 원칙에 적합하지 아니하나, 정액균등식은 공평부담의 원칙에 적합하다.

정답 31. ⑤ 32. ④

33. 월간 세대별 장기수선충당금을 산정하는 공식으로 맞는 것은?

① $\dfrac{\text{계획기간중의 수선비}}{\text{분양면적}} \times \text{세대별 분양면적}$

② $\dfrac{\text{수선비} \times \text{총분양면적}}{12월 \times \text{계획기간}} \times \text{세대별 분양면적}$

③ $\dfrac{\text{총분양면적} \times 12월}{\text{수선비 총액}} \times \text{세대별 분양면적}$

④ $\dfrac{\text{계획기간중의 수선비 총액}}{\text{총분양면적} \times \text{계획기간}} \times \text{세대별 분양면적}$

⑤ $\dfrac{\text{계획기간중의 수선비 총액}}{\text{총공급면적} \times 12월 \times \text{계획기간(년)}} \times \text{세대당 주택공급면적}$

해설 ▶ 장기수선충당금의 금액

장기수선충당금은 계획기간중의 총수선비를 매월 세대별로 배분하여 징수한다. 따라서 장기수선계획기간의 수선비 총액을 계획기간과 총 월수(계획기간 × 12)로 나누어 월별 장기수선충당금을 산출하고, 그 금액을 다시 주택공급면적별(세대당/총면적)로 배분하면 된다.

34. 공동주택관리법령상 공동주택의 장기수선충당금에 관한 설명으로 옳은 것을 모두 고른 것은? [21회 출제]

> ㄱ. 관리주체는 장기수선계획에 따라 공동주택의 주요 시설의 교체 및 보수에 필요한 장기 선충당금을 해당 주택의 소유자로부터 징수하여 적립하여야 한다.
> ㄴ. 해당 공동주택의 입주자 과반수의 서면동의가 있더라도 장기수선충당금을 하자진단 및 감정에 드는 비용으로 사용할 수 없다.
> ㄷ. 공동주택 중 분양되지 아니한 세대의 장기수선충당금은 사업주체가 부담하여야 한다.
> ㄹ. 장기수선충당금은 관리주체가 「공동주택관리법 시행령」 제31조 제4항 각 호의 사항이 포함된 장기수선충당금 사용계획서를 장기수선계획에 따라 작성하고 입주자대표회의의 의결을 거쳐 사용한다.
> ㅁ. 장기수선충당금은 건설임대주택에서 분양전환된 공동주택의 경우에는 임대사업자가 관리주체에게 공동주택의 관리업무를 인계한 날부터 1년이 경과한 날이 속하는 달부터 매달 적립한다.

① ㄱ, ㅁ　　② ㄴ, ㄹ　　③ ㄱ, ㄷ, ㄹ
④ ㄴ, ㄷ, ㅁ　　⑤ ㄴ, ㄹ, ㅁ

정답　33. ⑤　34. ③

해설 ▸ **장기수선충당금의 사용**

ㄴ. 장기수선충당금의 사용은 장기수선계획에 따른다. 다만, 해당 공동주택의 입주자 과반수의 서면동의가 있는 경우에는 다음 각 호의 용도로 사용할 수 있다.
1. 조정등의 비용
2. 하자진단 및 감정에 드는 비용
3. 제1호 또는 제2호의 비용을 청구하는 데 드는 비용

ㄷ. 장기수선충당금은 건설임대주택에서 분양전환된 공동주택의 경우에는 임대사업자가 관리주체에게 공동주택의 관리업무를 인계한 날이 속하는 달부터 적립한다.

35 공동주택관리법령상 장기수선계획에 관한 설명으로 옳지 않은 것은? **17회 출제**

① 200세대의 지역난방방식의 공동주택을 건설·공급하는 사업주체 또는 리모델링을 하는 자는 그 공동주택의 공용부분에 대한 장기수선계획을 수립하여야 한다.
② 300세대 이상의 공동주택을 건설·공급하는 사업주체 또는 리모델링을 하는 자는 그 공동주택의 공용부분에 대한 장기수선계획을 수립하여야 한다.
③ 400세대의 중앙집중식 난방방식의 공동주택을 건설·공급하는 사업주체 또는 리모델링을 하는 자는 그 공동주택의 공용부분에 대한 장기수선계획을 수립하여야 한다.
④ 사업주체는 장기수선계획을 3년마다 조정하되, 주요시설을 신설하는 등 관리여건상 필요하여 입주자대표회의의 의결을 얻은 경우에는 3년이 경과하기 전에 조정할 수 있다.
⑤ 입주자대표회의와 관리주체는 장기수선계획에 대한 검토사항을 기록하고 보관하여야 한다

해설 ▸ **장기수선계획의 조정**

입주자대표회의와 관리주체는 장기수선계획을 3년마다 검토하고 필요한 경우 이를 국토교통부령으로 정하는 바에 따라 조정하여야 하며, 수립 또는 조정된 장기수선계획에 따라 주요시설을 교체하거나 보수하여야 한다. 이 경우 입주자대표회의와 관리주체는 장기수선계획에 대한 검토사항을 기록하고 보관하여야 한다. 입주자대표회의와 관리주체는 주요시설을 신설하는 등 관리여건상 필요하여 전체 입주자 과반수의 서면동의를 받은 경우에는 3년이 지나기 전에 장기수선계획을 조정할 수 있다.

정답 35. ④

36
공동주택관리법령상 장기수선계획의 수립기준이다. 다음 중 공사종별에 따른 전면수리나 전면교체, 전면도장 수선주기가 가장 짧은 것은?

① 지붕 - 방수의 전면수리
② 옥외 부대시설 - 전기자동차의 고정형 충전기 전면교체
③ 승강기 - 도어개폐장치 전면교체
④ 건물 외부 - 페인트칠 전면도장
⑤ 건물 내부바닥 - 지하주차장(바닥) 전면교체

해설 ▶ 장기수선계획의 수립기준
　　① 15년　② 10년　③ 15년　④ 8년　⑤ 15년

37
「민간임대주택에 관한 특별법」상 특별수선충당금에 관한 설명으로 틀린 것은?

① 임대사업자가 민간임대주택을 양도하는 경우에는 특별수선충당금을 「공동주택관리법」에 따라 최초로 구성되는 입주자대표회의에게 넘겨주어야 한다.
② 특별수선충당금은 임대사업자와 해당 민간임대주택의 소재지를 관할하는 시장·군수·구청장의 공동 명의로 금융회사 등에 예치하여 따로 관리하여야 한다.
③ 임대사업자는 특별수선충당금을 사용하려면 미리 해당 민간임대주택의 소재지를 관할하는 시장·군수·구청장과 협의하여야 한다.
④ 관리사무소장은 국토교통부령으로 정하는 바에 따라 민간임대사업자의 특별수선충당금 적립여부 적립금액 등을 관할 시·도지사에게 보고하여야 한다.
⑤ 장기수선계획을 수립하여야 하는 민간임대주택의 임대사업자는 특별수선충당금을 사용검사일 또는 임시 사용승인일부터 1년이 지난 날이 속하는 달부터 사업계획 승인 당시 표준 건축비의 1만분의 1의 요율로 매달 적립하여야 한다.

해설 ▶ 특별수선충당금
　　④ 시장·군수·구청장은 특별수선충당금 적립 현황 보고서를 매년 1월 31일과 7월 31일까지 관할 특별시장·광역시장·특별자치시장·도지사 또는 특별자치도지사(이하 "시·도지사"라 한다)에게 제출하여야 하며, 시·도지사는 이를 종합하여 매년 2월 15일과 8월 15일까지 국토교통부장관에게 보고하여야 한다.

정답　36. ④　37. ④

38 공동주택관리법령상 공동주택의 담보책임 및 하자보수에 관한 내용으로 옳지 않은 것은?

① 공동주택의 하자보수비용은 실제 하자보수에 소요되는 공사비용으로 산정하되, 하자보수에 필수적으로 수반되는 부대비용을 추가할 수 있다.
② 공동주택의 전유부분에 대한 담보책임기간은 입주자(공공임대주택이 분양전환이 되기 전까지의 임차인에 대한 하자보수에 대한 담보책임의 경우에는 임차인)에게 인도한 날부터 기산한다.
③ 태양열설비공사, 배수공사의 하자담보책임기간은 3년이다.
④ 시장·군수·구청장은 입주자대표회의등 및 임차인등이 하자보수를 청구한 사항에 대하여 사업주체가 정당한 사유 없이 따르지 아니할 때에는 시정을 명할 수 있다.
⑤ 하자보수를 실시한 사업주체는 하자보수가 완료되면 즉시 그 보수결과를 하자보수를 청구한 입주자대표회의등 또는 임차인등에 통보하여야 한다.

해설 ▶ 하자담보책임기간
태양열설비공사는 3년, 배수공사는 5년이다.

39 공동주택관리법령상 하자보수보증금에 관한 설명으로 옳지 않은 것은?

① 사업주체는 하자보수보증금 예치나 하자보수보증금 지급보증에 가입시 그 예치명의 또는 가입명의는 사업주체로 하여야 한다.
② 사용검사권자는 입주자대표회의가 구성된 때에는 지체없이 예치명의 또는 가입명의를 해당 입주자대표회의로 변경하고 입주자대표회의에 현금 예치증서 또는 보증서를 인계하여야 한다.
③ 입주자대표회의는 인계받은 현금 예치증서 또는 보증서를 의무관리대상 공동주택이 아닌 경우에는 「집합건물의 소유 및 관리에 관한 법률」에 따른 관리인으로 하여금 보관하게 하여야 한다.
④ 하자보수보증금을 예치받은 자는 하자보수보증금을 의무관리대상 공동주택의 입주자대표회의에 지급한 날부터 30일 이내에 지급 내역을 관할 시장·군수·구청장에게 통보하여야 한다.
⑤ 청구를 받은 하자보수보증서 발급기관은 청구일부터 30일 이내에 하자보수보증금을 지급하여야 한다.

해설 ▶ 하자보수보증금
사업주체는 하자보수보증금을 은행에 현금으로 예치하거나 하자보수보증금 지급을 보장하는 보증에 가입하여야 한다. 이 경우 그 예치명의 또는 가입명의는 사용검사권자로 하여야 한다.

정답 38. ③ 39. ①

40. 공동주택관리법령상 공동주택의 장기수선충당금에 관한 내용으로 옳지 않은 것은?

① 관리비 등을 입주자대표회의가 지정하는 금융기관에 예치하여 관리하되, 장기수선충당금은 별도의 계좌로 예치관리하여야 한다.
② 이 경우 계좌는 관리사무소장의 직인 외에 입주자대표회의 회장 인감을 복수로 등록할 수 있다.
③ 공동주택 중 분양되지 아니한 세대의 장기수선충당금은 관리주체가 부담한다.
④ 장기수선계획수립대상 공동주택(임대주택은 제외한다)은 장기수선충당금을 적립하여야 한다.
⑤ 관리주체는 공동주택의 사용자가 장기수선충당금의 납부 확인을 요구하는 경우에는 지체없이 확인서를 발급해 주어야 한다.

해설 ▶ 장기수선충당금
공동주택 중 분양되지 아니한 세대의 장기수선충당금은 사업주체가 부담한다.

41. 공동주택관리법령상 하자보수보증금의 범위에 관한 설명으로 옳지 않은 것은?

①「주택법」제15조에 따른 대지조성사업계획과 주택사업계획승인을 함께 받아 대지조성과 함께 공동주택을 건설하는 경우 하자보수보증금은 사업계획승인서에 기재된 해당 공동주택의 총사업비[간접비(설계비, 감리비, 분담금, 부담금, 보상비 및 일반분양시설경비를 말한다)는 제외한다. 이하 이 항에서 같다]에서 해당 공동주택을 건설하는 대지의 조성 전 가격을 뺀 금액의 100분의 3으로 한다.
②「주택법」제15조에 따른 주택사업계획승인만을 받아 대지조성 없이 공동주택을 건설하는 경우 하자보수보증금은 사업계획승인서에 기재된 해당 공동주택의 총사업비에서 대지가격을 뺀 금액의 100분의 3으로 한다.
③ 법 제35조 제1항 제2호에 따라 공동주택을 증축·개축·대수선하는 경우 또는「주택법」제66조에 따른 리모델링을 하는 경우 하자보수보증금은 허가신청서 또는 신고서에 기재된 해당 공동주택 총사업비의 100분의 3으로 한다.
④「건축법」제11조에 따른 건축허가를 받아 분양을 목적으로 공동주택을 건설하는 경우 하자보수보증금은 사용승인을 신청할 당시의「공공주택 특별법 시행령」제56조 제7항에 따른 공공건설임대주택 분양전환가격의 산정기준에 따른 표준건축비를 적용하여 산출한 건축비의 100분의 3으로 한다.
⑤ 건설임대주택이 분양전환되는 경우의 하자보수보증금은 제1항 내지 제3항에 따른 금액에 건설임대주택 세대 중 분양전환을 하는 세대의 비율을 곱한 금액의 100분의 3으로 한다.

정답 40. ③ 41. ⑤

제1장 기술적 관리의 총론

해설 ▶ 하자보수보증금의 범위

제1항에도 불구하고 건설임대주택이 분양전환되는 경우의 하자보수보증금은 제1항 내지 제3항에 따른 금액에 건설임대주택 세대 중 분양전환을 하는 세대의 비율을 곱한 금액으로 한다.

42. 공동주택관리법령상 하자보수 등에 관한 설명으로 옳지 않은 것은?

① 사업주체는 담보책임기간에 하자가 발생한 경우에는 해당 공동주택의 입주자대표회의 등의 청구에 따라 그 하자를 보수하여야 한다.
② 공공임대주택의 임차인 또는 임차인대표회의는 공동주택관리법령상 하자보수를 사업주체에 청구할 수 없다.
③ 관리주체(하자보수청구 등에 관하여 입주자 또는 입주자대표회의를 대행하는 관리주체를 말한다)는 공동주택관리법령상 하자보수를 사업주체에 청구할 수 있다.
④ 사업주체는 담보책임기간에 공동주택에 하자가 발생한 경우에는 하자 발생으로 인한 손해를 배상할 책임이 있다. 이 경우 손해배상책임에 관하여는 민법 제667조를 준용한다.
⑤ 시장·군수·구청장은 담보책임기간에 공동주택의 구조안전에 중대한 하자가 있다고 인정하는 경우에는 안전진단기관에 의뢰하여 안전진단을 할 수 있다.

해설 ▶ 청구권자

공공임대주택의 임차인 또는 임차인대표회의는 공동주택관리법령상 하자보수를 사업주체에 청구 할 수 있다.

43. 공동주택관리법령상 하자보수보증금의 청구 및 관리에 관한 설명으로 옳지 않은 것은?

① 입주자대표회의는 사업주체가 하자보수를 이행하지 아니하는 경우에는 하자보수보증서 발급기관에 하자보수보증금의 지급을 청구할 수 있다.
② 하자보수보증금의 지급을 청구받은 하자보수보증서 발급기관은 청구일부터 30일 이내에 하자보수보증금을 지급하여야 한다.
③ 하자보수보증서 발급기관은 하자보수보증금을 지급할 때에는 의무관리대상 공동주택의 경우 입주자대표회의의 회장의 인감과 관리사무소장의 직인을 복수로 등록한 금융계좌로 이체하는 방법으로 지급하여야 하며, 관리사무소장은 그 금융계좌로 해당 하자보수보증금을 관리하여야 한다.
④ 입주자대표회의는 하자보수보증금을 지급받기 전에 미리 하자보수를 하는 사업자를 선정해서는 아니 된다.
⑤ 입주자대표회의는 하자보수보증금을 사용한 때에는 그 날부터 30일 이내에 그 사용명세를 사업주체에게 통보하여야 한다.

정답 42. ② 43. ③

> **해설** ▶ **하자보수보증금**
> 하자보수보증서 발급기관은 하자보수보증금을 지급할 때에는 의무관리대상 공동주택의 경우 입주자대표회의의 회장의 인감과 관리사무소장의 직인을 복수로 등록한 금융계좌로 이체하는 방법으로 지급하여야 하며, 입주자대표회의는 그 금융계좌로 해당 하자보수보증금을 관리하여야 한다.

44. 공동주택관리법령상 담보책임의 종료에 관한 설명으로 옳지 않은 것은?

① 사업주체는 담보책임기간이 만료되기 30일 전까지 그 만료 예정일과 입주자대표회의등 또는 임차인등이 하자보수를 청구한 경우 하자보수를 완료한 내용, 담보책임기간 내에 하자보수를 신청하지 아니하면 하자보수를 청구할 수 있는 권리가 없어진다는 사실을 입주자대표회의(의무관리대상 공동주택이 아닌 경우에는 「집합건물법」에 따른 관리단) 또는 해당 공공임대주택의 임차인대표회의에 서면으로 통보하여야 한다.

② 만료 예정일의 통보를 받은 입주자대표회의 또는 공공임대주택의 임차인대표회의는 전유부분에 대하여 담보책임기간이 만료되는 날까지 하자보수를 청구하도록 입주자또는 공공임대주택의 임차인에게 개별통지하고 공동주택단지 안의 잘 보이는 게시판에 30일 이상 게시하여야 한다.

③ 만료 예정일의 통보를 받은 입주자대표회의 또는 공공임대주택의 임차인대표회의는 공용부분에 대하여 담보책임기간이 만료되는 날까지 하자보수 청구하여야 한다.

④ 사업주체는 하자보수 청구를 받은 사항에 대하여 지체없이 보수하고 그 보수결과를 서면으로 입주자대표회의등 또는 임차인등에 통보하여야 한다. 다만, 하자가 아니라고 판단한 사항에 대해서는 그 이유를 명확히 기재한 서면을 입주자대표회의등에 통보하여야 한다.

⑤ 보수결과를 통보받은 입주자대표회의등 또는 임차인등은 통보받은 날부터 30일 이내에 이유를 명확히 기재한 서면으로 사업주체에게 이의를 제기할 수 있다. 이 경우 사업주체는 이의제기 내용이 타당하면 지체없이 하자를 보수하여야 한다.

> **해설** ▶ **담보책임 종료**
> 통보를 받은 입주자대표회의는 전유부분에 대하여 담보책임기간이 만료되는 날까지 하자보수를 청구하도록 입주자에게 개별통지하고 공동주택단지 안의 잘 보이는 게시판에 20일 이상 게시하여야 한다.

정답 44. ②

45 공동주택관리법령상 하자진단 및 감정에 대한 사항으로 옳지 않은 것은?

① 사업주체는 입주자대표회의 등 또는 임차인등이 청구하는 하자보수에 대하여 이의가 있는 경우, 입주자대표회의등 또는 임차인등과 협의하여 대통령령으로 정하는 안전진단기관에 보수책임이 있는 하자범위에 해당하는지 여부 등 하자진단을 의뢰할 수 있다.
② 하자분쟁조정위원회는 하자진단 결과에 대하여 다투는 사건의 경우에는 대통령령으로 정하는 안전진단기관에 그에 따른 감정을 요청할 수 있다.
③ 안전진단기관은 하자진단을 의뢰받은 날부터 20일 이내에 그 결과를 사업주체등과 입주자대표회의등에 제출하여야 한다. 다만, 하자분쟁조정위원회가 인정하는 부득이한 사유가 있는 때에는 그 기간을 연장할 수 있다.
④ 안전진단기관은 하자감정을 의뢰받은 날부터 20일 이내에 그 결과를 하자분쟁조정위원회에 제출하여야 한다. 다만, 하자분쟁조정위원회가 인정하는 부득이한 사유가 있는 때에는 그 기간을 연장할 수 있다.
⑤ 하자진단에 드는 비용은 당사자 간 합의한 바에 따라 부담하고, 하자감정에 드는 비용은 당사자 간 합의한 바에 따라 부담하되, 당사자 간에 합의가 이루어지지 아니할 경우에는 하자감정을 신청하는 당사자 일방 또는 쌍방이 미리 하자감정비용을 부담한 후 하자심사 또는 분쟁조정의 결과에 따라 하자분쟁조정위원회에서 정하는 비율에 따라 부담한다.

해설 하자진단 및 감정
안전진단기관은 하자진단을 의뢰받은 날부터 20일 이내에 그 결과를 사업주체등과 입주자대표회의등에 제출하여야 한다. 다만, 당사자 사이에 달리 약정한 경우에는 그에 따른다.

46 공동주택관리법령상 하자분쟁조정위원회의 구성 등에 관한 설명으로 옳지 않은 것은?

① 하자분쟁조정위원회는 위원장 1명을 포함한 60명 이내의 위원으로 구성하며, 위원장은 상임으로 한다.
② 하자 여부 판정 또는 분쟁조정을 다루는 분과위원회는 하자분쟁조정위원회의 위원장이 지명하는 9명 이상 15명 이하의 위원으로 구성한다.
③ 위원장은 국토교통부장관이 임명하고, 분과위원회의 위원장은 하자분쟁조정위원회의 위원장이 임명한다.
④ 분쟁재정을 다루는 분과위원회는 위원장이 지명하는 5명의 위원으로 구성하되, 판사·검사 또는 변호사의 직에 6년 이상 재직한 사람이 1명 이상 포함되어야 한다.
⑤ 위원장과 공무원이 아닌 위원의 임기는 2년으로 하되 연임할 수 있다.

정답 45. ③ 46. ③

해설 하자분쟁조정위원회 구성
위원장 및 분과위원회의 위원장은 국토교통부장관이 임명한다.

47 공동주택관리법령상 하자보수보증금에 관한 설명으로 옳지 않은 것은? **24회 출제**

① 지방공사인 사업주체는 대통령령으로 정하는 바에 따라 하자보수를 보장하기 위하여 하자보수보증금을 담보책임기간 동안 예치하여야 한다.
② 입주자대표회의등은 하자보수보증금을 하자심사·분쟁조정위원회의 하자 여부 판정 등에 따른 하자보수비용 등 대통령령으로 정하는 용도로만 사용하여야 한다.
③ 사업주체는 하자보수보증금을 「은행법」에 따른 은행에 현금으로 예치할 수 있다.
④ 입주자대표회의는 하자보수보증서 발급기관으로부터 하자보수보증금을 지급받기 전에 미리 하자보수를 하는 사업자를 선정해서는 아니 된다.
⑤ 입주자대표회의는 하자보수보증금을 사용한 때에는 그 날부터 30일 이내에 그 사용명세를 사업주체에게 통보하여야 한다.

해설 하자보수보증금 예치의무 없는 사업주체들
① 예외적으로 국가·지방자치단체·한국토지주택공사 및 지방공사인 사업주체의 경우에는 하자보수보증금을 담보책임기간 동안 예치할 의무가 없다.

48 공동주택관리법령상 하자보수보증금의 청구 및 관리에 대한 설명으로 옳지 않은 것은?

① 공동주택의 관리주체가 변경되는 경우 기존 관리주체는 해당 관리의 종료일까지 새로운 관리주체에게 해당 공동주택의 하자보수청구 서류 등을 인계하여야 한다.
② 의무관리대상 공동주택의 경우에는 하자보수보증금의 사용 후 30일 이내에 그 사용내역을 시장·군수·구청장에게 신고하여야 한다.
③ 하자보수보증서 발급기관은 하자보수보증금을 지급할 때에는 의무관리대상이 아닌 공동주택의 경우 입주자대표회의의 회장의 인감과 관리사무소장의 직인을 복수로 등록한 금융계좌로 이체하는 방법으로 지급하여야 하며, 입주자대표회의는 그 금융계좌로 해당 하자보수보증금을 관리하여야 한다.
④ 송달된 하자 여부 판정서(재심의 결정서를 포함한다) 정본에 따라 하자로 판정된 시설공사 등에 대한 하자보수비용의 경우와 하자진단의 결과에 따른 하자보수비용의 경우에는 하자보수보증서 발급기관이 청구를 받은 금액에 이의가 있으면 하자분쟁조정위원회에 분쟁조정을 신청한 후 그 결과에 따라 지급하여야 한다.
⑤ 입주자대표회의 등은 하자보수보증금을 하자심사분쟁조정위원회의 하자 여부 판정 등에 따른 하자보수비용 등 대통령령으로 정하는 용도로만 사용하여야 한다.

정답 47. ① 48. ③

제1장 기술적 관리의 총론

> **해설** ▶ **하자보수보증금**
> 의무관리대상인 공동주택의 경우 입주자대표회의의 회장의 인감과 관리사무소장의 직인을 복수로 등록한 금융계좌로 이체하는 방법으로 지급하여야 한다.

49 공동주택관리법령상 하자보수보증금의 예치 및 보관에 관한 설명으로 옳지 않은 것은?

① 사업주체(건설임대주택을 분양전환하려는 경우에는 그 임대사업자를 말한다)는 하자보수보증금을 은행(「은행법」에 따른 은행을 말한다)에 현금으로 예치하거나 법령에 해당하는 자가 취급하는 보증으로서 하자보수보증금 지급을 보장하는 보증에 가입하여야 한다.
② 하자보수보증금의 예치명의 또는 가입명의는 사업주체로 하여야 한다.
③ 사업주체는 사용검사 신청서(공동주택단지 안의 공동주택 전부에 대하여 임시 사용승인을 신청하는 경우에는 임시 사용승인 신청서)를 사용검사권자에게 제출할 때에 현금 예치증서 또는 보증서를 함께 제출하여야 한다.
④ 사용검사권자는 입주자대표회의가 구성된 때에는 지체없이 예치명의 또는 가입명의를 해당 입주자대표회의로 변경하고 입주자대표회의에 현금 예치증서 또는 보증서를 인계하여야 한다.
⑤ 입주자대표회의는 인계받은 현금 예치증서 또는 보증서를 해당 공동주택의 관리주체(의무관리대상 공동주택이 아닌 경우에는 「집합건물의 소유 및 관리에 관한 법률」에 따른 관리인을 말한다)로 하여금 보관하게 하여야 한다.

> **해설** ▶ **하자보수보증금**
> 하자보수보증금의 예치명의 또는 가입명의는 사용검사권자(「주택법」 제49조에 따른 사용검사권자 또는 「건축법」 제22조에 따른 사용승인권자를 말한다)로 하여야 한다.

정답 49. ②

50 공동주택관리법령상 장기수선계획의 내용으로 옳지 않은 것은?

① 지역난방방식의 공동주택을 건설·공급하는 사업주체 또는 리모델링을 하는 자는 그 공동주택의 공용부분에 대한 장기수선계획을 수립하여 사용검사를 신청할 때에 사용검사권자에게 제출하고, 사용검사권자는 이를 그 공동주택의 관리주체에게 인계하여야 한다.
② 입주자대표회의와 관리주체는 수립 또는 조정된 장기수선계획에 따라 주요시설을 교체하거나 보수하여야 한다.
③ 관리주체는 장기수선계획을 검토하기 전에 해당 공동주택의 관리사무소장으로 하여금 국토교통부령으로 정하는 바에 따라 시·도지사가 실시하는 장기수선계획의 비용산출 및 공사방법 등에 관한 교육을 받게 하여야 한다.
④ 장기수선계획을 수립하는 자는 국토교통부령이 정하는 기준에 따라 장기수선계획을 수립하되, 당해 공동주택의 건설에 소요된 비용을 감안하여야 한다.
⑤ 입주자대표회의와 관리주체는 장기수선계획을 조정하려는 경우 「에너지이용 합리화법」에 따라 산업통상자원부장관에게 등록한 에너지절약전문기업이 제시하는 에너지절약을 통한 주택의 온실가스 감소를 위한 시설 개선 방법을 반영할 수 있다.

해설 ▶ 장기수선계획
관리주체는 장기수선계획을 검토하기 전에 해당 공동주택의 관리사무소장으로 하여금 국토교통부령으로 정하는 바에 따라 시·도지사가 실시하는 장기수선계획의 비용 산출 및 공사방법 등에 관한 교육을 받게 할 수 있다.

정답 50. ③

51 공동주택관리법령상 하자보수청구 서류 등의 보관 등에 관한 설명으로 옳지 <u>않</u><u>은</u> 것은?

① 하자보수청구 등에 관하여 입주자 또는 입주자대표회의를 대행하는 관리주체는 하자보수 이력, 담보책임기간 준수 여부 등의 확인에 필요한 것으로서 하자보수청구 서류 등 대통령령으로 정하는 서류를 보관하여야 한다.
② 입주자 또는 입주자대표회의를 대행하는 관리주체(자치관리기구의 대표자인 공동주택의 관리사무소장, 관리업무를 인계하기 전의 사업주체, 주택관리업자)는 하자보수청구 서류를 문서 또는 전자문서의 형태로 보관해야 하며, 그 내용을 하자관리정보시스템에 등록해야 한다.
③ 문서 또는 전자문서 형태의 하자보수청구 서류와 하자관리정보시스템에 등록한 내용은 관리주체가 사업주체에게 하자보수를 청구한 날부터 10년간 보관해야 한다.
④ 입주자 또는 입주자대표회의를 대행하는 관리주체는 보관한 하자보수청구 서류의 제공을 요구받은 경우 지체 없이 이를 열람하게 하거나 그 사본·복제물을 내주어야 한다.
⑤ 관리주체는 하자보수청구 서류를 제공하는 경우 그 서류제공을 요구한 자가 입주자나 입주자대표회의의 구성원인지를 확인해야 하며, 서류의 제공을 요구한 자에게 서류의 제공에 드는 비용을 부담하게 할 수 있다.

해설 하자보수청구 서류 등의 보관 등
문서 또는 전자문서 형태의 하자보수청구 서류와 하자관리정보시스템에 등록한 내용은 관리주체가 사업주체에게 하자보수를 청구한 날부터 10년간 보관해야 한다.

52 공동주택관리법령상 하자담보책임 의무자로 옳지 <u>않은</u> 것은?

① 지방공사
② 「건축법」 제11조에 따른 건축허가를 받아 분양을 목적으로 하는 공동주택을 건축한 건축주
③ 대수선행위를 한 시공자(수급인의 담보책임을 말한다)
④ 파손·철거행위를 한 시공자(수급인의 담보책임을 말한다)
⑤ 「주택법」 제66조에 따른 리모델링을 수행한 시공자(수급인의 담보책임을 말한다)

해설 하자담보책임
용도변경행위를 한 시공자는 하자담보책임 의무자에 포함되지 않는다.

정답 51. ③ 52. ④

53

공동주택관리법령상 하자보수절차에 관한 설명으로 옳지 않은 것은?

① 사업주체는 담보책임기간에 공동주택에 하자가 발생한 경우에는 하자 발생으로 인한 손해를 배상할 책임이 있다.
② 시장·군수·구청장은 담보책임기간에 공동주택의 구조안전에 중대한 하자가 있다고 인정하는 경우에는 안전진단기관에 의뢰하여 안전진단을 할 수 있다.
③ 공용부분의 하자보수의 청구는 입주자, 입주자대표회의, 관리주체(하자보수청구 등에 관하여 입주자 또는 입주자대표회의를 대행하는 관리주체를 말한다), 관리단 또는 공공임대주택의 임차인 또는 임차인대표회의가 하여야 한다.
④ 시장·군수·구청장은 입주자대표회의등 및 임차인등이 하자보수를 청구한 사항에 대하여 사업주체가 정당한 사유 없이 응하지 아니할 때에는 시정을 명할 수 있다.
⑤ 「공공주택 특별법」 제2조 제1호 가목에 따라 임대한 후 분양전환을 할 목적으로 공급하는 공동주택을 공급한 사업주체는 분양전환이 되기 전까지는 임차인에 대하여 하자보수에 대한 담보책임을 진다.

해설 ▶ 하자보수청구
③ 공용부분의 하자보수청구권자에 입주자, 임차인은 제외된다.

54

다음 중 시설공사별 하자담보책임기간이 가장 긴 것은?

① 특수콘크리트공사 ② 제연설비공사 ③ 토목옹벽공사
④ 지정공사 ⑤ 동력설비공사

해설 ▶ 하자담보책임기간
④ 지정공사 : 10년
기초공사·지정공사 등 「집합건물의 소유 및 관리에 관한 법률」 제9조의2 제1항 제1호에 따른 지반공사의 경우 담보책임기간은 10년
① 특수콘크리트공사 : 5년
② 제연설비공사 : 3년
③ 토목옹벽공사 : 5년
⑤ 동력설비공사 : 3년

정답 53. ③ 54. ④

제1장 기술적 관리의 총론

55 공동주택관리법령상 시설공사별 담보책임기간의 연결이 옳지 않은 것은? **19회 출제**

① 소방시설공사 중 자동화재탐지설비공사 : 2년
② 지능형 홈네트워크 설비 공사 중 홈네트워크망 공사 : 3년
③ 난방·냉방·환기, 공기조화 설비공사 중 자동제어설비공사 : 3년
④ 대지조성공사 중 포장공사 : 5년
⑤ 지붕공사 중 홈통 및 우수관공사 : 5년

해설 ▶ 시설공사별 담보책임기간
① 소방시설공사 중 자동화재탐지설비공사의 담보책임기간은 3년이다.

56 공동주택관리법령상 장기수선계획 수립기준에서 공사종별에 따른 수선주기가 옳게 연결되지 않은 것은?

① 자동화재감지설비 감지기 전면교체 – 20년
② 지붕의 아스팔트 싱글 잇기 전면교체 – 20년
③ 승강기 기계장치 전면교체 – 15년
④ 급수설비의 저수조[스테인레스(STS),합성수지] 전면교체 – 20년
⑤ 주차차단기 전면교체 – 10년

해설 ▶ 장기수선계획 수립기준
④ 급수설비의 저수조[스테인레스(STS),합성수지] 전면교체 – 25년

57 공동주택관리법령상 장기수선계획 수립기준에서 공사종별에 따른 전면교체 또는 전면수리의 수선주기가 같은 것끼리 짝지어진 것은?

① 난방설비 열교환기 – 영상정보처리기기 및 침입탐지시설
② 아스팔트포장 – 어린이놀이시설
③ 자전거보관소 – 안내표지판
④ 홈네트워크기기 – 소화펌프
⑤ 급수펌프 – 방화문

해설 ▶ 장기수선계획 수립기준
① 15년-5년 ② 15년-15년 ③ 15년-5년 ④ 10년-20년 ⑤ 10년-15년

정답 55. ① 56. ④ 57. ②

제2편 공동주택기술관리

58
다음 중 공동주택관리법령상 장기수선계획 수립기준에서 공사종별에 따른 전면교체 또는 전면수리의 수선주기가 가장 긴 것은?

① 승강기 쉬브(도르레)
② 건물 내부 페인트칠
③ 소화수관(강관)
④ 지붕 금속기와 잇기
⑤ 옥상 비상문 자동개폐장치

해설 ▶ **장기수선계획**
수선주기
① 5년　② 8년　③ 25년　④ 20년　⑤ 15년

59
공동주택관리법령상 담보책임의 종료에 관한 설명으로 옳지 않은 것은?

① 전유부분의 경우에 사업주체와 입주자는 하자보수가 끝난 때에는 공동으로 담보책임 종료확인서를 작성해야 한다. 이 경우 담보책임기간이 만료되기 전에 담보책임 종료확인서를 작성해서는 안 된다.
② 공용부분의 경우에 사업주체와 입주자대표회의의 회장(의무관리대상 공동주택이 아닌 경우에는 관리인) 또는 과반수의 입주자(입주자대표회의의 구성원 중 사용자인 동별 대표자가 과반수인 경우만 해당한다)는 하자보수가 끝난 때에는 공동으로 담보책임 종료확인서를 작성해야 한다.
③ 입주자대표회의의 회장은 공용부분의 담보책임 종료확인서를 작성하려면 의견청취를 위하여 입주자에게 담보책임기간이 만료된 사실 등 사항을 서면으로 개별통지하고 공동주택단지 안의 게시판에 20일 이상 게시한 후 입주자대표회의의 의결을 거쳐야 한다.
④ 위 ③의 경우에 전체 입주자의 1/5 이상이 서면으로 반대하면 입주자대표회의는 의결을 할 수 없다.
⑤ 사업주체는 입주자와 공용부분의 담보책임 종료확인서를 작성하려면 입주자대표회의의 회장에게 입주자에 대한 개별통지 및 20일 이상의 게시를 요청해야 하고, 전체 입주자의 5분의 4 이상과 담보책임 종료확인서를 작성한 경우에는 그 결과를 입주자대표회의등에 통보해야 한다.

해설 ▶ **담보책임의 종료**
공용부분의 경우에 사업주체와 입주자대표회의의 회장(의무관리대상 공동주택이 아닌 경우에는 「집합건물법」에 따른 관리인) 또는 5분의 4 이상의 입주자(입주자대표회의의 구성원 중 사용자인 동별 대표자가 과반수인 경우만 해당한다)는 하자보수가 끝난 때에는 공동으로 담보책임 종료확인서를 작성해야 한다.

정답　58. ③　59. ②

60 공동주택관리법령상 하자담보책임에 관한 설명으로 옳지 않은 것은?

① 공동주택을 증축·개축·대수선하는 행위(「주택법」에 따른 리모델링은 제외한다)를 수행한 시공자는 공동주택의 하자에 대하여 수급인의 담보책임을 진다.
② 「공공주택 특별법」 제2조 제1호 가목에 따라 임대한 후 분양전환을 할 목적으로 공급하는 공동주택을 공급한 사업주체는 분양전환이 되기 전까지는 임차인에 대하여 하자보수에 대한 담보책임(하자발생으로 인한 손해배상책임은 제외한다)을 진다.
③ 공용부분의 담보책임기간의 기산점은 입주자에게 인도한 날을 기준으로 한다.
④ 사업주체는 해당 공동주택의 전유부분을 입주자에게 인도한 때에는 국토교통부령으로 정하는 바에 따라 주택인도증서를 작성하여 관리주체에게 인계하여야 한다. 이 경우 관리주체는 30일 이내에 공동주택관리정보시스템에 전유부분의 인도일을 공개하여야 한다.
⑤ 사업주체가 해당 공동주택의 전유부분을 공공임대주택의 임차인에게 인도한 때에는 주택인도증서를 작성하여 분양전환하기 전까지 보관하여야 한다. 이 경우 사업주체는 주택인도증서를 작성한 날부터 30일 이내에 공동주택관리정보시스템에 전유부분의 인도일을 공개하여야 한다.

해설 하자담보책임의 기산점
공용부분의 담보책임기간의 기산점은 「주택법」에 따른 사용검사일(공동주택의 전부에 대하여 임시 사용승인을 받은 경우에는 그 임시 사용승인일을 말하고, 분할 사용검사나 동별 사용검사를 받은 경우에는 그 분할 사용검사일 또는 동별 사용검사일을 말한다) 또는 「건축법」에 따른 공동주택의 사용승인일을 기준으로 한다.

정답 60. ③

제2편 공동주택기술관리

61 공동주택관리법령상 하자보수보증금의 예치 및 사용에 관한 설명으로 옳지 않은 것은?

① 사업주체는 하자보수보증금을 은행에 현금으로 예치하거나 하자보수보증금 지급을 보장하는 보증에 가입하여야 한다. 이 경우 그 예치명의 또는 가입명의는 사용검사권자로 하여야 한다.
② 사용검사권자는 입주자대표회의가 구성된 때에는 지체없이 제1항에 따른 예치명의 또는 가입명의를 해당 입주자대표회의로 변경하고 입주자대표회의에 현금 예치증서 또는 보증서를 인계하여야 한다.
③ 입주자대표회의는 인계받은 현금 예치증서 또는 보증서를 해당 공동주택의 관리주체로 하여금 보관하게 하여야 한다.
④ 하자보수보증금을 예치받은 자는 하자보수보증금을 의무관리대상 공동주택의 입주자대표회의에 지급한 날부터 60일 이내에 지급 내역을 국토교통부령으로 정하는 바에 따라 관할 시장·군수·구청장에게 통보하여야 한다.
⑤ 하자보수보증금의 보증서 발급기관은 하자보수보증금 지급내역서에 하자보수보증금을 사용할 시설공사별 하자내역을 첨부하여 관할 시장·군수·구청장에게 제출하여야 한다.

해설 ▶ 하자보수보증금
하자보수보증금을 예치받은 자는 하자보수보증금을 의무관리대상 공동주택의 입주자대표회의에 지급한 날부터 30일 이내에 지급 내역을 국토교통부령으로 정하는 바에 따라 관할 시장·군수·구청장에게 통보하여야 한다.

62 공동주택관리법령상 하자보수에 관한 설명으로 옳지 않은 것은?

① 사업주체는 주택의 미분양 등으로 인하여 인계·인수서에 인도일의 현황이 누락된 세대가 있는 경우에는 주택의 인도일부터 15일 이내에 인도일의 현황을 관리주체에게 인계하여야 한다.
② 특수설비공사의 하자에 대한 담보책임기간은 3년이다.
③ 전유부분의 하자보수의 청구는 입주자 또는 공공임대주택의 임차인이 하여야 한다. 이 경우 입주자는 전유부분에 대한 청구를 관리주체가 대행하도록 할 수 있다.
④ 내력벽, 기둥, 보, 바닥, 옥외 계단의 하자에 대한 담보책임기간은 10년이다.
⑤ 입주자대표회의는 사업주체가 예치한 하자보수보증금을 사용검사일부터 5년이 경과된 때에는 하자보수보증금의 100분의 25를 사업주체에게 반환하여야 한다.

해설 ▶ 공동주택의 내력구조부별 담보책임기간
내력구조부별(건축법에 따른 건물의 주요구조부 - 내력벽, 기둥, 바닥, 보, 지붕틀 및 주계단을 말한다. 다만, 사이 기둥, 최하층 바닥, 작은 보, 차양, 옥외 계단, 그 밖에 이와 유사한 것으로 건축물의 구조상 중요하지 아니한 부분은 제외한다) 하자에 대한 담보책임기간 : 10년

정답 61. ④ 62. ④

CHAPTER 02 건축물 관리실무

학습포인트

- 이 장은 철근콘크리트의 균열, 내·외벽의 균열, 백화현상, 결로현상, 동해 등으로 인한 건축물의 열화·결함의 방지대책과 미장공사·방수공사·옥상 및 외벽의 점검보수, 단열시공, 도장공사, 창호새시 등의 영선(營繕)공사의 구조로 이루어진다.
- 특히 내·외벽의 균열원인과 대책, 영선공사 중 미장·방수 및 도장공사가 중요하다.

CHAPTER 학습 & 출제되는 키워드

- ☑ 철근콘크리트
- ☑ 내·외벽의 균열
- ☑ 예방대책
- ☑ 결로의 발생원인
- ☑ 동해의 방지대책
- ☑ 누수
- ☑ 방수공사
- ☑ 단열시공
- ☑ 균열의 원인
- ☑ 백화현상
- ☑ 백화의 제거
- ☑ 결로의 방지대책
- ☑ 영선 보수공사
- ☑ 부식
- ☑ 옥상
- ☑ 도장공사
- ☑ 균열의 방지대책
- ☑ 발생조건
- ☑ 결로의 의의 및 종류
- ☑ 동해의 원인
- ☑ 건축 시설물의 점검
- ☑ 미장공사
- ☑ 외벽
- ☑ 스틸 새시·알루미늄 새시

CHAPTER 학습 & 출제되는 질문

- ☑ 건축물의 표면결로 방지대책에 관한 설명으로 옳지 않은 것은?
- ☑ 습공기선도에서 상대습도가 100%일 경우 같은 값을 갖는 것을 모두 고른 것은?
- ☑ 건물의 단열에 관한 설명으로 옳지 않은 것은?

제2편 공동주택기술관리

단원 단답형 문제

01 건축물의 노후화 원인에 관한 설명이다. 아래 내용이 설명하고 있는 용어를 쓰시오.

> 시멘트를 사용하는 건축물의 외부면에 백색의 물질이 생겨 외관을 저해하는 현상으로, 시멘트 중의 물에 녹을 수 있는 가용성 알칼리 염류(수산화칼슘, 황산칼슘, 황산소다, 황산칼륨 등)가 시공시에 혼합수 또는 조적 완료 후에, 침투된 물에 의해 용해되어 직접 줄눈 외부로 이동하거나 블록 내부로 침투하였다가 블록 외부면이 건조되면서 용해물이 모세관을 통해 표면으로 이동하여 수분이 증발한 후 염류가 하얗게 남는 것이다.

02 건축물의 노후화 원인에 관한 설명이다. 아래 내용이 설명하고 있는 용어를 쓰시오.

> 어떤 습공기가 그 공기의 노점온도 이하가 되는 구조체와 접촉할 때 구조체 내부 또는 구조체 실내표면에서 수증기의 응축으로 물방울이 형성되는 현상을 말한다. 일반적으로 실내·외 온도차가 큰 한랭지 건축에서 흔히 발생(표면·내부)하며 물방울 낙하, 내장재 오손, 동결 등 건축물의 내구성을 약화시키며, 특히 한 번 발생하면 소멸되지 않고 계속 번지는 특성이 있다.

해설 결로의 원인 및 대책
① 실내습기의 과다발생 → 실내의 수증기 발생을 억제한다
② 높은 실내·외 온도차 → 실내·외 온도차를 낮춘다.
③ 건물의 사용패턴 변화에 의한 환기 부족 → 환기를 통해 실내 절대 또는 습도를 낮춘다.
④ 구조체의 열적 특성 → 외벽의 단열강화를 통해 실내 측 표면온도가 낮아지는 것을 방지한다. 또한 일반유리보다 복층유리를 사용하면 표면결로 발생을 줄일 수 있다.
⑤ 시공불량
⑥ 시공 직후 미건조 상태

정답 01. 백화 02. 결로

제2장 건축물 관리실무

03 다음의 설명에 해당하는 내용의 장단점을 가진 방수공법을 쓰시오.

> • 결함부분의 발견이 어렵고, 누수시 국부적 보수가 곤란해 보수비가 많이 든다.
> • 바탕면의 마감이 거칠어도 된다.
> • 보호누름층이 필요하다.
> • 오래된 시공법으로 방수성능이 우수하다.

해설 ▶ **아스팔트 방수**
1) 유성으로 동절기 작업이 가능하다.
2) 적층시공을 통하여 시공에 의한 결함이 적다.
3) 저온에서 시공이 곤란하고 열공법으로 가열설비와 열원이 필요하여 화재의 위험이 따른다.
4) 시공성이 나쁘다.

04 합성수지계 접착제의 종류에 대한 설명이다. 해당하는 종류의 용어를 쓰시오.

> 기본수지는 점성이 아주 크므로 사용시에는 경화제를 넣는다. 접착제의 성능은 경화제에 따라 다르며 일반적으로 폴리아민이 사용된다. 급경성으로 피막이 다소 단단하고 유연성이 부족하며 값이 고가인 결점은 있으나 내수성, 내습성, 내약품성, 전기절연성이 우수하고 경금속, 석재, 도자기, 유리, 콘크리트, 플라스틱 등 거의 모든 물질의 접착에 사용할 수 있는 만능접착제이다.

해설 ▶ **합성수지계 접착제**
① 비닐수지 접착제　② 요소수지 접착제　③ 멜라민수지 접착제
④ 페놀수지 접착제　⑤ 폴리에스테르수지 접착제　⑥ 아크릴수지 접착제
⑦ 에폭시수지 접착제　⑧ 실리콘수지 접착제

정답　03. 아스팔트방수공법　04. 에폭시수지 접착제

응용 출제예상문제

01 다음 중 철근콘크리트의 특성에 관한 설명으로 적합하지 <u>않은</u> 것은?
① 철근콘크리트의 열화란 그 성능이나 기능이 해마다 조금씩 저하되는 현상을 말한다.
② 콘크리트의 수축, 콘크리트의 함수성 및 철근의 부식 등으로 인하여 철근콘크리트는 열화한다.
③ 콘크리트가 초기의 중성에서 산성화되면서 철근의 부식 및 콘크리트의 수축현상이 발생한다.
④ 콘크리트는 압축력에는 강하나 인장력에는 약하므로, 인장력에 의하여 압축클리프가 발생한다.
⑤ 콘크리트가 타설된 후 경화되는 과정에서 수축현상이 발생한다.

해설 ▶ 철근콘크리트의 특성
콘크리트는 건설 초기에는 강알칼리성이지만, 대기 중 이산화탄소와의 화학반응에 의하여 점차 중성화되면서 콘크리트의 수축 및 철근의 부식을 일으켜 철근콘크리트의 열화 내지 노후화의 원인이 된다.

02 다음 중 공동주택에서 발생할 수 있는 누수에 관한 설명으로 옳지 <u>않은</u> 것은?
① 누수는 철근의 부식 또는 동해 등의 원인이 되며, 옥내에서 발생하는 경우 상·하층 세대 간의 갈등을 일으킨다.
② 옥상 아스팔트방수층이 파손되어 발생하는 누수는 8층 아스팔트방수처리한다.
③ 화장실 바닥의 드레인이 파손되어 발생하는 누수에 대하여는 시멘트 액체 방수처리한다.
④ 다용도실의 배수파이프가 탈락하여 발생하는 누수는 탈락된 파이프를 잇거나 새로운 파이프로 교체한다.
⑤ 다용도실 및 발코니 등의 옥내 방수층이 파손된 경우에는 시멘트 액체 방수처리한다.

해설 ▶ 누수
파손된 드레인을 보수하거나 신제품으로 교체한다.

정답 01. ③   02. ③

03 다음 중 콘크리트의 함수성에 관한 설명으로 타당하지 않은 것은?

① 배합되는 물의 양에 따라서 콘크리트가 나타내는 성질을 콘크리트의 함수성이라 한다.
② 콘크리트 슬래브의 함수율이 30% 이하가 되면 전지작용이 발생하여 전기가 흐르게 되는데, 함수량이 낮을수록 전기에 의한 부식작용이 나타나게 된다.
③ 함수율이 높은 경우 콘크리트의 경화시간이 길어진다.
④ 방수바탕으로 쓰이는 콘크리트 내의 잉여수는 방수층의 접착력을 감소시키거나 방수층 내의 기포를 발생시켜 조기 열화의 원인이 될 수 있다.
⑤ 표면이 충분히 건조된다 하더라도 함수량이 많으면 수증기압에 의하여 접착력이 떨어져 박리현상이 일어나거나 부풀어 오르는 경우가 많다.

해설 ▸ **콘크리트의 함수성**
콘크리트 판의 함수율이 30% 이상 증가하면 전지작용이 발생하고, 함수율이 높을수록 전기에 의한 부식작용이 나타나게 된다.

04 다음 공동주택에서 발생하는 균열의 원인 중 설계상의 잘못으로 발생하는 경우가 아닌 것은?

① 건축물이 불균형하거나 과도한 집중하중·큰변형(클리프)·횡력 및 충격 등을 받게 설계된 경우
② 건축물의 평면·입면이 불균형하거나 벽 배치가 불합리한 경우
③ 건축물 벽돌벽의 길이·높이 및 두께와 벽돌 벽체의 강도가 부족한 경우
④ 건축물의 시멘트 성분이 이상팽창하거나 이상응결하는 경우
⑤ 건축물의 문꼴크기의 불합리·불균형 배치한 경우

해설 ▸ **균열의 원인**
콘크리트 타설 후 보양기간이 불합리하거나 너무 짧은 경우에 발생할 수 있는 균열의 원인으로서, 이는 시공상 잘못으로 인한 균열에 해당한다.

정답 03. ② 04. ④

05 옥상방수에 관한 설명으로 옳지 않은 것은? `14회 출제`

① 옥상방수에 사용되는 아스팔트재료는 지하실 방수보다 연화점이 높고 침입도가 큰 것을 사용한다.
② 옥상방수의 바탕은 물의 고임방지를 위해 물흘림경사도를 둔다.
③ 옥상방수층 누름 콘크리트 부위에는 온도에 의한 콘크리트의 수축 및 팽창에 대비하여 신축줄눈을 설치한다.
④ 아스팔트방수층의 부분적 보수를 위해서는 일반적으로 시멘트 모르타르가 사용된다.
⑤ 시트방수의 결함 발생시에는 부분적 교체 및 보수가 가능한다.

해설 ▸ 아스팔트방수
아스팔트방수층의 부분적 보수를 위하여는 재료의 성질이 같은 것을 사용하여야 한다.

06 습공기선도에서 상대습도가 100%일 경우 같은 값을 갖는 것을 모두 고른 것은? `26회 출제`

① ㄱ, ㄴ, ㄷ
② ㄱ, ㄴ, ㄹ
③ ㄴ, ㄷ, ㄹ
④ ㄱ, ㄷ, ㄹ, ㅁ
⑤ ㄴ, ㄷ, ㄹ, ㅁ

해설 ▸ 습공기선도
상대습도 100%인 상태에서는 습구온도 측정시의 젖은 거즈의 물은 증발할 수 없다. 따라서 건구온도 = 습구온도 = 노점온도가 된다.
한편, 건구온도와 습구온도가 차이가 많이 난다는 것은 그 차이만큼 건조한 날씨임을 의미한다.

07 다음 중 공동주택에서 발생한 균열을 보수하기 위한 방안으로서 적합하지 않은 것은?

① 표면처리공법은 균열 폭이 작은 경우 균열부위에 따라 방수성이 높은 피막을 만들어 보수하는 것을 말한다.
② 충전공법은 균열의 부위에 따라 콘크리트 표면을 U자 또는 V자형으로 파낸 다음 그 곳에 실링재를 충전하는 것을 말한다.
③ 주입공법은 균열부위에 점성이 높은 에폭시계통의 수지를 주입하여 봉합하는 것을 말한다.
④ 균열의 분산은 균열발생이 예상되는 장소에 조절줄눈이나 신축줄눈을 설치하는 것을 말한다.
⑤ 철물보강공법은 균열이 심각한 경우 건물 주요구조부의 철물을 보강하여 균열의 진행을 멈추거나 내력을 회복하는 것을 말한다.

정답 05. ④ 06. ② 07. ④

해설 ▶ **균열의 분산**
균열의 분산이란 설계 및 시공단계에서 건축물에 피해를 주지 않을 정도의 균열을 미세하게 분산시키는 공법으로서, 용접철망(메탈라스), 이형철근 등을 배근하면 균열의 피해를 줄일 수 있다. 반면에 균열의 집중은 균열이 발생할 수 있는 장소에 콘크리트의 팽창 및 수축을 흡수할 수 있는 줄눈을 설치하여 균열에 의한 피해를 방지하는 공법을 말한다.

08 공동주택에서 발생하는 균열에 대한 설명 중 옳지 않은 것은? [11회 출제]

① 벽돌벽에서 벽돌 및 모르타르 강도 부족으로 균열이 발생한다.
② 벽돌벽의 길이 및 높이에 비하여 두께가 부족한 경우에 균열이 발생한다.
③ 철근콘크리트에서 발생하는 균열의 종류는 휨균열, 전단균열, 휨전단균열, 부착균열 등이 있다.
④ 콘크리트의 균열은 철근을 부식시키며 공동주택의 내구성을 저하시키므로 균열폭을 제어하여야 한다.
⑤ 콘크리트의 건조·수축에 의한 균열을 제어하기 위해서는 배합수량을 증대시켜야 하며, 팽창시멘트 등을 사용해서는 안 된다.

해설 ▶ **균열의 제거**
콘크리트의 건조·수축에 의한 균열을 제어하기 위하여는 배합수량을 감소시켜야 한다.

09 다음 중 공동주택에서 발생하는 동해에 관한 내용으로서 옳지 않은 것은?

① 동해란 외부 기상여건의 변화에 의하여 콘크리트 속의 수분이 얼거나 녹는 과정을 되풀이하여 건물 표면이 벗겨져 파괴되어 가거나 균열이 생기는 현상을 말한다.
② 잘못된 콘크리트의 응고방법, 콘크리트의 설계상 결함으로 인하여 발생한다.
③ 건설공사는 급격한 기상변화가 심한 지역이나 동절기에서의 공사 등을 피하도록 하여야 한다.
④ 설계상 모체를 평평하게 시공하여 동해로 인한 피해를 방지한다.
⑤ 콘크리트의 수분함량이 부분적으로 높아지는 것을 피하며, 내동해성이 강한 콘크리트를 사용하거나 충분한 습윤 양생의 조치를 취한다.

해설 ▶ **동해**
설계상 모체를 평평하게 시공하는 경우에는 물이 고여서 동해의 원인이 되므로, 모체는 일정한 경사가 지도록 시공한다.

정답   08. ⑤   09. ④

제2편 공동주택기술관리

10 다음 중 공동주택에서 발생하는 결로에 관한 설명으로 타당하지 않은 것은?

① 결로란 겨울철에 실내외의 기온차이가 심할 때 실내의 더운 공기가 차가운 벽체나 천장에 이슬이 되어 맺히는 현상을 말한다.
② 결로는 온도 변화에 따른 공기의 수증기 함유량의 변화와는 무관하고, 주로 실내에서 발생하는 습기나 환기횟수와 관계가 깊다.
③ 표면결로란 고온의 공기가 저온의 물체에 접촉하면 물체 주변의 공기가 저온으로 냉각되고 노점 이하로 떨어지면서 공기에 함유되지 못하는 여분의 수증기가 액체인 물방울로 변화되어 물체 표면에 맺히게 되는 현상을 말한다.
④ 내부결로는 외벽 내측에 단열재를 설치하는 경우 단열재의 투습현상에 의하여 단열재를 통과한 실내의 수증기가 단열재와 외벽의 경계면에서 이슬이 되어 맺히게 되는 현상이다.
⑤ 냉교현상에 의한 결로는 건물 내부의 단열재를 관통하여 설치되는 볼트·앵커 및 인서트 등을 통하여 발생하는 이슬맺힘의 현상을 말한다.

> **해설** 결로
> 결로의 발생원인은 다양한데, 주로 온도변화에 따른 공기의 포화수증기량의 변화와 관련이 깊고, 기타 습기나 환기와 연관되어 발생한다.

11 콘크리트 건축물의 균열원인으로 볼 수 없는 것은?

① 콘크리트의 건조수축
② 시멘트의 이상팽창 및 응결, 수화열
③ 형틀(form)의 거푸집 존치기간 이후 제거
④ 철근의 휨 및 피복두께의 감소에 의한 균열
⑤ 이음면처리의 불량에 의한 균열

> **해설** 균열의 원인
> 형틀을 조기 제거하면 균열의 발생 및 건물붕괴를 초래할 수 있다. ③은 오히려 충분한 경화로 균열이 발생하지 않는다.

정답 10. ② 11. ③

12. 콘크리트의 중성화에 관한 설명 중 잘못된 것은?

① 콘크리트 중의 수산화칼슘이 탄산가스에 의해 중화되는 현상
② 물·시멘트비가 클수록 중성화의 진행속도가 빠르다.
③ 중성화된 부분은 페놀프레인액을 살포해도 적변하지 않는다.
④ 경량골재콘크리트와 강자갈콘크리트의 중성화 정도는 물·시멘트비가 같으면 거의 동일하다.
⑤ 온도가 높을수록, 습도가 낮을수록 중성화 속도가 빨라진다.

해설 ▶ 콘크리트의 중성화
강자갈콘크리트보다 경량골재콘크리트의 중성화 속도가 빠르며, 환경조건은 일반적으로 탄산가스 농도가 높을수록, 온도가 높을수록, 습도가 낮을수록 중성화 속도가 빨라진다.

13. 굳은 콘크리트 균열에 해당하지 않는 것은?

① 건조수축 균열
② 수화열에 의한 온도균열
③ 동해융결에 의한 균열
④ 시공불량에 의한 균열
⑤ 설계오류에 의한 균열

해설 ▶ 굳지 않은 콘크리트 균열
소성수축 균열, 소성침하 균열, 수화열에 의한 온도균열은 굳지 않은 콘크리트 균열에 해당한다.

14. 다음 중에서 균열의 성격이 다른 하나는?

① 차량주행통로 부위의 진동하중 고려 미흡으로 인한 지하주차장 바닥균열
② 철근피복두께 부족에 의한 철근부식 균열로 인한 노출 구조물의 표면균열
③ 장비교체시 하중 초과로 인한 기계실 바닥균열
④ 거푸집 동바리 존치기간 미준수로 인한 초기 처짐에 의한 균열로 인한 지하주차장 바닥균열
⑤ 방수 보수공사시 기존방수 보호모르타르 또는 보호콘크리트를 제거하지 않고 추가시공으로 하중을 초과하여 생긴 지붕층 슬래브 균열

해설 ▶ 구조적 균열과 비구조적 균열 발생원인
②는 비구조적 균열에 해당한다. 한편, 나머지는 모두 구조적 균열이다.

정답 12. ④ 13. ② 14. ②

15. 철근 콘크리트 균열원인 중 시공과 관련 없는 것은? 〔13회 출제〕

① 경화 전의 진동 및 재하
② 불균일한 타설
③ 펌프 압송시 수량(水量)의 증가
④ 철근의 휨 및 피복두께의 감소
⑤ 과도한 적재하중

해설 ▶ 균열의 원인
과도한 적재하중으로 인한 균열은 설계상의 하자로 인한 균열이다.

16. 다음은 벽체균열의 원인이다. 설계상의 잘못인 것은?

① 외벽의 모르타르 마감의 일부가 들떠 있다.
② 벽돌벽의 두께와 강도가 부족하여 균열이 발생하였다.
③ 이질재와 접합부에 균열이 발생하였다.
④ 장막벽의 상부에 균열이 발생하였다.
⑤ 벽돌의 줄눈에 균열이 발생하였다.

해설 ▶ 설계상의 잘못
1) 기초의 부동침하
2) 건물의 평면과 입면의 불균형 및 벽의 불합리한 배치
3) 불균형 또는 큰 집중하중과 횡력
4) 벽돌벽의 길이, 높이, 두께와 벽돌벽체의 강도
5) 문꼴 크기의 불합리한 배치

17. 방수에 관한 설명으로 옳지 않은 것은? 〔13회 출제〕

① 아스팔트방수는 시멘트액체방수에 비해 광범위한 보수가 가능하고 보수비용이 비싸다.
② 아스팔트방수는 열공법으로 시공하는 경우 화기에 대한 위험방지대책이 필요하다.
③ 아스팔트방수는 누수시 결함부위 발견이 어렵다.
④ 도막방수는 균일한 방수층 시공이 어려우나 복잡한 형상의 시공에는 유리하다.
⑤ 도막방수는 단열을 필요로 하는 옥상층에 유리하고 핀홀이 생길 우려가 없다.

해설 ▶ 방수
단열이 필요한 옥상층에는 아스팔트방수가 적당하다.

정답 15. ⑤ 16. ② 17. ⑤

18. 합성수지계 접착제에 대한 설명 중 틀린 것은? [10회 출제]

① 에폭시수지 접착제는 내습성이 우수하고, 금속재료의 접착에 적당하다.
② 페놀수지 접착제는 내알칼리성이 우수하고, 유리·금속의 접착에 적당하다.
③ 실리콘수지 접착제는 전기절연성이 우수하고, 유리섬유판의 접착에 적당하다.
④ 초산비닐수지 접착제는 작업성이 좋고, 종이도배에 적당하다.
⑤ 요소수지 접착제는 접착력이 우수하고, 목재의 접착에 적당하다.

해설 합성수지계 접착제

① 에폭시수지는 비중 1.230 ~ 1.189이며, 굽힘강도·경도 등 기계적 성질이 우수하다. 경화시에 휘발성 물질의 발생 및 부피의 수축이 없고, 재료면에 큰 접착력을 가진다. 가연성·내약품성이 크지만 강한 산과 강한 염기에는 약간 침식된다. 금속 간의 접착제로 사용하기 가장 적합하며 도료·라이닝 재료·주형품 재료 등 그 용도가 다양하다.
② 페놀합성수지는 단단하고 용해되지 않으며, 내약품성이 있는 플라스틱으로 절연성이 좋아 전기기구에 특히 많이 쓰인다. 접착제, 성형과 주조공정에 사용되거나 금속재료의 방청제로서 소부법에 의하여 페인트나 열처리 에나멜 도장에 쓰인다.
③ 실리콘(규소)수지는 피복력이 양호하며 대부분의 용제에서 거품을 없애는 작용이 크며, 발수성(撥水性 : 물을 튀기는 성질)이 있다. 특히 전기절연성이 좋으므로, 내고온성 절연재료로서 전기기구에 쓰이고 가열로·연소장치·항공기·모터 등의 도료로도 사용된다. 특히 접착제로서 이용되고 있다.
④ 산, 알칼리에 비교적 내성이 있으며 점성과 탄성이 좋아 작업성이 우수하므로, 풍선껌이나 종이 도배에 이용된다.
⑤ 요소와 알데히드류(주로 폼알데하이드)의 축합반응으로 생기는 열경화성 수지로서, 무색 투명하고 착색도 간단히 할 수 있어 목재 접착제 등으로 이용되나, 내수성이 약하다.

19. 건축물 외벽 백화현상에 관한 설명으로 옳지 않은 것은? [13회 출제]

① 기온이 낮은 겨울철에 많이 발생한다.
② 습도가 비교적 낮을 때 발생한다.
③ 벽돌의 흡수율이 높거나 소성 불량시 발생한다.
④ 그늘진 면, 북쪽 면에서 많이 발생한다.
⑤ 시멘트 제품의 재령이 짧을 때 발생한다.

해설 백화 발생요건 ② 백화는 습도가 비교적 높을 때 발생한다.

정답 18. ② 19. ②

20
다음은 건물의 구조상 큰 문제는 없지만 외관을 손상하거나 마감재를 상하게 하는 백화와 결로에 대한 설명이다. 잘못된 것은?

① 백화는 기온이 낮을 때와 습도가 비교적 높을 때 발생한다.
② 백화의 성분은 발생장소, 계절, 시멘트의 재령, 치밀도, 첨가물 등에 따라 동일한 성분을 나타내지 않는다.
③ 백화제거를 위한 세척제 사용 전에 벽체 일부에 국소시험을 하여 일주일 이상 경과 후 그 효과를 확인하고 실시하여야 한다.
④ 표면결로를 방지하기 위하여 추운 겨울에 간헐적으로 난방을 해서는 안 된다.
⑤ 내부결로를 방지하기 위하여 방습층은 가능한 벽체의 차가운 쪽에 설치하여야 한다.

해설▶ 방습층의 설치
내부결로를 방지하기 위하여 방습층은 따뜻한 쪽에 설치한다.

21
결로에 관한 설명으로 옳지 않은 것은?   **14회 출제**

① 내부결로는 벽체 내부의 온도가 노점온도보다 높을 때 발생한다.
② 겨울철 내부결로를 방지하기 위해 방습층은 단열재의 실내측에 설치하는 것이 좋다.
③ 실내 수증기 발생을 억제할 경우 표면결로 방지에 효과가 있다.
④ 겨울철 외벽의 내부결로 방지를 위해서는 내단열보다 외단열이 유리하다.
⑤ 겨울철 외벽의 열관류율이 높은 경우 결로가 발생하기 쉽다.

해설▶ 결로의 발생원인
결로는 벽체 내부의 온도가 노점온도보다 낮을 때 발생한다.

22
공동주택에서 발생할 수 있는 백화현상에 관한 내용으로서 적합하지 않은 것은?

① 백화란 특히 벽돌벽 등의 외부에 흰가루가 생겨서 외관을 저해하는 현상을 말한다.
② 벽돌벽의 줄눈 모르타르의 각종 염류 성분이 벽표면에 침투하는 빗물과 결합하여 수산화석회로 되고, 이것이 다시 공기 중의 이산화탄소와 결합하여 벽표면에 흰꽃 모양의 백화가 발생한다.
③ 백화는 기온이 낮은 겨울철 또는 비온 후 습도가 높을 때 주로 발생한다.
④ 생산된 지 얼마 안 되는 재령이 낮은 시멘트를 사용하면 백화를 방지할 수 있다.
⑤ 줄눈 모르타르에 염류가 유출되는 것을 방지하기 위하여 파라핀도료나 명반용액 등으로 처리하면 백화를 막을 수 있다.

정답   20. ⑤   21. ①   22. ④

해설 ▶ 백화현상

재령이 낮은 시멘트는 염류성분이 강하므로, 이를 사용하면 오히려 백화를 촉진시킬 수 있다.

23 실내 표면결로 현상에 관한 설명으로 옳지 않은 것은? 〔17회 출제〕

① 벽체 열저항이 작을수록 심해진다.
② 실내외 온도차가 클수록 심해진다.
③ 열교현상이 발생할수록 심해진다.
④ 실내의 공기온도가 높을수록 심해진다.
⑤ 실내의 절대습도가 높을수록 심해진다.

해설 ▶ 표면결로

④ 표면결로는 실내외 온도차가 높을수록 실내 상대습도가 높을수록 잘 발생한다. 실내의 공기온도가 높을수록 실내 상대습도는 낮아지므로 결로 발생가능성이 줄어든다.

24 건축물의 결로에 관한 설명으로 옳지 않은 것은? 〔12회 출제〕

① 결로에는 내부결로와 표면결로가 있다.
② 유리창의 표면결로 발생에는 복층유리를 사용하면 효과가 있다.
③ 표면결로를 방지하기 위해서는 공기와의 접촉면을 노점온도 이상으로 유지해야 한다.
④ 실내에서 표면결로를 방지하기 위해서는 수증기 발생을 억제하고, 환기를 통해 수증기를 배출시킨다.
⑤ 구조체의 내부결로를 방지하기 위해서는 실외측에 방습층을 설치한다.

해설 ▶ 방습층의 설치

결로를 방지하기 위하여 방습층을 설치하는 경우에는 실내측에 방습층을 설치한다.

25 열교(熱橋)현상에 관한 설명으로 옳지 않은 것은? 〔13회 출제〕

① 열교현상은 벽체와 지붕 또는 바닥과의 접합부위 등에서 발생하기 쉽다.
② 열교현상이 발생하는 부위는 열관류율 값이 높기 때문에 구조체의 전체 단열성능을 저하시킨다.
③ 겨울철에 열교현상이 발생하는 부위는 결로의 발생 가능성이 크다.
④ 열교현상을 방지하기 위해서는 일반적으로 외단열이 내단열보다 유리하다.
⑤ 열교현상이 발생하는 부위에는 열저항 값을 감소시키는 설계 및 시공이 요구된다.

해설 ▶ 열저항

열저항이란 열관류율에 저항하는 능력을 말한다. 열교현상이 발생하면 결로가 발생하고, 이를 방지하기 위하여는 열관류율을 낮추어야 하기 때문에 결과적으로 열저항값을 높여야 한다.

정답   23. ④   24. ⑤   25. ⑤

제2편 공동주택기술관리

26 다음의 내용 중 동해방지대책으로 잘못된 것은?
① 동결·융해가 반복되는 온도조건을 피해야 한다.
② 충분한 습윤양생을 실시해 치밀한 조직을 만들어 건조균열을 방지하는 것도 중요하다.
③ 시공상 표면의 지나친 평평함을 피하는 등의 배려가 필요하다.
④ 콘크리트의 함수가 국부적으로 낮아지는 것을 피해야 한다.
⑤ 콘크리트의 내동해성 향상을 꾀한다.

해설 ▶ 동해방지대책
수분이 침투하면 동해를 입는다. 따라서 함수가 높아지는 것을 피해야 한다.

27 다음 중 공동주택의 계단실 및 출입문 설치기준에 합당하지 않은 것은?
① 계단실에 면하는 각 세대의 현관문은 계단의 통행에 지장이 되지 아니하도록 하여야 한다.
② 계단실의 1층에는 배연 등에 유효한 개구부를 설치하여야 한다.
③ 계단실의 각 층별로 층수를 표시하여야 한다.
④ 계단실의 벽 및 반자의 마감(마감을 위한 바탕을 포함한다)은 불연재료 또는 준불연재료로 하여야 한다.
⑤ 공동주택의 동별 출입문에 유리를 설치하는 경우에는 안전유리를 사용하여야 한다.

해설 ▶ 계단실 및 출입문의 설치기준
계단실형인 공동주택의 경우 1층에는 이미 외부로 출입할 수 있는 개구부가 설치되어 있으므로, 화재시 배연에 필요한 개구부를 설치하여야 할 장소는 최상층이다.

28 다음 중 단열재가 갖추어야 할 조건으로서 적합하지 않은 것은?
① 열전도가 작아야 한다.
② 흡수성·흡습성이 장기적으로 커야 한다.
③ 가공성·작업성이 좋아야 한다.
④ 불연성이어야 한다.
⑤ 품질이 안정되어야 한다.

해설 ▶ 단열재가 갖추어야 할 조건
흡습성 및 흡수성이 작아야 단열재 내의 내부결로를 방지할 수 있다.

정답 26. ④ 27. ② 28. ②

29. 단열재에 관한 설명으로 옳지 않은 것은?

① 단열재는 열전도율이 낮을수록 단열성이 높다.
② 섬유질계 단열재는 밀도가 큰 것일수록 단열성이 높다.
③ 단열재의 열저항은 재료의 두께가 두꺼울수록 커진다.
④ 다공질계 단열재는 기포가 미세하고 균일한 것일수록 열전도율이 높다.
⑤ 단열재는 함수율이 증가할수록 열전도율이 높아진다.

14회 출제

해설 ▶ 단열재
섬유질계는 겉보기 비중이 클수록 단열성이 좋고, 다공질계는 독립기포가 미세하고 균일할수록 열전도율이 작아진다.

30. 건축물의 설비기준 등에 간한 규칙상 공동주택 개별난방설비 설치기준에 관한 내용이다. 다음 중 ㄱ, ㄴ에 들어갈 내용으로 적합한 것은?

> 제13조(개별난방설비) ①영 제87조제2항의 규정에 의하여 공동주택과 오피스텔의 난방설비를 개별난방방식으로 하는 경우에는 다음 각호의 기준에 적합하여야 한다.
>
> 1. 〈생략〉
> 2. 보일러실의 윗부분에는 그 면적이 (ㄱ)제곱미터 이상인 환기창을 설치하고, 보일러실의 윗부분과 아랫부분에는 각각 지름 (ㄴ)센티미터 이상의 공기흡입구 및 배기구를 항상 열려있는 상태로 바깥공기에 접하도록 설치할 것. 다만, 전기보일러의 경우에는 그러하지 아니하다.

① ㄱ : 0.3 , ㄴ : 5
② ㄱ : 0.3 , ㄴ : 10
③ ㄱ : 0.5 , ㄴ : 5
④ ㄱ : 0.5 , ㄴ : 10
⑤ ㄱ : 0.7 , ㄴ : 15

해설 ▶ 개별난방설비
공동주택과 오피스텔의 난방설비를 개별난방방식으로 하는 경우에는 보일러실의 윗부분에는 그 면적이 (ㄱ)제곱미터 이상인 환기창을 설치하고, 보일러실의 윗부분과 아랫부분에는 각각 지름 (ㄴ)센티미터 이상의 공기흡입구 및 배기구를 항상 열려있는 상태로 바깥공기에 접하도록 설치해야 한다.

정답 29. ④ 30. ④

31 건물의 단열에 관한 설명으로 옳지 않은 것은? **18회 출제**

① 열전도율이 낮을수록 우수한 단열재이다.
② 부실한 단열은 결로현상이 유발될 수 있다.
③ 알루미늄박(foil)은 저항형 단열재이다.
④ 내단열은 외단열에 비해 열교현상의 가능성이 크다.
⑤ 단열원리상 벽체에는 저항형이 반사형보다 유리하다.

해설 ▶ 건물의 단열
알루미늄박(foil)은 반사형 단열재이다.
기포 포함된 경량 콘크리트, 발포 폴리스틸렌, 중공층 등이 대표적 저항형 단열재다.

32 단열재에 대한 설명 중 틀린 것은? **10회 출제**

① 석면은 내화성·절연성이 있고, 인장강도가 크다.
② 규산칼슘 보온재는 전기절연성이 크고, 내수성이 작다.
③ 폴리우레탄폼은 공사현장에서 발포시공이 가능하다.
④ 암면은 내화성과 흡음성이 있다.
⑤ 발포폴리스티렌은 흡수율과 비중이 작다.

해설 ▶ 단열재
② 규산칼슘이란 이산화규소와 산화칼슘이 여러 가지 비율로 결합한 화합물로서, 물에는 녹지 않아 내수성이 크고 가볍고 단열성이 크므로 목재 등의 단열재나 포틀랜트 시멘트의 주요 성분으로 이용된다.
③ 폴리우레탄은 우레탄결합으로 결합된 고분자 화합물을 총칭하는 것으로서, 대표적인 제품이 합성섬유로 만들어진 스판덱스이다. 우레탄계 합성고무도 널리 사용되는데, 폴리우레탄에 기포가 들어 있는 우레탄폼이 침구 매트리스 또는 방수재료에 쓰인다. 또한 발포란 부탄 등 탄화수소가스를 주입시킨 뒤 이를 증기로 부풀리는 공정을 말한다.
⑤ 발포폴리스티렌은 거품폴리스티렌·스티로폼(styrofoam)·발포스티렌·스티로폼 등 여러 이름으로 불리는 것으로서, 희고 가벼우며 내수성·단열성·방음성·완충성 등이 우수하다. 오존층 파괴의 주범인 프레온가스를 사용하지 않고, 단열 포장재로서 지구 온난화, 온실효과, 산성비의 원인이 되는 가스 방출을 줄여주며, 합성목재나 경량 콘크리트 등으로 재활용이 가능하다. 땅에 묻어도 메탄가스가 발생하지 않아 지하수를 오염시키지 않는다.

정답 31. ③ 32. ②

33. 결로에 관한 설명으로 옳지 않은 것은?

① 결로란 공기 중에 함유된 수증기가 온도변화에 의해 노점온도 이하로 떨어지면서 액체로 변하여 이슬이 맺히는 현상이다.
② 결로의 종류에는 표면결로와 내부결로가 있다.
③ 열관류율(kcal/㎡h℃)이 클 때 발생한다.
④ 결로방지를 위한 방습층 설치가 그 대책이 될 수 있다.
⑤ 구조체의 내부결로에 대한 대책으로는 실내 측에 단열재 설치가 도움이 된다.

해설 ▶ 내부결로
구조체의 내부결로에 대한 대책으로는 실외 측에 단열재 설치가 도움이 된다.

정답 33. ⑤

CHAPTER 03 조경시설 관리실무

학습포인트

- 이 장은 토목시설관리와 조경시설관리로 구성되어 있다.
- 토목시설관리에는 도로보수, 석축 및 옹벽의 안전점검, 배수시설관리 및 어린이놀이터관리 등이 있고 특히 석축 및 옹벽의 안전점검은 기출된 분야이기도 하다.
- 조경시설관리는 수목관리 분야의 식재·전정(가지치기), 식비, 병충해방제 등이 중요하다.

CHAPTER 학습 & 출제되는 키워드

- ☑ 도로보수
- ☑ 보도보수
- ☑ 석축 및 옹벽
- ☑ 맨홀, 하수도 빗물받이 준설
- ☑ 수목관리
- ☑ 병충해 방제
- ☑ 한발대책
- ☑ 잔디깎기
- ☑ 아스팔트·콘크리트 포장보수
- ☑ 라인마킹 재도장
- ☑ 안전점검요령
- ☑ 어린이놀이터관리
- ☑ 식재
- ☑ 시비
- ☑ 고사목보식
- ☑ 배토
- ☑ 잡석 포장보수
- ☑ 과속 방지턱
- ☑ 배수시설관리
- ☑ 시설물보수
- ☑ 전정
- ☑ 월동대책
- ☑ 제초작업

CHAPTER 학습 & 출제되는 질문

- ☑ 주택건설기준 등에 관한 규칙상 주택단지에 비탈면이 있는 경우 수해방지에 관한 내용으로 옳지 않은 것은?
- ☑ 환경친화적 자동차의 개발 및 보급 촉진에 관한 법률 시행령상 ( )에 들어갈 내용으로 옳은 것은?
- ☑ 실내공기질 관리법 시행규칙상 신축 공동주택의 실내공기질 권고기준으로 옳지 않은 것은?
- ☑ 어린이 놀이시설 안전관리법령상 안전관리에 관한 설명으로 옳지 않은 것은?

제3장 토목 및 조경시설 관리실무

단원 단답형 문제

01 주택단지(단지경계선 주변 외곽부분을 포함)에 높이 2m 이상의 옹벽 등이 있거나 이를 설치하는 경우에는 그 옹벽으로부터 건축물의 외곽부분까지를 당해 ( )의 높이만큼 띄워야 하는 것이 원칙이다. 괄호 안에 들어갈 적합한 말은?

해설 ▶ 수해방지 등

주택단지(단지경계선의 주변 외곽부분을 포함한다)에 높이 2미터 이상의 옹벽 또는 축대가 있거나 이를 설치하는 경우에는 그 옹벽등으로부터 건축물의 외곽부분까지를 당해 옹벽등의 높이만큼 띄워야 한다. (「주택건설기준 등에 관한 규정」 제30조 제1항). 장마철 등에 수해를 방지하기 위하여는 옹벽 및 축대에 대한 관리가 요구된다.

02 나무가 노쇠하지 않고 건전하게 자랄 수 있도록 하거나 나무의 미관을 개선하기 위하여 불필요한 가지나 노쇠한 가지 등을 잘라내는 작업은?

해설 ▶ 전정

1) 의 의
   ① 전정은 정지라고도 하며 가지 등을 치는 작업을 말한다.
   ② 불필요한 가지나 노쇠한 가지 등을 잘라내어 나무가 노쇠하지 않고 건전하게 자랄 수 있도록 한다.
   ③ 경우에 따라서는 미관상 주위환경에 어울리는 특수한 모양의 나무를 만들기 위해서도 전정을 한다.
2) 전정의 원칙
   ① 전정을 하는 목적을 세운다.
   ② 전정은 나무의 윗부분에서 아랫부분으로 내려오면서 실시한다.
   ③ 나무의 원줄기에서부터 바깥쪽으로 전정해 나간다.
   ④ 가로수는 길이 1.8m 이하의 가지를 나무 아랫부분에서 전정하여 보행자에게 불편을 주지 않도록 한다.
3) 전정의 종류
   ① 적아(摘芽, 눈따주기) : 나무가 자라기 시작할 때 불필요한 눈을 따서 영양분의 손실을 방지하는 방법으로서, 소나무 순지르기가 그 대표적인 예이다. 소나무에는 5~6월이 되면 가지 끝에서 순이 돋아나는 경우가 있는데, 이를 방치하면 우산살처럼 나무줄기에 돌아가면서 나는 바퀴살가지가 생길 수 있으므로, 이를 예방하고 나무의 형태를 유지하기 위해 손으로 순을 제거하는 방법이다.
   ② 적엽(摘葉, 잎솎아주기) : 나무에 햇빛과 바람이 잘 들게 하고 수분의 증발을 억제해서 뿌리의 수분흡수량과 잎의 수분증발량의 균형을 유지하기 위하여 잎을 솎아주는 방법이다.
   ③ 적과(摘果, 열매솎아주기) : 나무의 영양분 손실을 막기 위해 불필요한 열매를 제거하는 방법으로서, 특히 한 해 걸러서 꽃이 피거나 열매를 맺는 해거리 현상을 방지하기 위하여 과수원에서 많이 이용하는 방법이다.
   ④ 절지(切枝, 가지자르기) : 고사한 또는 묵은 가지를 잘라서 새 가지가 나오도록 하거나 나무의 생육이나 나무의 미관을 위해 가지를 쳐주는 방법을 말한다.

정답 01. 옹벽   02. 전정

응용 출제예상문제

01 공동주택의 조경시설 설치 및 관리 등에 관한 다음 설명 중 옳지 <u>않은</u> 것은?

① 면적이 200㎡ 이상인 대지에 건축을 하는 건축주는 용도지역 및 건축물의 규모에 따라 해당 지방자치단체의 조례로 정하는 기준에 따라 대지에 조경이나 그 밖에 필요한 조치를 하여야 한다.
② 도로 및 주차장의 경계선으로부터 공동주택의 외벽까지의 거리는 2m 이상 띄어야 하며, 그 띄운 부분에는 식재 등 조경에 필요한 조치를 하여야 한다.
③ 나무는 통상 뿌리내리기가 어려운 여름철이나 겨울철은 피하고 봄이나 가을에 식재한다.
④ 월동대책으로 줄기싸기, 짚싸주기, 뗏밥주기, 뿌리덮기, 전정 등을 실시한다.
⑤ 보식해야 할 나무는 하자보수기간 내에 고사하거나 원형을 잃은 것이며, 새로 보식할 나무는 고사목과 동등한 수목으로 식재하여야 한다.

해설 조경시설 관리
전정은 월동대책이 아니다. 전정은 가지를 치는 작업을 말한다. 불필요한 가지나 노쇠한 가지를 잘라 내어 나무가 노쇠하지 않고 건전하게 자랄 수 있도록 하고 미관상 주위환경에 어울리는 특수한 모양의 나무를 만들기 위해서도 전정을 한다.

02 다음 중 전정에 관한 설명으로 옳지 <u>않은</u> 것은?

① 전정은 정지라고도 하며 가지 등을 치는 작업을 말한다.
② 전정은 불필요한 가지나 노쇠한 가지 등을 잘라내어 나무가 노쇠하지 않고 건전하게 자랄 수 있도록 한다.
③ 전정은 나무의 윗부분에서 아랫부분으로 내려오면서 실시한다.
④ 전정은 나뭇가지에서 원줄기 쪽으로 나아가면서 한다.
⑤ 전정에는 적아(눈따주기), 적엽(잎솎아주기), 적과(열매솎아주기), 절지(가지자르기) 등이 있다.

해설 전정의 방법
나무의 원줄기에서부터 바깥쪽으로 전정해 나간다.

정답 01. ④ 02. ④

제3장 토목 및 조경시설 관리실무

03
공동주택의 조경관리에 관한 설명으로 옳지 않은 것은? 〈12회 출제〉

① 식재공사의 하자담보책임기간은 3년이다.
② 하자담보책임기간 내에 발생한 고사목의 보식은 지상 10cm 이내에서 절단한 후 기존 식재와 다른 수종으로 시기에 상관없이 일체로 보식할 수 있다.
③ 단지 내 수목이 태풍으로 쓰러져 주차된 차량을 파손시킨 사안에서 입주자대표회의가 수리비용을 물어줘야 한다는 판결이 있다.
④ 조경공사 하자담보책임기간은 3년이며 수목의 고사, 병충해 여부, 수량, 수종 등을 판단하여 하자여부를 결정한다.
⑤ 잔디는 5월부터 9월까지는 월 2회 정도 깎아주어야 바람직하나, 최소 월1회 이상 실시해서 잔디의 높이가 3~6cm 정도 유지하는 것이 좋다.

해설 ▶ 고사목의 보식
겨울이나 여름에 고사한 고사목의 보식은 봄이나 가을에 일괄보식하며, 보식시는 동등품을 보식하여야 한다.

04
다음은 전정의 종류에 대한 설명이다. 틀린 것은?

① 잎솎아주기 : 수관 내부의 통풍과 채광을 양호하게 하고 수분의 증산량을 촉진시키기 위함이다.
② 눈따주기 : 생장이 시작될 무렵 불필요한 눈을 따줌으로써 영양분의 손실을 막기 위함이다.
③ 가지자르기 : 전정의 목적에 따라 가지를 잘라주는 작업이다.
④ 열매솎아주기 : 불필요한 열매가 착생되었을 경우 영양분의 손실을 막기 위함이다.
⑤ 가지다듬기 : 둥근형태나 모난형태로 고르게 다듬어 특수한 수형을 만드는 작업이다.

해설 ▶ 전정의 종류
잎을 솎아 수분증산량을 억제한다.

정답 03. ②   04. ①

05 잔디깎기에 관한 설명이다. 다음 중 옳지 않은 것은?

① 잔디깎기의 횟수는 대체로 5월 초순경부터 9월까지의 생육기에는 월 2회 이상 깎아주어야 바람직하나, 최소 월 1회 이상은 실시해서 잔디의 높이가 3~6cm 정도가 유지되도록 한다.
② 잔디가 젖어 있는 비온 직후나 오전 중에 깎는다.
③ 잔디깎기는 빈도와 높이는 규칙적이어야 하고 기계방향을 일정하게 하여 미관에 유의한다.
④ 깎아낸 잔디는 미관상으로 또 실제 잔디의 생육상 좋지 않은 영향을 미치므로 제거하여야 한다.
⑤ 잔디깎기 전에 잡석 등을 제거하여 제초기의 칼날이 상하거나 엔진에 충격을 주는 것을 방지한다.

해설 ▶ 잔디깎기시의 주의사항
비온 후나 오전 중에는 습기로 인하여 잔디가 파헤쳐질 위험이 있으므로 피한다.

06 공동주택단지 내 수목의 월동대책으로 적당하지 않은 것은? **7회 출제**

① 뿌리덮기
② 뗏밥주기
③ 짚싸주기
④ 새끼감기
⑤ 가지치기

해설 ▶ 월동대책
가지치기는 늦은 봄부터 6월 중순까지와 9월이 적기이다.

정답 05. ② 06. ⑤

CHAPTER 04 건축설비 관리실무

- 설비관리는 대단히 방대한 범위이다. 각 시설별로 기출문제와 예상문제를 기준으로 숙지하고 1차 과목인 시설개론과 연계하여 정리하여야 한다.
- 출제되는 문제를 분석해 보면 시설개론에서 다루어야 할 것이 관리실무에서 매회 상당수 출제되고 있다. 따라서 출제빈도가 높은 문제는 필히 정리를 하고, 출제되지 않은 분야와 시설에 대하여는 예상문제를 중심으로 학습하고, 특히 고장원인 및 처리방법과 안전수칙은 철저히 준비하여야 한다.

CHAPTER 학습 & 출제되는 키워드

- ☑ 급수방식·급수배관방식
- ☑ 수질기준·수질상태 점검
- ☑ 펌프
- ☑ 팽창탱크
- ☑ 트랩 및 통기관
- ☑ 중앙난방시스템
- ☑ 전기시설 최소용량
- ☑ 승강기 설치기준

- ☑ 순간최대 예상급수량
- ☑ 급수관의 상태검사
- ☑ 배관
- ☑ 환기량의 계산
- ☑ 히트펌프 성적계수
- ☑ 수·변전설비 용량계산
- ☑ 증발기, 응축기 역할
- ☑ 소방안전관리자

- ☑ 급수전의 고장과 대책
- ☑ 서징현상
- ☑ 밸브
- ☑ 환기설비의 설치기준
- ☑ 난방설비 유지관리
- ☑ 전기사업법령상 용어
- ☑ 피뢰설비 설치기준
- ☑ 화재안전성능기준

CHAPTER 학습 & 출제되는 질문

- ☑ 수도법 시행규칙상 저수조의 설치기준에 관한 내용으로 옳지 않은 것은?
- ☑ 먹는물 수질기준 및 검사 등에 관한 규칙상 심미적 영향물질에 관한 기준 항목에 해당하지 않은 것은?
- ☑ 공동주택의 화재안전성능기준(NFPC 608)상 (   )에 들어갈 아라비아 숫자를 쓰시오.
- ☑ 배수배관 계통에 설치되는 통기관 설비에 관한 설명으로 옳지 않은 것은?
- ☑ 실의 크기가 가로 10m, 세로 10m, 천장고 2.5m인 공동주택 관리사무소의 환기 횟수가 2회/h일 때, 이 실내의 CO_2 농도(ppm)는?
- ☑ 난방설비에 관한 설명으로 옳은 것은?
- ☑ 신에너지 및 재생에너지 개발·이용·보급 촉진법에서 정의하는 재생에너지에 해당하지 않는 것은?

단원 단답형 문제

01 주택건설기준 등에 관한 규정상 지상급수시설 중 지하저수조에 관한 내용이다. ( )에 들어갈 아라비아 숫자를 쓰시오.

> 제35조(비상급수시설) ① ~ ② 〈생략〉
> 1. 〈생략〉
> 2. 지하저수조
> 가. 고가수조저수량(매 세대당 ( )톤까지 산입한다)을 포함하여 매 세대당 ( )톤(독신자용 주택은 0.25톤) 이상의 수량을 저수할 수 있을 것. 다만, 지역별 상수도 시설용량 및 세대당 수돗물 사용량 등을 고려하여 설치기준의 2분의 1의 범위에서 특별시·광역시·특별자치시·특별자치도·시 또는 군의 조례로 완화 또는 강화하여 정할 수 있다.
> 나. ( )세대(독신자용 주택은 100세대)당 1대 이상의 수동식 펌프를 설치하거나 양수에 필요한 비상전원과 이에 의하여 가동될 수 있는 펌프를 설치할 것

02 다음이 설명하는 용어를 쓰시오.   **21회 출제**

> 공동주택에서 지하수조 등에서 배출되는 잡배수를 배수관에 직접 연결하지 않고, 한번 대기에 개방한 후 물받이용 기구에 받아 배수하는 방식

해설 ▶ 간접배수
위생상 배려해야 할 기기의 배수 계통을 일단 대기 중에서 끊고 보통 배수 계통으로 직결되어 있는 물받이 용기 또는 배수 기구 속으로 배수하는 것을 말한다.

03 다음은 급수배관의 피복에 관한 내용이다. ( )에 들어갈 용어를 쓰시오.   **22회 출제**

> 여름철 급수배관 내부에 외부보다 찬 급수가 흐르고 배관 외부가 고온다습할 경우 배관외부에 결로가 발생하기 쉽다. 또한 겨울철에 급수배관 외부 온도가 영하로 떨어질 때 급수배관계통이 동파하기 쉽다. 이러한 두 가지 현상을 방지하기 위해서는 급수배관에 ( )와(과) 방동목적의 피복을 해야 한다.

정답 **01.** 0.25, 0.5, 50 **02.** 간접배수 **03.** 방로 또는 결로방지

04
먹는물 수질 및 검사 등에 관한 규칙상 수돗물 수질기준에 관한 내용이다. ( )에 들어갈 아라비아 숫자를 쓰시오.

26회 출제

> 5. 심미적(審美的) 영향물질에 관한 기준
>   가. 경도(硬度)는 1,000 mg/L(수돗물의 경우 (ㄱ) mg/L, 먹는염지하수 및 먹는해양심층수의 경우 1,200mg/L)를 넘지 아니할 것. 다만, 샘물 및 염지하수의 경우에는 적용하지 아니한다.
>   나. ~아. 〈생략〉
>   자. 염소이온은 (ㄴ) mg/L를 넘지 아니할 것(염지하수의 경우에는 적용하지 아니한다)

05
배수통기설비의 통기관에 관한 설명이다. ( )에 들어갈 용어를 쓰시오.

> 배수수직관의 길이가 길어지면 배수수직관 내에서도 압력변동이 발생할 수 있다. 이러한 배수수직관 내의 압력변화를 방지하기 위하여 배수수직관과 통기수직관을 연결하는 것을 ( )통기관이라 한다.

해설 ▶ 통기관

17회 출제

배수수직관의 길이가 길어지면 배수수직관 내에서도 압력변동이 발생할 수 있다. 이러한 배수수직관 내의 압력변화를 방지하기 위하여 배수수직관과 통기수직관을 연결하는 것을 결합통기관이라 한다.

06
배수의 흐름을 원활히 하고 배수로 인하여 발생하는 기압변동으로부터 트랩(trap)을 보호하기 위해 공기를 유통시키는 설비로서, 통기목적의 기관은?

해설 ▶ 통기관의 종류

각개통기관	위생기구마다 1개의 통기관을 설치하는 것으로 가장 바람직한 방식이나 설치비용이 많이 든다.
환상통기관	통기관 1개에 여러 위생기구를 연결하는 방식으로 통기관 1개에 연결할 수 있는 기구는 8개 이내, 배수관의 길이는 7.5m 이내가 되게 한다.
도피통기관	환상(루프 또는 회로)통기관의 통기기능을 촉진시키기 위하여 설치하는 통기관이다.
신정통기관	배수수직관 상부에 설치하는 통기관으로 옥상·지붕 등에서 개구시키므로 해충 등의 침입을 방지하기 위하여 철망을 친다.
결합통기관	배수수직관과 통기수직관을 매 5층마다 연결하여 설치하는 통기관이다.
습윤통기관	배수횡지관 최상류기구 바로 아래 연결·설치되어 통기와 배수의 기능을 겸용하는 통기관이다.

정답 04. ㄱ : 300, ㄴ : 250 05. 결합 06. 통기관

제2편 공동주택기술관리

07 배수배관의 통기방식에 관한 설명이다. ( )에 들어갈 용어를 쓰시오.

> 공동주택 등에서 사용되어지는 통기방식의 하나로 배수수직관의 상부를 그대로 연장하여 대기에 개방되도록 하는 것을 ( )통기방식이라 한다.

해설 ▶ 통기방식

18회 출제

공동주택 등에서 사용되는 통기방식의 하나로 배수수직관의 상부를 그대로 연장하여 대기에 개방되도록 하는 것을 신정통기방식이라 한다.

08 급수배관 설계·시공상의 유의사항에 관한 내용이다. ( )에 들어갈 용어를 쓰시오.

17회 출제

> 건물 내에는 각종 설비배관이 혼재하고 있어 시공시 착오로 서로 다른 계통의 배관을 접속하는 경우가 있다. 이중에 상수로부터의 급수계통과 그 외의 계통이 직접 접속되는 것을 ( )이라고 한다. 이렇게 될 경우 급수계통 내의 압력이 다른 계통 내의 압력보다 낮아지게 되면 다른 계통 내의 유체가 급수계통으로 유입되어 물의 오염 원인이 될 수 있다.

해설 ▶ 크로스커넥션

건물 내에는 각종 설비배관이 혼재하고 있어 시공시 착오로 서로 다른 계통의 배관을 접속하는 경우가 있다. 이중에 상수로부터의 급수계통과 그 외의 계통이 직접 접속되는 것을 크로스커넥션이라고 한다. 이렇게 될 경우 급수계통 내의 압력이 다른 계통 내의 압력보다 낮아지게 되면 다른 계통 내의 유체가 급수계통으로 유입되어 물의 오염 원인이 될 수 있다.

09 다음은 급배수설비의 배관시공에 관한 내용이다. ( )에 들어갈 용어를 쓰시오.

> 바닥이나 벽 등을 관통하는 배관의 경우에는 콘크리트를 타설할 때 미리 철판 등으로 만든 ( )을(를) 넣고 그 속으로 관을 통과시켜 배관을 한다. 이렇게 배관을 하게 되면 관의 신축에 무리가 생기지 않고 관의 수리나 교체 시 용이하게 할 수 있다.

해설 ▶ 슬리브

바닥이나 벽 등을 관통하는 배관의 경우에는 콘크리트를 타설할 때 미리 철판 등으로 만든 슬리브를 넣고 그 속으로 관을 통과시켜 배관을 한다. 이렇게 배관을 하게 되면 관의 신축에 무리가 생기지 않고 관의 수리나 교체시 용이하게 할 수 있다.

정답 07. 신정 08. 크로스커넥션 09. 슬리브

10
다음은 배관계 또는 덕트계에서 발생할 수 있는 현상이다. ( )에 들어갈 용어를 쓰시오.

20회 출제

> 운전 중인 펌프 및 배관계 또는 송풍기 및 덕트계에 외부로부터 강제력이 작용되지 않아도 배관(덕트) 내 유량(풍량)과 양정(압력)에 주기적인 변동이 지속되는 것을 ( )현상이라 한다.

11
배수수평주관에서 발생되는 현상에 관한 설명으로 ( )에 들어갈 용어를 쓰시오.

> 배수수직주관으로부터 배수수평주관으로 배수가 옮겨가는 경우, 굴곡부에서는 원심력에 의해 외측의 배수는 관벽으로 힘이 작용하면서 흐른다. 또한 배수수직주관 내의 유속은 상당히 빠르지만 배수수평주관 내에서는 이 유속이 유지될 수 없기 때문에 급격히 유속이 떨어지게 되고 뒤이어 흘러내리는 배수가 있을 경우에는 유속이 떨어진 배수의 정체로 인하여 수력도약 현상(=도수현상)이 발생된다. 이러한 현상이 나타나는 부근에서는 배수관의 연결을 피하고 ( )을(를) 설치하여 배수관 내의 압력변화를 완화시켜야 한다.

12
급탕설비에서 물 20kg을 15℃에서 65℃로 가열하는 데 필요한 열량(kJ)을 구하시오.(단, 물의 비열은 4.2kJ/kg·K)

17회 출제

해설 ▶ 가열시 필요한 열량
(65℃ − 15℃) × 20kg × 4.2kJ/kg·k = 4,200kJ

13
1인 1일 급탕량 100리터(L), 급탕온도 70℃, 급수온도 10℃, 가열능력비율 1/7, 물의 비열이 4.2kJ/kg·K일 경우 100인이 거주하는 공동주택에서의 급탕가열능력(kW)은?

19회 출제

해설 ▶ 급탕가열능력
$$kW = \frac{100리터 \times 100인 \times (70-10) \times 4.2 \times 1/7}{3,600}$$

정답 10. 서징(surging) 또는 서어징, 맥동 11. 통기관(또는 벤트관, vent pipe, 도피통기관) 12. 4,200kJ 13. 100

제2편 공동주택기술관리

14 보일러의 물이 끓는 경우 그 물에 함유된 유지분이나 부유물에 의해 거품이 생기는 현상으로서, 보일러수의 불순물이 포함되어 있거나 주증기밸브를 급히 열거나 고수위로 운전하거나 또는 증기부하가 지나치게 클 때 발생하는 보일러의 이상현상은?

해설 ▶ 포밍(foaming)

의의	보일러의 물이 끓는 경우 그 물에 함유된 유지분이나 부유물에 의해 거품이 생기는 현상으로서, 보일러수의 불순물이 포함되어 있거나 주증기밸브를 급히 열거나 고수위로 운전하거나 또는 증기부하가 지나치게 클 때 발생한다.
대비책	• 불순물을 제거한다. • 주증기밸브는 천천히 연다. • 정상수위를 유지한다. • 과부하가동을 피한다.

15 건축전기설비 설계기준상의 수·변전설비 용량계산에 관한 내용이다. ( )에 들어갈 용어를 쓰시오. **23회 출제**

( ) = 각 부하의 최대수요전력 합계/합성최대수요전력

해설 ▶ 수변전설비의 용량
① 수용률(설계량) : 설비용량에 대한 최대전력의 비를 백분율로 나타낸 것이다.
② 부하율(실제량) : 어떤 기간 중의 평균수용전력과 최대수용전력과의 비를 나타낸 것이다
③ 부등률(시각량) : 최대수용전력의 합계를 합성최대수용전력으로 나눈 값이다.

16 다음에서 설명하고 있는 전기사업법령상의 용어를 쓰시오. **15회 출제**

수전설비의 배전반에서부터 전기사용기기에 이르는 전선로·개폐기·차단기·분전함·콘센트·제어반·스위치 및 그 밖의 부속설비

17 「주택건설기준 등에 관한 규정」상 세대당 전용면적이 85m²인 주택에 설치하는 전기시설의 세대별 최소용량(kW)을 쓰시오. **16회 출제**

해설 ▶ 전기시설의 용량
주택에 설치하는 전기시설의 용량은 각 세대별로 3kW(세대당 전용면적이 60m² 이상인 경우에는 3kW에 60m²를 초과하는 10m²마다 0.5kW를 더한 값) 이상이어야 한다.
3 + (0.5 × 3) = 4.5

정답 14. 포밍 15. 부등율 16. 구내배전설비 17. 4.5kW

18
전기설비 용량이 각각 80kW, 100kW, 120kW의 부하설비가 있다. 이 때 수용률(수요율)을 80%로 가정할 경우 최대수요전력(kW)을 구하시오. **17회 출제**

해설 수용률
(80kW + 100kW + 120kW) × 0.8 = 240kW

19
어느 전력계통에 접속된 수용가, 배전선, 변압기 등 각 부하의 최대수용전력의 합과 그 계통에서 발생한 합성 최대수용전력의 비를 나타내는 용어를 쓰시오. **16회 출제**

해설 부등률
부등률이란 각 부하의 최대 수용전력의 합계와 각각의 부하가 모인 군의 종합최대수용전력과의 비를 말한다.

20
환기설비에 의한 최종 공기흡입구에서 세대의 실내로 공급되는 공기량의 합인 총체적 풍량을 실내 총체적으로 나눈 값은?

해설 용어의 정의

환기	환기란 실내의 오염된 공기를 쾌적한 공기로 바꾸거나 실내에 악취가 확산되는 것을 방지하기 위한 방법을 말한다. 환기는 실내의 온도변화의 원인이 되므로 냉난방관리와 밀접한 관련이 있고, 특히 실내거주자의 건강 및 쾌적성 등에 영향을 미친다.
환기량	환기량이란 외부공기의 도입량을 말한다. 환기량이 많을수록 실내오염도는 낮아지나 열 또는 냉기의 손실이 증가하므로, 공기의 청정도를 유지하면서 열 또는 냉기의 손실을 줄일 수 있는 최소의 환기량. 즉 '필요환기량'을 관리하는 것이 중요하다.
환기횟수	환기횟수란 1시간당 환기량을 실내용적으로 나눈 값으로, 환기의 정도를 나타낸다. 예컨대, 환기횟수 2회/h란 1시간에 유입되는 외부공기의 양이 실내용적의 2배가 된다는 것을 의미한다.

21
고층아파트의 공기유동에 관한 설명이다. ( )에 들어갈 용어를 쓰시오.

> 고층아파트의 경우, 겨울철 실내·외 온도차에 의해 저층부에서 외기가 유입되어 계단실이나 엘리베이터 샤프트를 통하여 상층부로 기류(공기)가 상승하는 현상을 ( )효과(현상)라고 한다.

18회 출제

해설 연돌효과
고층 아파트의 경우, 겨울철 실내·외 온도차에 의해 저층부에서 외기가 유입되어 계단실이나 엘리베이터 샤프트를 통하여 상층부로 기류(공기)가 상승하는 현상을 굴뚝(연돌)효과(현상)이라 한다.

정답 18. 240kW   19. 부등률   20. 환기횟수   21. 연돌(굴뚝)

제2편 공동주택기술관리

22 실내공기질관리법령상 오염물질방출 건축자재에 대한 내용이다. ( )에 들어갈 숫자를 순서대로 쓰시오.

11회 개작

> 오염물질은 폼알데하이드, 톨루엔 및 총휘발성 유기화합물로 하되, 아래 표의 구분에 따른 방출농도 이상인 경우로 한다.

자 재	폼알데하이드	톨루엔	총휘발성 유기화합물
접착제	( )이하	( )이하	2.0
페인트			2.5
실란트			1.5
퍼티			20.0
바닥재, 벽지			4.0

〈비고〉
1. 위 표에서 오염물질의 종류별 측정단위는 mg/㎡ · h로 한다. 다만, 실란트의 측정단위는 mg/m · h로 한다.

23 압축식 냉동장치를 설명한 그림이다. ( )에 들어갈 기기명칭을 쓰시오.

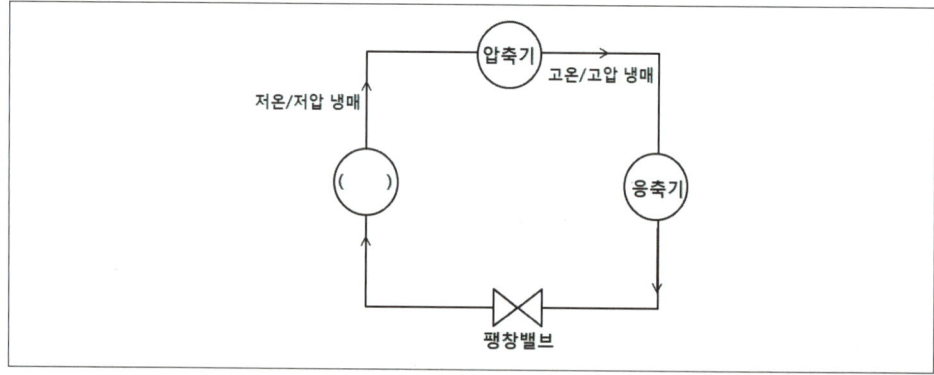

해설 ▶ 압축식 냉동장치

18회 출제

증기 압축식 냉동장치의 4대 요소(압축 → 응축 → 팽창 → 증발)
1) 압축기 : 증발기에서 증발한 저온 저압의 냉매가스를 압축기로 흡입하여 압축하면 고온 고압의 과열증기 상태로 토출된다.
2) 응축기 : 과열된 냉매가스를 응축기로 유입하여 물 또는 공기와 열교환을 시키면 냉매는 고온 고압의 액체 상태가 된다.
3) 팽창밸브 : 액화된 고온 고압의 냉매액을 팽창밸브로 교축팽창시키면 저온, 저압의 냉매액 상태가 된다.
4) 증발기 : 저온, 저압의 액냉매는 증발기(냉각관)를 순환하면서 피냉각 물체로부터 열을 흡수하여 저온, 저압의 냉매가스로 증발되어 압축기로 흡입된다.

정답 22. 0.02, 0.08 23. 증발기

제4장 건축설비 관리실무

24 다음은 건축법령상 용어의 정의이다. ( )에 들어갈 용어를 쓰시오.

> ( )재료란 불에 잘 타지 아니하는 성능을 가진 재료로서 국토교통부령으로 정하는 기준에 적합한 재료를 말한다.

해설 **난연재료**
난연재료란 불에 잘 타지 아니하는 성능을 가진 재료로서 국토교통부령으로 정하는 기준에 적합한 재료를 말한다.

18회 출제

25 「건축물의 설비기준 등에 관한 규칙」상 공동주택의 환기설비기준에 관한 내용이다. ( )에 들어갈 숫자를 순서대로 각각 쓰시오.

12회 개작

> 신축 또는 리모델링하는 30세대 이상의 공동주택 또는 주택을 주택 외의 시설과 동일건축물로 건축하는 경우로서 주택이 30세대 이상인 건축물은 시간당 ( )회 이상의 환기가 이루어질 수 있도록 자연환기설비 또는 기계환기설비를 설치하여야 하며, 기계환기설비에서 발생하는 소음은 대표길이 1m(수직 또는 수평 하단)에서 측정하여 ( )dB 이하가 되어야 하며, 암소음(측정대상인 소음 외에 주변에 존재하는 소음을 말한다)은 보정하여야 한다.

해설 **기계환기설비**
신축 또는 리모델링하는 30세대 이상의 공동주택 또는 주택을 주택 외의 시설과 동일건축물로 건축하는 경우로서 주택이 30세대 이상인 건축물(이하 "신축공동주택등"이라 한다)은 시간당 0.5회 이상의 환기가 이루어질 수 있도록 자연환기설비 또는 기계환기설비를 설치하여야 한다. 기계환기설비에서 발생하는 소음의 측정은 한국산업표준에 따르는 것을 원칙으로 한다. 측정위치는 대표길이 1m(수직 또는 수평 하단)에서 측정하여 소음이 40dB 이하가 되어야 하며, 암소음(측정대상인 소음 외에 주변에 존재하는 소음을 말한다)은 보정하여야 한다. 다만, 환기설비 본체(소음원)가 거주공간 외부에 설치될 경우에는 대표길이 1m(수직 또는 수평 하단)에서 측정하여 50dB 이하가 되거나, 거주공간 내부의 중앙부 바닥으로부터 1.0~1.2m 높이에서 측정하여 40dB 이하가 되어야 한다.

정답 **24.** 난연 **25.** 0.5, 40

26

「소방시설 설치 및 관리에 관한 법률」상 소방시설에 관한 정의이다. ( )에 들어갈 용어를 쓰시오.

17회 출제

> '소방시설'이란 소화설비, ( )설비, 피난구조설비, 소화용수설비, 그 밖에 소화활동설비로서 대통령령으로 정하는 것을 말한다.

해설 소방설비(「소방시설 설치 및 관리에 관한 법률」 제2조)
'소방시설'이란 소화설비, 경보설비, 피난구조설비, 소화용수설비, 그 밖에 소화활동설비로서 대통령령으로 정하는 것을 말한다.

27

소방시설 설치 및 관리에 관한 법령상 비상방송설비 관련 내용이다. ( )에 들어갈 숫자를 순서대로 각각 쓰시오.

16회 출제

> 비상방송설비를 설치하여야 하는 특정소방대상물(위험물 저장 및 처리 시설 중 가스시설, 사람이 거주하지 않는 동물 및 식물 관련 시설, 터널, 축사 및 지하구는 제외한다)은 다음의 어느 하나에 해당하는 것으로 한다.
> 1) 연면적 3천5백m² 이상인 것은 모든 층
> 2) 층수가 ( )층 이상인 것은 모든 층
> 3) 지하층의 층수가 ( )층 이상인 것은 모든 층

해설 경보설비
비상방송설비를 설치하여야 하는 특정소방대상물(위험물 저장 및 처리 시설 중 가스시설, 사람이 거주하지 않는 동물 및 식물 관련 시설, 터널, 축사 및 지하구는 제외한다)은 다음의 어느 하나에 해당하는 것으로 한다.
1) 연면적 3천5백m² 이상인 것은 모든 층
2) 층수가 11층 이상인 것은 모든 층
3) 지하층의 층수가 3층 이상인 것은 모든 층

28

화재안전성능기준(NFPC)상 옥외소화전 노즐선단에서의 최저방수압력(MPa)과 최소방수량(L/min)을 순서대로 각각 쓰시오.

16회 출제

해설 옥외소화전의 최저방수압력과 최소방수량
해당 특정소방대상물에 설치된 옥외소화전(2개 이상 설치된 경우에는 2개의 옥외소화전)을 동시에 사용할 경우 각 옥외소화전의 노즐선단에서의 방수압력이 0.25 Mpa 이상이고, 방수량이 350ℓ/min 이상이 되는 성능의 것으로 할 것. 이 경우 하나의 옥외소화전을 사용하는 노즐선단에서의 방수압력이 0.7 Mpa 을 초과할 경우에는 호스접결구의 인입측에 감압장치를 설치하여야 한다.

정답 26. 경보   27. 11, 3   28. 0.25, 350

제4장 건축설비 관리실무

29 소방시설등의 작동점검을 포함하여 소방시설등의 설비별 주요 구성 부품의 구조기준이 화재안전기준과「건축법」등 관련 법령에서 정하는 기준에 적합한지 여부를 소방청장이 정하여 고시하는 소방시설등 종합점검표에 따라 점검하는 것은?

해설 ▶ 소방시설 자체점검의 종류

작동점검	소방시설등을 인위적으로 조작하여 소방시설이 정상적으로 작동하는지를 소방청장이 정하여 고시하는 소방시설등 작동점검표에 따라 점검하는 것
종합점검	소방시설등의 작동점검을 포함하여 소방시설등의 설비별 주요 구성 부품의 구조기준이 화재안전기준과「건축법」등 관련 법령에서 정하는 기준에 적합한 지 여부를 소방청장이 정하여 고시하는 소방시설등 종합점검표에 따라 점검하는 것을 말하며 다음과 같이 구분한다. 1) 최초점검: 소방시설이 새로 설치되는 경우「건축법」제22조에 따라 건축물을 사용할 수 있게된 날부터 60일 이내 점검하는 것을 말한다. 2) 그 밖의 종합점검: 최초점검을 제외한 종합점검을 말한다.

30 6층 이상인 건축물로서 각층 거실의 바닥면적 300m² 이내마다 1개소 이상의 직통계단을 설치한 공동주택의 경우를 제외하고 6층 이상인 공동주택에 설치하여야 하는 승강기는?

해설 ▶ 승강기 설치기준

일반건축물 (건축법)	승용 승강기의 설치대상	• 원칙: 6층 이상으로서 연면적 2천m² 이상인 건축물 • 예외: 6층으로서 각 층 거실의 바닥면적 300m² 이내마다 1개소 이상의 직통계단을 설치한 건축물
	승용 승강기 대수의 산정	• 8인 이상 15인승 이하는 1대 • 16인승 이상은 2대로 간주
	비상용 승강기 추가 설치대상	• 높이 31m를 초과하는 건축물
공동주택 (주건규정)	승용 승강기의 설치대상	• 원칙: 6층 이상인 공동주택은 대당 6인승 이상인 승용 승강기 설치 • 예외: 일반건축물의 경우와 동일 • 10층 이상의 공동주택은 승용 승강기를 비상용 승강기의 구조로 설치
	계단실형 공동 주택	• 설치대수: 계단실마다 1대(한 층에 3세대 이상이 조합된 계단실형 공동주택이 22층 이상인 경우에는 2대) 이상 • 탑승인원수: 4층 이상인 층의 매 세대당 0.3인의 비율로 산정
	복도형 공동주택	• 설치대수: 1대에 100세대를 넘는 80세대마다 1대를 더한 대수 이상 • 탑승인원수: 4층 이상인 층의 매 세대당 0.2인의 비율로 산정
	화물용 승강기의 설치	• 대상: 10층 이상인 공동주택 • 적재하중: 0.9톤 이상 • 폭 또는 너비: 한 변은 1.35m 이상, 다른 한 변은 1.6m 이상 • 계단실형 공동주택: 계단실마다 설치 • 복도형 공동주택: 100세대까지 1대, 100세대를 넘는 경우 100세대마다 1대 추가 설치

정답 29. 종합점검　30. 승용 승강기

31

사용중인 승강기의 용도·제어방식·정격속도·정격용량 및 왕복운행거리를 변경한 경우 또는 승강기에 사고가 발생하여 수리한 경우 또는 승강기의 관리주체가 요청하는 경우, 승강기의 제어반 또는 구동기를 교체한 경우에 실시하는 검사는?

해설 ▶ 행정안전부장관의 승강기의 안전검사

정기검사	설치검사 후 정기적으로 하는 검사. 이 경우 검사주기는 2년 이하로 하되, 승강기의 종류 및 사용 연수, 중대한 사고 또는 중대한 고장의 발생 여부 등을 고려하여 행정안전부령으로 정하는 바에 따라 승강기별로 검사주기를 다르게 할 수 있다. 정기검사의 검사주기는 1년(설치검사 또는 직전 정기검사를 받은 날부터 매 1년을 말한다)으로 한다. 정기검사의 검사기간은 정기검사의 검사주기 도래일 전후 각각 30일 이내로 한다. 이 경우 해당 검사기간 이내에 검사에 합격한 경우에는 정기검사의 검사주기 도래일에 정기검사를 받은 것으로 본다.
수시검사	승강기의 용도·제어방식·정격속도·정격용량 또는 왕복운행거리를 변경한 경우나 승강기에 사고가 발생하여 수리한 경우 또는 관리주체가 요청하는 경우, 승강기의 제어반 또는 구동기를 교체한 경우에 실시하는 검사
정밀안전검사	다음 각 목의 어느 하나에 해당하는 경우에 하는 검사. 이 경우 ③에 해당할 때에는 정밀안전검사를 받고, 그 후 3년마다 정기적으로 정밀안전검사를 받아야 한다. ① 정기검사 또는 수시검사 결과 결함의 원인이 불명확하여 사고 예방과 안전성 확보를 위하여 행정안전부장관이 정밀안전검사가 필요하다고 인정하는 경우 ② 승강기의 결함으로 중대한 사고 또는 중대한 고장이 발생한 경우 ③ 설치검사를 받은 날부터 15년이 지난 경우 ④ 그 밖에 승강기 성능의 저하로 승강기 이용자의 안전을 위협할 우려가 있어 행정안전부장관이 정밀안전검사가 필요하다고 인정한 경우

32

13회 출제

전기안전관리법령상 안전관리업무의 대행 규모에 관한 설명이다. ( )에 들어갈 숫자를 순서대로 각각 쓰시오.

전기안전관리대행사업자가 안전관리업무를 대행할 수 있는 전기설비의 규모는 다음의 어느 하나에 해당하는 전기설비(둘 이상의 전기설비 용량의 합계가 4,500킬로와트 미만인 경우로 한정)이다.
가. 용량 ( )킬로와트 미만의 전기수용설비
나. 용량 300킬로와트 미만의 발전설비. 다만, 비상용 예비발전설비의 경우에는 용량 ( )킬로와트 미만으로 한다.
다. 용량 1천킬로와트(원격감시 및 제어기능을 갖춘 경우 용량 3천킬로와트) 미만의 태양광발전설비

정답 31. 수시검사   32. 1,000, 500

33
전기사업법시행규칙상 전압의 구분에 관한 설명이다. ( )에 들어갈 숫자를 순서대로 각각 쓰시오. `14회 개작`

> 전압은 저압, 고압 및 특고압으로 구분한다. 이 중 고압이란 교류에서는 ( )볼트를 초과하고 ( )볼트 이하인 전압을 말하고, 직류에서는 1500볼트를 초과하고 7천볼트 이하인 전압을 말한다.

해설 ▶ 전압
전압은 저압, 고압, 및 특고압으로 구분한다. 이 중 고압이란 교류에서는 1000볼트를 초과하고 7,000볼트 이하인 전압을 말한다.

34
화재안전성능기준(NFPC 103)상 스프링클러설비의 설치기준에 관한 설명이다. ( )에 들어갈 숫자를 순서대로 각각 쓰시오. `13회 출제`

> 스프링클러설비 가압송수장치의 송수량은 ( )MPa의 방수압력 기준으로 ( )L/min 이상의 방수성능을 가진 기준개수의 모든 헤드로부터의 방수량을 충족시킬 수 있는 양 이상의 것으로 해야 한다.

35
화재안전성능기준(NFPC102)상 옥내소화전설비의 배관에 관한 내용이다. ( )에 들어갈 숫자를 쓰시오. `18회 출제`

> 연결송수관설비의 배관과 겸용할 경우의 주배관은 구경 ( )mm 이상, 방수구로 연결되는 배관의 구경은 65mm 이상의 것으로 하여야 한다.

해설 ▶ 옥내소화전
연결송수관설비의 배관과 겸용할 경우의 주배관은 100mm 이상, 방수로로 연결되는 배관의 구경은 65mm 이상의 것으로 하여야 한다.

36
소방시설 설치 및 관리에 관한 법령상의 내용이다. ( )에 들어갈 용어를 쓰시오. `15회 출제`

> 소화활동설비는 화재를 진압하거나 인명구조활동을 위하여 사용하는 설비로서 제연설비, 연결송수관설비, 연결살수설비, 비상콘센트설비, ( ), 연소방지설비가 있다.

정답 33. 1000, 7,000 34. 0.1, 80 35. 100 36. 무선통신보조설비

제2편 공동주택기술관리

37 다음에서 설명하고 있는 옥내소화전설비의 화재안전성능기준(NFPC102)상의 용어를 쓰시오.

`15회 출제`

> 펌프의 성능시험을 목적으로 펌프 토출측의 개폐밸브를 닫은 상태에서 펌프를 운전하는 것

38 소방시설 설치 및 관리에 관한 법령상의 자동소화장치에 관한 내용이다. ( )에 들어갈 용어를 쓰시오.

`18회 개작`

> 자동소화장치를 설치해야 하는 특정소방대상물은 다음의 어느 하나에 해당하는 특정소방대상물 중 후드 및 덕트가 설치되어 있는 주방이 있는 특정소방대상물로 한다. 이 경우 해당 주방에 자동소화장치를 설치해야 한다.
> 1) 주거용 ( )자동소화장치를 설치하여야 하는 것 : 아파트 등 및 오피스텔의 모든 층
> 2) 캐비닛형 자동소화장치, 가스자동소화장치, 분말자동소화장치 또는 고체에어로졸 자동소화장치를 설치하여야 하는 것 : 화재안전기준에서 정하는 장소

39 보일러의 정격출력에 관한 내용이다. ( )에 들어갈 용어를 쓰시오.

> 정격출력 = 난방부하 + 급탕부하 + 손실부하 + ( )부하

해설 ▶ 정격출력
정격출력 = 난방부하 + 급탕부하 + 손실부하 + 정격출력 = 난방부하 + 급탕부하 + 손실부하 + 예열부하

40 다음은 「지능형 홈네트워크 설비설치 및 기술기준」의 일부이다. ( )를 채우시오.

> "( )"(이)란 세대내에 들어가는 통신선로, 종합유선방송설비 또는 홈네트워크 설비 등의 배선을 효율적으로 분배·접속하기 위하여 이용자의 전용공간에 설치되는 분배함을 말한다.

정답 37. 체절운전 38. 주방 39. 예열 40. 세대단자함

41 「주택건설기준등에 관한 규칙」에서 정하는 배기설비규정의 일부이다. (   )에 들어갈 용어를 쓰시오.

> 배기통은 연기나 냄새 등이 실내로 역류하는 것을 방지할 수 있도록 다음 각 목의 어느 하나에 해당하는 구조로 할 것
> 가. 세대 안의 배기통에 (   )(세대 안의 배기구가 열리거나 전동환기설비가 가동하는 경우 전기 또는 기계적인 힘에 의하여 자동으로 개폐되는 구조로 된 설비를 말한다) 또는 이와 동일한 기능의 배기설비 장치를 설치할 것
> 나. 세대간 배기통이 서로 연결되지 아니하고 직접 외기에 개방되도록 설치할 것

42 「화재의 예방 및 안전관리에 관한 법률 시행령」에서 정하는 소방안전관리자를 두어야 하는 특정소방대상물 중 특급 소방안전관리대상물에 대한 내용이다. (   )에 들어갈 숫자를 쓰시오.

> 1. (   )층 이상(지하층은 제외한다)이거나 지상으로부터 높이가 (   )m 이상인 아파트
> 2. 30층 이상(지하층을 포함한다)이거나 지상으로부터 높이가 120m 이상인 특정소방대상물(아파트는 제외한다)
> 3. 제2호에 해당하지 아니하는 특정소방대상물로서 연면적이 10만m² 이상인 특정소방대상물(아파트는 제외한다)

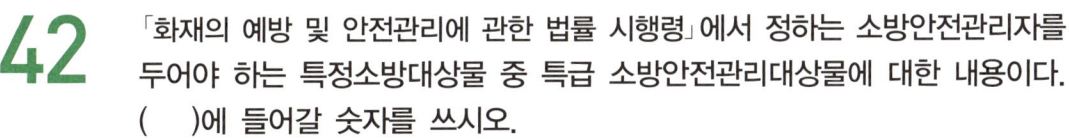

정답   41. 자동역류방지댐퍼   42. 50, 200

43. 건축법령에서 정하는 개별난방설비 설치기준의 일부이다. ( )를 채우시오.

> 공동주택과 오피스텔의 난방설비를 개별난방방식으로 하는 경우에는 다음의 기준에 적합하여야 한다.
> 1) 보일러는 거실 외의 곳에 설치하되, 보일러를 설치하는 곳과 거실 사이의 경계벽은 출입구를 제외하고는 내화구조의 벽으로 구획할 것
> 2) 보일러실의 윗부분에는 그 면적이 ( )㎡ 이상인 환기창을 설치하고, 보일러실의 윗부분과 아랫부분에는 각각 지름 ( )cm 이상의 공기흡입구 및 배기구를 항상 열려 있는 상태로 바깥공기에 접하도록 설치할 것. 다만, 전기보일러의 경우에는 그러하지 아니하다.
> 3) 보일러실과 거실 사이의 출입구는 그 출입구가 닫힌 경우에는 보일러가스가 거실에 들어갈 수 없는 구조로 할 것
> 4) 기름보일러를 설치하는 경우에는 기름저장소를 보일러실 외의 다른 곳에 설치할 것
> 5) 오피스텔의 경우에는 난방구획을 방화구획으로 구획할 것
> 6) 보일러의 연도는 내화구조로서 공동연도로 설치할 것

44. 건축법령상 온돌 및 난방설비 설치기준의 일부이다. ( )에 들어갈 용어를 쓰시오.

> 온수온돌의 설치기준
> 1) 단열층은 기준에 적합하여야 하며, 바닥난방을 위한 열이 바탕층 아래 및 측벽으로 손실되는 것을 막을 수 있도록 단열재를 ( )과 바탕층 사이에 설치하여야 한다. 다만, 바탕층의 축열을 직접 이용하는 심야전기이용 온돌의 경우에는 단열재를 바탕층 아래에 설치할 수 있다.
> 2) 배관층과 바탕층 사이의 열저항은 층간 바닥인 경우에는 해당 바닥에 요구되는 열관류저항의 60% 이상이어야 하고, 최하층 바닥인 경우에는 해당 바닥에 요구되는 열관류저항이 70% 이상이어야 한다. 다만, 심야전기이용 온돌의 경우에는 그러하지 아니하다.
> 3) 단열재는 내열성 및 내구성이 있어야 하며 단열층 위의 적재하중 및 고정하중에 버틸 수 있는 강도를 가지거나 그러한 구조로 설치되어야 한다.
> 4) 바탕층이 지면에 접하는 경우에는 바탕층 아래와 주변 벽면에 높이 10cm 이상의 방수처리를 하여야 하며, 단열재의 윗부분에 방습처리를 하여야 한다.

정답 43. 0.5, 10   44. 방열관

45
「가스사용시설의 시설·기술기준」 중 입상관에 관한 내용이다. ( )에 들어갈 숫자를 쓰시오.

> 입상관과 화기(그 시설 안에서 사용하는 자체화기는 제외한다) 사이에 유지해야 하는 거리는 우회거리 ( )m 이상으로 하고, 환기가 양호한 장소에 설치해야 하며 입상관의 밸브는 바닥으로부터 1.6m 이상 2m 이내에 설치할 것. 다만, 보호상자에 설치하는 경우에는 그러하지 아니하다.

46
도시가스사업법령상 도시가스 사용시설의 시설기준에 관한 내용이다. ( )에 들어갈 내용을 쓰시오.

지상배관	원 칙	부식방지도장 후 표면색상을 황색으로 도색	
	예 외	건축물의 내·외벽에 노출된 것으로서 바닥(2층 이상의 건물의 경우에는 각층의 바닥)에서 1m의 높이에 3cm의 황색 띠를 2중으로 표시한 경우에는 표면색상을 황색으로 하지 아니할 수 있다.	
지하매설배관	최고사용압력이 ( )인 배관		황색
	최고사용압력이 ( )인 배관		붉은색

47
도시가스사업법 시행규칙상 가스사용시설의 시설·기술·검사기준에 관한 내용이다. ( )에 들어갈 아라비아 숫자를 쓰시오. **27회 출제**

> 입상관과 화기(그 시설 안에서 사용하는 자체화기는 제외한다) 사이에 유지해야 하는 거리는 우회거리 (ㄱ) m 이상으로 하고, 환기가 양호한 장소에 설치해야 하며 입상관의 밸브는 바닥으로부터 (ㄴ) m 이상 2 m 이내에 설치할 것. 다만, 보호상자에 설치하는 경우에는 그러하지 아니하다.

48
자동화재탐지설비 및 시각경보장치의 화재안전성능기준(NFPC 203)의 전원에 관한 내용이다. ( )에 들어갈 숫자를 순서대로 각각 쓰시오.

> 자동화재탐지설비에는 그 설비에 대한 감시상태를 ( )분간 지속한 후 유효하게 ( )분 이상 경보할 수 있는 비상전원으로서 축전지설비 또는 전기저장장치를 설치해야 한다.

정답 45. 2 46. 저압, 중압이상 47. ㄱ : 2, ㄴ : 1.6 48. 60, 10

49

다음은 방열기의 표준방열량에 관한 내용이다. (　)를 각각 채우시오.

열 매	표준상태의 온도(℃)		표준방열량(kW/㎡)
	열매온도	실내온도	
증 기	(　)	18.5	0.756
온 수	80	18.5	(　)

50

지상 15층 공동주택의 급수방식이 고가수조방식인 경우 지상 5층의 싱크대 수전에 걸리는 정지수압(MPa)은 얼마인가? (단, 각층의 높이는 3m, 옥상바닥면에서 고가수조 수면까지의 높이는 7m, 바닥면에서 싱크대 수전까지의 높이는 1m, 단위환산은 10mAq=1kg/cm²=0.1MPa로 함)

해설 ▶ 수압=0.1 × 높이(옥상바닥면에서 고가수조 수면까지의 높이 7m + 15층에서 5층까지의 높이 11(15층에서 5층까지의 높이)×3m − 바닥면에서 싱크대 수전까지의 높이 1m)= 0.39MPa

51

보일러가동 중 이상현상에 관한 내용이다. (　)에 들어갈 용어를 쓰시오.

> (　)(이)란 연소 시 화염의 방향이 비정상적인 현상을 말한다. 이에 대한 대책으로는 점화 시 먼저 공기공급 후 연료를 공급한다.

52

「주택건설기준 등에 관한 규정」상 화물용승강기의 설치에 관한 설명이다. (　)에 들어갈 숫자를 쓰시오.

> (　)층 이상인 공동주택에는 이삿짐 등을 운반할 수 있는 다음의 기준에 적합한 화물용 승강기를 설치하여야 한다.
> (1) 적재하중이 0.9톤 이상일 것
> (2) 승강기의 폭 또는 너비 중 한 변은 1.35m 이상, 다른 한 변은 1.6m 이상일 것
> (3) 계단실형인 공동주택의 경우에는 계단실마다 설치할 것

정답　49. 102, 0.523　50. 0.39　51. 역화　52. 10

53

도시가스 사업법령상 가스사용시설의 시설·기술기준의 일부이다. (   )에 들어갈 숫자를 순서대로 각각 쓰시오.   **23회 출제**

> 가스계량기와 전기계량기 및 전기개폐기와의 거리는 (   )cm 이상, 굴뚝(단열조치를 하지 아니한 경우만을 말한다)·전기점멸기 및 전기접속기와의 거리는 (   )cm 이상, 절연조치를 하지 아니한 전선과의 거리는 (   )cm 이상의 거리를 유지할 것

54

「소방시설 설치 및 관리에 관한 법률 시행규칙」상 소방시설등 자체점검 시 준수해야 할 사항에 관한 내용이다. (   )에 들어갈 아라비아 숫자를 쓰시오.   **27회 출제**

> 6. 공동주택(아파트등으로 한정한다) 세대별 점검방법은 다음과 같다.
>   가. ~ 나. 〈생략〉
>   다. 관리자는 수신기에서 원격 점검이 불가능한 경우 매년 작동점검만 실시하는 공동주택은 1회 점검 시마다 전체 세대수의 (ㄱ)퍼센트 이상, 종합점검을 실시하는 공동주택은 1회 점검 시 마다 전체 세대수의 (ㄴ)퍼센트 이상 점검하도록 자체점검 계획을 수립·시행해야 한다.

55

지능형 홈네트워크 설비설치 및 기술기준상 홈네트워크 설비설치의 내용이다. (   )를 채우시오.

홈네트워크망	가. 단지망 나. 세대망
홈네트워크장비	가. 홈게이트웨이(단, 세대단말기가 홈게이트웨이 기능을 포함하는 경우는 세대단말기로 대체 가능) 나. 세대단말기 다. 단지네트워크장비 라. ( )

정답   **53.** 60, 30, 15   **54.** ㄱ : 50, ㄴ : 30   **55.** 단지서버

56

건축물의 설비기준 등에 관한 규칙상 신축공동주택등의 기계환기설비의 설치기준에 관한 내용이다. ( )에 들어갈 아라비아 숫자를 쓰시오 [27회 출제]

> 외부에 면하는 공기흡입구와 배기구는 교차오염을 방지할 수 있도록 (ㄱ)미터 이상의 이격거리를 확보하거나, 공기흡입구와 배기구의 방향이 서로 (ㄴ)도 이상 되는 위치에 설치되어야 하고 화재 등 유사 시 안전에 대비할 수 있는 구조와 성능이 확보되어야 한다.

57

다음은 승강기의 정밀안전검사 요건이다. ( )를 채우시오.

> 승강기 관리주체는 해당 승강기가 다음 각 호의 어느 하나에 해당하는 경우에는 행정안전부장관이 실시하는 정밀안전검사를 받아야 한다. 이 경우 제3호에 해당할 때에는 정밀안전검사를 받고, 그 후 ( )년마다 정기적으로 정밀안전검사를 받아야 한다.
> 1. 정기검사 또는 수시검사 결과 결함의 원인이 불명확하여 사고 예방과 안전성 확보를 위하여 행정안전부장관이 정밀안전검사가 필요하다고 인정하는 경우
> 2. 승강기의 결함으로 중대한 사고 또는 중대한 고장이 발생한 경우
> 3. 설치검사를 받은 날부터 15년이 지난 경우
> 4. 그 밖에 승강기 성능의 저하로 승강기 이용자의 안전을 위협할 우려가 있어 행정안전부장관이 정밀안전검사가 필요하다고 인정한 경우

정답 56. ㄱ : 1.5 , ㄴ : 90 57. 3

58

화재안전성능기준(NFPC 103)상 스프링클러설비에는 소방차로부터 그 설비에 송수할 수 있는 송수구를 설치기준에 따라 설치해야 한다. ( )에 들어갈 숫자를 순서대로 각각 쓰시오.

> 1. 송수구는 송수 및 그 밖의 소화작업에 지장을 주지 않도록 설치할 것
> 2. 송수구로부터 주배관에 이르는 연결배관에는 개폐밸브를 설치하지 않을 것
> 3. 구경 ( )밀리미터의 쌍구형으로 할 것
> 4. 송수구에는 그 가까운 곳의 보기 쉬운 곳에 송수압력범위를 표시한 표지를 할 것
> 5. 폐쇄형스프링클러헤드를 사용하는 스프링클러설비의 송수구는 하나의 층의 바닥면적이 3,000제곱미터를 넘을 때마다 1개 이상(5개를 넘을 경우에는 5개로 한다)을 설치할 것
> 6. 지면으로부터 높이가 ( )미터 이상 ( )미터 이하의 위치에 설치할 것
> 7. 송수구의 가까운 부분에 자동배수밸브(또는 직경 5밀리미터의 배수공) 및 체크밸브를 설치할 것
> 8. 송수구에는 이물질을 막기 위한 마개를 씌울 것

59

「건축물의 설비기준 등에 관한 규칙」에서 정하는 건축물의 냉방설비 등에 관한 설명이다. ( )에 들어갈 숫자를 쓰시오.

> 상업지역 및 주거지역에서 건축물에 설치하는 냉방시설 및 환기시설의 배기구와 배기장치의 설치는 다음 각 호의 기준에 모두 적합하여야 한다.
> 1. 배기구는 도로면으로부터 ( )m 이상의 높이에 설치할 것
> 2. 배기장치에서 나오는 열기가 인근 건축물의 거주자나 보행자에게 직접 닿지 아니하도록 할 것
> 3. 건축물의 외벽에 배기구 또는 배기장치를 설치할 때에는 외벽 또는 다음 각 목의 기준에 적합한 지지대 등 보호장치와 분리되지 아니하도록 견고하게 연결하여 배기구 또는 배기장치가 떨어지는 것을 방지할 수 있도록 할 것
>   가. 배기구 또는 배기장치를 지탱할 수 있는 구조일 것
>   나. 부식을 방지할 수 있는 자재를 사용하거나 도장(塗裝)할 것

정답 58. 65, 0.5, 1   59. 2

60
승강기의 유지관리 시 원활한 부품 및 장비의 수급을 위해 승강기 안전관리 법령에서 다음과 같이 승강기 유지관리용 부품 등의 제공기간을 정하고 있다. 법령에서 명시하고 있는 (　)에 들어갈 숫자를 쓰시오.　**22회 출제**

> 제11조(승강기 유지관리용 부품 등의 제공기간 등)
> ① 법 제6조 제1항 전단에 따라 제조업 또는 수입업을 하기 위해 등록을 한 자(이하 "제조·수입업자"라 한다)는 법 제8조 제1항 제1호에 따른 승강기 유지관리용 부품(이하 "유지관리용 부품"이라 한다) 및 같은 항 제2호에 따른 장비 또는 소프트웨어(이하 "장비등"이라 한다)의 원활한 제공을 위해 동일한 형식의 유지관리용 부품 및 장비등을 최종 판매하거나 양도한 날부터 (　)년 이상 제공할 수 있도록 해야 한다. 다만, 비슷한 다른 유지관리용 부품 또는 장비등의 사용이 가능한 경우로서 그 부품 또는 장비등을 제공할 수 있는 경우에는 그렇지 않다.

해설 ▶ 승강기 안전관리법시행령 제11조 참조

61
건축물의 설비기준 등에 관한 규칙상 건축물에 설치하는 승용승강기의 설치기준에 관한 내용이다. (　)에 공통으로 들어갈 숫자를 쓰시오.　**23회 출제**

> 공동주택에서 15인승 승용승강기는 6층 이상의 거실면적의 합계가 3천제곱미터 이하일 때는 (　)대, 3천제곱미터를 초과하는 경우는 (　)대에 3천제곱미터를 초과하는 3천제곱미터 이내마다 1대를 더한 대수를 설치한다.

62
피난기구의 화재안전성능기준(NFPC 301)상 적응 및 설치개수에 관한 내용이다. (　)에 들어갈 아라비아 숫자를 쓰시오.　**24회 출제**

> 제5조(적응 및 설치개수 등) ① 〈생략〉
> ② 피난기구는 다음 각 호의 기준에 따라 설치해야 한다.
> 1 ~ 8. 〈생략〉
> 9. 승강식피난기 및 하향식 피난구용 내림식사다리는 다음 각 목에 적합하게 설치할 것
>   가. 〈생략〉
>   나. 대피실의 면적은 2m²(2세대 이상일 경우에는 3m²) 이상으로 하고, 「건축법 시행령」 제46조 제4항의 규정에 적합하여야 하며 하강구(개구부) 규격은 직경 (㉠)cm 이상일 것.

정답　60. 10　61. 1　62. 60

63
다음은 화재안전성능기준(NFPC109)상 옥외소화전설비의 소화전함 설치기준이다. ( )에 들어갈 숫자를 순서대로 쓰시오.

20회 출제

① 옥외소화전설비에는 옥외소화전마다 그로부터 ( ) m 이내의 장소에 소화전함을 다음 각 호의 기준에 따라 설치하여야 한다.
② 옥외소화전설비의 함은 소방청장이 정하여 고시한 「소화전함의 성능인증 및 제품검사의 기술기준」에 적합한 것으로 설치하되 밸브의 조작, 호스의 수납 등에 충분한 여유를 가질 수 있도록 해야 한다.

64
화재의 예방 및 안전관리에 관한 법령상 소방안전관리자를 두어야 하는 특정소방대상물 중 1급 소방안전대상물에 관한 내용이다. ( )에 들어갈 아라비아 숫자를 쓰시오.

24회 출제

화재의 예방 및 안전관리에 관한 법률 시행령 제25조(소방안전관리자 및 소방안전관리보조자를 두어야 하는 특정소방대상물, 별표4) ① <생략>
1. <생략>
2. 소방시설 설치 및 관리에 관한 법률 시행령」 별표 2의 특정소방대상물 중 다음의 어느 하나에 해당하는 것(위 1.에 따른 특급 소방안전관리대상물은 제외한다)
   가. (ㄱ)층 이상(지하층은 제외한다)이거나 지상으로부터 높이가 (ㄴ)미터 이상인 아파트

65
「건축물의 설비기준 등에 관한 규칙」에서 정하는 신축 공동주택등의 자연환기설비의 설치기준에 관한 설명이다. ( )를 채우시오.

1) 세대에 설치되는 자연환기설비는 세대 내의 모든 실에 바깥공기를 최대한 균일하게 공급할 수 있도록 설치되어야 한다.
2) 자연환기설비는 다음 각 목의 요건을 모두 갖춘 공기여과기를 갖춰야 한다.
   가. 도입되는 바깥공기에 포함되어 있는 입자형·가스형 오염물질을 제거 또는 여과하는 성능이 일정 수준 이상일 것
   나. 한국산업표준(KSB 6141)에 따른 입자 포집률이 ( )법으로 측정하여 70 퍼센트 이상 확보하여야 한다.
   다. 청소 또는 교환이 쉬운 구조일 것

정답 63. 5 64. ㄱ. 30, ㄴ. 120 65. 질량

66 「소방시설 설치 및 관리에 관한 법률」에서 정하는 스프링클러 설치기준이다. ( )를 채우시오.

> 층수가 ( )층 이상인 특정소방대상물의 경우에는 모든 층. 다만, 주택 관련 법령에 따라 기존의 아파트등을 리모델링하는 경우로서 건축물의 연면적 및 층높이가 변경되지 않는 경우에는 해당 아파트등의 사용검사 당시의 소방시설 적용기준을 적용한다.

67 양수량이 500L/min이고, 펌프의 양정이 50m일 때 펌프의 소요동력은(kw)?
(단, 펌프의 효율은 45%이다)

해설▶ 펌프의 소요동력

$$축동력(kw) = \frac{W \cdot Q \cdot H}{6120 \cdot E} = \frac{1 \cdot 500 \cdot 50}{6120 \cdot 0.45} = 9.08kw$$

68 「지능형 홈네트워크 설비설치 및 기술기준」에서 정하는 용어에 관한 설명이다. ( )를 채우시오.

> ( )란 전유부분에 설치되어 세대 내에서 사용되는 홈네트워크사용기기들을 유무선 네트워크로 연결하고 세대망과 단지망 혹은 통신사의 기간망을 상호 접속하는 장치를 말한다.

69 다음은 옥외소화전설비의 화재안전성능기준(NFPC 109)의 일부이다. ( )에 들어갈 숫자를 쓰시오. **23회 출제**

> 제6조(배관 등)
> ① 호스접결구는 지면으로부터 높이가 0.5m 이상 ( )m 이하의 위치에 설치하고 특정소방대상물의 각 부분으로부터 하나의 호스접결구까지의 수평거리가 ( )m 이하가 되도록 설치해야 한다.

정답 66. 6   67. 9.08   68. 홈게이트웨이   69. 1, 40

제4장 건축설비 관리실무

70 건축물의 에너지절약설계기준상 다음에서 정의하고 있는 용어를 순서대로 쓰시오. `21회 출제`

○ ( ) : 기기의 출력값과 목표값의 편차에 비례하여 입력량을 조절하여 최적운전상태를 유지할 수 있도록 운전하는 방식을 말한다.
○ ( ) : 수용가에서 일정 기간 중 사용한 전력의 최대치를 말한다.

71 건축물의 에너지절약설계기준상 '주택의 부엌·욕실 및 화장실에 설치하는 배기설비'에 관한 내용이다. ( )에 들어갈 용어를 쓰시오. `21회 출제`

벽체 내표면 및 내부에서의 결로를 방지하고 단열재의 성능 저하를 방지하기 위하여 제2조에 의하여 단열조치를 하여야 하는 부위(창 및 문과 난방공간 사이의 층간 바닥 제외)에는 ( )을 단열재의 실내측에 설치하여야 한다.

72 건축물의 에너지절약설계기준 중 기계설비 부문에 관한 용어의 정의이다. 기준에서 명시하고 있는 ( )에 들어갈 용어를 쓰시오. `22회 출제`

( )형환기장치라 함은 난방 또는 냉방을 하는 장소의 환기장치로 실내의 공기를 배출할 때 급기되는 공기와 열교환하는 구조를 가진 것을 말한다.

73 건축물의 에너지절약설계기준상 기계설비 부문에 관한 용어의 정의이다. ( )에 들어갈 숫자를 쓰시오. `23회 출제`

"폐열회수형환기장치"라 함은 난방 또는 냉방을 하는 장소의 환기장치로 실내의 공기를 배출할 때 급기되는 공기와 열교환하는 구조를 가진 것으로서 고효율인증제품 또는 KS B 6879(열회수형 환기 장치) 부속서 B에서 정하는 시험방법에 따른 에너지계수 값이 냉방시 8 이상, 난방시 15 이상, 유효전열교환효율이 냉방시 (ㄱ) % 이상, 난방시 (ㄴ) % 이상의 성능을 가진 것을 말한다.

정답   **70.** 비례제어운전(또는 P, PI, PID, PD제어), 최대수요전력   **71.** 방습층(또는 방습필름, 방습지, 방습비닐, 방습도료, 비닐)   **72.** 폐열회수   **73.** 45, 70

제2편 공동주택기술관리

74

건축물의 에너지절약설계기준상 건축부문의 권장사항 중 자연채광계획에 관한 내용이다. ( )에 들어갈 아라비아 숫자를 쓰시오. **24회 출제**

> 제7조(건축부문의 권장사항) 에너지절약계획서 제출대상 건축물의 건축주와 설계자 등은 다음 각 호에서 정하는 사항을 제13조의 규정에 적합하도록 선택적으로 채택할 수 있다.
> 1 ~ 4. 〈생략〉
> 5. 자연채광계획
>   가. 〈생략〉
>   나. 공동주택의 지하주차장은 (㉠)m^2 이내마다 1개소 이상의 외기와 직접 면하는 (㉡)m^2 이상의 개폐가 가능한 천창 또는 측창을 설치하여 자연환기 및 자연채광을 유도한다. 다만, 지하 2층 이하는 그러하지 아니한다.

75

건축물의 에너지절약설계기준의 용어에 관한 설명이다. ( )에 들어갈 용어를 쓰시오. **26회 출제**

> (ㄱ)층이라 함은 습한 공기가 구조체에 침투하여 결로발생의 위험이 높아지는 것을 방지하기 위해 설치하는 투습도가 24시간당 30g/m^2 이하 또는 투습계수 0.28g/m^2·h·mmHg 이하의 투습저하을 가진 층을 말한다.

76

물의 재이용 촉진 및 지원에 관한 법령상 빗물이용시설의 시설기준·관리기준에 관한 내용이다. ( )에 들어갈 숫자를 쓰시오. **22회 출제**

> 건축면적이 1만제곱미터 이상의 아파트에 설치된 빗물의 집수시설, 여과장치, 저류조, 펌프·송수관·배수관 등의 빗물이용시설은 연 ( )회 이상 주기적으로 위생·안전 상태를 점검하고 이물질을 제거하는 등 청소를 할 것

정답 74. ㉠ 300, ㉡ 2   75. ㄱ: 방습   76. 2

제4장 건축설비 관리실무

77 건강친화형 주택 건설기준에 관한 용어의 정의 중 일부이다. 기준에서 명시하고 있는 ( )에 들어갈 용어를 쓰시오. [22회 출제]

> "건강친화형 주택"이란 오염물질이 적게 방출되는 건축자재를 사용하고 (㉠) 등을 실시하여 새집증후군 문제를 개선함으로써 거주자에게 건강하고 쾌적한 실내환경을 제공할 수 있도록 일정수준 이상의 (㉡)과 (㉠)성능을 확보한 주택으로서 의무기준을 모두 충족하고 … 〈중략〉 … 적합한 주택을 말한다.

78 신에너지 및 재생에너지 개발·이용·보급·촉진법령상 용어의 ( )에 들어갈 용어를 쓰시오. [24회 출제]

> "재생에너지"란 재생 가능한 에너지를 변환시켜 이용하는 에너지이다. 그 종류에는 태양에너지, 풍력, 수력, 해양에너지, (㉠)에너지, 생물자원을 변환시켜 이용하는 바이오에너지로서 대통령으로 정하는 기준 및 범위에 해당하는 에너지, 폐기물에너지(비재생폐기물로부터 생산된 것은 제외한다)로서 대통령령으로 정하는 기준 및 범위에 해당하는 에너지, 그 밖에 석유·석탄·원자력 또는 천연가스가 아닌 에너지로서 대통령령으로 정하는 에너지가 있다.

79 건축물의 에너지절약설계기준상 전기설비부문에 관한 용어의 정의이다. ( )에 들어갈 용어를 쓰시오.

> (ㄱ)(이)라 함은 승강기가 균형추보다 무거운 상태로 하강(또는 반대의 경우)할 때 모터는 순간적으로 발전기로 동작하게 되며, 이 때 생산되는 전력을 다른 회로에서 전원으로 활용하는 방식으로 전력소비를 절감하는 장치를 말한다.

정답 77. ㉠ : 환기, ㉡ : 실내공기질   78. ㉠ 지열   79. ㄱ : 회생제동장치

80

공동주택의 화재안전성능기준(NFPC 608)상 (　)에 들어갈 아라비아 숫자를 쓰시오. **27회 출제**

> 제7조(스프링클러설비) 스프링클러설비는 다음 각 호의 기준에 따라 설치해야 한다.
> 1. ~ 3. 〈생략〉
> 4. 아파트등의 세대 내 스프링클러헤드를 설치하는 경우 천장·반자·천장과 반자 사이·덕트·선반등의 각 부분으로부터 하나의 스프링클러헤드까지의 수평거리는 (ㄱ)미터 이하로 할 것.
> 5. 외벽에 설치된 창문에서 (ㄴ)미터 이내에 스프링클러헤드를 배치하고, 배치된 헤드의 수평거리 이내에 창문이 모두 포함되도록 할 것. 다만, 다음 각 목의 어느 하나에 해당하는 경우에는 그렇지 않다.
>   가. 창문에 드렌처설비가 설치된 경우
>   나. 창문과 창문 사이의 수직부분이 내화구조로 (ㄷ)센티미터 이상 이격되어 있거나, 「발코니 등의 구조변경절차 및 설치기준」 제4조제1항부터 제5항까지에서 정하는 구조와 성능의 방화판 또는 방화유리창을 설치한 경우
>   다. 〈생략〉

81

신에너지 및 재생에너지 개발·이용·보급 촉진법상 (　)에 들어갈 용어를 쓰시오. **27회 출제**

> 제2조(정의) 이 법에서 사용하는 용어의 뜻은 다음과 같다.
> 1. "신에너지"란 기존의 화석연료를 변환시켜 이용하거나 수소·산소 등의 화학반응을 통하여 전기 또는 열을 이용하는 에너지로서 다음 각 목의 어느 하나에 해당하는 것을 말한다.
>   가. (ㄱ)
>   나. 연료전지
>   다. 석탄을 액화·가스화한 에너지 및 중질잔사유(重質殘渣油)를 가스화한 에너지로서 대통령령으로 정하는 기준 및 범위에 해당하는 에너지
>   라. 그 밖에 석유·석탄·원자력 또는 천연가스가 아닌 에너지로서 대통령령으로 정하는 에너지

정답 80. ㄱ : 2.6, ㄴ : 0.6, ㄷ : 90　　81. ㄱ : 수소에너지

82 소방시설 설치 및 관리에 관한 법률 시행규칙상 소방시설등 자체점검 시 준수해야 할 사항에 관한 내용이다. (   )에 들어갈 아라비아 숫자를 쓰시오. **27회 출제**

> 6. 공동주택(아파트등으로 한정한다) 세대별 점검방법은 다음과 같다.
>   가. ~ 나. 〈생략〉
>   다. 관리자는 수신기에서 원격 점검이 불가능한 경우 매년 작동점검만 실시하는 공동주택은 1회 점검 시마다 전체 세대수의 (ㄱ)퍼센트 이상, 종합점검을 실시하는 공동주택은 1회 점검 시마다 전체 세대수의 (ㄴ)퍼센트 이상 점검하도록 자체점검 계획을 수립·시행해야 한다.

정답 82. ㄱ : 50, ㄴ : 30

응용 출제예상문제

01 급수설비에 관한 설명으로 옳지 <u>않은</u> 것은? `23회 출제`

① 초고층 공동주택의 경우 급수압을 조절하기 위해, 중간수조 방식이나 감압밸브 방식을 사용한다.
② 크로스커넥션(cross connection)은 급수설비 오염의 원인이 된다.
③ 급수량 산정 시 시간최대 예상급수량은 시간평균 예상급수량의 1.5 ~ 2.0배로 한다.
④ 압력탱크방식은 최고·최저의 압력차가 작아 급수압이 일정하다.
⑤ 고가수조방식은 펌프직송방식에 비해 수질오염 측면에서 불리하다.

해설 ▶ 급수설비
④ 압력탱크방식은 최고·최저의 압력차가 커서 급수압의 변동이 심하다.

02 급배수 위생설비에 관한 내용으로 옳지 <u>않은</u> 것은? `21회 출제`

① 탱크가 없는 부스터방식은 펌프의 동력을 이용하여 급수하는 방식으로 저수조가 필요 없다.
② 수격작용이란 급수전이나 밸브 등을 급속히 폐쇄했을 때 순간적으로 급수관 내부에 충격압력이 발생하여 소음이나 충격음, 진동 등이 일어나는 현상을 말한다.
③ 매시 최대 예상급수량은 일반적으로 매시 평균 예상급수량의 1.5~2.0배 정도로 산정한다.
④ 배수수평주관의 관경이 125mm일 경우 원활한 배수를 위한 배관 최소구배는 1/150로 한다.
⑤ 결합통기관은 배수수직관과 통기수직관을 접속하는 것으로 배수수직관 내의 압력변동을 완화하기 위해 설치한다.

해설 ▶ 부스터방식
① 부스터방식도 저수조는 필요하다.
〈④ 보충 : 배수수평관 구배(기울기)〉 - 일본의 급배수 설비기준(HASS-206)
대부분의 책에서 인용하고 있다.
  * 관경 65mm 이하 → 최소구배 1/50
  * 관경 75, 100mm → 최소구배 1/100
  * 관경 125mm → 최소구배 1/150
  * 관경 150mm 이상 → 최소구배 1/200

정답 01. ④ 02. ①

03 건축물의 급수 및 급탕설비에 관한 설명으로 옳지 않은 것은? 〔24회 출제〕

① 급수 및 급탕설비에 이용하는 재료는 유해물이 침출되지 않는 것을 사용한다.
② 고층건물의 급수배관을 단일계통으로 하면 하층부보다 상층부의 급수압력이 높아진다.
③ 급수 및 급탕은 위생기구나 장치 등의 기능에 만족하는 수압과 수량(水量)으로 공급한다.
④ 급탕배관에는 관의 온도변화에 따른 팽창과 수축을 흡수할 수 있는 장치를 설치하여야 한다.
⑤ 급수 및 급탕계통에는 역사이펀 작용에 의한 역류가 발생되지 않아야 한다.

해설 ▶ 급수조닝 방식
② 고층건물의 급수배관을 단일계통으로 하면 하층부의 급수압력이 높아진다. 따라서 고층 건물에서는 급수압이 최고사용압력을 넘지 않도록 급수조닝을 하며, 고층건물에서 급수계통을 적절하게 조닝하지 않으면 낮은 층일수록 수격작용이 발생하기 쉽다. 이것을 방지하기 위한 급수조닝 방식으로 중간수조방식과 감압밸브방식 또는 그 병용방식이 있다.

04 다음은 수도법령상 급수관의 상태검사 및 조치 등에서 급수설비 상태검사의 구분 및 방법에 관한 내용이다. 옳지 않은 것을 모두 고른 것은? 〔20회 출제〕

> ㄱ. 기초조사 중 문제점 조사에서는 출수불량, 녹물 등 수질불량 등을 조사한다.
> ㄴ. 급수관 수질검사 중 수소이온농도의 기준은 5.8 이상 8.5 이하이다.
> ㄷ. 급수관 수질검사 중 시료 채취 방법은 건물 내 임의의 냉수 수도꼭지 하나 이상에서 물 0.5리터를 채취한다.
> ㄹ. 현장조사 중 유량은 건물 안의 가장 낮은 층의 냉수 수도꼭지 하나 이상에서 유량을 측정한다.
> ㅁ. 현장조사 중 내시경 관찰은 단수시킨 후 지하저수조 급수배관, 입상관(立上管), 건물 내 임의의 냉수 수도꼭지를 하나 이상 분리하여 내시경을 이용하여 진단한다.

① ㄱ, ㄴ   ② ㄱ, ㄷ   ③ ㄴ, ㅁ   ④ ㄷ, ㄹ   ⑤ ㄹ, ㅁ

해설 ▶ 급수설비 상태검사의 구분 및 방법
ㄷ. 급수관 내 정체수 수질검사 중 시료채취 방법은 건물 내 임의의 냉수 수도꼭지 하나 이상에서 물 1리터를 채취한다.
ㄹ. 현장조사 중 유량은 건물 안의 가장 높은 층의 냉수 수도꼭지 하나 이상에서 유량을 측정한다.

정답 03. ②   04. ④

05. 급수설비에 관한 설명으로 옳지 않은 것은? `18회 출제`

① 펌프직송방식이 고가수조방식보다 위생적인 급수가 가능하다.
② 급수관경을 정할 때 관균등표 또는 유량선도가 일반적으로 이용된다.
③ 고층건물일 경우 급수압 조절 및 소음방지 등을 위해 적절한 급수 조닝(zoning)이 필요하다.
④ 급수설비의 오염원인으로 상수와 상수 이외의 물질이 혼합되는 캐비테이션(cavitation)현상이 있다.
⑤ 급수설비공사 후 탱크류의 누수 유무를 확인하기 위해 만수시험을 한다.

해설 ▸ 급수설비
급수설비의 오염원인으로 상수와 상수 외의 물질이 혼합되는 현상을 크로스커넥션(Cross Connection)이라 한다.

06. 급수방식을 비교한 내용으로 옳지 않은 것은? `17회 출제`

① 수도직결방식은 고가수조방식에 비해 수질오염 가능성이 낮다.
② 수도직결방식은 압력수조방식에 비해 기계실 면적이 작다.
③ 펌프직송방식은 고가수조방식에 비해 옥상탱크 면적이 크다.
④ 고가수조방식은 수도직결방식에 비해 수도 단수시 유리하다.
⑤ 압력수조방식은 수도직결방식에 비해 유지관리 측면에서 불리하다.

해설 ▸ 급수방식
펌프직송방식은 부스트방식 또는 탱크리스방식이라고도 하며, 물탱크가 없다.

07. 공동주택에 공급되는 상수는 수원(水源)으로부터 여러 단계를 거쳐 공급된다. 상수의 흐름단계를 올바르게 설명한 것은? `11회 출제`

① 취수 → 도수 → 정수 → 송수 → 배수 → 건물
② 취수 → 도수 → 송수 → 정수 → 배수 → 건물
③ 취수 → 송수 → 도수 → 정수 → 배수 → 건물
④ 취수 → 정수 → 도수 → 송수 → 배수 → 건물
⑤ 취수 → 송수 → 정수 → 도수 → 배수 → 건물

해설 ▸ 상수의 단계
공동주택에 공급되는 상수의 단계는 취수 → 도수 → 정수 → 송수 → 배수 → 건물이다.

정답 05. ④ 06. ③ 07. ①

08. 급수배관 설계·시공상의 주의사항으로 옳지 않은 것은?

11회 출제

① 수격작용을 방지하기 위하여 기구류 가까이에 공기실을 설치한다.
② 배관 현장의 여건상 ㄷ자형의 배관이 되어 공기가 찰 우려가 있는 곳은 공기빼기 밸브를 설치한다.
③ 바닥이나 벽을 관통하는 배관의 경우에는 콘크리트 시공시 미리 슬리브를 넣고 이 슬리브 속으로 관을 통과시킨다.
④ 배관공사가 끝나기 전 수압시험을 실시하여 누수의 유무를 파악한다.
⑤ 연관이나 납땜이음 부분을 콘크리트 속에 매설하는 경우에는 내알칼리성 도장을 한다.

해설 ▶ 수압시험
수압시험은 배관의 연결부위 공작의 양부를 확인하기 위하여 실시하므로 배관공사가 끝나고 난 뒤에 실시하여야 한다.

09. 밸브나 수전(水栓)류를 급격히 열고 닫을 때 압력변화에 의해 발생하는 현상은?

17회 출제

① 수격(water hammering)현상
② 표면장력(surface tension)현상
③ 공동(cavitation)현상
④ 사이펀(siphon)현상
⑤ 모세관(capillary tube)현상

해설 ▶ 수격현상
밸브나 수전류를 급격히 열고 닫을 때 압력변화에 의하여 수격현상이 발생한다. 수격현상이 일어나면 여러 기기가 파손되고 충격파에 의한 관로가 파손되고, 진동이나 소음의 원인이 된다.

10. 급수설비에서 발생하는 수격작용에 관한 설명으로 옳지 않은 것은?

14회 출제

① 배관 내의 상용압력이 낮을수록 일어나기 쉽다.
② 배관 내의 유속의 변동이 심할수록 일어나기 쉽다.
③ 밸브를 급격하게 폐쇄할 경우 일어나기 쉽다.
④ 배관 중에 굴곡지점이 많을수록 일어나기 쉽다.
⑤ 동일 유량인 경우 배관의 지름이 작을수록 일어나기 쉽다.

해설 ▶ 수격작용
수격작용은 배관 내의 상용압력이 높을수록 일어나기 쉽다.

정답 08. ④ 09. ① 10. ①

제2편 공동주택기술관리

11 다음 급수설비의 기구 중 공중용 기구 급수부하단위가 가장 큰 것은?

① 대변기세정탱크
② 대변기세정밸브
③ 세면기급수전
④ 욕조급수전
⑤ 샤워혼합밸브

15회 출제

해설 ▶ **급수부하단위**
① 대변기세정탱크 : 5
② 대변기세정밸브 : 10
③ 세면기급수전 : 2
④ 욕조급수전 : 4
⑤ 샤워혼합밸브 : 4

12 배관지지장치 중 리지드 행거(rigid hanger)에 관한 설명으로 옳은 것은?

① 관의 수직방향 변위가 없는 곳에 사용하는 장치이다.
② 관이 응력을 받아서 휘어지는 것을 방지하고 팽창시 움직임을 바르게 유도하는 장치이다.
③ 관의 진동을 방지하거나 감쇠시키는 장치이다.
④ 관의 이동이나 회전을 방지하기 위한 지지점을 완전히 고정시키는 장치이다.
⑤ 관이 회전은 되지만 직선운동을 방지하는 장치이다.

15회 출제

해설 ▶ **리지드 행거**
리지드 행거란 관의 수직방향 변위가 없는 곳에 사용하는 장치로 아이(I)빔에 턴버클을 연결하여 관을 매다는 방법이다.

13 다음 중 공동주택에 수돗물을 공급하는 일반수도사업자가 조치하여야 할 사항으로서 타당하지 <u>않은</u> 것은?

① 수도시설을 항상 청결히 하여 음용수의 오염을 방지할 것
② 수도시설의 주위에는 울타리를 설치하고 자물쇠장치를 하는 등 사람이나 가축이 함부로 시설에 접근하지 못하도록 할 것
③ 수도꼭지에 있어서의 먹는물의 유리잔류염소가 항상 0.1mg/L 이상이 되도록 할 것
④ 수도꼭지에 있어서의 먹는물의 결합잔류염소가 항상 0.4mg/L 이상이 되도록 할 것
⑤ 병원생물에 의하여 오염되었거나 오염될 우려가 있는 경우에는 결합잔류염소가 0.4mg/L 이상이 되도록 할 것

해설 ▶ **일반수도사업자의 수질관리**
병원생물에 의하여 오염되었거나 오염될 우려가 있는 경우에는 유리잔류염소는 0.4mg/L 이상이, 결합잔류염소의 경우에는 1.8mg/L 이상이 되도록 하여야 한다.

정답 11. ② 12. ① 13. ⑤

14

다음 중 공동주택의 수질검사에 관한 내용으로 옳지 <u>않은</u> 것은?

① 공동주택의 관리사무소장은 매년 2회 이상 수돗물의 안전한 위생관리를 위하여 먹는물 수질검사기관에 의뢰하여 수질검사를 실시하여야 한다.
② 시료 채취방법은 저수조나 해당 저수조로부터 가장 가까운 수도꼭지에서 채수한다.
③ 수질검사항목은 탁도, 수소이온농도, 잔류염소, 일반세균, 총대장균군, 분원성대장균군 또는 대장균으로 한다.
④ 공동주택의 관리사무소장은 수질검사 결과를 게시판에 게시하거나 전단을 배포하는 등의 방법으로 해당 건축물 또는 시설의 이용자에게 공지하여야 한다.
⑤ 공동주택의 관리사무소장은 수질검사 결과가 법정 수질기준에 위반되면 지체없이 그 원인을 규명하여 배수 또는 저수조 청소를 하는 등 필요한 조치를 신속하게 해야 한다.

해설ㅣ 공동주택의 수질검사
수질검사 시기는 매년 1회 이상이다.

15

다음에서 설명하고 있는 펌프는? **24회 출제**

- 디퓨저 펌프라고도 하며 임펠러 주위에 가이드 베인를 갖고 있다.
- 임펠러를 직렬로 장치하면 고양정을 얻을 수 있다.
- 양정은 회전비의 제곱에 비례한다.

① 터빈 펌프　　② 기어 펌프　　③ 피스톤 펌프
④ 워싱턴 펌프　　⑤ 플런저 펌프

해설ㅣ 터빈펌프
① 임펠러와 스파이럴 케이싱 사이에 안내깃(guide vane)이 있는 펌프로서, 디퓨저 펌프(diffuser pump)라고도 한다. 양정 20m 이상의 고양정 펌프이다.
〈참고〉 guide vane : 펌프의 출구 쪽에 설치되어 유체의 속도 에너지를 압력으로 변환하는 역할을 하는 날개가 달린 부품

정답　14. ①　15. ①

제2편 공동주택기술관리

16 펌프에 관한 설명으로 옳은 것은? `23회 출제`

① 펌프의 회전수를 1.2배로 하면 양정은 1.73배가 된다.
② 펌프의 회전수를 1.2배로 하면 양수량은 1.44배가 된다.
③ 동일한 배관계에서는 순환하는 물의 온도가 낮을수록 서징(surging)의 발생 가능성이 커진다.
④ 동일 성능의 펌프 2대를 직렬운전하면 1대 운전 시보다 양정은 커지나 배관계 저항 때문에 2배가 되지는 않는다.
⑤ 펌프의 축동력을 산정하기 위해서는 양정, 양수량, 여유율이 필요하다.

해설 ▸ 펌프
① 양정은 회전수의 제곱에 비례하여 변화한다. 따라서 양정은 1.44배가 된다.
② 양수량은 회전수에 비례하여 변화한다. 따라서 양수량은 1.2배가 된다.
③ 압력, 유량, 회전수, 소요동력 등이 주기적으로 변동하여 진동을 일으키는 현상으로서, 서징이 발생하면 기기의 불안정으로 위험이 초래되는 경우가 많다. 물 온도와는 상관없다.
⑤ 축동력은 회전수의 세제곱에 비례하여 변화한다. 축동력을 구하려면 공식에서 보듯이 물의 비중량, 유량, 양정, 효율이 필요하다. 여유율은 요소가 아니다.
* 펌프의 축동력(KW) = WQH /6120E(실제의 Pump에서 운전에 필요한 동력) [W 단위중량 (× 1,000), Q 유량(㎥/min), H 양정(m), E 효율]

17 다음 중 공동주택의 저수조의 관리기준으로 옳지 않은 것은?

① 공동주택의 관리사무소장은 급수설비에 대한 소독 등 위생조치를 하여야 한다.
② 대형건축물 등의 소유자 또는 관리자는 반기 1회 이상 저수조를 청소하여야 한다.
③ 저수조의 위생상태는 매년 2회 이상 점검하여야 한다.
④ 저수조가 신축되었거나 1월 이상 사용이 중단된 경우에는 사용 전에 청소를 실시하여야 한다.
⑤ 저수조를 청소하는 경우에는 저수조의 물을 뺀 후 저수조의 천장·벽 및 바닥 등에 대한 청소를 하고, 청소 후에는 소독을 하며, 소독 후에는 저수조에 물을 채운 다음에 수질에 대한 위생상태를 점검하여야 한다.

해설 ▸ 저수조의 관리기준
저수조는 반기 1회 이상 청소하고, 월 1회 이상 저수조의 위생상태를 점검하여야 한다.

정답 16. ④ 17. ③

18. 「수도법 시행규칙」상 아파트 저수조의 설치기준에 관한 설명으로 옳지 않은 것은? **12회 출제**

① 저수조의 윗부분은 건축물(천장 및 보 등)으로부터 100cm 이상 떨어져야 하며, 그 밖의 부분은 60cm 이상의 간격을 띄운다.
② 침전찌꺼기의 배출구를 저수조의 맨 밑부분에 설치하고, 저수조의 바닥은 배출구를 향하여 1/100 이상의 경사를 두어 설치하는 등 배출이 쉬운 구조로 한다.
③ 저수조를 설치하는 곳은 분진 등으로 인한 2차 오염을 방지하기 위하여 암석면을 제외한 다른 적절한 자재를 사용하여야 한다.
④ 건축물 또는 시설 외부의 땅 밑에 저수조를 설치하는 경우에는 부득이한 경우를 제외하고는 분뇨·쓰레기 등의 유해물질로부터 5m 이상 띄워서 설치하여야 한다.
⑤ 물의 유입구는 유출구의 반대편 밑부분에 설치하되, 침전물이 유입되지 아니하도록 저수조의 바닥에서 띄워서 설치하고, 물 칸막이 등을 설치하여 수조 안의 물이 고이지 아니하도록 한다.

해설 ▶ **저수조의 설치기준**
물의 유출구는 유입구의 반대편 밑부분에 설치하되, 바닥의 침전물이 유출되지 아니하도록 저수조의 바닥에서 띄워서 설치하고, 물칸막이 등을 설치하여 저수조 안의 물이 고이지 아니하도록 하여야 한다.

19. 「수도법 시행규칙」상 공동주택 저수조의 설치기준에 해당하지 않는 것으로만 짝지어진 것은?

> ㉠ 3m³인 저수조에는 청소·위생점검 및 보수 등 유지관리를 위하여 1개의 저수조를 둘 이상의 부분으로 구획하거나 저수조를 2개 이상 설치하여야 한다.
> ㉡ 저수조 및 저수조에 설치하는 사다리, 버팀대, 물과 접촉하는 접합부속 등의 재질은 섬유보강플라스틱·스테인리스스틸·콘크리트 등의 내식성(耐蝕性) 재료를 사용하여야 한다.
> ㉢ 저수조의 공기정화를 위한 통기관과 물의 수위조절을 위한 월류관(越流管)을 설치하고, 관에는 벌레 등 오염물질이 들어가지 아니하도록 녹이 슬지 아니하는 재질의 세목(細木) 스크린을 설치해야 한다.
> ㉣ 저수조를 설치하는 곳은 분진 등으로 인한 2차오염을 방지하기 위하여 암·석면을 제외한 다른 적절한 자재를 사용하여야 한다.
> ㉤ 옥상에 설치한 저수조 저수조 내부의 높이는 최소 1m 50cm 이상으로 하여야 한다.

① ㉠, ㉢   ② ㉠, ㉤   ③ ㉡, ㉣   ④ ㉡, ㉤   ⑤ ㉢, ㉣

정답 18. ⑤   19. ②

> **[해설]** **저수조의 설치기준**
> ㉠ 5m³를 초과하는 저수조는 청소·위생점검 및 보수 등 유지관리를 위하여 1개의 저수조를 둘 이상의 부분으로 구획하거나 저수조를 2개 이상 설치하여야 하며, 1개의 저수조를 둘 이상의 부분으로 구획할 경우에는 한쪽의 물을 비웠을 때 수압에 견딜 수 있는 구조일 것
> ㉢ 저수조 내부의 높이는 최소 1m 80cm 이상으로 할 것. 다만, 옥상에 설치한 저수조는 제외한다.

20. 「수도법 시행규칙」상 아파트의 수질관리에 관한 설명으로 옳지 않은 것은? [12회 출제]

① 아파트의 관리자는 저수조를 6개월마다 1회 청소해야 한다.
② 아파트의 관리자는 저수조가 1개월 이상 사용이 중단된 경우에는 사용 전에 청소를 하여야 한다.
③ 수질검사의 시료채취 방법은 저수조나 해당 저수조로부터 가장 먼 수도꼭지에서 채수한다.
④ 아파트의 관리자는 매년 1회 이상 지정된 먹는물 수질검사기관에 의뢰하여 수질검사를 하여야 한다.
⑤ 아파트의 관리자는 저수조의 위생상태를 매월 1회 이상 점검하여야 한다.

> **[해설]** **시료의 채취**
> 시료는 저수조 또는 저수조에서 가장 가까운 수도꼭지에서 채수한다.

21. 급수기구에서 필요로 하는 최저 급수압력으로 적당하지 않은 것은? [13회 출제]

① 세면기의 수전 : 0.03MPa
② 싱크대의 수전 : 0.03MPa
③ 샤워기 : 0.07MPa
④ 세정밸브식 소변기 : 0.03MPa
⑤ 세정탱크식 대변기 : 0.03MPa

> **[해설]** **급수압력**
> 세정밸브식 소변기 : 0.07MPa

22. 유량 280L/min, 유속 3m/sec일 때 관(pipe)의 규격으로 가장 적합한 것은? [15회 출제]

① 20A ② 25A ③ 32A ④ 50A ⑤ 65A

> **[해설]** **관경**
> $d(관경) = 1.13\sqrt{\dfrac{Q(유량\ m^3/sec)}{V(유속\ m/sec)}} = 1.13\sqrt{\dfrac{0.004666}{3}}$
> (280L/min를 단위 변경하면 0.00466m³/s)= $1.13\sqrt{0.001555}$ = 1.13 × 0.0394 = 0.0445m = 44.5mm   ∴ 44.5mm보다 큰 50mm 채택

정답 20. ③   21. ④   22. ④

23
수도 본관으로부터 10m 높이에 있는 세면기를 수도직결방식으로 배관하였을 때 수도 본관 연결 부분의 최소필요압력(MPa)은? (단, 수도 본관에서 세면기까지 배관의 총 압력손실은 수주(水柱) 높이의 40%, 세면기 최소 필요압력은 3mAq, 수주(水柱) 1mAq는 0.01MPa로 한다.)

20회 출제

① 0.07   ② 0.11   ③ 0.17   ④ 0.70   ⑤ 1.70

해설 ▶ 수도본관의 압력(P) = h/100 + 손실압력 + 필요압력

수전고가 10m이므로 우선 0.1MPa의 수압이 필요하고, 세면기의 최소 소요압 0.03MPa와 배관 마찰손실 0.04MPa가 더 필요하다. 따라서 수도본관 연결부분의 최소필요압력은 0.1MPa + 0.03MPa + 0.04MPa = 0.17MPa 이상이어야 한다.

24
다음 조건에 따라 계산된 급수 펌프의 양정(MPa)은?

22회 출제

○ 부스터방식이며 펌프(저수조 낮은 수위)에서 최고 수전까지 높이는 30.0mAq
○ 배관과 기타 부속의 소요 양정은 펌프에서 최고 수전까지 높이의 40%
○ 수전 최소 필요압력은 7.0mAq
○ 수주 1.0은 0.01mAq MPa로 한다.
○ 그 외의 조건은 고려하지 않는다.

① 0.30   ② 0.37   ③ 0.49   ④ 0.58   ⑤ 0.77

해설 ▶ 급수 펌프의 양정

7m + 30m + (30m × 0.4) = 49m × 0.01 = 0.49Mpa

25
고가수조방식으로 급수하는 공동주택에서 최상층세대 샤워기의 적정수압을 유지하기 위해 추가해야 할 최저필요수압(kPa)은? (단, 층고 3m, 옥상바닥면에서 고가수조 수면까지의 높이 3m, 바닥면에서 샤워기까지의 높이 1.5m, 샤워기의 적정 급수압력은 70kPa이고 배관마찰손실은 무시함. 단위환산은 10mAq = 1kg/cm² = 100kPa)

16회 출제

① 20   ② 25   ③ 30   ④ 35   ⑤ 40

해설 ▶ 급수압력

7 − (3 + 3 − 1.5) = 2.5m(25kPa)

정답 23. ③   24. ③   25. ②

26

유량 360L/min, 전양정 50mAq, 펌프효율 70%인 경우 소요동력[kW]은 약 얼마인가? (단, 여유율은 고려하지 않음)

15회 출제

① 4.2 ② 5.2 ③ 6.2 ④ 7.2 ⑤ 8.2

해설 ▶ 소요동력

W : 단위중량(× 1,000)　Q : 유량(m³/min)　H : 양정(m)　E : 효율

$$kW = \frac{WQH}{6{,}120E} = \frac{1{,}000 \times 0.36 \times 50}{6{,}120 \times 0.7} = 4.2kW$$

27

18회 출제

다음 조건의 600인이 거주하는 공동주택에 순간최대 예상급수량[L/min]은?

- 1인 1일 평균사용수량 : 200L/인·일
- 1일 평균 사용시간 : 10시간
- 순간최대 예상급수량은 시간평균 예상급수량의 4배로 한다.
- 그 외의 조건은 고려하지 않는다.

① 400　② 800　③ 1,000　④ 1,400　⑤ 2,000

해설 ▶ 순간최대 예상급수량

$$순간최대급수량 = \frac{600 \times 200 \times 4}{60 \times 10} = 800$$

28

23회 출제

공동주택의 최상층 샤워기에서 최저필요수압을 확보하기 위한 급수펌프의 전양정(m)을 다음 조건을 활용하여 구하면 얼마인가?

- 지하 저수조에서 펌프직송방식으로 급수하고 있다.
- 펌프에서 최상층 샤워기까지의 높이는 50m, 배관마찰, 국부저항 등으로 인한 손실양 정은 10m이다.
- 샤워기의 필요압력은 70kPa로 하며, 1mAq = 10kPa로 환산한다.
- 저수조의 수위는 펌프보다 5m 높은 곳에서 항상 일정하다고 가정한다.
- 그 외의 조건은 고려하지 않는다.

① 52　② 57　③ 62　④ 67　⑤ 72

해설 ▶ 급수펌프의 전양정(m)

전양정 = 실양정 + 손실양정 + 샤워기 필요압력 − 흡입수면 아래에 펌프 있을 때의 높이 차 = 50m + 10m + 7m − 5m(펌프가 흡입하려는 액체보다 5m 낮게 설치되어 있다) = 62m

정답　26. ①　27. ②　28. ③

29
고가수조방식에 관한 일반적 사항 중에서 옳지 않은 것은? [15회 출제]

① 저수조를 상수용으로 사용할 때는 넘침관과 배수관을 간접배수방식으로 배관해야 한다.
② 단수 시에도 일정량의 급수를 계속할 수 있다.
③ 수압이 0.4MPa을 초과하는 층이나 구간에는 감압밸브를 설치하여 적정압력으로 감압이 이루어지도록 하여야 한다.
④ 고가수조의 필요높이를 산정할 때는 가장 수압이 높은 지점을 기준으로 최소 필요높이를 산정하여야 한다.
⑤ 스위치 고장으로 고가수조에 양수가 계속될 경우 수조에서 넘쳐흐르는 물을 배수하는 넘침관은 양수관 직경의 2배 크기이다.

해설 ▶ 고가수조방식
건물의 최상부에 고가수조를 설치하여 물의 위치에너지에 의한 수압으로 수전에 급수한다. 그러므로 최고층의 급수전을 기준으로 필요높이를 산정하여야 한다.

30
송풍기의 날개 형식에 의한 분류 중 원심형 송풍기가 아닌 것은? [24회 출제]

① 튜브형
② 다익형
③ 익형
④ 방사형
⑤ 후곡형

해설 ▶ 송풍기의 날개(BLADE)의 형식에 따른 분류
1. 팬(FAN)
   (1) 원심형 : 익형(AIR FOIL, LIMIT LOAD FAN), 다익형(SIROCCO FAN), 후곡형(TURBO FAN), 방사형(PLATE FAN), 관류형(TUBULAR FAN)
   (2) 사류형
   (3) 축류형 : 프로펠러형, 튜브형, 베인형
   (4) 횡류형
2. 블로어(BLOWER)
   (1) 원심형 (2) 사류형 (3) 축류형

31
먹는물 수질 및 검사 등에 관한 규칙상 수돗물의 수질기준으로 옳지 않은 것은? [25회 출제]

① 경도(硬度)는 300 mg/L를 넘지 아니할 것
② 동은 1 mg/L를 넘지 아니할 것
③ 색도는 5도를 넘지 아니할 것
④ 염소이온은 350 mg/L를 넘지 아니할 것
⑤ 수소이온 농도는 pH 5.8 이상 pH 8.5 이하이어야 할 것

정답 29. ④ 30. ① 31. ④

해설 ▶ 수돗물의 수질기준
④ 350 mg/L → 250 mg/L

32. 건물의 급수설비에 관한 설명으로 옳은 것을 모두 고른 것은? `19회 출제`

㉠ 수격작용을 방지하기 위하여 통기관을 설치한다.
㉡ 압력탱크방식은 급수압력이 일정하지 않다.
㉢ 체크밸브는 밸브류 앞에 설치하여 배관 내의 흙, 모래 등의 이물질을 제거하기 위한 장치이다.
㉣ 토수구 공간을 두는 것은 물의 역류를 방지하기 위함이다.
㉤ 슬루스밸브는 스톱밸브라고도 하며 유체에 대한 저항이 큰 것이 결점이다.

① ㉠, ㉢   ② ㉠, ㉤   ③ ㉡, ㉣   ④ ㉡, ㉤   ⑤ ㉢, ㉣

해설 ▶ 급수설비
㉠ 주된 목적으로 자기 사이펀 작용, 유도 사이펀 작용, 도출 작용 등에서 트랩의 봉수 깊이를 보호하기 위하여 통기관을 설치한다.
㉢ 체크밸브는 배관에 설치되어 유체가 오직 한쪽 방향으로만 흐르도록 하는 데 사용되고, 역류방지밸브라고도 한다. 밸브류 앞에 설치하여 배관 내의 흙, 모래 등의 이물질을 제거하기 위한 장치는 스트레이너라 한다.
㉤ 슬루스밸브는 밸브 본체가 직각으로 놓여 있어 밸브 시트에 대해 미끄럼 운동을 하면서 개폐하는 형식의 밸브로서 밸브를 전개(全開)하면 밸브 속에서 유체가 흐르는 방향이 변하지 않기 때문에 유체에 미치는 영향이 적다. 한편, 글로브밸브는 스톱밸브라고도 하며 유체에 대한 저항이 큰 것이 결점이다.

33. 배관 내를 흐르는 냉온수 등에 혼입된 이물질이 펌프 등의 기기에 들어가지 않도록 그 앞부분에 설치하는 것은? `16회 출제`

① 트랩(trap)
② 스트레이너(strainer)
③ 볼조인트(ball joint)
④ 기수혼합밸브
⑤ 정압기(governor)

해설 ▶ 스트레이너(strainer)
배관 내를 흐르는 냉온수 등에 혼입된 이물질 등이 펌프 등의 기기에 들어가지 않도록 그 앞부분에 설치하는 것을 스트레이너라고 한다.

정답 32. ③   33. ②

제4장 건축설비 관리실무

34 다음은 배관설비의 각종 이음부속의 용도를 분류한 것이다. 옳게 짝지어지지 않은 것은? `18회 출제`

① 분기배관 : 티, 크로스
② 동일 지름 직선 연결 : 소켓, 니플
③ 관단 막음 : 플러그, 캡
④ 방향 전환 : 유니온, 이경소켓
⑤ 이경관의 연결 : 부싱, 이경니플

해설 ▶ 이음부속
유니온은 같은 관경, 이경소켓은 다른 관경의 배관을 연결하는 것이다.

35 배수 및 통기배관 시공상의 주의사항으로 옳지 않은 것은? `15회 출제`

① 발포존(zone)에서는 기구배수관이나 배수수평지관을 접속하지 않도록 한다.
② 간접배수가 불가피한 곳에서는 배수구 공간을 충분히 두어야 한다.
③ 배수관은 자정작용이 있어야 하므로, 0.6m/s 이상의 유속을 유지할 수 있도록 구배가 되어야 한다.
④ 통기관은 넘침선까지 올려 세운 다음 배수 수직관에 접속한다.
⑤ 배수 및 통기수직주관은 되도록 수리 및 점검을 용이하게 하기 위하여 파이프 샤프트 바깥에 배관한다.

해설 ▶ 배수 및 통기배관 시공
배수 및 통기수직주관은 되도록 수리 및 점검을 용이하게 하기 위하여 파이프 샤프트 안에 배관한다.

36 공동주택의 배수설비계통에서 발생하는 발포존에 관한 설명으로 옳지 않은 것은? `16회 출제`

① 배수에 포함된 세제로 인하여 발생한다.
② 발포존에서는 배수수직관과 배수수평지관의 접속을 피하는 것이 바람직하다.
③ 배수수평주관의 길이를 길게 하여 발포존의 발생을 줄일 수 있다.
④ 발포존의 발생방지를 위하여 저층부와 고층부의 배수계통을 별도로 한다.
⑤ 배수수직관의 압력변동으로 저층부 배수계통의 트랩에서 분출현상이 발생한다.

해설 ▶ 배수설비계통의 발포존
배수수평주관의 길이를 길게 하면 발포존의 발생구역이 넓으므로 더 많이 발생할 수 있다.

정답 34. ④ 35. ⑤ 36. ③

37. 배수관에 설치하는 청소구(clean out)의 설치 위치로 옳지 않은 것은?

① 배수수직관과 신정통기관의 접속부분
② 배수수평지관 및 배수수평주관의 기점(수평관의 최상단부)
③ 배수수직관의 최하단부
④ 배수배관이 45° 이상 각도로 방향을 바꾸는 부분
⑤ 길이가 긴 배수수평관의 중간 부분

해설 ▶ **청소구 설치위치**
① 배수수평주관 및 배수수평지관의 기점부(굴곡부, 수평관의 최상단부)
② 배수수직관의 최하단부
③ 배관이 45° 이상의 큰 각도로 방향을 바꾸는 곳
④ 건물 내의 모든 배수수평관에는 30m 이내마다 청소구를 설치한다.
⑤ 가옥배수관과 부지하수관이 접속되는 곳(맨홀 설치시 제외 가능)
⑥ 각종 트랩 및 기타 막힐 우려가 많아 특히 필요하다고 생각하는 곳

38. 배관내 흐르는 유체의 마찰저항에 관한 설명으로 옳은 것은? [25회 출제]

① 배관 내경이 2배 증가하면 마찰저항의 크기는 1/4로 감소한다.
② 배관 길이가 2배 증가하면 마찰저항의 크기는 1.4배 증가한다.
③ 배관내 유체 속도가 2배 증가하면 마찰저항의 크기는 4배 증가한다.
④ 배관 마찰손실계수가 2배 증가하면 마찰저항의 크기는 4배 증가한다.
⑤ 배관내 유체 밀도가 2배 증가하면 마찰저항의 크기는 1/2로 감소한다.

해설 ▶ **유체의 마찰저항**
① 1/4 → 1/2, ② 1.4배 → 2배, ④ 4배 → 2배, ⑤ 1/2로 감소 → 2배 증가

1. 마찰저항크기(H_f)
   = 관마찰계수(f) × {관길이(l)/관경(d)} × {속도의제곱(v^2)/2×중력가속도(g)}
2. 마찰저항(P_f)
   = (f) × {L/d} × ρ × {$v^2/2$}

39. 펌프에 관한 설명으로 옳지 않은 것은? [17회 출제]

① 양수량은 회전수에 비례한다.
② 축동력은 회전수의 세제곱에 비례한다.
③ 전양정은 회전수의 제곱에 비례한다.
④ 2대의 펌프를 직렬운전하면 토출량은 2배가 된다.
⑤ 실양정은 흡수면으로부터 토출수면까지의 수직거리이다.

정답 37. ① 38. ③ 39. ④

해설 ▶ 펌프
2대의 펌프를 직렬 운전한다고 하여 토출량이 2배가 되는 것은 아니다.

40. 배관의 부속품으로 사용되는 밸브에 관한 설명으로 옳지 않은 것은? [23회 출제]

① 글로브밸브는 스톱밸브라고도 하며, 게이트밸브에 비해 유체에 대한 저항이 크다.
② 볼탭밸브는 밸브 중간에 위치한 볼의 회전에 의해 유체의 흐름을 조절한다.
③ 게이트밸브는 급수배관의 개폐용으로 주로 사용된다.
④ 체크밸브는 유체의 흐름을 한 방향으로 흐르게 하며, 리프트형 체크밸브는 수평배관에 사용된다.
⑤ 공기빼기밸브는 배관 내 공기가 머물 우려가 있는 곳에 설치된다.

해설 ▶ 밸브
볼밸브가 밸브 중간에 위치한 볼의 회전에 의해 유체의 흐름을 조절한다. 한편, 볼탭식 정수위밸브는 부구의 부력과 자중에 의해 유로를 회전하여 개폐하게 된다.

41. 배관 속에 흐르는 유체의 마찰저항에 관한 설명으로 옳은 것은? [23회 출제]

① 배관의 내경이 커질수록 작아진다.
② 유체의 밀도가 커질수록 작아진다.
③ 유체의 속도가 커질수록 작아진다.
④ 배관의 길이가 길어질수록 작아진다.
⑤ 배관의 마찰손실계수가 커질수록 작아진다.

해설 ▶ 유체의 마찰저항
유체의 마찰저항은 마찰손실계수, 배관길이, 유체의 속도, 유체의 밀도에 비례하고, 배관의 관경, 중력가속도에 반비례한다.
1. 마찰손실수두
   = [마찰손실계수×관의 길이×유체속도의 제곱]/[관의 직경×(2×중력가속도)]
   = 압력구배/비중량
2. 마찰압력손실
   = [마찰손실계수×관의 길이×밀도×유체속도의 제곱]/[관의 직경×2]

정답 40. ② 41. ①

제2편 공동주택기술관리

42 펌프의 공동현상(cavitation)을 방지하기 위하여 고려할 사항으로 옳은 것은?

① 펌프를 저수조 수위보다 높게 설치한다.
② 방진장치를 설치한다.
③ 펌프의 토출 측에 체크밸브를 설치한다.
④ 흡입배관의 마찰손실을 줄여준다.
⑤ 펌프의 흡입 및 토출 측에 플렉시블 이음을 한다.

16회 출제

해설 ▶ 공동현상
공동현상을 방지하기 위하여 흡수관의 구경을 크게 하고 배관을 단순, 직관화하여 흡수관의 마찰손실을 줄여준다.

43 펌프에 관한 설명으로 옳지 않은 것은?

① 펌프의 양수량은 펌프의 회전수에 비례한다.
② 펌프의 흡상높이는 수온이 높을수록 높아진다.
③ 워싱턴펌프는 왕복동식 펌프이다.
④ 펌프의 축동력은 펌프의 양정에 비례한다.
⑤ 볼류트펌프는 원심식 펌프이다.

19회 출제

해설 ▶ 펌프의 흡상높이
펌프의 흡상높이는 수온이 높을수록 낮아진다.

44 급수펌프에서 진동소음을 발생시키는 고장원인과 관계가 가장 먼 것은?

① 마모 또는 이물질의 부착으로 인한 회전차 불균형
② 윤활유 부족
③ 기초 부실
④ 축선의 어긋남
⑤ 3상 전압의 불균형

16회 출제

해설 ▶ 급수펌프의 진동소음 발생원인
3상 전압의 불균형으로는 진동소음이 발생하지 않는다.

정답 42. ④ 43. ② 44. ⑤

45
급탕설비의 관리에서 공급하는 물의 온도를 너무 올리면 안 된다. 그 이유로 타당한 것은?

① 열용량은 어떤 물질을 1K 올리는 데 필요한 열량이다.
② 단위 질량당 체적을 비체적이라 한다.
③ 온도변화에 따라 유입 또는 유출되는 열은 현열이다.
④ 열관류율의 단위는 W/㎡·K이다.
⑤ 유체의 운동에너지는 배관내 어느 지점에서나 일정하다.

해설 ▶ 베르누이 정리
유체가 갖고 있는 운동에너지, 중력에 의한 위치에너지, 압축에너지의 총합은 흐름 내의 어디에서나 일정하다.

46
급탕량이 3㎥/h이고, 급탕온도 60℃, 급수온도 10℃일 때의 급탕부하는? (단, 물의 비열은 4.2kJ/kg·K, 물 1㎥는 1000kg으로 한다.)   **20회 출제**

① 175kW ② 185kW ③ 195kW
④ 205kW ⑤ 215kW

해설 ▶ 급탕부하
급탕부하 = [3000 × 4.2 × (60-10)] / 3600 = 175kW

47
온수난방장치에 적용되는 팽창탱크에 관한 설명으로 옳지 않은 것은?   **21회 출제**

① 팽창된 물의 배출을 막아 장치의 열취득을 방지한다.
② 운전중 장치 내를 소정의 압력으로 유지시킨다.
③ 장치 내의 수온상승으로 발생되는 물의 체적팽창과 압력을 흡수한다.
④ 장치 내 물의 누수 등으로 발생되는 공기의 침입을 방지한다.
⑤ 개방형 팽창탱크의 경우 장치 내의 공기 배출구와 온수보일러의 도피관으로 이용다.

해설 ▶ 팽창탱크
팽창된 물의 배출을 막아 장치의 열손실을 방지한다.

정답   45. ⑤   46. ①   47. ①

48. 건물의 급탕설비에 관한 설명으로 옳지 않은 것을 모두 고른 것은?

㉠ 점검에 대비하여 팽창관에는 게이트밸브를 설치한다.
㉡ 단관식 급탕공급방식은 배관길이가 길어지면 급탕수전에서 온수를 얻기까지의 시간이 길어진다.
㉢ 급탕량 산정은 건물의 사용 인원수에 의한 방법과 급탕기구수에 의한 방법이 있다.
㉣ 중앙식 급탕방식에서 직접가열식은 보일러에서 만들어진 증기나 고온수를 가열코일을 통해서 저탕탱크 내의 물과 열교환하는 방식이다.

① ㉠, ㉡   ② ㉠, ㉣   ③ ㉡, ㉢
④ ㉠, ㉡, ㉣   ⑤ ㉡, ㉢, ㉣

해설 ▶ 급탕설비

㉠ 팽창관은 도중에 밸브를 설치하면 압력이 상승하여 배관 및 보일러에 폭발 발생이 우려된다.
㉣ 직접가열식은 물을 끓이고, 또 그 물이 저탕조에도 머물고, 한편 각 배관 내 물들이 정체될 수 있으므로, 이런 것들이 물때의 원인이다. 한편, 직접가열식은 보일러 물을 직접 저탕조에 혼입하는 경우이므로 별개의 가열코일은 불필요하다.

49. 난방시 히트펌프의 성적계수(COP)에 관한 설명으로 옳은 것은? **15회 출제**

① 응축기의 방열량을 증발기의 흡수열량으로 나눈 값이다.
② 응축기의 방열량을 압축기의 압축일로 나눈 값이다.
③ 증발기의 흡수열량을 압축기의 압축일로 나눈 값이다.
④ 압축기의 압축일을 증발기의 흡수열량으로 나눈 값이다.
⑤ 증발기의 흡수열량을 응축기의 방열량으로 나눈 값이다.

해설 ▶ 성적계수

히트펌프의 성적계수란 응축기의 방열량을 압축기의 압축일로 나눈 값이다.
[성적계수 = 방열열량 / 일의 열량]

정답 48. ② 49. ②

제4장 건축설비 관리실무

50 서징(surging) 현상에 관한 설명으로 옳은 것은? `15회 출제`

① 물이 관속을 유동하고 있을 때 흐르는 물속 어느 부분의 정압이 그때 물의 온도에 해당하는 증기압 이하로 되면 부분적으로 증기가 발생하는 현상을 말한다.
② 관 속을 충만하게 흐르고 있는 액체의 속도를 급격히 변화시키면 액체에 심한 압력의 변화가 발생하는 현상을 말한다.
③ 펌프와 송풍기 등이 운전 중에 한숨을 쉬는 것과 같은 상태가 되며 송출압력과 송출유량 사이에 주기적인 변동이 일어나는 현상을 말한다.
④ 비등점이 낮은 액체 등을 이송할 경우 펌프의 입구 측에서 발생되는 현상으로 일종의 액체의 비등현상을 말한다.
⑤ 습기가 많고 실온이 높을 경우 배관 속에 온도가 낮은 유체가 흐를 때 관 외벽에 공기 중의 습기가 응축하여 건물의 천장이나 벽에 얼룩이 생기는 현상을 말한다.

해설 ▶ 서징 현상
① 공동현상(캐비테이션)　② 수격작용
③ 서징 현상　④ 펌프의 베이퍼록 현상

51 급탕설비에서 급탕배관의 설계 및 시공상 주의사항에 관한 설명으로 옳지 <u>않은</u> 것은? `14회 출제`

① 상향식 공급방식에서 급탕 수평주관은 선상향 구배로 하고 반탕(복귀)관은 선하향 구배로 한다.
② 하향식 공급방식에서 급탕관은 선하향 구배로 하고 반탕(복귀)관은 선상향 구배로 한다.
③ 이종 금속배관재의 접속시에는 전식방지이음쇠를 설치한다.
④ 배관의 신축이음의 종류에는 스위블형, 슬리브형, 벨로즈형 등이 있다.
⑤ 수평관의 지름을 축소할 경우 편심 리듀서(eccentric reducer)를 사용한다.

해설 ▶ 구배
하향식 공급방식에서는 급탕관 및 순환관은 모두 선하향 구배로 한다.

52 다음 길이가 50m인 배관의 온도가 20°C에서 60°C로 상승하였다. 이 때 배관의 팽창량은? (단, 배관의 선팽창계수는 $0.2 \times 10^{-4} [1/°C]$이다) `24회 출제`

① 20mm　② 30mm　③ 40mm
④ 50mm　⑤ 60mm

정답　50. ③　51. ①　52. ③

해설 ▸ 리버스 리턴방식

③ 선팽창길이(=배관의 팽창량)
$\Delta l = \alpha \times l \times \Delta t$
선팽창길이 = 선팽창계수 × 배관길이 × 온도차
선팽창길이 = $\dfrac{0.2 \times 50 \times (60-20)}{10000}$ = 0.04m = 40mm
또는 10^{-4} = 0.0001이므로 0.2 × 0.0001 × 50 ×(60-20) = 0.04m = 40mm

17회 출제

53 배관계통의 마찰손실을 같게 하여 균등한 유량이 공급되도록 하는 배관방식은?

① 이관식 배관 ② 하트포드 배관 ③ 리턴콕 배관
④ 글로브 배관 ⑤ 역환수 배관

해설 ▸ 배관
마찰손실을 같게 하여 균등한 유량이 공급되도록 하는 배관방식을 역환수 방식이라고 한다.

54 급탕배관에서 신축이음의 종류가 아닌 것은?

① 스위블 조인트 ② 슬리브형 ③ 벨로즈형
④ 루프형 ⑤ 플랜지형

해설 ▸ 신축이음
신축이음의 종류로는 슬리브형, 벨로즈형, 루프형, 스위블형, 볼조인트가 있고, 플랜지에 의한 관이음은 볼트를 채우기 전에 볼트 구멍을 정확히 맞추고 플랜지의 전면적이 균일하게 접촉할 수 있도록 설치한다.

55 압축식 냉동기에서 냉방용 냉수를 만드는 곳은?

16회 출제

① 증발기 ② 압축기 ③ 응축기 ④ 재생기 ⑤ 흡수기

해설 ▸ 압축식 냉동기의 구성
압축식 냉동기에서 냉방용 냉수를 만드는 곳은 증발기이다.

정답 53. ⑤ 54. ⑤ 55. ①

56 펌프가 과열되었을 때의 그 원인과 대책에 대한 설명으로 틀린 것은?

① 주축이 휘어졌을 때는 주축을 교환한다.
② 회전자에 이물질이 걸렸을 때는 청소를 한다.
③ 베어링의 마모 또는 균열이 있을 때는 베어링을 교환한다.
④ 축심이 엇갈렸을 때는 축심을 교환한다.
⑤ 윤활유가 부족할 때는 윤활유를 보충한다.

해설 ▶ 펌프과열의 원인 및 대책
축심이 엇갈렸을 때는 원동기 과부하현상과 진동·소음이 발생하고, 그 대책으로는 축심이 일치되도록 조정해야 한다.

7회 출제

57 다음 중 급탕설비관리에서 사용되는 용어에 대한 설명으로 옳지 않은 것은?

① 온도조절밸브란 온도의 증감에 따라 유량을 바꾸어 적당한 온도를 유지하기 위한 밸브를 말한다.
② 스트레이너란 기기 내의 오물찌꺼기 등의 불순물을 제거하기 위한 여과기를 말한다.
③ 증기드레인이란 증기의 응축수·냉각코일에서 생기는 결로수를 말한다.
④ 바이패스밸브란 증기배관에 설치하여 증기와 드레인을 분리하는 장치를 말한다.
⑤ 수두압이란 물의 깊이 또는 중량방향의 높이에 따른 압력을 말한다.

해설 ▶ 바이패스밸브
바이패스밸브란 기기의 고장·수리 등을 하여야 할 때에 급탕의 공급을 중지하지 않고, 공급하기 위한 여분의 관로에 설치한 밸브이다.

58 다음 중 공동주택의 배수설비에 관한 설명으로서 적합하지 않은 것은?

① 옥내배수방식으로는 중력식 및 기계식이 있다.
② 옥외배수방식으로는 합류배수식과 분류배수식이 있다.
③ 잡배수는 소변기, 비데 등에서 나오는 배수를 말한다.
④ 통기설비는 배수의 흐름을 원활히 하고 배수로 인하여 발생하는 기압변동으로부터 트랩(trap)을 보호하기 위해 공기를 유통시키는 설비를 말한다.
⑤ 트랩이란 위생기구에서 배출되는 각종 오수로 인한 악취가 실내로 들어오지 못하도록 배관을 봉하는 장치를 말한다.

정답 56. ④ 57. ④ 58. ③

해설 ▶ 공동주택의 배수설비
③ 오수는 수세식화장실에서 주로 나오는 배수이고, 기타 옥내에서 배출되는 배수를 잡배수라 한다.

59. 다음 중 공동주택의 봉수에 관한 설명으로 타당하지 않은 것은?

① U트랩은 일명 가옥 트랩(house trap)이라 하며, 옥외 맨홀의 악취가 건물 내로 침입하는 것을 방지하기 위하여 설치하는 트랩이다.
② 드럼트랩은 주방용 개수기에 설치하며, 많은 양의 봉수가 저장되어 있어 봉수의 파괴가 어려운 트랩이다.
③ 세면기 등에서 한꺼번에 많은 양의 배수를 쏟아내는 경우 배관 말단의 기압이 낮아져 봉수가 파괴되는 현상을 자기 사이펀 작용에 의한 봉수파괴라 한다.
④ 장마철에 배수수직관으로 일시에 많은 양의 우수가 배출되는 경우 하층세대 주변의 배수관의 감압현상으로 실내의 봉수가 빨려나가 파괴되는 현상을 유인 사이펀 작용에 의한 봉수파괴라 한다.
⑤ 배수수평관으로 일시에 다량의 배수가 흐르는 경우에 배수에 의해 형성된 수두압으로 트랩 내의 봉수가 실내로 분출되어 파괴되는 현상을 관성작용에 의한 봉수파괴라 한다.

해설 ▶ 공동주택의 봉수
⑤ 역압에 의한 봉수파괴현상이라 한다.

60. 배수트랩 중 벨트랩(bell trap)에 관한 설명으로 옳은 것은? **13회 출제**

① 배수수평주관에 설치한다.
② 관트랩보다 자기사이펀 작용에 의해 트랩의 봉수가 파괴되기 쉽다.
③ 호텔, 레스토랑 등의 주방에서 배출되는 배수에 포함된 유지(油脂) 성분을 제거하기 위해 사용된다.
④ 주로 욕실의 바닥 배수용으로 사용된다.
⑤ 세면기의 배수용으로 사용되며, 벽체 내의 배수 수직관에 접속된다.

해설 ▶ 배수트랩
① 메인트랩(U트랩)에 대한 설명이다.
② S트랩에 대한 설명이다.
③ 그리스트랩에 대한 설명이다.
⑤ P트랩에 대한 설명이다.

정답 59. ⑤ 60. ④

61. 배수용 P트랩의 적정 봉수깊이는? [17회 출제]

① 50 ~ 100mm ② 110 ~ 160mm ③ 170 ~ 220mm
④ 230 ~ 280mm ⑤ 290 ~ 340mm

해설 ▶ 봉수의 깊이
배수용 P트랩의 봉수깊이는 50~100mm이 적당하다.

62. 배수트랩에 관한 설명으로 옳지 않은 것은? [18회 출제]

① 배수트랩의 역할 중 하나는 배수관 내에서 발생한 악취가 실내로 침입하는 것을 방지하는 것이다.
② 배수트랩은 봉수가 파괴되지 않는 형태로 한다.
③ 배수트랩 봉수의 깊이는 50~100mm로 하는 것이 보통이다.
④ 배수트랩 중 벨트랩은 화장실 등의 바닥배수에 적합한 트랩이다.
⑤ 배수트랩은 배수수직관 가까이에 설치하여 원활한 배수가 이루어지도록 한다.

해설 ▶ 배수트랩
배수트랩을 배수수직관 가까이에 설치하면 감압에 의한 흡인작용 또는 역압에 의한 토출작용 등이 발생하여 트랩의 봉수가 파괴된다.

63. 다음 그림의 트랩에서 각 부위별 명칭이 옳게 연결된 것은? [19회 출제]

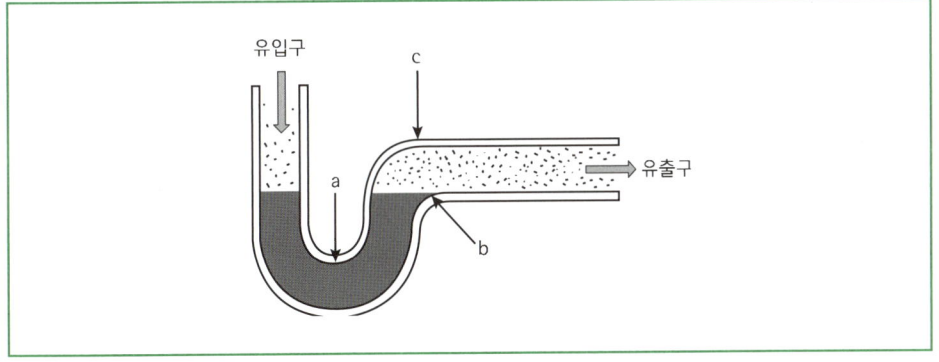

	a	b	c		a	b	c
①	디프	웨어	크라운	②	디프	크라운	웨어
③	웨어	디프	크라운	④	크라운	웨어	디프
⑤	크라운	디프	웨어				

정답 61. ① 62. ⑤ 63. ①

제2편 공동주택기술관리

해설 ▸ 트랩의 구조
a : 디프, b : 웨어, c : 크라운

64. 다음 중 통기관의 설치목적으로 적합하지 않은 것은?

① 트랩봉수의 파괴방지
② 배수의 원활
③ 배수관 내의 청결유지
④ 실외의 악취유입 방지
⑤ 실내 악취의 옥외 배출

해설 ▸ 통기관의 설치목적
④ 트랩의 설치목적이다.

65. 대변기의 세정방식 중 세정밸브식인 것은?

① 사이펀볼텍스식
② 세락식
③ 사이펀식
④ 블로아웃식
⑤ 사이펀제트식

해설 ▸ 대변기의 세정방식
수세식 대변기의 세정에는 급수방식으로 로탱크, 하이탱크 세정밸브가 사용되며, 변기의 구조에 따라서 씻어떨어뜨리기식, 씻어내기식, 사이펀식, 사이펀제트식, 블로아웃식, 사이펀볼텍스식으로 분류된다. 이때 블로아웃식은 세정밸브식에 해당한다.

66. 배수배관에 청소구를 필요로 하지 않는 곳은?

① 배관이 45° 이상의 각도로 구부러진 곳
② 가옥 배수관과 부지하수관이 접속되는 곳
③ 횡주관의 최상단부와 수직관의 최하단부
④ 수평관의 관경이 100mm 이하는 10m마다, 100mm 이상은 20m마다 설치
⑤ 가옥배수 수평주관의 기점

해설 ▸ 청소구 위치
수평관경이 100mm 이하인 경우 직선거리 15m마다, 100mm 이상인 경우 직선거리 30m마다 설치한다.

정답 64. ④ 65. ④ 66. ④

67 배관의 부속품 중 동일 구경의 배관을 직선으로 연장하기 위한 접 **16회 출제**
합에 사용하는 이음(joint)은?

① 플러그(plug) ② 리듀서(reducer) ③ 유니언(union)
④ 캡(cap) ⑤ 엘보(elbow)

해설 ▶ 배관부속
①, ④ 플러그와 캡은 배관의 끝을 막아주는 것
② 리듀스는 관경이 다른 배관을 연결하는 것이고
⑤ 엘보는 흐름의 방향을 다르게 하기 위하여 연결하는 이음이다.

68 배수설비에 관해 옳은 것은?

① 변기의 세정방식은 수압이 약할 때는 플러쉬밸브(Flush valve)를 쓰고 수압이 강할 때는 시스턴탱크를 쓴다.
② 위생기구와 배수관의 연결되는 곳에 트랩을 설치한다. 트랩은 머리털이나 쓰레기를 모으는 장치이다.
③ 통기관의 배관방식은 개별식과 중앙식이 있다.
④ 배수입관의 상부는 관경을 줄이지 않고 신장하여 통기관으로 한다.
⑤ 통기관은 냄새를 배출하여 세대 내의 악취를 방지하는 역할을 한다.

해설 ▶ 배관설비
① 수압이 강할 때 세정밸브(Flush valve), 약할 때 물을 유입하여 수압을 강화시키는 시스턴탱크(cistern tank)를 사용한다.
② 트랩은 악취를 방지하는 방취판이다.
③ 각개·환상통기방식 등이 있다.
⑤ 통기관은 배관 내의 악취를 배출하여 청결을 유지하고, 배수의 흐름을 원활하게 하며, 트랩의 봉수를 보호한다.

69 바닥판 또는 벽을 관통배관할 때 슬리브(sleeve)를 넣고 배관하는 이유 중 맞는 것은?

① 관에 신축이음쇠를 사용하지 않고 배관하기 위해서이다.
② 관을 교체할 때 편리하며 관의 신축에 무리가 생기지 않도록 하기 위해서이다.
③ 화재시 화염의 확산을 방지하기 위해서이다.
④ 관의 부식을 어느 정도 방지하기 위해서이다.
⑤ 관의 손상을 방지하기 위해서이다.

정답 67. ③ 68. ④ 69. ②

해설 ▶ 슬리브
② 슬리브(덧판)를 설치하는 이유는 관의 교체가 편리하고 관의 팽창과 신축흡수를 위해서이다.

70 체크밸브(check valve)에 관한 사항 중 옳지 않은 것은?

① 구조는 역류방지형이다.
② 리프트형(lift type), 스윙형(swing type)·스모렌스키형의 3종류가 있다.
③ 스윙(swing)형은 수직·수평배관에 이용된다.
④ 리프트(lift)형은 수직배관에만 이용된다.
⑤ 스모렌스키식은 과류를 방지하거나 수격을 완화시키므로 펌프 토출측에 설치한다.

해설 ▶ 리프트형
리프트(lift)형(들어올리는 형)은 수직배관에는 사용하지 못하고 수평배관에만 사용한다.

71 밸브에 대한 설명 중 틀린 것은? `9회 출제`

① 게이트밸브는 쐐기형의 디스크가 오르내림으로써 개폐 목적으로 사용되는 밸브이다.
② 글로브밸브는 스톱밸브의 일종으로 유체의 흐름방향을 바꾸어 유량을 차단하는 데 사용되는 밸브이다.
③ 정수위밸브는 워터해머를 방지하기 위해 완만하게 폐쇄할 수 있는 구조의 밸브이다.
④ 체크밸브는 유체를 한쪽 방향으로만 흐르게 하고 반대 방향으로는 흐르지 못하게 한다.
⑤ 안전밸브는 일정압력 이상으로 압력이 증가할 때 자동적으로 열리게 되어 용기의 안전을 보전하는 밸브이다.

해설 ▶ 밸브
글로브밸브는 유체의 유량을 조절하는 기능을 한다.
1) 글로브밸브는 유량제어의 목적으로 현재 가장 많이 채택하고 있는 밸브형식이다. 그 이유는 유체의 운전조건에 맞도록 내부형상을 설계할 수 있는 구조이고, 다른 밸브와 비교시 상당히 높은 유체흐름 저항을 갖고 있기 때문에 유량제어에서의 문제인 저유량 제어시 또는 저개도 운전시의 cavitation이나 소음문제에 대하여 능동적으로 대처할 수 있기 때문이다. 또, 수많은 연구자료와 설계, 제작 및 설치 운전의 경험이 풍부하여 자문을 많이 받을 수 있는 밸브이다.
2) 글로브 밸브는 원모양의 밸브 본체를 갖추고, 출입구의 중심선이 일직선상에 있으며, 유체 흐름은 밑에서 위로 흐르는 S자 모양이 되는 밸브이다.
구조로서 단좌형, 복좌형 밸브 및 케이지 밸브가 있으며, 유체 방향을 변경시켜 유체 압력손실이 크고 와류 현상이 일어난다. 따라서 압력손실이 문제가 되는 저압의 유체에는 적합치 않으며 같은 구경일지라도 게이트 밸브에 비해 무겁고 가격이 비싼 단점을 가진다.

정답 70. ④ 71. ②

72. 배관 부속품인 밸브에 대한 설명 중 옳지 않은 것은? 【11회 출제】

① 콕(cock)은 유체의 흐름을 급속하게 개폐하는 경우에 사용된다.
② 조정밸브에는 감압밸브, 안전밸브, 온도조절밸브 등이 있다.
③ 글로브 밸브(globe valve)는 스톱 밸브(stop valve)라고도 하며 유체에 대한 저항이 큰 것이 단점이다.
④ 체크밸브(check valve)는 유체의 흐름을 한쪽 방향으로만 흐르게 한다.
⑤ 게이트 밸브(gate valve)는 유체의 흐름을 직각으로 바꾸는 경우에 사용된다.

해설 ▶ 게이트 밸브
게이트 밸브는 유체의 흐름을 수직으로 바꾸는 경우에 사용되며, 직각으로 바꾸는 경우에는 앵글 밸브가 사용된다.

73. 수배관방식의 하나인 역환수(reverse return)방식의 목적과 유사한 기능을 갖는 것은? 【18회 출제】

① 스트레이너   ② 정유량밸브   ③ 체크밸브
④ 볼조인트   ⑤ 열동트랩

해설 ▶ 수배관방식
① 스트레이너 : 금망(金網)을 친 간단한 여과기. 오일 버너로 오일을 보내는 파이프 속에 넣어 오일 중의 협잡물(挾雜物)로 인하여 버너가 막히는 것을 방지하기도 하고 관내를 흐르는 유체중의 고형분(固形分)(토사, 철부스러기, 먼지 등)을 제거하기 위하여 사용한다.
② 정유량밸브 : 마찰손실을 같게 하여 균등한 유량이 공급되도록 하는 배관방식을 역환수방식이라 하며 균등한 유량이 공급되도록 하는 것과 유사한 기능이 있는 것은 정유량 밸브이다.
③ 체크밸브 : 유체(流體)가 한 방향만으로 흘러, 다른 방향의 흐름을 저지하는, 즉 역류방지 밸브이다.
④ 볼조인트 : 금속 구(球)에 환봉(丸棒)을 붙인 볼 스터드와 그것에 구면접촉하는 소켓으로 구성되어, 임의의 방향으로 회전 가능하고 동시에 병진(竝進)방향으로는 높은 강성을 가지는 조인트를 말한다.
⑤ 열동트랩 : 일명 벨로즈 트랩(Bellows Trap)이라 하며, 이 트랩은 내부에 휘발성의 액체를 넣은 벨로즈의 온도 신축에 의하여 작동한다.

정답   72. ⑤   73. ②

74

배관재료의 종류별 특성에 관한 설명으로 옳지 않은 것은? **18회 출제**

① 스테인리스강관은 부식에 강하여 급수, 급탕과 같은 위생설비 배관용 등으로 널리 사용된다.
② 주철관은 내식, 내마모성이 우수하여 급수, 오·배수 배관용 등으로 사용된다.
③ 동관은 열전도성이 높고 유연성이 우수하다.
④ 탄소강관은 주철관에 비하여 가볍고 인장강도가 커서 고압용으로 사용된다.
⑤ 라이닝관은 경량이면서 산, 알칼리에 대한 내식성이 낮고 마찰이 커 특수용 배관으로 사용된다.

해설 배관재료
라이닝관은 주철관이나 강관의 내면을 시멘트모르타르로 발라서 관의 부식에 저항하도록 한 관으로 중량이면서 산, 알칼리에 대한 내식성이 크다.

75

급탕배관의 신축이음으로 옳지 않은 것은? **17회 출제**

① 신축곡관
② 스위블 이음
③ 벨로즈형 이음
④ 슬리브형 이음
⑤ 슬루스 이음

해설 급탕배관의 신축이음
⑤ 굴곡배관시 슬루스 이음을 사용한다.

76

통기설비에 대한 내용 중 잘못된 것은?

① 유수입관에 통기관을 연결해서는 안 된다.
② 지붕을 통과하는 통기관은 지붕에서 150mm 이상 높게 한다.
③ 통기관의 구멍에는 나사를 끼우거나 용접을 하여야 한다.
④ 통기입관의 연결은 기구의 수위보다 150mm 이상의 위치에서 분기하여야 한다.
⑤ 통기관 안에는 수분이 갇혀서는 안 된다.

해설 통기관의 관리
통기관의 구멍에는 나사를 끼우거나 용접을 해서는 안 된다.

정답 74. ⑤ 75. ⑤ 76. ③

77. 다음에서 설명하고 있는 배수배관의 통기방식은? **22회 출제**

- 봉수보호의 안정도가 높은 방식이다.
- 위생기구마다 통기관을 설치한다.
- 자기사이펀 작용의 방지 효과가 있다.
- 경제성과 건물의 구조 등 때문에 모두 적용하기 어려운 점이 있다.

① 각개통기 방식 ② 결합통기 방식 ③ 루프통기 방식
④ 신정통기 방식 ⑤ 섹스티아 방식

해설 ▶ 각개통기관

위생기구마다 각각 통기관을 설치하는 것으로 안정적 이상적인 방법이다. 자기사이펀작용 방지 효과가 있으나 과다비용이 발생된다. 관경은 접속하는 배수관 관경의 1/2 이상으로 한다.

78. 건축물의 배수·통기설비에 관한 설명으로 옳지 않은 것은?

① 트랩의 적정 봉수깊이는 50mm 이상 100mm 이하로 한다.
② 트랩은 2중 트랩이 되지 않도록 한다.
③ 드럼 트랩은 트랩부의 수량(水量)이 많기 때문에 트랩의 봉수는 파괴되기 어렵지만 침전물이 고이기 쉽다.
④ 각개통기관의 배수관 접속점은 기구의 최고 수면과 배수 수평지관이 수직관에 접속되는 점을 연결한 동수 구배선보다 상위에 있도록 배관한다.
⑤ 크로스커넥션은 배수수직관과 통기수직관을 연결하여 배수의 흐름을 원활하게 하기 위한 접속법이다.

해설 ▶ 결합통기관

⑤ 결합통기관은 배수수직관과 통기수직관을 5개층마다 연결하여 배수의 흐름을 원활하게 하기 위한 접속법이다. 한편, 크로스커넥션(cross connection)이란 음용수(상수)의 급수계통과 음용수 이외의 계통이 배관 및 장치에 의해 직접 접속되는 것을 말한다. 크로스커넥션으로 배관을 하면 음용수 배관 내의 압력이 낮아지는 경우 음용수 배관으로 음용수 이외의 물이 역류할 가능성이 있다. 크로스커넥션의 금지에 대하여는 「건축물의 설비기준 등에 관한 규칙」 제18조 제2호에 "먹는물용 배관설비는 다른 용도의 배관설비와 직접 연결하지 않을 것"이라고 규정하고 있다.

정답 77. ① 78. ⑤

제2편 공동주택기술관리

79 배수관 및 통기관에 관한 사항으로 옳지 않은 것은? `14회 출제`
① 신정통기관의 관지름은 배수수직관의 관지름보다 작게 해서는 아니 된다.
② 배수수직관으로부터 분기입상하여 통기수직관에 접속하는 통기관을 루프통기관이라 한다.
③ 기구배수관의 관지름은 이것과 접속하는 기구의 트랩구경 이상으로 한다.
④ 배수수평지관의 관지름은 이것과 접속하는 기구배수관의 최대 관지름 이상으로 한다.
⑤ 배수수직관의 관지름은 이것과 접속하는 배수수평지관의 최대 관지름 이상으로 한다.

해설 ▶ 결합통기관
배수수직관으로부터 분기입상하여 통기수직관에 접속하는 통기관을 결합통기관이라 한다.

80 배수와 통기의 역할을 겸하는 통기관은? `14회 출제`
① 결합통기관 ② 공용통기관 ③ 습윤통기관
④ 도피통기관 ⑤ 반송통기관

해설 ▶ 습윤통기관
배수와 통기를 겸용하는 통기관을 습윤통기관이라 한다.

81 통기관 설비 중 도피통기관에 관한 설명으로 옳은 것은? `16회 출제`
① 배수수직관 상부에서 관경을 축소하지 않고 그대로 연장하여 정상부를 대기 중에 개구한 것이다.
② 배수수직관과 통기수직관을 연결하여 설치한 것이다.
③ 루프통기관과 배수수평지관을 연결하여 설치한 것이다.
④ 각 위생기구마다 통기관을 하나씩 설치한 것이다.
⑤ 복수의 신정통기관이나 배수수직관들을 최상부에서 한 곳에 모아 대기 중에 개구한 것이다.

해설 ▶ 통기관의 종류
① 신정통기관 ② 결합통기관 ④ 각개통기관 ⑤ 공용통기관

82 세면기에 설치하는 배수트랩으로 가장 적당한 것은?
① 드럼트랩 ② U트랩 ③ 그리스트랩
④ P트랩 ⑤ 가솔린트랩

정답 79. ② 80. ③ 81. ③ 82. ④

해설 ▸ **세면기 트랩**
P트랩은 세면기 등의 배수에 주로 사용한다.

83. 다음 트랩(trap) 중 기름기를 많이 취급하는 곳의 배수용 트랩으로 적당한 것은?

① S – trap ② U – trap ③ Bell – trap
④ Grease – trap ⑤ Drum – trap

해설 ▸ **트랩의 종류**
기름기를 많이 취급하는 배수용 트랩은 Grease-trap이다. 기타 U-trap은 옥내 배수주관, Bell-trap(원트랩)은 욕실바닥에 사용한다.

84. 주방용 개수기에 가장 많이 사용하는 트랩은?   [2회 출제]

① S트랩 ② P트랩 ③ U트랩
④ 드럼트랩 ⑤ 벨트랩

해설 ▸ **드럼트랩**
드럼트랩(Drum trap)은 주방용 개수기(Sink), 양식욕조, 맨홀에 사용한다.

85. 배수계통에 사용되는 트랩으로 옳지 않은 것은?   [18회 출제]

① P트랩 ② 벨트랩 ③ 기구트랩
④ 버킷트랩 ⑤ 드럼트랩

해설 ▸ **트랩**
버킷트랩은 증기트랩으로 배수계통에는 사용하지 않는다.

86. 아파트 주호 내에 사용되는 배수트랩에 관한 다음의 기술사항 중 가장 적절하지 않은 것은?   [2회 출제]

① 오랫동안 집을 비우면 트랩의 봉수가 증발하여 배수관 내의 악취가 실내에 퍼진다.
② 세면기에 담아두었던 물을 한꺼번에 버리면 자기사이펀작용에 의하여 트랩의 봉수가 유출되는 경우가 있다.
③ 트랩 안에 실이나 머리카락 등이 쌓이면 모세관현상에 의하여 트랩의 봉수가 서서히 없어져 파봉되는 경우가 있다.
④ 가장 높은 층의 주호에서는 부엌의 배수가 한꺼번에 흘러나오면 배수입관 내 압력이 높아져 트랩의 봉수가 실내로 뿜어져 나와 파봉하는 경우가 있다.
⑤ 자주 사용하지 않는 수전의 경우 가끔씩 물을 틀어준다.

정답 83. ④ 84. ④ 85. ④ 86. ④

해설 ▶ 봉수의 파괴
④ 하층기구의 횡주관 내의 공기를 끌어내어 감압에 의한 봉수가 파괴된다.

87 트랩의 봉수가 빠지는 원인 중 통기관의 설치로 방지되는 것은?

① 모세관현상   ② 증 발   ③ 자기사이펀작용
④ 흡출   ⑤ 운동량에 의한 관성

해설 ▶ 봉수파괴의 방지
통기관을 설치하면 사이펀작용, 감압에 의한 흡입작용, 역압에 의한 작용 등으로 인한 봉수파괴를 방지할 수 있다.

10회 출제

88 신축 공동주택(30세대 이상의 공동주택 또는 주택을 주택 외의 시설과 동일건축물로 건축하는 경우로서 주택이 30세대 이상인 건축)의 기계환기설비에 대한 설명 중 틀린 것은?

① 각 세대의 환기량은 시간당 0.5회로 환기할 수 있는 풍량을 확보하여야 한다.
② 기계환기설비는 주방가스대 위의 공기배출장치, 화장실의 공기배출 송풍기 등 급속 환기설비와 함께 설치할 수 있다.
③ 환기설비 본체(소음원)가 거주공간 외부에 설치될 경우에는 대표길이 1m(수직 또는 수평 하단)에서 측정하여 50dB 이하가 되거나, 거주공간 내부의 중앙부 바닥으로부터 1.0~1.2m 높이에서 측정하여 40dB 이하가 되어야 한다.
④ 공기흡입구는 오염물질을 제거하는 일정한 요건을 갖춘 공기여과기 또는 집진기 등을 갖추어야 한다.
⑤ 에너지절약을 위하여 열회수형 환기장치를 설치할 경우 열회수형 환기장치의 유효환기량이 표시용량의 85% 이상이어야 한다.

해설 ▶ 신축 공동주택의 기계환기설비
유효환기량이 표시용량의 90% 이상이어야 한다(「건축물의 설비기준 등에 관한 규칙」 제11조 제3항 [별표 1의5]).

정답 87. ③   88. ⑤

89 다음 중 공동주택의 환기설비에 관한 설명으로 옳지 않은 것은?

① 환기란 실내의 오염된 공기를 쾌적한 공기로 바꾸거나 실내에 악취가 확산되는 것을 방지하기 위한 방법을 말한다.
② 환기는 실내의 온도변화의 원인이 되므로 냉난방관리와 밀접한 관련이 있고, 실내 거주자의 건강 및 쾌적성 등에 영향을 미친다.
③ 환기량이란 외부공기의 도입량을 말한다.
④ 필요환기량이란 공기의 청정도를 유지하면서 열 또는 냉기의 손실을 줄일 수 있는 최소의 환기량을 말한다.
⑤ 환기횟수란 단위시간 당 개구부를 개폐하는 횟수를 말한다.

해설 ▶ 공동주택의 환기설비
환기횟수란 1시간당 환기량을 실내용적으로 나눈 값을 말한다.

90 실내공기질관리법령상 신축 공동주택의 실내공기질 측정항목이 아닌 것은?

① 자일렌 ② 벤젠 ③ 일산화탄소
④ 에틸벤젠 ⑤ 스티렌

[15회 개작]

해설 ▶ 실내공기질 측정항목
일산화탄소는 측정항목이 아니며, 기타 측정항목으로는 톨루엔과 폼알데하이드, 라돈이 들어간다.

91 다음 중 공동주택의 환기설비설치기준에 관한 내용으로서 옳지 않은 것은?
(단, 30세대 이상의 공동주택에 한함)

① 신축 또는 리모델링하는 공동주택은 시간당 0.5회 이상의 환기가 이루어질 수 있도록 자연환기설비 또는 기계환기설비를 설치하여야 한다.
② 기계환기설비의 환기기준은 시간당 실내공기 교환횟수(환기설비에 의한 최종 공기흡입구에서 세대의 실내로 공급되는 공기량의 합인 총 체적 풍량을 실내 총 체적으로 나눈 환기횟수를 말한다)로 표시하여야 한다.
③ 세대의 환기량 조절을 위하여 기계환기설비의 정격풍량을 최소·적정·최대의 3단계 또는 그 이상으로 조절할 수 있는 체계를 갖추어야 한다.
④ 기계환기설비는 신축 또는 리모델링하는 공동주택의 모든 세대가 시간당 0.5회 이상의 환기횟수를 만족시킬 수 있도록 24시간 가동할 수 있어야 한다.
⑤ 기계환기설비에서 발생하는 소음은 58dB 이하가 될 수 있는 구조와 성능을 확보하여야 한다.

정답 89. ⑤ 90. ③ 91. ⑤

해설 ▶ **기계환기설비의 소음**
기계환기설비에서 발생하는 소음의 측정은 한국산업표준에 따르는 것을 원칙으로 한다. 측정위치는 대표길이 1m(수직 또는 수평 하단)에서 측정하여 소음이 40dB 이하가 되어야 하며, 암소음(측정대상인 소음 외에 주변에 존재하는 소음을 말한다)은 보정하여야 한다. 다만, 환기설비 본체(소음원)가 거주공간 외부에 설치될 경우에는 대표길이 1m(수직 또는 수평 하단)에서 측정하여 50dB 이하가 되거나, 거주공간 내부의 중앙부 바닥으로부터 1.0~1.2m 높이에서 측정하여 40dB 이하가 되어야 한다.

92

「건축물의 설비기준 등에 관한 규칙」상 30세대 이상의 신축공동주택등의 기계환기설비 설치기준에 관한 설명으로 옳지 <u>않은</u> 것은? 17회 출제

① 공기흡입구 및 배기구와 공기공급체계 및 공기배출체계는 기계환기설비를 지속적으로 작동시키는 경우에도 대상 공간의 사용에 지장을 주지 아니하는 위치에 설치되어야 한다.
② 세대의 환기량조절을 위해서 환기설비의 정격풍량을 2단계 이상으로 조절할 수 있도록 하여야 한다.
③ 기계환기설비는 주로 가스대 위의 공기배출장치, 화장실의 공기배출 송풍기 등 급속 환기설비와 함께 설치할 수 있다.
④ 에너지 절약을 위하여 열회수형 환기장치를 설치하는 경우에는 한국산업표준(KS B 6879)에 따라 시험한 열회수형 환기장치의 유효환기량이 표시용량의 90% 이상이어야 한다.
⑤ 외부에 면하는 공기흡입구와 배기구는 교차오염을 방지할 수 있도록 1.5m 이상의 이격거리를 확보하거나 공기흡입구와 배기구의 방향이 서로 90° 이상 되는 위치에 설치되어야 한다.

해설 ▶ **기계환기 설치기준**
세대의 환기량 조절을 위하여 환기설비의 정격풍량을 최소·적정·최대의 3단계 또는 그 이상으로 조절할 수 있는 체계를 갖추어야 한다.

93

자연환기에 대한 설명이다. 가장 틀린 것은? 8회 출제

① 개구부를 주풍향에 직각이 되게 계획하면 환기량이 많아진다.
② 실내온도가 실외온도보다 낮으면 상부에서는 실외공기가 유입되고 하부에서는 실내공기가 유출된다.
③ 최근의 고단열, 고기밀 건축물은 열효율면에서는 유리하나 자연환기에서는 불리하다.
④ 실내에 바람이 없을 때 실내외의 온도차가 클수록 환기량은 많아진다.
⑤ 환기횟수란 창문을 열고 닫는 횟수이다.

해설 ▶ **환기횟수**
환기횟수란 1시간에 교체되는 외기량을 실내의 체적으로 나눈 값(m^3/h)을 말한다.

정답 92. ② 93. ⑤

94 바닥면적이 100m²이고 천장고가 4m인 전기실의 발열량의 12kW일 때, 실내 설정온도를 유지하기 위해 필요한 시간당 환기횟수(회/h)는 얼마인가? **16회 출제**
(단, 실내 설정온도 30℃, 급기온도 20℃, 공기의 비중량 1.2kg/m³, 공기의 정압비열은 1.0kJ/kg·K로 함)

① 6.0　　② 7.0　　③ 8.0　　④ 9.0　　⑤ 10.0

해설 ▶ 환기량과 환기횟수

1) 환기량(Q)

$Q = H / r \times C_p(t_i - t_o)$

$Q = \dfrac{발열량}{비중량 \times 공기비열(실내온도 - 실외온도)} = \dfrac{12 \times 860 kcal}{1.2 \times 0.24(30-20)} = 3,583 m^3/h$

여기에서 공기비열 1.0kJ/kg·k = 0.24kcal/kg으로 환산

Q = 필요환기량(m³/h), t_i = 실온 ℃, H = 발열량 kcal/h, t_o = 외부온도 ℃

r = 공기비중량 1.1985 kg/m³, C_p = 공기비열 0.24 kcal/kg × ℃

2) 환기횟수(n) = $\dfrac{Q}{V}$ (회/h)

여기서 Q = 환기량(m³/h), V = 실의 체적(m³)

환기횟수(n) = $\dfrac{3,583}{100 \times 4}$ = 8.958

95 다음 내용 중 용존산소(DO ; Dissolved Oxygen)에 해당하는 것은?

① 폭기조 내에 용해되어 있는 유기물질과 반응하고 그에 따라 세포가 증식되는 솜(플록) 모양의 미생물의 덩어리
② 정화조 내의 오수표면 위에 떠오르는 오물찌꺼기
③ 물속에 용해되어 있는 산소를 ppm(백만분의 1)으로 나타낸 것
④ 입경 2mm 이하의 불용성의 뜨는 물질을 ppm으로 표시한 것
⑤ 오수 중의 유기물이 이와 공존하는 미생물에 의해 분해되어 안정화하는 과정에서 소비되는 수중에 녹아 있는 산소의 감소량을 나타내는 값

해설 ▶ 용존산소

용존산소는 물속에 녹아 있는 산소량으로서 수질오염정도를 측정하는 기준 중에 하나이다.

정답　94. ④　95. ③

96. 「물의 재이용 촉진 및 지원에 관한 법률」상 빗물이용시설의 설치·관리에 관한 설명 중 틀린 것은? [9회 개작]

① "빗물이용시설"이란 건축물의 지붕면 등에 내린 빗물을 모아 이용할 수 있도록 처리하는 시설을 말한다.
② 아파트, 연립주택, 다세대주택 및 기숙사로서 건축면적이 5천제곱미터 이상인 공동주택을 신축하려는 자는 빗물이용시설을 설치·운영하여야 하며, 환경부령으로 정하는 바에 따라 설치 결과를 특별자치시장·특별자치도지사·시장·군수·구청장에게 신고하여야 한다.
③ 빗물이용시설은 연 2회 이상 주기적으로 집수시설, 여과장치 등 처리시설, 빗물저류조, 송수시설 및 배수시설에 대한 위생·안전 상태를 점검하고 이물질을 제거하는 등 청소를 해야 한다.
④ 빗물이용시설은 빗물사용량, 누수 및 정상가동 점검결과, 청소일시 등에 관한 자료를 기록하고 3년간 보존해야 한다(전자적 방법으로 기록·보존할 수 있다).
⑤ 빗물이용시설은 음용(飮用) 등 다른 용도에 사용되지 아니하도록 배관의 색을 다르게 하는 등 빗물이용시설임을 분명히 표시해야 한다.

해설 ▸ 빗물이용시설의 설치·관리
아파트, 연립주택, 다세대주택 및 기숙사로서 건축면적이 1만제곱미터 이상인 공동주택을 신축(대통령령으로 정하는 규모 이상으로 증축·개축 또는 재축하는 경우를 포함한다)하려는 자는 빗물이용시설을 설치·운영하여야 하며, 환경부령으로 정하는 바에 따라 설치 결과를 특별자치시장·특별자치도지사·시장·군수·구청장에게 신고하여야 한다.

97. 오수 등의 수질지표에 관한 설명으로 옳지 않은 것은? [22회 출제]

① SS - 물 $1cm^3$ 중의 대장균군 수를 개수로 표시하는 것이다.
② BOD - 생물화학적 산소요구량으로 수중 유기물이 미생물에 의해서 분해될 때 필요한 산소량이다.
③ PH - 물이 산성인가 알칼리성인가를 나타내는 것이다.
④ DO - 수중 용존산소량을 나타낸 것이며 이것이 클수록 정화능력도 크다고 할 수 있다.
⑤ COD - 화학적 산소요구량으로 수중 산화되기 쉬운 유기물을 산화제로 산화시킬 때 산화제에 상당하는 산소량이다.

해설 ▸ 오수 등의 수질지표
① SS - 입경 2mm 이하의 불용성의 뜨는 물질을 ppm으로 표시한 것

정답 96. ② 97. ①

98. 평균 BOD 200ppm인 오수가 1,500m³/d 유입되는 오수정화조의 1일 유입 BOD부하(kg/d)는 얼마인가? **15회 출제**

① 0.3　　② 3　　③ 30　　④ 300　　⑤ 3,000

해설 BOD

$$\frac{200}{1,000,000} \times 1,500 \times 1,000 = 300$$

99. 다음 중 공동주택의 난방용 보일러의 부하에 관한 설명으로 적합하지 않은 것은?

① 난방부하는 보일러의 난방시에 발생하는 열손실로서, 상당방열면적 × 방열기의 방열량으로 산정된다.
② 급탕 및 취사부하는 보일러에서 온수를 끓여서 난방하는 데 소요되는 열손실로서, 시간당 급탕사용량 × 물의 평균비열 × (출탕온도 − 급수온도)로 산정된다.
③ 배관부하는 온수온도와 배관주변의 온도차이로 인한 열손실로서, 관의 표면열전달률 × 배관 1m당 표면적 × 배관총길이 × (관의 표면온도 − 접촉공기온도)로서 산정된다.
④ 시동 내지 예열부하는 보일러 시동시 소요되는 열손실로서, (철의 비열 × 철의 무게 + 물의 비열 × 물의 무게) × (보일러의 가동시 물의 온도 − 보일러 가동 전 물의 온도)로서 산정된다.
⑤ 난방부하와 급탕 및 취사부하 및 배관부하를 합산한 부하의 값을 정격출력이라 한다.

해설 난방용 보일러의 부하
⑤ 상용출력이라 하고, 여기에 다시 시동 내지 예열부하를 합한 것을 정격출력이라 한다.

100. 다음 중 공동주택의 난방용 보일러의 가동 중의 이상현상에 관한 원인 및 대책으로서 타당하지 않은 것은?

① 증기관 내부의 응결수에 의하여 수격작용이 발생하는 것을 방지하기 위하여 증기트랩, 기수분리기나 비수방지관을 설치한다.
② 과도한 수분이나 공기가 혼합된 연료를 사용하여 발생하는 프라이밍 현상은 연소실, 연도를 개조하거나 수분이 적은 연료를 사용한다.
③ 보일러가 끓을 때 유지분이나 부유물에 의하여 발생하는 포밍 현상을 방지하기 위하여 과부하 가동을 피하고 정상수위를 유지한다.
④ 연소시 화염방향이 비정상적으로 되는 역화현상을 방지하기 위하여 점화시에는 공기를 공급한 후 연료를 공급한다.
⑤ 과부하 가동을 회피하여 압궤나 팽출현상을 방지한다.

정답 98. ④　99. ⑤　100. ②

해설 ▶ **보일러의 이상현상**
② 가마울림의 원인 및 대책이 된다.

101 지역난방의 특징에 관한 설명으로 옳지 않은 것은? 〔12회 출제〕
① 열의 사용량이 적으면 기본요금이 낮아진다.
② 대기오염을 줄일 수 있어 친환경적이다.
③ 에너지 이용효율을 높일 수 있다.
④ 건설 초기에 설비투자비용이 증대된다.
⑤ 단위세대의 유효면적이 증대된다.

해설 ▶ **지역난방의 특징**
열의 사용량이 적더라도 기본요금은 동일하다.

102 온수난방이나 급탕설비의 배관설계시 리버스 리턴(Reverse return)방식을 채택하는 가장 큰 이유는?
① 배관 중에 발생하는 소음을 줄이기 위하여
② 온수의 유량을 균일하게 분배하기 위하여
③ 열손실을 줄이기 위하여
④ 배관의 경제성을 고려하여
⑤ 배관의 신축을 조정하기 위하여

해설 ▶ **리버스 리턴방식**
리버스 리턴(역환수)방식은 각 기기를 잇는 배관의 길이가 대략 같게 하여 저항의 균형을 잡아 온수의 유량 분배를 균일하게 한다.

103 복사난방(Panel Heating)의 장점을 설명한 것이다. 옳지 않은 것은?
① 실내의 쾌감도가 높다.
② 바닥의 이용도가 높다.
③ 외기온도 급변에 따른 방열량 조절이 용이하다.
④ 방을 개방으로 하여도 난방효과가 있다.
⑤ 방 높이에 의한 실온의 변화가 적다.

해설 ▶ **복사난방**
바닥 및 패널을 이용하므로 방열량 조절이 신속하지 못하다.

정답 101. ① 102. ② 103. ③

104. 온수온돌난방(복사난방)방식에 관한 설명으로 옳지 않은 것은? `13회 출제`

① 대류난방방식에 비해 실내공기 유동이 적으므로 바닥면 먼지의 상승이 적다.
② 대류난방방식에 비해 실내의 높이에 따른 상하 공기 온도차가 작기 때문에 쾌감도가 높다.
③ 대류난방방식에 비해 방열면의 열용량이 크기 때문에 난방부하 변동에 대한 대응이 빠르다.
④ 대류난방방식에 비해 방이 개방된 상태에서도 난방효과가 좋다.
⑤ 난방배관을 매설하게 되므로 시공, 수리, 방의 모양 변경이 용이하지 않다.

해설 ▸ 온수온돌난방
온수온돌난방은 대류난방방식에 비해 방열면의 열용량이 크기 때문에 난방부하의 변동에 대한 대응이 늦다.

105. 난방설비에 관한 설명으로 옳지 않은 것은? `23회 출제`

① 방열기의 상당방열면적은 표준상태에서 전 방열량을 표준 방열량으로 나눈 값이다.
② 증기용 트랩으로 열동트랩, 버킷트랩, 플로트트랩 등이 있다.
③ 천장고가 높은 공간에는 복사난방이 적합하다.
④ 보일러의 정격출력은 난방부하 + 급탕부하 + 배관(손실)부하이다.
⑤ 증기난방은 증기의 잠열을 이용하는 방식이다.

해설 ▸ 보일러의 정격출력
보일러의 정격출력(최대출력) = 난방부하 + 급탕부하 + 배관부하 + 예열부하

106. LPG와 LNG에 관한 내용으로 옳은 것은? `22회 출제`

① LNG의 주성분은 탄소수 3~4의 탄화수소이다.
② LPG의 주성분은 메탄이다.
③ 기화된 LPG는 대기압 상태에서 공기보다 비중이 낮다.
④ 기화된 LNG의 표준상태 용적당 발열량은 기화된 LPG보다 높다.
⑤ 액체 상태의 LNG 비점은 액체 상태의 LPG보다 낮다.

해설 ▸ LPG와 LNG의 비교
① LNG의 주성분은 메탄(CH_4)이다.
② LPG의 주성분은 프로판(C_3H_8), 부탄(C_4H_{10})이다.
③ 기화된 LPG는 대기압 상태에서 공기보다 비중이 높다.
④ 기화된 LNG의 표준상태 용적당 발열량은 기화된 LPG보다 낮다.

정답 104. ③ 105. ④ 106. ⑤

107. 건축물의 설비기준 등에 관한 규칙상 개별난방설비의 기준에 관한 설명으로 옳지 않은 것은?

24회 출제

① 보일러는 거실 외의 곳에 설치하되, 보일러를 설치하는 곳과 거실 사이의 경계벽은 출입구를 제외하고는 내화구조의 벽으로 구획해야 한다.
② 보일러실의 윗부분에는 그 면적이 0.5제곱미터 이상인 환기창을 설치해야 한다. 다만, 전기보일러의 경우에는 그러하지 아니하다.
③ 보일러실과 거실 사이의 출입구는 그 출입구가 닫힌 경우에는 보일러가스가 거실에 들어갈 수 없는 구조로 해야 한다.
④ 오피스텔의 경우에는 난방구획을 방화구획으로 구획해야 한다.
⑤ 기름보일러를 설치하는 경우에는 기름저장소를 보일러실 내에 설치해야 한다.

해설 ▶ 개별난방설비의 기준
⑤ 기름보일러를 설치하는 경우에는 기름저장소를 보일러실 외의 다른 곳에 설치해야 한다.(규칙 제13조 제5호)

108. 보일러에 관한 설명으로 옳지 않은 것은?

14회 출제

① 수관보일러 : 가동시간이 짧고 효율이 좋으나 고가이며, 수처리가 복잡하다.
② 입형 보일러 : 설치면적이 넓고 취급이 복잡하나 대용량으로 효율이 좋다.
③ 관류보일러 : 하나의 관내를 흐르는 동안에 예열, 가열, 증발, 과열이 행해져 과열증기를 얻을 수 있다.
④ 주철제보일러 : 조립식이므로 용량을 쉽게 증가시킬 수 있으며 반입이 용이하고 수명이 길다.
⑤ 노통연관보일러 : 부하의 변동에 대해 안전성이 있으며 수면이 넓어 급수 조절이 용이하다.

해설 ▶ 입형 보일러
입형 보일러는 수직형 보일러로서 소규모 패키지형으로 일반 가정용에 사용된다.

정답 107. ⑤ 108. ②

109. 방열기의 방열능력을 표시하는 상당방열면적에 대한 설명이다. ( )갈 숫자로 옳은 것은? `11회 출제`

> 온수난방에서 상당방열면적이란 표준상태에서 방열기의 전 방열량을 실내온도 (㉠)℃, 온수온도 (㉡)℃의 표준상태에서 얻어지는 표준방열량으로 나눈 값이다.

① 20.5, 70 ② 20.5, 80 ③ 20.5, 60
④ 18.5, 80 ⑤ 18.5, 70

해설 ▶ 상당방열면적
온수난방에서 상당방열면적이란 표준상태에서 방열기의 전 방열량을 실내온도 18.5℃, 온수온도 80℃의 표준상태에서 얻어지는 표준방열량으로 나눈 값이다.

110. 다음은 보일러의 용량산정에 대한 설명이다. 틀린 것은?

① 보일러의 정격출력이란 상용출력에 난방부하를 합한 것이다.
② 배관의 열손실은 소규모 온수난방의 경우 35%로 본다.
③ 급탕부하는 급탕량 1L/h에 대하여 60kcal/h로 본다.
④ 난방부하는 해당실의 상당방열면적으로 계산하여도 된다.
⑤ 표준방열량은 표준상태에서의 실내온도 및 열매에 의해 결정한다.

해설 ▶ 정격출력
보일러의 최대출력인 정격출력은 상용출력(난방 + 급탕 + 배관) + 예열부하이다.

111. 히트펌프에 관한 내용으로 옳지 않은 것은? `21회 출제`

① 겨울철 온도가 낮은 실외로부터 온도가 높은 실내로 열을 끌어들인다는 의미에서 열펌프라고도 한다.
② 운전에 소비된 에너지보다 대량의 열에너지가 얻어져 일반적으로 성적계수(COP)가 1 이하의 값을 유지한다.
③ 한 대의 기기로 냉방용 또는 난방용으로 사용할 수 있다.
④ 공기열원 히트펌프는 겨울철 난방부하가 큰 날에는 외기온도도 낮으므로 성적계수(COP)가 저하될 우려가 있다.
⑤ 히트펌프의 열원으로는 일반적으로 공기, 물, 지중(땅속)을 많이 이용한다.

해설 ▶ 히트펌프
운전에 소비된 에너지보다 대량의 열에너지가 얻어져 일반적으로 성적계수(COP)가 1보다 큰 값을 유지한다.

정답 109. ④   110. ①   111. ②

112 보일러 가동 중 이상현상인 팽출에 관한 설명으로 옳은 것은? `13회 출제`

① 전열면이 과열에 의해 내압력을 견디지 못하고 밖으로 부풀어 오르는 현상이다.
② 증기관으로 보내지는 증기에 비수 등 수분이 과다 함유되어 배관 내부에 응결수나 물이 고여서 수격작용의 원인이 되는 현상이다.
③ 비수, 관수가 갑자기 끓을 때 물거품이 수면을 벗어나서 증기 속으로 비상하는 현상이다.
④ 보일러의 물이 끓을 때 그 속에 함유된 유지분이나 부유물에 의해 거품이 생기는 현상이다.
⑤ 전열면이 과열에 의해 외압을 견디지 못해 안쪽으로 오목하게 찌그러지는 현상이다.

해설 ▶ 보일러의 이상현상
② 캐리오버에 관한 설명이다.   ③ 프라이밍에 관한 설명이다.
④ 포밍에 관한 설명이다.   ⑤ 압궤에 관한 설명이다.

113 증기난방에 비해 고온수난방의 장점이 아닌 것은? `16회 출제`

① 예열시간이 짧다.
② 배관의 기울기를 고려하지 않아도 된다.
③ 배관 내 부식이 발생할 가능성이 낮다.
④ 트랩이나 감압밸브와 같은 부속기기류가 없어 유지관리가 용이하다.
⑤ 수요측 부하조건에 따라 송수온도 조절이 용이하다.

해설 ▶ 온수난방의 장점
고온수난방은 예열기간이 길다.

114 공동주택 난방방식의 특징에 관한 설명으로 옳지 않은 것은? `12회 출제`

① 개별난방의 경우 보일러실의 설치로 건물의 유효면적이 줄어들고 소음이 발생한다.
② 중앙난방의 경우 예열시간이 길고, 초기공사비가 많이 들며 추후 개보수가 번거롭다.
③ 지역난방의 경우 수용가의 중간기계실에 열교환기를 이용하여 저온수 및 급탕을 만들어 각 세대에 공급하는 방식이다.
④ 개별난방의 경우 유지관리비가 많이 들고, 간헐운전시 입주자가 원하는 쾌적 열환경의 유지가 어렵다.
⑤ 지역난방의 경우 24시간 난방수의 공급과 실내 쾌적 열환경의 유지가 편리하다.

정답 112. ①   113. ①   114. ④

해설 ▶ 개별난방
개별난방의 경우 세대별 유지관리비는 중앙집중식이나 지역난방방식에 비하여 많이 들지만, 간헐적으로 운전하는 경우에는 입주자가 원하는 쾌적 열환경의 유지가 쉽다.

115. 냉각목적의 냉동기 성적계수와 가열목적의 열펌프(Heat Pump) 성적계수에 관한 설명으로 옳은 것은? 〈24회 출제〉

① 냉동기의 성적계수와 열펌프의 성적계수는 같다.
② 냉동기의 성적계수는 열펌프의 성적계수보다 1 크다.
③ 열펌프의 성적계수는 냉동기의 성적계수보다 1 크다.
④ 냉동기의 성적계수는 열펌프의 성적계수보다 2 크다.
⑤ 열펌프의 성적계수는 냉동기의 성적계수보다 2 크다.

해설 ▶ 열펌프(Heat Pump) 성적계수
냉동기 성적계수와 열펌프(Heat Pump) 성적계수의 관계
COP(열펌프) = COP(냉동기) + 1

116. 고온수를 사용하는 지역난방설비의 특성 중 옳지 않은 것은? 〈15회 출제〉

① 축열조를 활용하여 지역난방플랜트의 효율을 적정하게 유지할 수 있다.
② 장치의 열용량이 작으므로 간헐운전에 유리하다.
③ 대기오염을 줄일 수 있다.
④ 부하변동에 따라 적정수온의 열매를 보내주므로 효율이 높다.
⑤ 배관의 부식이 적다.

해설 ▶ 지역난방설비
장치의 열용량이 크며, 지속난방에 유리하다.

117. 공동주택의 개별난방방식에 대한 설명 중 틀린 것은? 〈10회 출제〉

① 보일러는 거실 외의 곳에 설치하되, 보일러를 설치하는 곳과 거실 사이의 경계벽은 출입구를 제외하고는 내화구조의 벽으로 구획한다.
② 난방구획마다 내화구조로 된 벽·바닥과 갑종방화문으로 된 출입문으로 구획한다.
③ 기름보일러를 설치하는 경우에는 기름저장소를 보일러실 외의 다른 곳에 설치한다.
④ 보일러실의 윗부분에는 그 면적이 0.5m² 이상인 환기창을 설치하도록 한다.(단, 전기보일러의 경우에는 그러하지 않다)
⑤ 보일러실과 거실 사이의 출입구는 그 출입구가 닫힌 경우에는 보일러가스가 거실에 들어갈 수 없는 구조로 한다.

정답 115. ③ 116. ② 117. ②

해설 ▶ 공동주택의 개별난방방식

② 원래 난방구획이란 난방설비를 중앙난방방식으로 하는 경우에 고층 건물의 균등한 난방효율을 보장하기 위하여 설치하는 설비인데, 공동주택의 난방설비를 개별난방방식으로 하는 경우에는 지문 ②와 같은 기준의 적용을 받지 않는다. 다만, 오피스텔의 경우 그 건물 특성상 난방구획마다 내화구조로 된 벽·바닥과 갑종방화문으로 된 출입문으로 구획한다(「건축물의 설비기준 등에 관한 규칙」 제13조 제1항 제6호). 가스보일러에 의한 난방설비를 설치하고 가스를 중앙집중공급방식으로 공급하는 경우에는 가스관계법령이 정하는 기준에 의하되, 오피스텔의 경우에는 난방구획마다 내화구조로 된 벽·바닥과 갑종방화문으로 된 출입문으로 구획하여야 한다(규칙 제13조 제2항).

118 다음 난방설비에 관한 설명 중 옳지 않은 것은?

① 6층 이상인 공동주택의 난방설비는 중앙집중식난방방식으로 설치하여야 하는 것이 원칙이다.
② 난방설비를 중앙집중식난방방식으로 하는 공동주택의 각 세대는 산업통상자원부장관이 정하는 바에 따라 난방열량을 측정하는 계기와 난방온도를 조절하는 장치를 각각 설치해야 한다.
③ 4층 이상 10층 이하의 공동주택의 경우에는 1개소 이상의 난방구획으로 구분하여 각 난방구획마다 따로 난방용 배관을 설치하여야 한다.
④ 10층이 넘는 공동주택의 경우에는 10층을 넘는 5개층마다 1개소를 더한 수 이상의 난방구획으로 구분하여 따로 난방용 배관을 설치하여야 한다.
⑤ 보일러는 1년에 1회 에너지관리공단에 사용안전검사를 받아야 한다.

해설 ▶ 난방구획
2개소 이상의 난방구획으로 구분한다.

119 공조설비의 냉온수 공급관과 환수관의 양측 압력을 동시에 감지하여 압력 균형을 유지시키는 용도의 밸브는? 20회 출제

① 온도조절밸브 ② 차압조절밸브 ③ 공기빼기밸브
④ 안전밸브   ⑤ 감압밸브

해설 ▶ 차압조절밸브
차압조절밸브는 유체의 흐름을 조절하는 목적으로 주로 펌프 시스템에서 공급관과 환수관 사이의 압력을 조절함으로써 부하측의 부하변동으로 발생하는 압력 변동에도 일정한 차압을 유지함으로써 부하측 밸브 등의 기능을 정상적으로 유지시키기 위한 목적이다. 펌프 순환 시스템에서 차압이 일정치를 벗어나면 밸브 등에서 소음이 발생하며 차압이 일정치 이하이면 순환장애를 일으키는 현상이 발생한다.

정답 118. ③ 119. ②

120

건축물의 설비기준 등에 관한 규칙상 개별난방설비의 기준에 관한 설명으로 옳지 않은 것은? **24회 출제**

① 보일러는 거실 외의 곳에 설치하되, 보일러를 설치하는 곳과 거실 사이의 경계벽은 출입구를 제외하고는 내화구조의 벽으로 구획해야 한다.
② 보일러실의 윗부분에는 그 면적이 0.5제곱미터 이상인 환기창을 설치해야 한다. 다만, 전기보일러의 경우에는 그러하지 아니하다.
③ 보일러실과 거실 사이의 출입구는 그 출입구가 닫힌 경우에는 보일러가스가 거실에 들어갈 수 없는 구조로 해야 한다.
④ 오피스텔의 경우에는 난방구획을 방화구획으로 구획해야 한다.
⑤ 기름보일러를 설치하는 경우에는 기름저장소를 보일러실 내에 설치해야 한다.

해설 ▶ 개별난방설비의 기준
⑤ 기름보일러를 설치하는 경우에는 기름저장소를 보일러실 외의 다른 곳에 설치해야 한다.(규칙 제13조 제5호)

121

공동주택에서 다음과 같은 조건으로 온수보일러를 가동할 경우 사용되는 가스소비량(㎥/h)은? **21회 출제**

- 온수생산량 : 500kg/h
- 보일러 효율 : 90%
- 온수온도 : 80℃
- 가스 저위발열량 : 20,000kJ/㎥
- 급수온도 : 20℃
- 물의 비열 : 4.2kJ/kg·K

① 2 ② 5 ③ 7 ④ 9 ⑤ 12

해설 ▶ 온수보일러의 가스소비량(㎥/h)
= (매시간 소비량 × 온도차) / (가스발열량 × 보일러 열효율)
{* 매시간 소비량 = 온수생산량(kg/h) × 물의 비열(4.2 kJ/kg·K)}
가스소비량 = (4.2 × 500 × 60) / (20,000 × 0.9) = 7 (㎥/h)

122

난방설비에 관한 설명으로 옳지 않은 것은? **23회 출제**

① 방열기의 상당방열면적은 표준상태에서 전 방열량을 표준 방열량으로 나눈 값이다.
② 증기용 트랩으로 열동트랩, 버킷트랩, 플로트트랩 등이 있다.
③ 천장고가 높은 공간에는 복사난방이 적합하다.
④ 보일러의 정격출력은 난방부하 + 급탕부하 + 배관(손실)부하이다.
⑤ 증기난방은 증기의 잠열을 이용하는 방식이다.

정답 120. ⑤ 121. ③ 122. ④

해설 보일러의 정격출력
보일러의 정격출력(최대출력) = 난방부하 + 급탕부하 + 배관부하 + 예열부하

123. 지능형 홈네트워크 설비설치 및 기술기준상 홈네트워크 설비의 구성요소 중 홈네트워크장비에 속하지 않는 것은? [16회 출제]

① 홈게이트웨이
② 단지서버
③ 세대단말기
④ 단지네트워크장비
⑤ 원격제어기기

해설 홈네트워크장비
원격제어기기는 홈네트워크사용기기에 속한다.

124. 지능형 홈네트워크 설비설치 및 기술기준에서 사용하는 용어의 정의로 옳지 않은 것은? [19회 출제]

① 집중구내통신실(TPS실)이란 통신용 파이프 샤프트 및 통신단자함을 설치하기 위한 공간을 말한다.
② 세대단자함이란 세대 내에 인입되는 통신선로, 방송공동수신설비 또는 홈네트워크설비 등의 배선을 효율적으로 분배·접속하기 위하여 이용자의 전유부분에 포함되어 실내공간에 설치되는 분배함을 말한다.
③ 원격검침시스템이란 주택내부 및 외부에서 전력, 가스, 난방, 온수, 수도 등의 사용량 정보를 원격으로 검침하는 시스템을 말한다.
④ 홈네트워크망이란 홈네트워크장비 및 홈네트워크사용기기를 연결하는 것을 말한다.
⑤ 단지네트워크장비란 세대 내 홈게이트웨이와 단지서버 간의 통신 및 보안을 수행하는 장비로서, 백본(back-bone), 방화벽(Fire Wall), 워크그룹스위치 등 단지망을 구성하는 장비를 말한다.

해설 지능형 홈네트워크 설비 설치 및 기술기준
① 통신배관실(TPS실)이란 통신용 파이프 샤프트 및 통신단자함을 설치하기 위한 공간을 말한다. 한편, 집중구내통신실(MDF실)이란 국선·국선단자함 또는 국선배선반과 초고속통신망장비, 이동통신망장비 등 각종 구내통신선로설비 및 구내용 이동통신설비를 설치하기 위한 공간이다.

정답 123. ⑤ 124. ①

125 전기설비에 사용하는 합성수지관에 관한 설명으로 옳지 않은 것은? **19회 출제**

① 기계적 충격에 약하다.
② 금속관보다 무게가 가볍고 내식성이 있다.
③ 대부분 경질비닐관이 사용된다.
④ 열적 영향을 받기 쉬운 곳에 사용된다.
⑤ 관 자체의 절연성능이 우수하다.

해설 ▶ 합성수지관
④ 합성수지관은 열에 약하므로 열적 영향을 받기 쉬운 곳에 사용해서는 안 된다.

126 다음에서 설명하고 있는 전기배선 공사방법은? **23회 출제**

○ 철근콘크리트 건물의 매입 배선 등에 사용된다.
○ 화재에 대한 위험성이 낮다.
○ 기계적 손상에 대해 안전하여 다양한 유형의 건물에 시공이 가능하다.

① 금속관 공사   ② 목재몰드 공사   ③ 애자사용 공사
④ 버스덕트 공사 ⑤ 경질비닐관 공사

해설 ▶ 전기배선 공사방법
금속관 공사는 건물의 종류와 장소에 구애됨이 없이 시공이 가능하다. 접속점이 없는 연선이나 절연전선을 사용한다. 주로 철근콘크리트 건물의 매입배선 등에 사용되며, 화재에 대한 위험성이 적고, 전선에 이상이 생겼을 때 교체가 쉬우며 전선의 기계적 손상에 대해 안전하다. 습기, 먼지가 있는 장소에도 시공이 가능하나 증설은 힘들다.

127 다음 중 공동주택의 변압기에 사용되는 절연유가 갖추어야 할 요건으로서 적당하지 않은 것은?

① 절연성이 클 것
② 점도가 높고 인화점이 낮을 것
③ 냉각효과가 크고 응고점이 낮을 것
④ 금속재료와 접촉하더라도 화학반응이 잘 일어나지 않을 것
⑤ 석유계 광유가 많이 사용된다.

해설 ▶ 절연유
점도가 높다는 것은 절연유 내에 불순물이 많이 존재하여 절연기능이 떨어진다는 것을 의미한다. 절연유의 인화점이 높아야 서징과 같은 이상전류가 일으키는 아크 방전에 쉽게 점화되지 않고 냉각기능을 유지할 수 있을 것이다.

정답 125. ④ 126. ① 127. ②

128. 전기설비의 설비용량 산출을 위하여 필요한 각 계산식이다. 옳게 짝 지어진 것은? [11회 출제]

(㉠) = 최대수용전력/부하설비용량 × 100(%)
(㉡) = 평균수용전력/최대수용전력 × 100(%)
(㉢) = 각 부하의 최대수용전력의 합계/합계부하의 최대수용전력 × 100(%)

	㉠	㉡	㉢		㉠	㉡	㉢
①	부등률	수용률	부하율	②	수용률	부등률	부하율
③	부등률	부하율	수용율	④	수용률	부하률	부등율
⑤	부하률	수용률	부등율				

해설 ▶ 전기설비 설비용량
수용률 = 최대 수용전력 / 부하설비용량 × 100(%)
부하율 = 평균 수용전력 / 최대수용전력 × 100(%)
부등율 = 각 부하의 최대수용전력의 합계 / 합계부하의 최대수용전력 × 100(%)

129. 전기안전관리법령상 전기사고의 재해방지를 위하여 전기사고의 원인·경위 등에 관한 조사대상에 해당되는 화재사고의 기준으로 옳은 것은? (단, 전기에 의한 화재사고로 추정되는 사고에 한하며, 재산피해가액은 해당 화재사고에 대하여 경찰관서나 소방관서에서 추정한 가액에 따름) [11회 출제]

① 부상자 2명   ② 사망자 1명   ③ 사망자 2명
④ 재산피해가액 1억원   ⑤ 재산피해가액 2억원

해설 ▶ 조사대상인 화재사고의 기준
1) 사망자가 2명 이상이거나 부상자가 3명 이상인 화재사고
2) 재산피해가 3억원 이상인 화재사고

130. 주택건설기준 등에 관한 규정상 공동주택의 세대당 전용면적이 80㎡일 때, 각 세대에 설치해야 할 전기시설의 최소 용량(kW)은? [23회 출제]

① 3.0   ② 3.5   ③ 4.0   ④ 4.5   ⑤ 5.0

해설 ▶ 전기시설의 최소 용량(kW)
③ 주택에 설치하는 전기시설의 용량은 각 세대별로 3kW(세대당 전용면적이 60㎡ 이상인 경우에는 3kW에 60㎡를 초과하는 10㎡ 마다 0.5kW를 더한 값) 이상이어야 한다.

정답 128. ④ 129. ③ 130. ③

131. 다음 중 공동주택의 조명단위에 관한 설명으로서 타당하지 않은 것은?

① 연색성(演色性)은 각 광원하에서 물체의 본래의 색을 구별할 수 있는 능력을 말한다.
② 광속(光速)은 광원에서 나오는 빛의 양으로서, 단위는 루멘(lm)을 사용한다.
③ 광도(光度)는 빛의 양으로서 단위로는 cd(칸델라 ; Candela)를 사용하며, 조명효율의 정도를 측정하기 위한 단위가 된다.
④ 조도(照度)는 어떤 면에서의 밝기를 의미하며 단위는 럭스(lux)이다.
⑤ 발광효율(發光效率)은 각 광원이 단위 전력당 발할 수 있는 빛의 양을 말하며, 단위는 lm/W를 사용한다.

해설 ▶ 공동주택의 조명단위
③ 조명효율(照明效率)은 각 광원이 단위 전력을 공급받았을 때의 조명의 정도를 말하며, 단위는 lux/W를 사용한다.

24회 출제

132. 건축물의 설비기준 등에 관한 규칙상 피뢰설비의 기준에 관한 내용이다. ( )에 들어갈 숫자를 옳게 나열한 것은?

> 제20조(피뢰설비) 〈생략〉
> 1. 〈생략〉
> 2. 돌침은 건축물의 맨 윗부분으로부터 (㉠)센티미터 이상 돌출시켜 설치하되, 「건축물의 구조기준 등에 관한 규칙」 제9조에 따른 설계하중에 견딜 수 있는 구조일 것
> 3. 피뢰설비의 재료는 최소 단면적이 피복이 없는 동선(銅線)을 기준으로 수뢰부, 인하도선 및 접지극은 (㉡)제곱밀리미터 이상이거나 이와 동등 이상의 성능을 갖출 것

① ㉠ 20, ㉡ 30
② ㉠ 20, ㉡ 50
③ ㉠ 25, ㉡ 30
④ ㉠ 25, ㉡ 50
⑤ ㉠ 30, ㉡ 30

해설 ▶ 피뢰침 설치기준
피뢰설비의 돌침은 건축물의 맨 윗부분으로부터 25센티미터 이상 돌출시켜 설치하며, 피뢰설비의 재료는 최소 단면적이 피복이 없는 동선을 기준으로 수뢰부, 인하도선 및 접지극은 50제곱밀리미터 이상이거나 이와 동등 이상의 성능을 갖추어야 한다.

정답 131. ③ 132. ④

133 전압을 구분한 표이다. ( )에 들어갈 숫자를 옳게 나열한 것은? `19회 출제`

구 분	저 압	고 압	
직 류	(㉠)V 이하	(㉠)V 초과 ~ 7,000V 이하	7,000V 초과
교 류	(㉡)V 이하	(㉡)V 초과 ~ 7,000V 이하	

① ㉠ : 1,000, ㉡ : 750
② ㉠ : 1,000, ㉡ : 1,500
③ ㉠ : 1350, ㉡ : 1,000
④ ㉠ : 600, ㉡ : 750
⑤ ㉠ : 1,500, ㉡ : 1,000

해설 ▶ 전압
㉠ : 1500, ㉡ : 1000

134 건축물의 설비기준 등에 관한 규칙상 피뢰설비 설치기준에 관한 내용으로 옳지 않은 것은? `21회 출제`

① 피뢰설비의 재료는 최소 단면적이 피복이 없는 동선을 기준으로 수뢰부, 인하도선 및 접지극은 50제곱밀리미터 이상이거나 이와 동등 이상의 성능을 갖출 것
② 접지(接地)는 환경오염을 일으킬 수 있는 시공방법이나 화학첨가물 등을 사용하지 아니할 것
③ 피뢰설비는 한국산업표준이 정하는 피뢰레벨 등급에 적합한 피뢰설비일 것. 다만, 위험물저장 및 처리시설에 설치하는 피뢰설비는 한국산업표준이 정하는 피뢰시스템레벨Ⅱ 이상이어야 할 것.
④ 급수·급탕·난방·가스 등을 공급하기 위하여 건축물에 설치하는 금속배관 및 금속재 설비는 전위(電位)가 균등하게 이루어지도록 전기적으로 접속할 것
⑤ 전기설비의 접지계통과 건축물의 피뢰설비 및 통신설비 등의 접지극을 공용하는 통합접지공사를 하는 경우에는 낙뢰 등으로 인한 과전압으로부터 전기설비 등을 보호하기 위하여 한국산업표준에 적합한 배선용 차단기를 설치할 것

해설 ▶ 피뢰설비 설치기준
⑤ 배선용 차단기 → 서지보호장치(SPD)

정답 133. ⑤   134. ⑤

135. 다음 중 공동주택의 조명방식에 관한 설명으로 적합하지 않은 것은?

① 직접조명은 조명효율이 좋으나 갓을 사용하지 않을 경우 센 조명이 되어 휘도가 높다.
② 직접조명은 조도가 균일하나 음영이 생긴다.
③ 직접조명은 기계·기구의 손상이 적고 유지·배선이 쉽고 감광이 적다.
④ 간접조명은 연직물에 대한 조도가 높으나 먼지에 의한 감광이 많다.
⑤ 간접조명은 조명효율이 낮다.

해설 ▶ 공동주택의 조명방식

직접조명은 조도가 균일하지 못한 단점이 있으며, 물체의 그림자인 음영이 생긴다.

136. 실의 면적이 100㎡, 천장고가 2.8m인 관리사무소의 평균조도를 400lx로 유지하기 위해 LED램프로 조명을 교체하고자 할 때, 필요한 최소 개수는? (단, LED램프의 광속 4,000 lm/개, 감광보상률 1.3, 조명률은 0.5로 함) **23회 출제**

① 20개 ② 22개 ③ 26개 ④ 28개 ⑤ 30개

해설 ▶ [조도 계산식에서의 감광보상율과 보수율]

E = FUN/AD = FUNM/A [LX]
N = EAD/FU = EA/FUM [개]
N = EAD/FU = (400×100×1.3)/(4000×0.5) = 26 개

137. 다음은 전기안전관리법령상 정기검사의 대상·기준 및 절차 등에서 공동주택의 정기검사대상 전기설비 및 검사시기에 관한 내용이다. ( )에 들어갈 숫자를 옳게 나열한 것은? **20회 출제**

〈 자가용전기설비 중 전기수용설비 및 비상용 예비발전설비 〉
수용가에 설치한 고압 이상의 수전설비 및 75킬로와트 이상의 비상용 예비발전설비는 ( )년마다 ( )월 전후로 정기검사를 받아야 한다.

① 2, 1 ② 2, 2 ③ 3, 2 ④ 3, 4 ⑤ 3, 6

해설 ▶ 전기설비 및 검사시기

수용가에 설치한 고압 이상의 수전설비 및 75킬로와트 이상의 비상용 예비발전설비는 3년마다 2개월 전후로 정기검사를 받아야 한다.

정답   135. ②   136. ③   137. ③

138. 역률에 관한 설명으로 옳은 것은?

① 무효전력에 대한 유효전력의 비를 말한다.
② 역률을 개선하면 설비용량의 여유도가 감소한다.
③ 백열전등이나 전기히터(electric heater)의 역률은 100%에 가깝다.
④ 역률은 부하의 종류와 관계가 없다.
⑤ 역률을 개선하면 선로에 흐르는 전류가 증가한다.

15회 출제

해설 ▶ 역률
① 역률 = 유효전력 / 피상전력으로도 표현하고, 아니면 전압과 전류의 위상차로 표현하기도 한다.
② 역률을 개선하면 설비용량의 여유도가 증가한다.
④ 역률은 부하의 종류와 관계가 있다.
⑤ 역률을 개선하면(증가하면) 소비전력이 감소한다. 즉 역률이 좋으면 피상전류가 적어진다.

139. 조명설비에 관한 설명이다. ( )에 들어갈 용어를 순서대로 나열한 것은?

21회 출제

○ ( ) : 빛을 받는 면에 입사하는 단위면적당 광속
○ ( ) : 램프의 사용시간 경과에 따라 감광되거나 먼지부착 등에 의한 조명기구 효율 저하를 보완하기 위한 보정계수
○ ( ) : 실내의 작업범위(수평면)에서 최저조도를 최고조도로 나눈 값

① 광도, 감소율, 균제도
② 광도, 감소율, 조명률
③ 조도, 감소율, 조명률
④ 광도, 보수율, 조명률
⑤ 조도, 보수율, 균제도

해설 ▶ 조도, 보수율, 균제도
1. 조 도(E) = 단위면적당 입사광속, 광도(I) / 거리의 제곱 [lx]
2. 보수율(=유지율) : 램프의 사용시간 경과에 따라 감광되거나 먼지부착 등에 의한 조명기구 효율저하를 보완하기 위한 보정계수 보수율은 조명설계에 있어서 신설했을 때의 조도 (초기조도 Ei)와 램프 교체와 조명기구 청소 직전의 조도(대상물의 최저조도 Ee)와 사이의 비를 말한다. 즉, 설계상 조도는 이 보수율을 감안하여 초기조도를 높게 한다.
3. 균제도 = (수평면상의 최소 조도)/(수평면상의 최대 조도)

정답 138. ③ 139. ⑤

140
실의 크기가 가로 10 m, 세로 12 m, 천장고 2.7 m인 공동주택 관리사무소에 설치된 30개의 형광등을 동일한 개수의 LED 램프로 교체했을 때, 예상되는 평균조도(lx)는? (단, LED 램프의 광속은 4,000 lm/개, 보수율은 0.8, 조명률은 0.5로 함)

① 400 ② 480 ③ 520 ④ 585 ⑤ 625

해설 ▶ 평균조도(lx) **25회 출제**

변압기의 FUN = EAD
즉, 광속(F) × 조명률(U) × 조명기구수(N) = 조도(E) × 면적(A) × 감광보상율(D)
E(평균조도) = FUN/AD
= {광속(F) × 조명률(U) × 조명기구수(N)} ÷ {면적(A) × 감광보상율(D)}
[한편, ※ 감광보상율 = 1/보수율(M) 이므로]
= {4,000 × 0.5 × 30} ÷ {(10 × 12) × (1 ÷ 0.8)} = 400

141
변압기의 절연유 보호장치는?

① 단로기 ② 인버터 ③ NFB
④ 콘서베이터 ⑤ 접지

해설 ▶ 콘서베이터

변압기의 기름인 절연유가 공기와 접촉하여 열화가 되는 것을 방지하기 위한 보호장치는 콘서베이터(Conservator)이다.

142
전기안전관리자의 선임 및 해임에 대한 설명 중 틀린 것은?

① 선임 또는 해임하는 자는 선임 또는 해임하는 날부터 30일 이내에 전력기술인 단체 중 산업통상자원부장관이 지정하여 고시하는 단체에 제출하여야 한다.
② 안전공사 및 대행사업자는 그 소속 기술인력간 담당 전기설비의 변경이 있는 경우에는 기술인력별 전기설비 대행현황을 그 변경이 있는 날부터 30일 이내에 전력기술인 단체에 통보하여야 한다.
③ 전력기술인 단체는 선임 또는 해임신고를 한 자가 선임 또는 해임신고필증을 발급 요청할 때에는 7일 이내 선임(해임) 신고증명서를 발급하여야 한다.
④ 선임하는 경우에는 선임되는 전기안전관리자의 국가기술자격증을 제출하여야 한다.
⑤ 후임자의 선임없이 해임하는 경우에는 전기안전관리자의 직무대행자 지정서 사본을 제출하여야 한다.

정답 140. ① 141. ④ 142. ③

해설 ▸ 전기안전관리자의 선임 및 해임

전력기술인 단체는 선임 또는 해임신고를 한 자가 선임 또는 해임신고증명서의 발급을 요청한 때에는 '지체없이' 일정한 서식의 전기안전관리자 선임(해임)신고증명서를 발급하여야 한다(「전기안전관리법 시행규칙」 제45조 제4항).

143 다음 중 전기안전관리자의 직무의 범위에 해당되지 않는 것은?

① 전기설비의 공사, 유지 및 운용에 관한 업무 및 이에 종사하는 자에 대한 안전교육
② 전기설비의 운전, 조작 또는 이에 관한 업무의 감독
③ 전기설비의 안전관리에 관한 기록 및 그 기록의 보존
④ 공사계획의 인가신청 또는 신고에 필요한 서류의 검토
⑤ 전기수용설비의 증설 또는 변경공사로서 총공사비가 1억원 미만인 공사의 감리

해설 ▸ 전기안전관리자의 직무

전기안전관리자의 직무는 이외에도 전기설비의 안전관리를 위한 확인, 점검 및 이에 대한 업무의 감독, 비상용 예비발전설비의 설치, 변경공사로서 총공사비가 1억원 미만인 공사와 전기수용설비의 증설 또는 변경공사로서 총공사비가 5천만원 미만인 공사의 감리업무가 있다.

144 전기안전관리법령상 전기안전관리자의 교육에 관한 내용으로 옳지 않은 것은?

① 전기안전관리자를 선임한 자는 정당한 사유 없이 전기안전교육을 받지 아니한 전기안전관리자를 해임하여야 한다.
② 전기안전관리자 선임기간이 5년 미만인 사람은 2년마다 1회 이상 안전관리교육을 받아야 한다.
③ 전기안전관리자로 처음 선임된 사람은 선임된 날부터 6개월 이내에 특별교육을 받아야 한다.
④ 교육기관은 교육신청이 있을 때에는 교육 실시 10일 전까지 교육대상자에게 교육 장소와 교육날짜를 통보해야 한다.
⑤ 교육과정별 1회 교육은 각각 21시간 이상이어야 한다.

15회 출제

해설 ▸ 전기안전관리자의 교육

전기안전관리자 선임기간이 5년 미만인 사람은 3년마다 1회 이상 안전관리교육을 받아야 한다.

145 100V의 옥내 간선에 아래와 같은 부하가 접속되었을 경우 이 전선을 보호하기 위한 퓨즈의 크기는? (단, 전등 : 100W × 25등, 전열기 : 1kW × 3개)

① 10[A] 이하
② 20[A] 이하
③ 30[A] 이하
④ 50[A] 이하
⑤ 60[A] 이하

정답   143. ⑤   144. ②   145. ④

해설 ▶ **퓨즈의 크기**
W = VA ⇒ 소비전력 = 사용전압 × 퓨즈 크기
$A \leq \frac{(100 \times 25) + (1{,}000 \times 3)}{100} \leq 55A$, 그러므로 50A 이하이다.

146. 전선에 과전류(과부하)가 흐르면 자동적으로 회로를 차단시켜 안전을 도모하는 스위치는?

① 서킷브레이커(Circuit breaker)
② 자동댐퍼(automatic damper)
③ 나이프스위치(knife switch)
④ 컷아웃스위치(cut out switch)
⑤ 마그네트스위치(Magnet switch)

해설 ▶ **서킷브레이커**
문제는 서킷브레이커, 즉 노퓨즈브레이커(no fuse breaker)에 대한 설명이다.
② 자동댐퍼 : 풍량조절장치
③ 나이프스위치 : 나이프형으로 배전반, 분전반에 사용한다.
④ 컷아웃스위치 : 일명 두꺼비집

147. 전기설비용량이 400kW인 아파트 건물이 있다. 이 건물의 변전실의 크기 중 적당한 것은?

① 33m²
② 66m²
③ 99m²
④ 132m²
⑤ 165m²

해설 ▶ **변전실의 크기**
변전실 크기(m²) = $\sqrt{전기설비용량(kW)}$ × 3.3 = 66m²

148. 전압강하율과 전력손실의 관계에서 다음 중 틀린 것은?

① 전압강하율은 전력손실과 거의 같다.
② 배선 중의 전력손실은 전압강하의 자승에 비례한다.
③ 전력손실을 적게 하기 위하여는 전압강하를 적게 한다.
④ 전력손실과 전압강하와는 관계가 없다.
⑤ 전력손실 = 전력손실률 × 부하용량이 된다.

해설 ▶ **전력손실**
④ 공급점과 말단점의 차이가 전압강하로 전력손실과 바로 직결된다.

정답 146. ① 147. ② 148. ④

149 다음 비상발전설비의 관리에 대한 설명 중 옳지 않은 것은?

① 발전기의 시운전은 매주 1회, 출력전압 및 주파수시험은 매월 1회 실시하여야 한다.
② 시동 전에 윤활유, 냉각수, 연료를 점검하고 부하상태를 확인하여야 한다.
③ 부하시험은 분기별로 시동 후 부하절체를 하여 회전수, 배기온도 및 배기색, 윤활유 압력 및 온도를 점검하여야 한다.
④ 자동시동시험과 보호장치 동작시험 및 연료보급계통 동작시험은 연 1회 실시하여야 하며, 자동시험은 2시간 정도 부하운전을 한다.
⑤ 윤활유의 압력은 1.5 ~ 2.5kg/cm², 온도는 7.5℃ 이하, 냉각수 온도는 80℃ 이하여야 한다.

해설 ▶ 비상발전설비의 관리
시동 전에 무부하상태를 확인하여야 한다.

150 피뢰설비에 관한 설명 중 틀린 것은?

① 돌침은 건축물의 맨 윗부분으로부터 25cm 이상 돌출시켜 설치하여야 한다.
② 피뢰설비의 재료는 최소 단면적이 피복이 없는 동선을 기준으로 수뢰부, 인하도선 및 접지극은 50mm² 이상이거나 이와 동등 이상의 성능을 갖추어야 한다.
③ 피뢰설비의 인하도선을 대신하여 철골조의 철골구조물과 철근콘크리트조의 철근구조체 등을 사용하는 경우에는 전기적 연속성이 있다고 판단되기 위하여는 건축물 금속 구조체의 최상단부와 지표레벨 사이의 전기저항이 0.5Ω 이하이어야 한다.
④ 위험물저장 및 처리시설에 설치하는 피뢰설비는 한국산업표준이 정하는 피뢰시스템레벨 Ⅱ 이상이어야 한다.
⑤ 측면 낙뢰를 방지하기 위하여 높이가 60m를 초과하는 건축물 등에는 지면에서 건축물 높이의 5분의 4가 되는 지점부터 최상단부분까지의 측면에 수뢰부를 설치하여야 한다.

정답 149. ② 150. ③

해설 ▸ **피뢰설비**

1) 피뢰설비는 한국산업표준이 정하는 피뢰레벨 등급에 적합한 피뢰설비일 것. 다만, 위험물저장 및 처리시설에 설치하는 피뢰설비는 한국산업표준이 정하는 피뢰시스템레벨 Ⅱ 이상이어야 한다.
2) 돌침은 건축물의 맨 윗부분으로부터 25cm 이상 돌출시켜 설치하되, 「건축물의 구조기준 등에 관한 규칙」 제9조에 따른 설계하중에 견딜 수 있는 구조일 것
3) 피뢰설비의 재료는 최소 단면적이 피복이 없는 동선을 기준으로 수뢰부, 인하도선 및 접지극은 50mm² 이상이거나 이와 동등 이상의 성능을 갖출 것
4) 피뢰설비의 인하도선을 대신하여 철골조의 철골구조물과 철근콘크리트조의 철근구조체 등을 사용하는 경우에는 전기적 연속성이 보장될 것. 이 경우 전기적 연속성이 있다고 판단되기 위하여는 건축물 금속 구조체의 최상단부와 지표레벨 사이의 전기저항이 0.2옴 이하이어야 한다.
5) 측면 낙뢰를 방지하기 위하여 높이가 60m를 초과하는 건축물 등에는 지면에서 건축물 높이의 5분의 4가 되는 지점부터 최상단부분까지의 측면에 수뢰부를 설치하여야 하며, 지표레벨에서 최상단부의 높이가 150m를 초과하는 건축물은 120m 지점부터 최상단부분까지의 측면에 수뢰부를 설치할 것. 다만, 건축물의 외벽이 금속부재(部材)로 마감되고, 금속부재 상호 간에 제4호 후단에 적합한 전기적 연속성이 보장되며 피뢰시스템레벨 등급에 적합하게 설치하여 인하도선에 연결한 경우에는 측면 수뢰부가 설치된 것으로 본다.
6) 접지(接地)는 환경오염을 일으킬 수 있는 시공방법이나 화학 첨가물 등을 사용하지 아니할 것
7) 급수·급탕·난방·가스 등을 공급하기 위하여 건축물에 설치하는 금속배관 및 금속재 설비는 전위(電位)가 균등하게 이루어지도록 전기적으로 접속할 것
8) 전기설비의 접지계통과 건축물의 피뢰설비 및 통신설비 등의 접지극을 공용하는 통합접지공사를 하는 경우에는 낙뢰 등으로 인한 과전압으로부터 전기설비 등을 보호하기 위하여 한국산업표준에 적합한 서지보호장치(SPD)를 설치할 것
9) 그 밖에 피뢰설비와 관련된 사항은 한국산업표준에 적합하게 설치할 것

151 다음 중 비상용승강기의 승강장 및 승강로의 구조에 관한 설명으로 맞지 않는 것은?

① 승강장은 각층의 내부와 연결될 수 있도록 하되, 그 출입구(승강로의 출입구를 제외한다)에는 30분+ 방화문 또는 30분 방화문을 설치하여야 한다.
② 노대 또는 외부를 향하여 열 수 있는 창문이나 배연설비를 설치하여야 한다.
③ 공동주택의 경우에는 승강장과 특별피난계단의 부속실과의 겸용부분을 특별피난계단의 계단실과 별도로 구획하는 때에는 승강장을 특별피난계단의 부속실과 겸용할 수 있다.
④ 피난층이 있는 승강장의 출입구(승강장이 없는 경우에는 승강로의 출입구)로부터 도로 또는 공지(공원·광장 기타 이와 유사한 것으로서 피난 및 소화를 위한 당해 대지에의 출입에 지장이 없는 것을 말한다)에 이르는 거리가 30미터 이하이어야 한다.
⑤ 각층으로부터 피난층까지 이르는 승강로를 단일구조로 연결하여 설치하여야 한다.

정답   151. ①

해설 ▶ **비상용승강기의 승강장 및 승강로의 구조**
승강장은 각층의 내부와 연결될 수 있도록 하되, 그 출입구(승강로의 출입구를 제외한다)에는 60분+ 방화문 또는 60분 방화문을 설치하여야 한다.

152 「주택건설기준 등에 관한 규정」상 10층 이상인 공동주택에 설치하는 화물용 승강기에 관한 설명으로 옳지 <u>않은</u> 것은? **14회 개작**

① 적재하중이 0.9톤 이상이어야 한다.
② 승강기의 폭 또는 너비 중 한 변은 1.35m 이상, 다른 한 변은 1.6m 이상이어야 한다.
③ 계단실형인 공동주택의 경우에는 계단실마다 설치하여야 한다.
④ 복도형인 공동주택의 경우에는 200세대까지 1대를 설치하되, 200세대를 넘는 경우 100세대마다 1대를 추가로 설치하여야 한다.
⑤ 승용 승강기 또는 비상용 승강기로서 「주택건설기준 등에 관한 규정」상의 화물용 승강기 기준에 적합한 것은 화물용 승강기로 겸용할 수 있다.

해설 ▶ **화물용승강기 설치기준**
복도형인 공동주택의 경우에는 100세대까지 1대를 설치하되, 100세대를 넘는 경우에는 100세대마다 1대를 추가로 설치하여야 한다.

153 다음 중 공동주택에 설치된 승강기설비의 관리에 관한 설명으로 타당하지 <u>않은</u> 것은?

① 승강기의 결함으로 중대한 사고 또는 중대한 고장이 발생한 경우에는 정밀안전검사를 받아야 한다.
② 정기검사는 설치검사 후 정기적으로 실시하는 검사로 검사주기는 2년 이하로 하되, 해당 승강기의 사용연수 등의 사항을 평가하여 승강기별로 검사주기를 다르게 할 수 있다.
③ 승강기의 종류, 제어방식, 정격속도, 정격용량 또는 왕복운행거리를 변경한 경우 또는 승강기에 사고가 발생하여 수리한 경우 또는 승강기의 관리주체가 요청하는 경우, 승강기의 제어반 또는 구동기를 교체한 경우에는 수시검사를 실시한다.
④ 승강기의 관리주체는 자체점검의 결과 당해 승강기가 안전운행에 지장이 있다고 인정하는 경우에는 즉시 보수하여야 하며, 보수를 할 때까지 운행을 중지하여야 한다.
⑤ 승강기 관리주체는 자체점검을 월 1회 이상 실시하고 그 결과를 양호, 주의관찰 또는 긴급수리로 구분하여 관리주체에 통보해야 하며, 관리주체는 자체점검 결과를 자체점검 후 7일 이내에 승강기안전종합정보망에 입력하여야 한다.

정답 152. ④ 153. ⑤

해설 승강기의 자체점검

관리주체는 승강기의 안전에 관한 자체점검을 월 1회 이상 실시하고, 자체점검을 담당하는 사람은 자체점검을 마치면 지체 없이 자체점검 결과를 양호, 주의관찰 또는 긴급수리로 구분하여 관리주체에 통보해야 하며, 관리주체는 자체점검 결과를 자체점검 실시일부터 10일 이내에 승강기안전종합정보망에 입력해야 한다.

154. 승강기의 정밀안전검사에 관한 설명으로 틀린 것은?

① 정기검사 또는 수시검사 결과 결함의 원인이 불명확하여 사고 예방과 안전성 확보를 위하여 행정안전부장관이 정밀안전검사가 필요하다고 인정하는 승강기는 정밀안전검사를 받아야 한다.
② 승강기의 결함으로 중대한 사고 또는 중대한 고장이 발생한 승강기는 정밀안전검사를 받아야 한다.
③ 설치검사를 받은 날부터 10년이 지난 승강기는 정밀안전검사를 받아야 한다.
④ 승강기 성능의 저하로 승강기 이용자의 안전을 위협할 우려가 있어 행정안전부장관이 정밀안전검사가 필요하다고 인정한 경우는 정밀안전검사를 받아야 한다.
⑤ 관리주체는 안전검사를 받지 아니하거나 안전검사에 불합격한 승강기를 운행할 수 없으며, 운행을 하려면 안전검사에 합격하여야 한다.

해설 정밀안전진단

설치 후 15년이 도래한 승강기는 정밀안전진단을 받아야 한다.

155. 다음 중 공동주택의 승강기 관리에 관한 설명으로 옳지 않은 것은?

① 승강기 관리주체는 그가 관리하는 승강기로 인하여 중대한 사고 또는 중대한 고장이 발생한 경우에는 한국승강기안전공단에 통보하여야 한다.
② 한국승강기안전공단은 사고 또는 고장을 통보받은 내용을 행정안전부장관, 시·도지사 및 승강기사고조사위원회에 보고하여야 한다.
③ 승강기의 관리주체는 중대한 사고 또는 중대한 고장이 발생한 경우에는 지체 없이 승강기가 설치된 건축물이나 고정된 시설물의 명칭 및 주소 등 사항을 공단에 알려야 한다.
④ 사고 발생일부터 7일 이내에 실시된 의사의 최초 진단 결과 1주 이상의 입원 치료가 필요한 부상자가 발생한 사고는 중대한 사고에 해당한다.
⑤ 정전 또는 천재지변으로 인해 이용자가 운반구에 갇히게 된 경우는 중대한 고장에 해당한다.

정답 154. ③ 155. ⑤

> **해설** ▶ 공동주택의 승강기 관리
> ⑤ 운행 중 정지된 고장으로서 이용자가 운반구에 갇히게 된 경우(정전 또는 천재지변으로 인해 발생한 경우는 제외한다)는 중대한 고장이다.

156 다음 중 공동주택의 승강기 안전관리자에 관한 설명으로 타당하지 않은 것은?

① 승강기의 관리주체는 승강기의 운행에 대한 지식이 풍부한 자를 안전관리자로 선임하여 당해 승강기를 관리하도록 하여야 한다.
② 승강기의 관리주체가 직접 승강기를 관리하는 경우에는 경우에는 승강기 안전관리자를 선임하지 아니할 수 있다.
③ 관리주체는 승강기 안전관리자(관리주체가 직접 승강기를 관리하는 경우에는 그 관리주체)를 선임하였을 때에는 행정안전부령으로 정하는 바에 따라 3개월 이내에 행정안전부장관에게 그 사실을 통보하여야 한다.
④ 정기교육은 승강기 안전관리자 또는 관리주체(법인인 경우에는 그 대표자를 말한다)가 직전 승강기관 리교육을 수료한 날부터 3년마다 받아야 하는 교육이다.
⑤ 승강기 안전관리자는 승강기 인명사고시 긴급조치를 위한 구급체제의 구성 및 관리에 관한 사항을 수행한다.

> **해설** ▶ 승강기 안전관리자
> ③ 관리주체는 승강기 안전관리자(관리주체가 직접 승강기를 관리하는 경우에는 그 관리주체)를 선임하였을 때에는 행정안전부령으로 정하는 바에 따라 30일 이내에 행정안전부장관에게 그 사실을 통보하여야 한다. 승강기 안전관리자나 관리주체가 변경되었을 때에도 또한 같다.

정답 156. ③

157 승강기 안전관리법령상 승강기의 검사 및 점검에 관한 설명으로 옳지 않은 것은? 〔25회 출제〕

① 승강기의 제조·수입업자 또는 관리주체는 설치검사를 받지 아니하거나 설치검사에 불합격한 승강기를 운행하게 하거나 운행하여서는 아니 된다.
② 새로운 유지관리기법의 도입 등 대통령령으로 정하는 사유에 해당하여 자체점검의 주기조정이 필요한 승강기에 대해서는 자체점검의 전부 또는 일부를 면제할 수 있다.
③ 승강기 실무경력이 2년 이상이고, 법규에 따른 직무교육을 이수한 사람이 자체점검을 담당할 수 있다.
④ 자체점검을 담당하는 사람은 자체점검을 마치면 지체 없이 자체점검 결과를 양호, 주의관찰 또는 긴급수리로 구분하여 관리주체에 통보해야 한다.
⑤ 원격점검 및 실시간 고장 감시 등 행정안전부장관이 정하여 고시하는 원격관리기능이 있는 승강기를 관리하는 경우는 새로운 유지관리기법의 도입 등 대통령령으로 정하는 사유에 해당한다.

해설 승강기의 검사 및 점검

승강기안전관리법 시행령 제28조 참조

> 영 제28조(자체점검을 담당할 수 있는 사람의 자격)
> ① 관리주체는 승강기의 안전에 관한 자체점검을 다음 각 호의 어느 하나에 해당하는 사람으로서 법 제52조제2항에 따른 직무교육을 이수한 사람으로 하여금 담당하게 해야 한다.
> 1. 「국가기술자격법」에 따른 승강기 기사 자격을 취득한 사람
> 2. 「국가기술자격법」에 따른 승강기 산업기사 자격을 취득한 후 "승강기 실무경력"이 2개월 이상인 사람
> 3. 「국가기술자격법」에 따른 승강기 기능사 자격을 취득한 후 승강기 실무경력이 4개월 이상인 사람
> 4. 「국가기술자격법」에 따른 기계·전기 또는 전자 분야 산업기사 이상의 자격을 취득한 후 승강기 실무경력이 4개월 이상인 사람
> 5. 「국가기술자격법」에 따른 기계·전기 또는 전자 분야 기능사 자격을 취득한 후 승강기 실무경력이 6개월 이상인 사람
> 6. 「고등교육법」 제2조에 따른 "승강기·기계·전기·전자 관련 학과의 학사학위"를 취득한 후 승강기 실무경력이 6개월 이상인 사람
> 7. 「고등교육법」 제2조에 따른 "승강기·기계·전기·전자 관련 학과의 전문학사학위"를 취득한 후 승강기 실무경력이 1년 이상인 사람
> 8. 「초·중등교육법」 제2조제3호에 따른 "고등학교·고등기술학교의 승강기·기계·전기·전자 관련 학과"를 졸업한 후 승강기 실무경력이 1년 6개월 이상인 사람
> 9. 승강기 실무경력이 3년 이상인 사람

정답 157. ③

제2편 공동주택기술관리

158 승강기 안전관리법상 승강기의 안전검사에 관한 설명으로 옳은 것은? **24회 출제**

① 정기검사의 검사주기는 3년 이하로 하되, 행정안전부령으로 정하는 바에 따라 승강기별로 검사주기를 다르게 할 수 있다.
② 승강기의 제어반 또는 구동기를 교체한 경우 수시검사를 받아야 한다.
③ 승강기의 설치검사를 받은 날부터 20년이 지난 경우 정밀안전검사를 받아야 한다.
④ 승강기의 결함으로 중대한 사고 또는 중대한 고장이 발생한 경우 수시검사를 받아야 한다.
⑤ 승강기의 종류, 제어방식, 정격속도, 정격용량 또는 왕복운행거리를 변경한 경우 정밀안전검사를 받아야 한다.

해설 ▶ 승강기의 안전검사
① 정기검사의 검사주기는 2년 이하로 하되, 행정안전부령으로 정하는 바에 따라 승강기별로 검사주기를 다르게 할 수 있다.
③ 승강기의 설치검사를 받은 날부터 15년이 지난 경우 정밀안전검사를 받아야 한다.
④ 승강기의 결함으로 중대한 사고 또는 중대한 고장이 발생한 경우 정밀안전검사를 받아야 한다.
⑤ 승강기의 종류, 제어방식, 정격속도, 정격용량 또는 왕복운행거리를 변경한 경우 수시검사를 받아야 한다.

159 다음 중 관리주체가 승강기의 검사를 연기신청할 수 있는 사유에 해당되는 것만으로 묶여진 것은?

> A : 승강기가 설치된 건축물이나 고정된 시설물에 중대한 결함이 있어 승강기를 정상적으로 운행하는 것이 불가능한 경우
> B : 관리주체가 승강기의 운행을 중단한 경우(다른 법령에서 정하는 바에 따라 설치가 의무화된 승강기는 제외한다)
> C : 천재지변 등 부득이한 사유가 발생한 경우
> D : 입주자 30인 이상의 집단민원이 발생한 경우
> E : 최근 승강기 인명사고가 발생한 경우

① A, B, D ② A, B, C, D ③ A, B, C, D, E
④ A, B, C ⑤ A, B, E

해설 ▶ 승강기 안전검사의 연기 사유 (규칙 제57조 제1항)
1) 승강기가 설치된 건축물이나 고정된 시설물에 중대한 결함이 있어 승강기를 정상적으로 운행하는 것이 불가능한 경우
2) 관리주체가 승강기의 운행을 중단한 경우(다른 법령에서 정하는 바에 따라 설치가 의무화된 승강기는 제외한다)
3) 그 밖에 천재지변 등 부득이한 사유가 발생한 경우

정답 158. ② 159. ④

제4장 건축설비 관리실무

160 엘리베이터의 안전장치 중 엘리베이터 카(car)가 최상층이나 최하층에서 정상 운행 위치를 벗어나 그 이상으로 운행하는 것을 방지하기 위한 안전장치는?

① 완충기
② 추락방지판
③ 리미트스위치
④ 전자브레이크
⑤ 조속기

18회 출제

해설 ▶ 엘리베이터의 안전장치
엘리베이트의 안전장치 중 엘리베이트 카(car)가 최상층이나 최하층에서 정상 운행위치를 벗어나 그 이상으로 운행하는 것을 방지하기 위한 안전장치를 리미트스위치라 한다.

161 승강기 안전관리법령상 사고 및 고장보고를 하여야 하는 중대한 사고 또는 승강기 내에 이용자가 갇히는 등의 중대한 고장에 대한 내용으로 옳지 않은 것은?

11회 출제

① 사망자가 발생한 사고
② 사고 발생일부터 7일 이내에 실시된 의사의 최초 진단 결과 1주 이상의 치료가 필요한 부상자가 발생한 사고
③ 엘리베이터가 출입문이 열린 상태로 움직인 경우
④ 엘리베이터의 출입문이 이탈되거나 파손되어 운행되지 않는 경우
⑤ 엘리베이터가 최상층 또는 최하층을 지나 계속 움직인 경우

해설 ▶ 중대한 사고
1. 사망자가 발생한 사고
2. 사고 발생일부터 7일 이내에 실시된 의사의 최초 진단 결과 1주 이상의 입원 치료가 필요한 부상자가 발생한 사고
3. 사고 발생일부터 7일 이내에 실시된 의사의 최초 진단 결과 3주 이상의 치료가 필요한 부상자가 발생한 사고

162 다음 중 월사용예정량이 2,000m³ 이상인 공동주택의 도시가스설비의 안전점검을 받아야 할 시기는 언제인가?

① 당해 시설의 설치에 대한 완성검사증명서를 받은 날을 기준으로 매 1년이 되는 날의 전후 30일 이내에 받아야 한다.
② 사용검사일자로부터 매 1년이 되는 날에 받아야 한다.
③ 건축허가를 받은 날부터 매 1년이 되는 날에 받아야 한다.
④ 가스설비 설치 후 매 2년이 되는 날에 받아야 한다.
⑤ 임시사용승인일부터 매 1년이 되는 날에 받아야 한다.

정답 160. ③ 161. ② 162. ①

해설 ▶ **특정가스사용시설의 정기검사**
특정가스사용시설의 정기검사는 당해 시설의 설치에 대한 완성검사증명서를 받은 날을 기준으로 매 1년이 되는 날의 전후 30일 이내에 받아야 한다(「도시가스사업법 시행규칙」 제25조 제3항).

163 LPG와 LNG에 관한 내용으로 옳은 것은? [22회 출제]

① LNG의 주성분은 탄소수 3~4의 탄화수소이다.
② LPG의 주성분은 메탄이다.
③ 기화된 LPG는 대기압 상태에서 공기보다 비중이 낮다.
④ 기화된 LNG의 표준상태 용적당 발열량은 기화된 LPG보다 높다.
⑤ 액체 상태의 LNG 비점은 액체 상태의 LPG보다 낮다.

해설 ▶ **LPG와 LNG**
① LNG의 주성분은 메탄(CH_4)이다.
② LPG의 주성분은 프로판(C_3H_8), 부탄(C_4H_{10})이다.
③ 기화된 LPG는 대기압 상태에서 공기보다 비중이 높다.
④ 기화된 LNG의 표준상태 용적당 발열량은 기화된 LPG보다 낮다.

164 도시가스사업법령상 가스계량기의 시설기준에 관한 설명으로 옳지 않은 것은? [13회 출제]

① 가스계량기와 화기(그 시설 안에서 사용하는 자체화기는 제외) 사이는 1.5m 이상의 거리를 유지하여야 한다.
② 설치장소는 수시로 환기가 가능한 곳으로 직사광선이나 빗물을 받을 우려가 없는 곳으로 하되, 보호상자 안에 설치할 경우에는 직사광선이나 빗물을 받을 우려가 있는 곳에도 설치할 수 있다.
③ 30㎥/hr 미만인 가스계량기의 설치높이는 바닥으로부터 1.6m 이상 2m 이내에 수직·수평으로 설치한다.
④ 가스계량기와 전기계량기 및 전기개폐기와의 거리는 60cm 이상, 절연조치를 하지 아니한 전선과의 거리는 15cm 이상의 거리를 유지하여야 한다.
⑤ 공동주택의 대피공간, 방·거실 및 주방 등으로서 사람이 거처하는 곳 및 가스계량기에 나쁜 영향을 미칠 우려가 있는 장소에는 설치를 금한다.

해설 ▶ **가스계량기의 위치**
① 우회거리 2m 이상 확보하여야 한다.

정답 163. ⑤ 164. ①

제4장 건축설비 관리실무

165 「도시가스사업법」상 가스사용시설의 시설기준 및 기술기준에 대한 설명 중 틀린 것은?

① 배관을 지하에 매설하는 경우에는 지면으로부터 0.6m 이상의 거리를 유지하여야 한다.
② 보호관 또는 보호판으로 보호하지 않은 배관을 지하에 매설하는 경우에는 배관의 외면과 상수도관·하수관로 등 다른 시설물과 0.3m 이상의 간격을 유지하여야 한다.
③ 배관의 이음부(용접이음매는 제외한다)와 전기계량기 및 전기개폐기, 전기점멸기 및 전기접속기, 절연전선(가스누출자동차단장치를 작동시키기 위한 전선은 제외한다), 절연조치를 하지 않은 전선 및 단열조치를 하지 않은 굴뚝(배기통을 포함한다) 등과는 적절한 거리를 유지하여야 한다.
④ 입상관의 밸브는 보호상자 안에 설치하지 않을 경우 안전관리상 분리가 불가능한 것으로서 바닥으로부터 1.6m 이상 2m 이내에 설치하여야 한다.
⑤ 입상관은 당해 시설 안에서 사용되는 자체 화기를 제외한 화기와 2m 이상의 우회거리를 유지하고 환기가 양호한 장소에 설치하여야 한다.

9회 출제

해설 ▶ 입상관
④ 입상관은 화기(그 시설 안에서 사용되는 자체 화기를 제외함)와 2m 이상의 우회거리를 유지하고 환기가 양호한 장소에 설치하여야 하며 입상관의 밸브는 분리가 가능한 것으로서 바닥으로부터 1.6m 이상 2m 이내에 설치하여야 한다. 다만, 보호상자 안에 설치하는 경우에는 그러하지 아니하다.

166 다음 중 소방안전관리자를 두어야 하는 대상으로 옳지 않은 것은?

① 의무관리대상 공동주택(옥내소화전설비 또는 스프링클러설비가 설치된 공동주택으로 한정한다)가 30층 미만(지하층은 제외한다)이거나 지상으로부터 높이가 120m 미만인 경우에 소방안전관리자를 두어야 하는 2급 소방안전관리대상물이다.
② 아파트를 제외한 연면적이 1만 5천m² 이상인 특정소방대상물은 소방안전관리보조자를 두어야 한다.
③ 100세대 이상인 아파트는 소방안전관리보조자를 두어야 하는 특정소방대상물이다.
④ 300세대 이상인 아파트의 경우에 관계인이 선임하여야 하는 소방안전관리보조자의 최소 선임기준은 1명이다. 다만, 초과되는 300세대마다 1명 이상을 추가로 선임하여야 한다.
⑤ 연면적이 1만5천m² 이상인 특정소방대상물(300세대 이상인 아파트 제외)은 소방안전관리보조자를 최소 1명 선임하여야 한다. 다만, 초과되는 연면적 1만5천m²마다 1명 이상을 추가로 선임하여야 한다.

해설 ▶ 소방안전관리보조자
300세대 이상인 아파트는 소방안전관리보조자를 두어야 한다.

정답 165. ④ 166. ③

167. 다음 중 소방시설 등의 점검시기에 관한 설명으로 옳지 않은 것은?

① 종합점검 대상에 해당하지 않는 특정소방대상물은 특정소방대상물의 사용승인일이 속하는 달의 말일까지 작동점검을 실시한다.
② 해당 특정소방대상물의 소방시설등이 신설된 경우에 해당하는 특정소방대상물은 「건축법」에 따라 건축물을 사용할 수 있게 된 날부터 60일 이내에 종합점검을 실시한다.
③ 건축물 사용승인일 이후 종합점검 대상에 해당하게 된 경우에는 그 다음 해부터 실시한다.
④ 건축물관리대장 또는 건물 등기사항증명서 등에 기입된 날이 서로 다른 경우에는 건축물관리대장에 기재되어 있는 날을 기준으로 작동점검을 실시한다.
⑤ 하나의 대지경계선 안에 2개 이상의 자체점검 대상 건축물 등이 있는 경우에는 그 건축물 중 사용승인일이 가장 느린 연도의 건축물의 사용승인일을 기준으로 점검할 수 있다.

해설 소방시설 등의 점검시기
하나의 대지경계선 안에 2개 이상의 자체점검 대상 건축물 등이 있는 경우에는 그 건축물 중 사용승인일이 가장 빠른 연도의 건축물의 사용승인일을 기준으로 점검할 수 있다.

168. 소방시설의 자체점검에 대한 설명 중 틀린 것은? [10회 개작]

① 점검인력 1단위가 하루 동안 점검할 수 있는 아파트등의 점검한도 세대수는 종합점검 및 작동점검에 관계없이 250세대로 한다.
② 작동점검 및 종합점검(특급 소방안전관리대상물은 반기에 1회 이상 실시한다)은 연 1회 이상 실시한다.
③ 자체점검 실시결과 보고서를 제출받거나 스스로 자체점검을 실시한 관계인은 자체점검이 끝난 날부터 7일 이내에 소방시설등 자체점검 실시결과 보고서에 일정한 서류를 첨부하여 소방본부장 또는 소방서장에게 서면이나 소방청장이 지정하는 전산망을 통하여 보고해야 한다.
④ 작동점검이란 소방시설등을 인위적으로 조작하여 소방시설이 정상적으로 작동하는지를 소방청장이 정하여 고시하는 소방시설등 작동점검표에 따라 점검하는 것을 말한다.
⑤ 소방본부장 또는 소방서장에게 자체점검 결과 보고를 마친 관계인은 보고한 날부터 10일 이내에 소방시설등 자체점검기록표를 작성하여 특정소방대상물의 출입자가 쉽게 볼 수 있는 장소에 30일 이상 게시해야 한다.

정답 167. ⑤ 168. ③

해설 **소방시설의 자체점검**
자체점검 실시결과 보고서를 제출받거나 스스로 자체점검을 실시한 관계인은 자체점검이 끝난 날부터 15일 이내에 소방시설등 자체점검 실시결과 보고서(전자문서로 된 보고서를 포함한다)에 다음 각 호의 서류를 첨부하여 소방본부장 또는 소방서장에게 서면이나 소방청장이 지정하는 전산망을 통하여 보고해야 한다.
 1. 점검인력 배치확인서(관리업자가 점검한 경우만 해당한다)
 2. 소방시설등의 자체점검 결과 이행계획서

169
다음 중 특정소방대상물인 공동주택의 소화설비에 대한 점검사항으로 옳지 않은 것은?

① 최초의 종합점검은 소방시설이 새로 설치되는 경우「건축법」제22조에 따라 건축물을 사용할 수 있게 된 날부터 60일 이내 점검하는 것을 말한다.
② 종합점검은 연 1회 이상 실시한다.
③ 특급 소방안전관리대상물의 종합점검은 반기에 1회 이상 실시한다.
④ 소방안전관리대상물의 관계인은 작동점검을 실시한 경우 그 점검결과를 3년간 자체 보관하여야 한다.
⑤ 해당 특정소방대상물의 소방시설등이 신설된 경우에 해당하는 특정소방대상물은 「건축법」제22조에 따라 건축물을 사용할 수 있게 된 날부터 60일 이내 실시한다.

해설 **작동점검부의 보관**
④ 소방본부장 또는 소방서장에게 자체점검 실시결과 보고를 마친 관계인은 소방시설등 자체점검 실시결과 보고서(소방시설등점검표를 포함한다)를 점검이 끝난 날부터 2년간 자체 보관해야 한다.

170
다음 중 공동주택에 설치되는 소화설비에 관한 설명으로 타당하지 않은 것은?

① 할로겐 소화기는 그 약제가 공기 중에 5% 정도만 되더라도 10초 이내에 소화되는 첨단소화기로서, 전자계산실·변전실·자동교환실·서고 등에서 주로 사용된다.
② 이산화탄소 소화기는 탄산가스를 용기 속에 압축·저장하였다가 화재시 방출하여 열흡수에 의한 냉각작용 및 산소차단작용에 의해 소화되는 것이다.
③ 분말소화기는 중조($NaHCO_3$)와 같은 분말약제를 압축·저장하였다가 화재발생시 실내감지기의 탐지에 의하여 방사밸브가 열려 분사·소화하도록 만든 것이다.
④ 옥내소화전의 예비법정 전원시간은 30분 이상이다.
⑤ 스프링클러는 소화작용과 경보작용을 동시에 하며, 수명은 반영구적이다.

해설 **소화설비**
소방설비 중 예비법정 전원시간은 자동화재탐지설비와 비상방송설비은 10분 이상이며, 기타 옥내소화전 등의 소방설비는 20분 이상이다.

정답 169. ④ 170. ④

171 다음 중 공동주택에 설치하는 자동화재탐지설비에 관한 설명으로 적당하지 <u>않은</u> 것은?

① 식당주방이나 보일러실의 경우에는 차동식 감지기를 사용한다.
② 복도나 계단에는 연기의 이온으로 화재를 감지하는 이온화식 감지기를 사용한다.
③ 1년에 1회 회로의 절연저항을 250V급 메가로 측정하여 0.1㏁ 이상인가의 여부를 확인하고 그 이하인 경우에는 불량개소를 점검·보수한다.
④ 광전식 감지기는 감지기 내에 연기가 들어오면 빛에 의해 산란광선이 되어 감지하도록 만든 것이다.
⑤ 자동화재탐지기는 늘 가동상태에 두어 유사시에 대비하여야 하고, 특히 교류전원 표시등은 항상 점등되어 있어야 한다.

해설 ▶ 자동화재탐지설비
① 정온식 감지기는 통상적인 실내의 최고온도보다 약 20℃ 이상 상승한 경우 작동하는 것으로, 주야간의 온도변화가 심한 식당의 주방·보일러 등에 사용한다.

172 소방시설 설치 및 관리에 관한 법령상 소방시설의 자체점검에 관한 설명으로 옳지 <u>않은</u> 것은? [12회 개작]

① 종합점검대상의 작동점검은 종합점검을 받은 달부터 6개월이 되는 달에 실시한다.
② 특급소방안전관리대상물에 해당하는 특정소방대상물은 작동점검 제외대상이다.
③ 스프링클러설비가 설치된 특정소방대상물은 종합점검 대상이다.
④ 작동점검은 연 1회 이상 실시한다.
⑤ 소방안전관리자로 선임된 소방시설관리사 및 소방기술사는 작동점검은 할 수 있으나 종합점검은 할 수 없다.

해설 ▶ 소방시설의 점검자
관리업에 등록된 소방시설관리사, 소방안전관리자로 선임된 소방시설관리사 및 소방기술사는 작동점검도 가능하며, 종합점검도 가능하다.

정답 171. ① 172. ⑤

173 화재안전성능기준(NFPC 505)상 무선통신보조설비의 증폭기 설치기준에 관한 내용이다. ( )에 들어갈 작동시간으로 옳은 것은? `18회 출제`

> 증폭기 및 무선이동중계기를 설치하는 경우에는 다음 각 호의 기준에 따라 설치하여야 한다.
> 1. 상용전원은 전기가 정상적으로 공급되는 축전지설비, 전기저장장치 또는 교류전압의 옥내 간선으로 하고, 전원까지의 배선은 전용으로 하며, 증폭기 전면에는 전원의 정상 여부를 표시할 수 있는 장치를 설치할 것
> 2. 증폭기에는 비상전원이 부착된 것으로 하고 해당 비상전원 용량은 무선통신보조설비를 유효하게 ( )분 이상 작동시킬 수 있는 것으로 할 것
> 3. 증폭기 및 무선중계기를 설치하는 경우에는 「전파법」 제58조의2에 따른 적합성평가를 받은 제품으로 설치하고 임의로 변경하지 않도록 할 것
> 4. 디지털 방식의 무전기를 사용하는 데 지장이 없도록 설치할 것

① 5분　② 10분　③ 15분　④ 20분　⑤ 30분

해설 ▶ **증폭기 설치기준**
증폭기에는 비상전원이 부착된 것으로 하고 비상전원 용량은 무선통신보조설비를 30분 이상 작동시킬 수 있는 것으로 하여야 한다.

174 화재안전성능기준(NFPC 502)상 연결송수관설비의 방수기구함 속에 수납하는 기구에 관한 설명이다. 맞는 것은?

① 5m 호스, 방사형 관창(단구형 방수구) 1개 이상 비치
② 8m 호스, 방사형 관창(쌍구형 방수구) 2개 이상 비치
③ 11m 호스, 방사형 관창(단구형 방수구) 1개 이상 비치
④ 15m 호스, 방사형 관창(쌍구형 방수구) 2개 이상 비치
⑤ 17m 호스, 방사형 관창(단구형 방수구) 1개 이상 비치

해설 ▶ **연결송수관설비 방수기구함**
연결송수관설비의 방수기구함은 다음 각 호의 기준에 따라 설치해야 한다.
1. 방수기구함은 피난층과 가장 가까운 층을 기준으로 3개 층마다 설치하되, 그 층의 방수구마다 보행거리 5미터 이내에 설치할 것
2. 방수기구함에는 방수구에 연결하였을 때 그 방수구가 담당하는 구역의 각 부분에 유효하게 물이 뿌려질 수 있는 개수 이상의 길이 15미터의 호스와 방사형 관창 2개 이상(단구형 방수구의 경우에는 1개)을 비치할 것
3. 방수기구함에는 "방수기구함"이라고 표시한 축광식 표지를 할 것

정답　173. ⑤　174. ④

175 다음 중 옥외소화전의 설치기준에 적합하지 않은 것은?

① 유효반경이 25m 이하가 되도록 한다.
② 표준방수압력은 0.25MPa/cm² 이상이어야 한다.
③ 표준방수량은 350L/분 이상이어야 한다.
④ 호스구경은 65mm로 해야 한다.
⑤ 법정저수량은 표준방수량을 20분간 살수할 수 있는 수량을 설치개수에 곱한 값 이상이어야 한다.

해설 ▶ 소화전
옥내소화전의 유효반경은 25m 이하이고, 옥외소화전의 유효반경은 40m 이하가 되어야 한다.

13회 출제

176 옥내소화전 설비의 가압송수장치 설치기준에 관한 설명으로 옳지 않은 것은?

① 펌프의 토출량은 옥내소화전이 가장 많이 설치된 층의 설치개수(옥내소화전이 5개 이상 설치된 경우에는 5개)에 130L/min를 곱한 양 이상이 되도록 한다.
② 펌프는 전기에너지를 절약하기 위하여 성능에 관계없이 급수용과 겸용으로 한다.
③ 가압송수장치에는 정격부하 운전시 펌프의 성능을 시험하기 위한 배관을 설치하나, 충압펌프의 경우에는 그러하지 아니하다.
④ 기동용 수압개폐장치(압력챔버)를 사용할 경우 그 용적은 100L 이상으로 하여야 한다.
⑤ 특정소방대상물의 어느 층에 있어서도 해당 층의 옥내소화전(5개 이상 설치된 경우에는 5개의 옥내소화전)을 동시에 사용할 경우 각 소화전의 노즐선단에서의 방수압력이 0.17Mpa(호스릴옥내소화전설비를 포함한다) 이상이고, 방수량이 130ℓ/min(호스릴옥내소화전설비를 포함한다) 이상이 되는 성능의 것으로 해야 한다.

해설 ▶ 가압송수장치
② 펌프는 전용으로 할 것. 다만, 다른 소화설비와 겸용하는 경우 각각의 소화설비의 성능에 지장이 없을 때에는 그러하지 아니하다.

정답 175. ① 176. ②

177. 화재안전성능기준(NFPC)상 옥내소화전과 옥외소화전설비에 관한 설명으로 옳은 것은? 〔17회 출제〕

① 옥내소화전설비의 각 노즐선단에서의 방수압력은 0.12MPa 이상으로 한다.
② 옥내소화전설비의 방수구는 바닥으로부터의 높이가 1.8m 이하가 되도록 한다.
③ 옥내소화전설비함은 두께 1mm 이상의 강판 또는 두께 3mm 이상의 합성수지로 한다.
④ 옥외소화전설비의 호스는 구경 65mm의 것으로 한다.
⑤ 옥외소화전설비의 각 노즐선단에서의 방수량은 130L/min 이상으로 한다.

해설 ▶ 옥외소화전과 옥내소화전의 화재안전성능기준

① 특정소방대상물의 어느 층에 있어서도 해당 층의 옥내소화전(두 개 이상 설치된 경우에는 두 개의 옥내소화전)을 동시에 사용할 경우 각 소화전의 노즐선단에서의 방수압력이 0.17메가파스칼(호스릴옥내소화전설비를 포함한다) 이상이고, 방수량이 분당 130리터(호스릴옥내소화전설비를 포함한다) 이상이 되는 성능의 것으로 한다.
② 옥내소화전방수구는 특정소방대상물의 층마다 설치하되, 해당 특정소방대상물의 각 부분으로부터 하나의 옥내소화전방수구까지의 수평거리가 25미터 이하가 되도록 하고, 바닥으로부터의 높이가 1.5m 이하가 되도록 한다.
③ 옥내소화전의 소화전함의 두께는 1.5mm 이상이어야 한다. 내부폭은 180mm 이상이어야 한다. 다만, 소화전함이 원통형인 경우 단면 원은 가로 500mm, 세로 180mm의 직사각형을 포함할 수 있는 크기여야 한다. 여닫이 방식의 문은 120도 이상 열리는 구조여야 한다. 다만, 지하소화장치함의 문은 80도 이상 개방되고 고정할 수 있는 장치가 있어야 한다. 문의 면적은 0.5제곱미터 이상이어야 하며, 짧은 변의 길이(미닫이 방식의 경우 최대 개방길이)는 500mm 이상이어야 한다.
⑤ 특정소방대상물에 설치된 옥외소화전(두 개 이상 설치된 경우에는 두 개의 옥외소화전)을 동시에 사용할 경우 각 옥외소화전의 노즐선단에서의 방수압력이 0.25메가파스칼 이상이고, 방수량이 350ℓ/min 이상이 유지되는 성능의 것으로 한다.

178. 자동화재탐지설비에서 감지기에 관한 내용 중 옳지 않은 것은? 〔15회 출제〕

① 열전도율이 낮아야 한다.
② 열용량이 적어야 한다.
③ 수열면적이 커야 한다.
④ 보상식 감지기는 차동식의 단점을 보완한 것이다.
⑤ 열의 흡수가 용이한 표면상태이어야 한다.

해설 ▶ 감지기
열전도율이 높아야 한다.

정답　177. ④　178. ①

179

다음 자동화재탐지설비의 감지기에서 열감지기만을 모두 고른 것은? **18회 출제**

| ㉠ 정온식   ㉡ 차동식   ㉢ 보상식   ㉣ 광전식   ㉤ 이온식 |

① ㉠, ㉡, ㉢
② ㉠, ㉢, ㉣
③ ㉠, ㉣, ㉤
④ ㉡, ㉢, ㉣
⑤ ㉢, ㉣, ㉤

해설 ▶ 자동화재탐지설비
광전식은 빛으로 감지하는 것이고, 이온식은 연기로 감지한다.

180

화재안전성능기준(NFPC 103)상 스프링클러(Sprinkler)에 관한 설명 중 옳지 않은 것은?

① 폐쇄형스프링클러헤드를 사용하는 아파트의 스프링클러설비의 수원은 그 저수량이 스프링클러헤드의 기준개수 10개(아파트의 경우에는 설치개수가 가장 많은 세대에 설치된 스프링클러헤드의 개수가 기준개수보다 적은 경우에는 그 설치개수)에 1.6세제곱미터를 곱한 양 이상이 되도록 해야 한다.
② 가압송수장치의 송수량은 0.1Mpa의 방수압력 기준으로 100ℓ/min 이상의 방수성능을 가진 기준개수의 모든 헤드로부터의 방수량을 충족시킬 수 있는 양 이상의 것으로 해야 한다.
③ 펌프의 성능은 체절운전 시 정격토출압력의 140 퍼센트를 초과하지 않고, 정격토출량의 150 퍼센트로 운전 시 정격토출압력의 65 퍼센트 이상이 되어야 하며, 펌프의 성능을 시험할 수 있는 성능시험배관을 설치하여야 한다.
④ 스프링클러 송수구는 구경 65㎜의 쌍구형으로 해야 한다.
⑤ 공동주택에는 조기반응형 스프링클러헤드를 설치하여야 한다.

해설 ▶ 스프링클러 가압송수장치 방수성능
가압송수장치의 송수량은 0.1Mpa의 방수압력 기준으로 80ℓ/min 이상의 방수성능을 가진 기준개수의 모든 헤드로부터의 방수량을 충족시킬 수 있는 양 이상의 것으로 해야 한다.

정답 179. ① 180. ②

181

화재안전성능기준(NFPC 102)상 옥내소화전의 설치기준에 적합하지 <u>않은</u> 것은?

① 가압송수장치에는 체절운전 시 수온의 상승을 방지하기 위한 성능시험배관을 설치해야 한다.
② 옥내소화전설비의 수원은 그 저수량이 옥내소화전의 설치개수가 가장 많은 층의 설치개수(두 개 이상 설치된 경우에는 두 개)에 2.6세제곱미터(호스릴옥내소화전설비를 포함한다)를 곱한 양 이상이 되도록 해야 한다.
③ 특정소방대상물의 어느 층에 있어서도 해당 층의 옥내소화전(두 개 이상 설치된 경우에는 두 개의 옥내소화전)을 동시에 사용할 경우 각 소화전의 노즐선단에서의 방수압력이 0.17메가파스칼(호스릴옥내소화전설비를 포함한다) 이상이고, 방수량이 분당 130리터(호스릴옥내소화전설비를 포함한다) 이상이 되는 성능의 것으로 해야 한다.
④ 펌프의 토출량은 옥내소화전이 가장 많이 설치된 층의 설치개수(옥내소화전이 2개 이상 설치된 경우에는 2개)에 130ℓ/min를 곱한 양 이상이 되도록 한다.
⑤ 특정소방대상물의 층마다 설치하되, 해당 특정소방대상물의 각 부분으로부터 하나의 옥내소화전방수구까지의 수평거리가 25미터 이하가 되도록 한다.

해설 ▶ 가압송수장치의 체절운전
가압송수장치에는 체절운전 시 수온의 상승을 방지하기 위한 순환배관을 설치해야 한다.

182

유도등 및 유도표지의 화재안전성능기준(NFPC 303)상 유도등 설치에 관한 설명으로 옳지 <u>않은</u> 것은? **16회 출제**

① 유도등의 상용전원은 전기가 정상적으로 공급되는 축전지설비, 전기저장장치 또는 교류전압의 옥내 간선으로 하고, 전원까지의 배선은 전용으로 해야 한다.
② 유도등의 비상전원은 비상발전기로 하여야 한다.
③ 유도등의 인입선과 옥내배선은 직접 연결하여야 한다.
④ 지하상가의 유도등 비상전원은 그 부분에서 피난층에 이르는 부분의 유도등을 60분 이상 유효하게 작동시킬 수 있는 용량으로 해야 한다.
⑤ 3선식 배선으로 상시 충전되는 유도등의 전기회로에 점멸기를 설치하는 경우에는 정전 또는 단선 등에 의해 자동으로 점등되도록 해야 한다.

해설 ▶ 유도등
유도등의 비상전원은 20분 이상 유효하게 작동시킬 수 있는 용량의 축전지로 하여야 한다.

정답 181. ① 182. ②

183. 화재안전성능기준(NFPC 101)상 소화기구 및 자동소화장치의 소화기 설치기준에 관한 내용이다. ( )에 들어갈 숫자를 순서대로 나열한 것은? [19회 출제]

> 가. 특정소방대상물의 각 층마다 설치하되, 각 층이 둘 이상의 거실로 구획된 경우에는 각 층마다 설치하는 것 외에 바닥면적이 33제곱미터 이상으로 구획된 각 거실에도 배치할 것
> 나. 특정소방대상물의 각 부분으로부터 1개의 소화기까지의 보행거리가 소형소화기의 경우에는 ( )미터 이내, 대형소화기의 경우에는 ( )미터 이내가 되도록 배치할 것

① 20, 40   ② 20, 30   ③ 25, 30   ④ 25, 35   ⑤ 30, 35

해설 ▶ 소화기구 및 자동소화장치의 소화기 설치기준
가. 특정소방대상물의 각 층마다 설치하되, 각 층이 둘 이상의 거실로 구획된 경우에는 각 층마다 설치하는 것 외에 바닥면적이 33제곱미터 이상으로 구획된 각 거실에도 배치할 것
나. 특정소방대상물의 각 부분으로부터 1개의 소화기까지의 보행거리가 소형소화기의 경우에는 20미터 이내, 대형소화기의 경우에는 30미터 이내가 되도록 배치할 것

184. 화재안전성능기준(NFPC 303)상 유도등 및 유도표지에 관한 용어의 정의로 옳지 않은 것은? [19회 출제]

① 피난구유도등이란 피난구 또는 피난경로로 사용되는 출입구를 표시하여 피난을 유도하는 등을 말한다.
② 피난구유도표지란 피난구 또는 피난경로로 사용되는 출입구를 표시하여 피난을 유도하는 표지를 말한다.
③ 복도통로유도등이란 거주, 집무, 작업, 집회, 오락 그 밖에 이와 유사한 목적을 위하여 계속적으로 사용하는 거실, 주차장 등 개방된 통로에 설치하는 유도등으로 피난의 방향을 명시하는 것을 말한다.
④ 계단통로유도등이란 피난통로가 되는 계단이나 경사로에 설치하는 통로유도등으로 바닥면 및 디딤 바닥면을 비추는 것을 말한다.
⑤ 통로유도표지란 피난통로가 되는 복도, 계단 등에 설치하는 것으로서 피난구의 방향을 표시하는 유도표지를 말한다.

해설 ▶ 유도등 및 유도표지
③ "복도통로유도등"이란 피난통로가 되는 복도에 설치하는 통로유도등으로서 피난구의 방향을 명시하는 것을 말한다.〈개정 2023.10.13. 시행 2024. 1. 1.〉한편, "거실통로유도등"이란 거주, 집무, 작업, 집회, 오락 그 밖에 이와 유사한 목적을 위하여 계속적으로 사용하는 거실, 주차장 등 개방된 통로에 설치하는 유도등으로 피난의 방향을 명시하는 것을 말한다.

정답 183. ② 184. ③

제4장 건축설비 관리실무

185. 화재안전성능기준(NFPC 102)상 옥내소화전설비의 송수구 설치 기준에 관한 설명으로 옳지 않은 것은? [19회 출제]

① 지면으로부터 높이가 0.8m 이상 1.5m 이하의 위치에 설치할 것
② 구경 65mm의 쌍구형 또는 단구형으로 할 것
③ 송수구의 가까운 부분에 자동배수밸브(또는 직경 5mm의 배수공) 및 체크밸브를 설치할 것. 이 경우 자동배수밸브는 배관 안의 물이 잘 빠질 수 있는 위치에 설치하되, 배수로 인하여 다른 물건 또는 장소에 피해를 주지 아니하여야 한다.
④ 송수구에는 이물질을 막기 위한 마개를 씌울 것
⑤ 송수구는 소방차가 쉽게 접근할 수 있는 잘 보이는 장소에 설치하되 화재층으로부터 지면으로 떨어지는 유리창 등이 송수 및 그 밖의 소화작업에 지장을 주지 아니하는 장소에 설치할 것

해설 ▶ 옥내소화전설비의 송수구 설치기준
지면으로부터 높이가 0.5m 이상 1m 이하의 위치에 설치할 것

186. 화재안전성능기준(NFPC 203)상 자동화재탐지설비에 관한 내용으로 옳은 것은? [20회 출제]

① 수신기란 화재시 발생하는 열, 연기, 불꽃 또는 연소생성물을 자동적으로 감지하여 중계기기에 발신하는 장치를 말한다.
② 하나의 경계구역의 면적은 600㎡ 이하로 하고 한변의 길이는 60m 이하로 할 것. 다만, 해당 특정소방대상물의 주된 출입구에서 그 내부 전체가 보이는 것에 있어서는 한 변의 길이가 60m의 범위 내에서 1200㎡ 이하로 할 수 있다.
③ 음향장치는 정격전압의 90% 전압에서 음향을 발할 수 있는 것으로 해야 하며 음량은 부착된 음향장치의 중심으로부터 1m 떨어진 위치에서 80dB 이상이 되는 것으로 해야 한다.
④ 자동화재탐지설비에는 그 설비에 대한 감시상태를 60분간 지속한 후 유효하게 10분 이상 경보할 수 있는 비상전원으로서 축전지설비 또는 전기저장장치를 설치해야 한다.
⑤ 수신기의 조작 스위치는 바닥으로부터의 높이가 1.6 m 이상인 장소에 설치해야 한다.

정답 185. ① 186. ④

해설 ► **자동화재탐지설비**
① 수신기란 감지기나 발신기에서 발하는 화재신호를 직접 수신하거나 중계기를 통하여 수신하여 화재의 발생을 표시 및 경보하여 주는 장치를 말한다.
② 자동화재탐지설비의 경계구역은 다음 각호의 기준에 따라 설정하여야 한다. 다만, 감지기의 형식승인 시 감지거리, 감지면적 등에 대한 성능을 별도로 인정받은 경우에는 그 성능인정범위를 경계구역으로 할 수 있다.
  1. 하나의 경계구역이 둘 이상의 건축물에 미치지 아니하도록 할 것
  2. 하나의 경계구역이 둘 이상의 층에 미치지 아니하도록 할 것
  3. 하나의 경계구역의 면적은 600제곱미터 이하로 하고 한변의 길이는 50미터 이하로 할 것
③ 음향장치는 다음 각 목의 기준에 따른 구조 및 성능의 것으로 하여야 한다.
  가. <u>정격전압의 80% 전압에서 음향을 발할 수 있는 것으로 할 것</u>. 다만, 건전지를 주전원으로 사용하는 음향장치는 그러하지 아니하다.
  나. <u>음량은 부착된 음향장치의 중심으로부터 1m 떨어진 위치에서 90dB 이상이 되는 것으로 할 것</u>
  다. 감지기 및 발신기의 작동과 연동하여 작동할 수 있는 것으로 할 것
⑤ 수신기의 조작 스위치는 바닥으로부터의 높이가 0.8m 이상 1.5m 이하인 장소에 설치해야 한다.

20회 출제

187. 화재안전성능기준(NFPC)상 소화기구 및 자동소화장치의 주거용 주방자동소화장치에 관한 설치기준이다. ( )에 들어갈 내용을 옳게 나열한 것은?

> 주거용 주방자동소화장치는 다음 각 목의 기준에 따라 설치할 것
> - (ㄱ)는 형식승인 받은 유효한 높이 및 위치에 설치할 것
> - 가스용 주방자동소화장치를 사용하는 경우 (ㄴ)는 수신부와 분리하여 설치하되, 공기와 비교한 가연성가스의 무거운 정도를 고려하여 적합한 위치에 설치할 것
> - 소화약제 (ㄷ)는 환기구의 청소부분과 분리되어 있어야 하며, 형식승인 받은 유효설치 높이 및 방호면적에 따라 설치할 것

① ㄱ: 감지부, ㄴ: 탐지부, ㄷ: 방출구
② ㄱ: 환기구, ㄴ: 감지부, ㄷ: 방출구
③ ㄱ: 수신부, ㄴ: 환기구, ㄷ: 감지부
④ ㄱ: 감지부, ㄴ: 중계부, ㄷ: 탐지부
⑤ ㄱ: 수신부, ㄴ: 탐지부, ㄷ: 감지부

정답 187. ①

제4장 건축설비 관리실무

> **해설** ▶ **주거용 주방자동소화장치에 관한 설치기준**
> 주거용 주방자동소화장치는 다음 각 목의 기준에 따라 설치할 것
> 가. 소화약제 방출구는 환기구의 청소부분과 분리되어 있어야 하며, 형식승인 받은 유효설치 높이 및 방호면적에 따라 설치할 것
> 나. 감지부는 형식승인 받은 유효한 높이 및 위치에 설치할 것
> 다. 차단장치(전기 또는 가스)는 상시 확인 및 점검이 가능하도록 설치할 것
> 라. 가스용 주방자동소화장치를 사용하는 경우 탐지부는 수신부와 분리하여 설치하되, 공기와 비교한 가연성가스의 무거운 정도를 고려하여 적합한 위치에 설치할 것
> 마. 수신부는 주위의 열기류 또는 습기 등과 주위온도에 영향을 받지 않고 사용자가 상시 볼 수 있는 장소에 설치할 것

188 온수난방의 부속기기로 사용되는 팽창탱크에 대한 설명으로 옳지 않은 것은?

① 장치 내 온도변화에 따른 물의 체적변화를 흡수한다.
② 장치의 휴지 중에도 배관계를 일정 압력 이상으로 유지하며, 물의 누수 등으로 발생하는 공기의 침입을 방지한다.
③ 팽창된 물의 배출을 방지하여 장치의 열손실을 방지한다.
④ 밀폐식 팽창탱크는 주된 공기 배출구로 사용되며, 온수보일러의 도피관으로도 사용된다.
⑤ 팽창탱크에는 팽창관 외에 오버플로우관 또는 안전밸브, 물보급장치 등을 갖추고 있다.

> **해설** ▶ **팽창탱크**
> 개방식 팽창탱크는 주된 공기배출구로 사용되며, 온수보일러의 도피관으로도 사용된다.

189 다음 소방시설 중 소화설비에 속하지 않는 것은?

① 호스릴 옥내소화전설비
② 화재조기진압용 스프링클러설비
③ 소화기구
④ 연결살수설비
⑤ 주거용 주방자동소화장치

> **해설** ▶ **소화설비**
> 연결살수설비의 경우는 소화활동설비이다.

정답 188. ④ 189. ④

190
개인하수처리시설의 운영·관리시 금지행위로 옳지 <u>않은</u> 것은?

① 건물 등에서 발생하는 오수를 개인하수처리시설에 유입시키지 아니하고 배출하거나 개인하수처리시설에 유입시키지 아니하고 배출할 수 있는 시설을 설치하는 행위
② 개인하수처리시설에 유입되는 오수를 최종 방류구를 거치지 아니하고 중간 배출하거나 중간 배출할 수 있는 시설을 설치하는 행위
③ 건물 등에서 발생하는 오수에 물을 섞어 처리하거나 물을 섞어 배출하는 행위
④ 정당한 사유 없이 개인하수처리시설을 정상적으로 가동하지 아니하여 방류수 수질기준을 초과하여 배출하는 행위
⑤ 수세식 변기에서 나오는 오수가 아닌 그 밖의 오수를 유입시키는 행위

해설 ▶ 개인하수처리시설
정화조의 경우에 수세식 변기에서 나오는 오수가 아닌 그 밖의 오수를 유입시키는 행위

191
환기대상 체적이 10만㎥인 200세대 아파트를 신축할 경우 시간당 필요한 법정 환기량은?

① 30,000㎥/h 이상 ② 40,000㎥/h 이상 ③ 50,000㎥/h 이상
④ 70,000㎥/h 이상 ⑤ 100,000㎥/h 이상

해설 ▶ 환기량
③ 50,000㎥/h 이상
0.5 = X / 100,000

192
전기안전관리법령상 자가용 전기설비의 소유자 또는 점유자가 산업통상자원부 장관에게 통보하여야 할 중대한 사고의 종류 및 통보방법 등에 관한 설명으로 옳지 <u>않은</u> 것은?

① 700세대 이상 아파트 단지의 수전설비·배전설비에서 사고가 발생하여 1시간 이상 정전을 초래한 경우
② 전기화재사고로 부상자가 2명 이상 발생한 경우
③ 감전사고로 부상자가 1명 발생한 경우
④ 사고 발생 후 24시간 이내에는 사고내용 등 법정사항을 전기안전종합정보시스템으로 통보한다.
⑤ 사고발생 후 15일 이내에는 별지 제31호 서식에 따라 통보(전기안전종합정보시스템을 통해서도 통보할 수 있고, 필요한 경우 전자우편 및 팩스를 통해 추가적으로 보고할 수 있다)한다.

정답 190. ⑤ 191. ③ 192. ①

해설 ▶ 중대한 사고의 종류
1. 전기화재사고
   가. 사망자가 1명 이상 발생하거나 부상자가 2명 이상 발생한 사고
   나. 「소방기본법」 제29조에 따른 화재의 원인 및 피해 등의 추정 가액이 1억원 이상인 사고
2. 감전사고(사망자가 1명 이상 발생하거나 부상자가 1명 이상 발생한 경우)
3. 전기설비사고
   사. 1,000세대 이상 아파트 단지의 수전설비·배전설비에서 사고가 발생하여 1시간 이상 정전을 초래한 경우

193

「주택건설기준 등에 관한 규정」에 따른 승강기의 설치기준에 관한 설명으로 옳지 않은 것은?

① 6층 이상인 공동주택에는 대당 6인승 이상인 승용 승강기를 설치하여야 한다. 다만, 6층인 건축물로서 각 층 거실의 바닥면적 300m² 이내마다 1개소 이상의 피난계단을 설치한 공동주택의 경우에는 그러하지 아니하다.
② 승용 승강기의 경우 계단실형인 공동주택에는 계단실마다 1대(한 층에 3세대 이상이 조합된 계단실형 공동주택이 22층 이상인 경우에는 2대) 이상을 설치하되, 그 탑승인원수는 동일한 계단실을 사용하는 4층 이상인 층의 세대당 0.3명(독신자용 주택의 경우에는 0.15명)의 비율로 산정한 인원수(1명 이하의 단수는 1명으로 본다) 이상일 것
③ 승용 승강기의 경우 복도형인 공동주택에는 1대에 100세대를 넘는 80세대마다 1대를 더한 대수 이상을 설치하되, 그 탑승인원수는 4층 이상인 층의 세대당 0.2명(독신자용주택의 경우에는 0.1명)의 비율로 산정한 인원수 이상일 것
④ 10층 이상인 공동주택의 경우에는 승용 승강기를 비상용 승강기의 구조로 하여야 한다.
⑤ 10층 이상인 공동주택에는 이사짐 등을 운반할 수 있는 화물용 승강기를 설치하여야 한다.

해설 ▶ 승강기 설치기준
6층 이상인 공동주택에는 대당 6인승 이상인 승용 승강기를 설치하여야 한다. 다만, 6층인 건축물로서 각 층 거실의 바닥면적 300m² 이내마다 1개소 이상의 직통계단을 설치한 공동주택의 경우에는 그러하지 아니하다.

194

오수처리시설로 유입되는 오수의 BOD농도가 200ppm이고, 오수처리 후의 방류수 BOD농도가 20ppm일 경우 오수의 BOD 제거율은?

① 60% ② 70% ③ 80% ④ 90% ⑤ 10%

정답 193. ① 194. ④

해설 ▶ 오수처리시설
④ 90%
0.9 = (200 − 20)/200

195 「건축물의 설비기준등에 관한 규칙」에서 정하는 신축 공동주택등의 기계환기 설비의 설치기준에 관한 설명으로 옳지 않은 것은?

① 세대의 환기량 조절을 위하여 환기설비의 정격풍량을 최소·적정·최대의 3단계 또는 그 이상으로 조절할 수 있는 체계를 갖추어야 하고, 적정 단계의 필요 환기량은 신축공동주택등의 세대를 시간당 0.5회로 환기할 수 있는 풍량을 확보하여야 한다.

② 기계환기설비는 신축 공동주택등의 모든 세대가 환기횟수를 만족시킬 수 있도록 24시간 가동할 수 있어야 한다.

③ 환기설비 본체(소음원)가 거주공간 외부에 설치될 경우에는 대표길이 1m(수직 또는 수평 하단)에서 측정하여 50dB 이하가 되거나, 거주공간 내부의 중앙부 바닥으로부터 1.0~1.2m 높이에서 측정하여 40dB 이하가 되어야 한다.

④ 공기여과기는 한국산업표준(KS B6141)에 따른 입자 포집률이 계수법으로 측정하여 60퍼센트 이상이어야 한다.

⑤ 기계환기설비의 환기기준은 시간당 실내공기 교환횟수(환기설비에 의한 최종 공기 흡입구에서 세대의 실내로 공급되는 시간당 총체적 풍량을 말한다)로 표시하여야 한다.

해설 ▶ 환기설비 설치기준
기계환기설비의 환기기준은 시간당 실내공기 교환횟수(환기설비에 의한 최종 공기흡입구에서 세대의 실내로 공급되는 시간당 총체적 풍량을 각 실의 총체적으로 나눈 값을 말한다)로 표시하여야 한다.

정답 195. ⑤

196
화재안전성능기준(NFPC 203)상 자동화재탐지설비 및 시각경보장치의 수신기 설치기준에 관한 설명이다. 옳지 않은 것은?

① 자동화재탐지설비의 수신기는 해당 특정소방대상물의 경계구역을 각각 표시할 수 있는 회선수 이상의 수신기를 설치해야 한다.
② 자동화재탐지설비의 수신기는 특정소방대상물 또는 그 부분이 지하층·무창층 등으로서 환기가 잘되지 아니하거나 실내면적이 40제곱미터 미만인 장소, 감지기의 부착면과 실내바닥과의 거리가 2.3미터 이하인 장소로서 일시적으로 발생한 열·연기 또는 먼지 등으로 인하여 감지기가 화재신호를 발신할 우려가 있는 때에는 축적기능 등이 있는 것으로 설치하여야 한다.
③ 하나의 경계구역은 2 이상의 표시등 또는 2 이상의 문자로 표시되도록 하여야 한다.
④ 수신기가 설치된 장소에는 경계구역 일람도를 비치하여야 한다.
⑤ 수신기의 조작 스위치는 바닥으로부터의 높이가 0.8미터 이상 1.5미터 이하인 장소에 설치하여야 한다.

해설 ▶ 자동화재탐지설비 및 시각경보장치의 수신기 설치기준
하나의 경계구역은 하나의 표시등 또는 하나의 문자로 표시되도록 하여야 한다.

197
화재안전성능기준(NFPC 203)상 자동화재탐지설비 및 시각경보장치에서 정하는 감지기 설치기준에 대한 설명으로 옳지 않은 것은?

① 계단·경사로·복도·엘리베이터 승강로 또는 이와 유사한 장소 및 특정소방대상물의 취침·숙박·입원 등 이와 유사한 용도로 사용되는 거실에는 연기감지기를 설치해야 한다.
② 감지기(차동식분포형의 것을 제외한다)는 실내로의 공기유입구로부터 1.5미터 이상 떨어진 위치에 설치해야 한다.
③ 보상식스포트형감지기는 정온점이 감지기 주위의 평상시 최고온도보다 일정 온도 이상 높은 것으로 설치해야 한다.
④ 정온식감지기는 주방·보일러실 등으로서 다량의 화기를 취급하는 장소에 설치하되, 공칭작동온도가 최고 주위온도보다 일정 온도 이상 높은 것으로 설치해야 한다.
⑤ 스포트형 감지기는 60° 이상 경사되지 아니하도록 부착해야 한다.

해설 ▶ 자동화재 탐지설비
스포트형 감지기는 45° 이상 경사되지 아니하도록 부착할 것

정답 196. ③ 197. ⑤

198 화재안전성능기준(NFPC 304)상 비상조명등의 설치기준에 대한 설명 중 옳지 않은 것은?

① 조도는 비상조명등이 설치된 장소의 각 부분의 바닥에서 1럭스 이상이 되도록 해야 한다.
② 예비전원을 내장하는 비상조명등에는 평상시 점등여부를 확인할 수 있는 점검스위치를 설치하고 해당 조명등을 유효하게 작동시킬 수 있는 용량의 축전지와 예비전원 충전장치를 내장해야 한다.
③ 예비전원과 비상전원은 비상조명등을 20분 이상 유효하게 작동시킬 수 있는 용량으로 할 것. 다만, 지하층을 제외한 층수가 11층 이상의 층 등의 특정소방대상물의 경우에는 그 부분에서 피난층에 이르는 부분의 비상조명등을 60분 이상 유효하게 작동시킬 수 있는 용량으로 해야 한다.
④ 설치높이는 바닥으로부터 0.8m 이상 1.5m 이하의 높이에 설치해야 한다.
⑤ 외함은 불연성능이 있어야 한다.

해설 ▶ 비상조명등
외함은 난연성능이 있을 것

199 화재안전성능기준(NFPC 504)상 비상콘센트설비의 전원회로에 관한 설명으로 옳지 않은 것은?

① 비상콘센트설비의 전원회로는 단상교류 220V인 것으로서, 그 공급용량은 1.5kVA 이상인 것으로 해야 한다.
② 전원회로는 각 층에 둘 이상이 되도록 설치해야 한다.
③ 비상콘센트는 바닥으로부터 높이 0.8미터 이상 1.5미터 이하의 위치에 설치해야 한다.
④ 비상콘센트의 플러그접속기는 접지형2극 플러그접속기(KS C 8305)를 사용해야 한다.
⑤ 하나의 전용회로에 설치하는 비상콘센트는 5개 이하로 해야 한다.

해설 ▶ 비상콘센트설비
하나의 전용회로에 설치하는 비상콘센트는 10개 이하로 할 것. 이 경우 전선의 용량은 각 비상콘센트(비상콘센트가 3개 이상인 경우에는 3개)의 공급용량을 합한 용량 이상의 것으로 해야 한다.

정답 198. ⑤ 199. ⑤

제4장 건축설비 관리실무

200 「건축물의 설비기준 등의 규칙」상 피뢰설비에 대한 설명으로 옳지 않은 것은?

① 피뢰설비의 인하도선을 대신하여 철골조의 철골구조물과 철근콘크리트조의 철근구조체 등을 사용하는 경우에는 전기적 연속성이 보장될 것. 이 경우 전기적 연속성이 있다고 판단되기 위하여는 건축물 금속 구조체의 최상단부와 지표레벨 사이의 전기저항이 0.1옴 이하이어야 한다.
② 위험물저장 및 처리시설에 설치하는 피뢰설비는 한국산업표준이 정하는 피뢰시스템레벨 Ⅱ 이상이어야 한다.
③ 접지(接地)는 환경오염을 일으킬 수 있는 시공방법이나 화학 첨가물 등을 사용하지 아니할 것
④ 급수·급탕·난방·가스 등을 공급하기 위하여 건축물에 설치하는 금속배관 및 금속재 설비는 전위(電位)가 균등하게 이루어지도록 전기적으로 접속할 것
⑤ 전기설비의 접지계통과 건축물의 피뢰설비 및 통신설비 등의 접지극을 공용하는 통합접지공사를 하는 경우에는 낙뢰 등으로 인한 과전압으로부터 전기설비 등을 보호하기 위하여 한국산업표준에 적합한 서지보호장치(SPD)를 설치할 것

해설 ▶ 피뢰설비
피뢰설비의 인하도선을 대신하여 철골조의 철골구조물과 철근콘크리트조의 철근구조체 등을 사용하는 경우에는 전기적 연속성이 보장될 것. 이 경우 전기적 연속성이 있다고 판단되기 위하여는 건축물 금속 구조체의 최상단부와 지표레벨 사이의 전기저항이 0.2옴 이하이어야 한다.

201 수격작용(water hammering)의 방지대책으로 옳지 않은 것은?

① 직선 배관을 억제하고 될 수 있는 한 굴곡배관으로 한다.
② 밸브나 수전류의 개폐를 서서히 한다.
③ 관경을 크게하고 유속을 느리게 한다.
④ 기구류 가까이에 공기실(air chamber)을 설치한다.
⑤ 수격방지기를 설치한다.

해설 ▶ 수격작용
① 굴곡배관을 억제하고 될 수 있는 한 직선배관으로 한다.

정답 200. ① 201. ①

202 슬루스밸브(sluice valve)에 관한 설명으로 옳지 않은 것은?

① 일명 게이트밸브라고도 한다.
② 밸브를 완전히 개방하면 관의 단면적에 변화가 없어 관내 마찰저항 손실이 작다.
③ 유체의 흐름에 대하여 밸브 상자 내의 디스크를 직각으로 이동하여 개폐를 하는 구조이다.
④ 유체의 방향이 변하지 않는 밸브이다.
⑤ 밸브를 반 정도 열고 사용하면 유체저항이 작아진다.

해설 ▶ 밸브
밸브를 반 정도 열고 사용하면 와류가 생겨 유체저항이 커지기 때문에 유량조절에는 적합하지 않다.

203 직접가열식 급탕방법에 대한 설명으로 옳지 않은 것은?

① 저탕조의 구조가 간단하다.
② 급탕온도가 고르지 않게 될 우려가 있다.
③ 보일러 내부에 스케일이 발생한다.
④ 저탕조와 보일러를 직결하여 순환가열하는 것이다.
⑤ 보일러 등에서 만들어진 증기 또는 온수를 1차측 회로의 열매로 하고, 2차 회로의 물을 데워서 급탕하는 방식이다.

해설 ▶ 급탕방식
보일러 등에서 만들어진 증기 또는 온수를 1차측 회로의 열매로 하고, 2차 회로의 물을 데워서 급탕하는 방식은 간접가열식 급탕방식이다.

204 열교(熱橋)현상에 관한 설명으로 옳지 않은 것은?

① 열교현상은 벽체와 지붕 또는 바닥과의 접합부위 등에서 발생하기 쉽다.
② 열교현상이 발생하는 부위는 열관류율 값이 높기 때문에 구조체의 전체 단열성능을 감소시킨다.
③ 겨울철에 열교현상이 발생하는 부위는 결로의 발생 가능성이 크다.
④ 열교현상을 방지하기 위해서는 일반적으로 외단열보다 내단열이 유리하다.
⑤ 열교현상이 발생하는 부위에는 열저항 값을 증대시키는 설계 및 시공이 유리하다.

해설 ▶ 열교현상
열교현상을 방지하기 위해서는 일반적으로 내단열보다 외단열이 유리하다.

정답 202. ⑤   203. ⑤   204. ④

205
급탕할 때 필요한 물의 온도가 70°C일 경우 필요한 열량은? (단, 물의 양은 10kg, 물의 비열은 1kcal/kg·°C, 급수온도는 5°C이다)

① 65kcal ② 650kcal ③ 6,500kcal
④ 65,000kcal ⑤ 650,000kcal

해설 ◀ 열량

② 열은 에너지의 한 형태로 그 물리량은 열량, 그 단위는 kcal이다.
1kcal란 표준대기압하에서 순수한 물 1kg을 1°C 높이는 데 필요한 열량이다.
열량 $Q(kcal) = m \cdot c \cdot \triangle t$ = 물체의 질량 × 물체의 비열 × 온도차
∴ $Q(kcal) = 10kg \times (70-5) = 10 \times (70-5) = 650kcal$

206
단열재에 관한 설명으로 옳지 않은 것은?

① 단열재의 열저항은 재료의 두께가 두꺼울수록 작아진다.
② 섬유질계 단열재는 밀도가 큰 것일수록 단열성이 높다.
③ 단열재는 열전도율이 낮은 것일수록 단열성이 높다.
④ 다공질계 단열재는 기포가 미세하고 균일한 것일수록 열전도율이 낮다.
⑤ 단열재는 함수율이 증가할수록 열전도율이 높아진다.

해설 ◀ 단열재

단열재의 열저항은 재료의 두께가 두꺼울수록 커진다.

207
방수에 관한 설명으로 옳지 않은 것은?

① 옥상방수에 사용되는 아스팔트 재료는 지하실방수보다 연화점이 높고 침입도가 큰 것을 사용한다.
② 시트방수의 결함발생 시에는 부분적 교체 및 보수가 불가능하다.
③ 옥상방수층 누름 콘크리트 부위에는 온도에 의한 콘크리트의 수축 및 팽창에 대비하여 신축줄눈을 설치한다.
④ 아스팔트방수층의 부분적 보수를 위해서는 일반적으로 아스팔트가 사용된다.
⑤ 옥상방수의 바탕은 물의 고임방지를 위해 물흘림 경사를 둔다.

해설 ◀ 방수

시트방수의 결함발생 시에는 부분적 교체 및 보수가 가능하다.

정답 205. ② 206. ① 207. ②

208
유량 200ℓ/min, 전양정 40mAq, 펌프효율 80%인 경우 축 동력[kw]은 약 얼마인가?(단, 여유율은 고려하지 않음)

① 1.33   ② 1.63   ③ 2.56   ④ 2.69   ⑤ 3.33

해설 ▶ 펌프동력

$$펌프축동력(kw) = \frac{W \cdot Q \cdot H}{6120 \cdot E} = \frac{200 \times 40}{6120 \times 0.8} = 1.63 kw$$

209
펌프의 맥동현상(Surging)에 관한 설명으로 옳지 <u>않은</u> 것은?

① 펌프가 운전 중에 흡입과 토출의 진공계, 압력계의 지침이 흔들리는 동시에 토출 유량이 변화하는 현상을 말한다.
② 펌프나 송출기 등이 어느 특정 범위에서 운전 중에 압력이 주기적으로 변동하여 운전 상태가 매우 불안정하게 되는 현상이다.
③ 맥동현상은 펌프의 특성, 회전체의 관성모멘트와 저항, 관로 내의 양액의 관성 등이 결합됐을 때 진동을 일으키는 현상이며 펌프의 작동이 원활하지 않을 뿐만 아니라 운전이 불가능할 정도로 위험을 동반하게 되는 경우도 있다.
④ 대책으로 송출밸브를 사용하여 펌프 내의 양수량을 맥동현상 때의 양수량 이하로 감소시키거나, 회전차의 회전수를 변화시킨다.
⑤ 관로의 단면적, 액체의 유속, 저항 등을 조정하고, 관로 기울기를 조정하거나 팽창탱크를 이용하여 관로에 불필요한 잔존 공기가 없도록 제거하는 것도 대책이다.

해설 ▶ 맥동현상
대책으로 송출밸브를 사용하여 펌프 내의 양수량을 맥동현상 때의 양수량 이상으로 증가시키거나, 회전차의 회전수를 변화시킨다.

210
노통연관식 보일러에 관한 설명으로 옳지 <u>않은</u> 것은?

① 통형로(筒形爐)와 다수의 연관을 갖는 구조의 보일러. 중고압 증기 또는 고온수를 만드는 보일러로, 비교적 소형이고 고출력이 얻어진다.
② 대형 건물 난방용 열원기기로서 널리 쓰이고 있다.
③ 예열시간이 짧다.
④ 사용압력은 0.4~0.7MPa 정도가 적당하다.
⑤ 보유수량이 많아 부하변동에 유리하다.

해설 ▶ 보일러
예열시간이 길다.

정답 208. ② 209. ④ 210. ③

211 펌프장치 설치시 주의사항으로 옳지 않은 것은?

① 펌프는 되도록 흡입양정을 낮추어 설치한다.
② 양정이 높을 때에는 펌프 토출구와 게이트 밸브 사이에 글로브밸브를 설치한다.
③ 펌프의 회전방향은 전동기 쪽에서 보아 우회전하도록 한다.
④ 펌프와 전동기는 일직선상에 설치한다.
⑤ 펌프의 진동이 기초와 배관에 직접 전달되지 않도록 방진설계를 한다.

해설 펌프양정
양정이 높을 때에는 펌프 토출구와 게이트 밸브 사이에 체크밸브를 설치한다.

212 통기관의 관경에 관한 설명으로 옳지 않은 것은?

① 각개통기관의 관경은 접속되는 배수관 관경의 1/2 이상으로 한다.
② 루프통기관의 관경은 배수수평지관과 통기수직관 중 작은쪽 관경의 1/2 이상으로 한다.
③ 도피통기관의 관경은 접속되는 배수 수평지관 관경의 1/2 이상으로 한다.
④ 결합통기관의 관경은 배수수직관과 통기수직주관 중 작은쪽 관경의 1/2 이상으로 한다.
⑤ 신정통기관의 배수수직주관 끝을 관경을 줄이지 않고 옥상으로 연장한다.

해설 통기관 관경
결합통기관의 관경은 배수수직관과 통기수직주관 중 작은쪽 관경 이상으로 한다.

213 급탕배관의 신축이음에 관한 설명으로 옳지 않은 것은?

① 배관의 신축·팽창량을 흡수처리하기 위해서는 신축이음쇠가 사용되며, 그 종류에는 스위블 조인트(Swivel joint)·신축곡관(Expansion loop)·슬리브형 신축이음쇠(Sleeve type)·벨로즈형 신축이음쇠(Bellows type) 등이 있다.
② 스위블 조인트는 2개 이상의 엘보를 사용하여 신축을 흡수하는 것으로 신축과 팽창으로 누수의 원인이 되는 것이 결점이다.
③ 관내의 수온이 오르내리면 그에 따라 관경과 길이가 신축한다. 관 길이의 신축량은 근소하지만 관경의 신축량은 크므로 이에 대한 대비가 필요하다.
④ 신축곡관은 고압배관에도 사용할 수 있는 장점이 있으나 설치면적을 많이 차지하는 것이 결점이며, 고압배관으로 옥외배관에 적합하다.
⑤ 일반적으로 가장 많이 사용되는 이음쇠는 슬리브형 이음쇠와 벨로즈형 이음쇠이며, 보통 1개의 신축이음쇠로 30mm 전후의 팽창량을 흡수한다. 따라서 강관은 보통 30m, 동관은 20m마다 신축이음을 1개씩 설치하는 것이 좋다.

정답 211. ② 212. ④ 213. ③

해설 ▶ 급탕 신축이음
관내의 수온이 오르내리면 그에 따라 관경과 길이가 신축한다. 관경 신축량은 근소하지만 길이의 신축량은 커서 직선배관이 길 때에는 관이음쇠·밸브류 및 기타 서포터 등에 응력이 생겨 이음쇠가 파손되기도 한다.

214
다음은 어느 **지역**(수용설비는 공장과 아파트만 설치된 것으로 가정한다)의 **최대수용전력**이다. 부등률은?

시 간	공장 수용전력	아파트 수용전력
0~12	70kW	30kW
12~18	100kW	30kW
18~24	60kW	100kW

① 1.05 ② 1.15 ③ 1.25 ④ 1.35 ⑤ 1.45

해설 ▶ 부등률
③ 1.25
부등률 = 각 부하의 최대수용전력의 합계 / 합계부하의 최대수용전력
1.25 = 200/160

215
유효면적이 800㎡인 건물에서 한 사람이 하루에 사용하는 급탕량이 10L인 경우 이 건물에 필요한 급탕량(㎥/d)은? (단, 유효면적당 인원은 0.2인/㎡이다)

① 1.0 ② 1.2 ③ 1.4 ④ 1.6 ⑤ 1.8

해설 ▶ 급탕량
④ 1.6
800㎡×0.2인 = 160
160 ×10L/d = 1,600L/d, 1.6㎥/d

216
급수설비에 사용되는 펌프의 양수량이 2000L/min, 전양정이 10m일 경우 이 펌프의 축동력(kw)은?

① 5.45 ② 4.27 ③ 3.52 ④ 8.32 ⑤ 6.12

해설 ▶ 펌프동력
① 5.45kw, 1×2,000×10, 6,120×0.6 = 5.45

정답 214. ③ 215. ④ 216. ①

217. 다음 설명에 알맞은 배수·통기배관의 검사 및 시험방법은?

> • 만수시험과 같이 배수관에서의 누수 및 통기관에서의 취기 누설방지를 목적으로 한다.
> • 시험시에 누수개소의 발견은 비눗물로 도포하여 발포의 유무를 조사한다.

① 기압시험 ② 연기시험 ③ 통수시험
④ 박하시험 ⑤ 통기시험

해설 ▶ **기압시험**
① 기압시험에 대한 설명이다.
기압시험은 관로를 설치한 후 그 성능의 양부(良否)를 판정하는 시험방법의 하나로 압축공기를 이용하여 관로의 밀폐성을 검사한다. 관로 양쪽을 마개로 막고 $1,500g/cm^2$의 압축공기를 넣어 5분간 방치한 후 누설 여부에 따라 관로의 상태를 판정한다.

218. 「주택건설기준 등에 관한 규정」상 단지 내 도로에 대한 설명으로 옳지 않은 것은?

① 주택단지 안의 도로는 유선형(流線型) 도로로 설계하거나 도로 노면의 요철(凹凸) 포장 또는 과속방지턱의 설치 등을 통하여 도로의 설계속도(도로설계의 기초가 되는 속도를 말한다)가 시속 10km 이하가 되도록 하여야 한다.
② 공동주택을 건설하는 주택단지에는 폭 1.5m 이상의 보도를 포함한 폭 7m 이상의 도로(보행자전용도로, 자전거도로는 제외한다)를 설치하여야 한다.
③ 500세대 이상의 공동주택을 건설하는 주택단지 안의 도로에는 어린이 통학버스의 정차가 가능하도록 국토교통부령으로 정하는 기준에 적합한 어린이 안전보호구역을 1개소 이상 설치하여야 한다.
④ 보도는 보행자의 안전을 위하여 차도면보다 10cm 이상 높게 하거나 도로에 화단, 짧은 기둥, 그 밖에 이와 유사한 시설을 설치하여 차도와 구분되도록 설치하여야 한다.
⑤ 주택단지 안의 보도와 횡단보도의 경계부분, 건축물의 출입구 앞에 있는 보도와 차도의 경계부분은 지체장애인의 통행에 편리한 구조로 설치하여야 한다.

해설 ▶ **도로**
주택단지 안의 도로는 유선형(流線型) 도로로 설계하거나 도로 노면의 요철(凹凸) 포장 또는 과속방지턱의 설치 등을 통하여 도로의 설계속도(도로설계의 기초가 되는 속도를 말한다)가 시속 20km 이하가 되도록 하여야 한다.

정답 217. ① 218. ①

219. 결로에 관한 설명으로 옳지 않은 것은?

① 천장, 벽, 바닥 등의 표면 또는 그들 내부의 온도가 그 위치의 습공기의 노점 이하로 되었을 때 공기 중의 수증기가 액체가 되는 현상을 말한다.
② 결로의 종류에는 표면결로와 내부결로가 있다.
③ 가급적 건물의 보온정도를 높여서 천장이나 벽의 표면온도를 높일 필요가 있다.
④ 결로하기 쉬운 부분을 흡습성(吸濕性)이 있는 재료로 마무리하면 조절작용에 의해서 피해를 적게 할 수 있다.
⑤ 노점온도란 일정한 압력에서 공기의 온도를 낮추어 갈 때 공기 중의 수증기가 포화하여 이슬이 맺힐 때의 온도를 말한다. 노점온도는 수증기의 양, 즉 습도에 반비례한다.

해설 ▶ 결로
노점온도란 일정한 압력에서 공기의 온도를 낮추어 갈 때 공기 중의 수증기가 포화하여 이슬이 맺힐 때의 온도를 말한다. 노점온도는 수증기의 양, 즉 습도에 비례한다.

220. 평균 BOD 100ppm인 오수가 3,000㎥/d 유입되는 오수정화조의 1일 유입 BOD 부하[g/d]는 얼마인가?

① 30
② 300
③ 3,000
④ 300,000
⑤ 3,000,000

해설 ▶ BOD 부하
④ BOD 부하 = BOD × 유입수량
= 100ppm × 3,000㎥/d
= (1/1,000,000) × 100 × 3,000 × 1,000 × 1,000
= 300,000[g/d]

221. 전기설비의 용량이 각각 50kw, 100kw, 150kw의 부하설비가 있다. 최대수용 전력이 150kw인 경우 수용률로 옳은 것은?

① 50%　② 60%　③ 70%　④ 80%　⑤ 90%

해설 ▶ 수용률
① 50%
150/(50 + 100 + 150) × 100 = 50%

정답 219. ⑤　220. ④　221. ①

222. 펌프의 서징(surging)현상에 관한 설명으로 옳지 않은 것은?

① 펌프를 사용하는 관로에서 주기적으로 힘을 가하지 않았음에도 토출압력이 주기적으로 변화하며 진동과 소음이 발생하는 현상을 말한다.
② 주로 저유량 영역에서 펌프를 사용할 경우 유체의 유량변화로 인해 정상적인 운전이 불가능하게 된다.
③ 유량과 압력 변동으로 진동과 소음이 발생하게 되며 이러한 상태가 장기간 계속되면 관로를 연결하는 기계장치의 파손을 초래할 수 있다.
④ 펌프의 경우 관찰방법으로 펌프 입구와 출구의 압력계나 진공계의 침이 한 숫자를 일정하게 가르킨다.
⑤ 개선방법으로 유량이나 펌프 회전수를 조절하여 서징이 일어나는 압력을 피하여 운전하거나, 관로에 존재하는 불필요한 수조 또는 공기저항을 제거하거나 바꾸는 방법을 시도할 수 있다.

해설 ▶ 서징현상
펌프의 경우에는 펌프 입구와 출구의 압력계나 진공계의 침이 흔들리는 것으로 관찰할 수 있다.

223. 배수 및 통기배관 시공상의 주의사항으로 옳지 않은 것은?

① 위생기구 중에서 배수부하단위가 가장 큰 대변기는 수직관에서 가장 멀리 설치한다.
② 배수 및 통기수직주관은 되도록 수리 및 점검을 용이하게 하기 위하여 파이프 샤프트(pipe shaft)에 배관한다.
③ 배수관의 점검수리를 위해 필요한 곳에는 청소구(clean out)를 설치한다.
④ 배수를 될 수 있는 대로 빨리 옥외 하수관으로 유출할 수 있도록 한다.
⑤ 배수관의 관경이 필요 이상으로 크면 오히려 배수능력이 저하되므로 유의한다.

해설 ▶ 배수통기배관
위생기구 중에서 배수부하단위가 가장 큰 대변기는 수직관에 가깝게 설치한다.

정답 222. ④ 223. ①

224 「지능형 홈네트워크 설비설치 및 기술기준」에 관한 설명으로 옳지 않은 것은?

① 원격제어기기란 주택내부 및 외부에서 가스, 조명, 전기 및 난방, 출입 등을 원격으로 제어할 수 있는 기기를 말한다.
② 단지서버란 국선·국선단자함 또는 국선배선반과 초고속통신망장비, 이동통신망장비 등 각종 구내통신선로설비 및 구내용 이동통신설비를 설치하기 위한 공간을 말한다.
③ 세대단말기란 세대 및 공용부의 다양한 설비의 기능 및 성능을 제어하고 확인할 수 있는 기기로 사용자인터페이스를 제공하는 장치를 말한다.
④ 세대통합관리반이란 세대단자함의 기능을 포함하고 홈게이트웨이와 홈네트워크 시스템의 중앙장치가 추가된 캐비넷이나 실 형태로 전유부분에 설치하는 공간을 말한다.
⑤ 통신배관실(TPS실)이란 통신용 파이프 샤프트 및 통신단자함을 설치하기 위한 공간을 말한다.

해설 지능형 홈네트워크 설비설치 및 기술기준
"단지서버"란 홈네트워크 설비를 총괄적으로 관리하며, 이로부터 발생하는 각종 데이터 저장·관리·서비스를 제공하는 장비를 말한다.
"집중구내통신실(MDF실)"이란 국선·국선단자함 또는 국선배선반과 초고속통신망장비, 이동통신망장비 등 각종 구내통신선로설비 및 구내용 이동통신설비를 설치하기 위한 공간을 말한다.

225 승강기 안전관리법령에 관한 다음 설명 중 옳지 않은 것은?

① 다중이용 건축물의 승강기나 피난용 엘리베이터를 관리하는 승강기 안전관리자를 제외한 그 밖의 승강기 안전관리자에 대한 승강기관리 교육기간은 1일이다.
② 승강기관리교육의 주기는 2년으로 한다.
③ 공단은 안전검사가 연기된 승강기를 관리하는 승강기 안전관리자에 대해서는 그 연기 사유가 없어진 날까지 승강기관리교육을 연기할 수 있다.
④ 관리주체는 승강기의 사고로 승강기 이용자 등 다른 사람의 생명·신체 또는 재산상의 손해를 발생하게 하는 경우 그 손해에 대한 배상을 보장하기 위한 보험에 가입하여야 한다.
⑤ 관리주체는 그가 가입하거나 재가입한 책임보험의 보험회사 등 보험상품을 판매한 자로 하여금 책임보험의 가입 또는 재가입 사실을 행정안전부장관이 정하는 바에 따라 승강기안전종합정보망에 입력하게 해야 한다.

정답 224. ② 225. ②

해설 ▶ 승강기관리교육의 주기
승강기관리교육의 주기는 3년으로 한다.

226. 연결송수관설비의 화재안전성능기준(NFPC 502)에 관한 설명으로 옳지 <u>않은</u> 것은?

26회 출제

① 체절운전은 펌프의 성능시험을 목적으로 펌프 토출측의 개폐밸브를 닫은 상태에서 펌프를 운전하는 것을 말한다.
② 연결송수관설비의 송수구는 지면으로부터 높이가 0.5미터 이상 1미터 이하의 위치에 설치하며, 구경 65밀리미터의 쌍구형으로 설치해야 한다.
③ 방수구는 연결송수관설비의 전용방수구 또는 옥내소화전방수구로서 구경 65밀리미터의 것으로 설치해야 한다.
④ 지상 11층 이상인 특정소방대상물의 연결송수관설비의 배관은 건식설비로 설치해야 한다.
⑤ 지표면에서 최상층 방수구의 높이가 70미터 이상의 특정소방대상물에는 연결송수관설비의 가압송수장치를 설치해야 한다.

해설 ▶ 연결송수관설비
지상 11층 이상인 특정소방대상물 또는 지면에서 31미터 이상인 특정소방대상물의 연결송수관설비의 배관은 <u>습식설비</u>로 설치해야 한다.

227. 고가수조방식으로 급수하는 공동주택에서 최상층 세대 샤워기의 적정수압을 유지하기 위해 추가해야 할 최저필요수압(kPa)은? (단, 층고 4m, 옥상바닥면에서 고가수조 수면까지의 높이 4m, 바닥면에서 샤워기까지의 높이 1.5m, 샤워기의 적정급수압력은 80kPa이고 배관마찰손실은 무시함. 단위환산은 10mAq=1kg/cm²=100kPa)

① 10   ② 15   ③ 20   ④ 25   ⑤ 30

해설 ▶ 고가수조방식
② 15kPa 이다. $80 = (4 + 2.5) \times 10 + x$

정답   226. ④   227. ②

228 통기관에 관한 설명으로 옳지 않은 것은?

① 2개 이상의 기구에서 봉수를 보호하기 위하여 설치하는 통기관으로서, 최상류의 기구 배수관이 배수 수평지관에 접속하는 위치의 직하에서 입상하여 신정통기관에 접속하는 것을 회로통기관이라 한다.
② 결합통기관이란 고층 건물의 경우 배수수직주관과 통기수직주관을 매 5개층마다 연결하여 설치하는 통기관이다.
③ 도피통기관이란 루프통기관의 통기능률을 촉진시키기 위하여 최하류 기구배수관과 배수수직관 사이에 설치한다.
④ 결합통기관이란 고층 건물의 경우 배수수직주관과 통기수직주관을 매 5개층마다 연결하여 설치하는 통기관이다.
⑤ 습식통기관이란 배수수평지관 최상류측 위생기구 바로 아래 연결·설치되어 환상통기에 연결하는 통기와 배수의 기능을 겸하는 통기관이다.

해설 ▶ 통기관
2개 이상의 기구에서 봉수를 보호하기 위하여 설치하는 통기관으로서, 최상류의 기구배수관이 배수수평지관에 접속하는 위치의 직하에서 입상하여 신정통기관에 접속하는 것을 환상통기관이라 한다.

229 전기사업법령상 용어에 관한 내용으로 옳지 않은 것은?

① 전기사업용 전기설비란 전기설비 중 전기사업자가 전기사업에 사용하는 전기설비를 말한다.
② 자가용 전기설비란 전기사업용 전기설비 외의 일반용 전기설비를 말한다.
③ 수전설비란 타인의 전기설비 또는 구내발전설비로부터 전기를 공급받아 구내배전설비로 전기를 공급하기 위한 전기설비로서 수전지점으로부터 배전반(구내배전설비로 전기를 배전하는 전기설비를 말한다)까지의 설비를 말한다.
④ 전기수용 설비란 수전설비와 구내배전설비를 말한다.
⑤ 고압이란 직류에서는 1500볼트를 초과하고 7천볼트 이하인 전압을 말하고, 교류에서는 1000볼트를 초과하고 7천볼트 이하인 전압을 말한다.

해설 ▶ 자가용 전기설비
"자가용 전기설비"란 전기사업용 전기설비 및 일반용 전기설비 외의 전기설비를 말한다. 또한 일반용 전기설비란 산업통상자원부령으로 정하는 소규모의 전기설비로서 한정된 구역에서 전기를 사용하기 위하여 설치하는 전기설비를 말한다.

정답 228. ① 229. ②

230 승강기 안전관리법령상 승강기의 안전검사에 관한 설명으로 옳지 않은 것은?

① 정기검사란 설치검사 후 정기적으로 하는 검사이며, 검사주기는 1년(설치검사 또는 직전 정기검사를 받은 날부터 매 1년을 말한다)으로 한다.
② 승강기의 제어반(制御盤) 또는 구동기(驅動機)를 교체한 경우에는 수시검사를 받아야 한다.
③ 행정안전부장관은 정밀안전검사를 받았거나 정밀안전검사를 받아야 하는 승강기의 해당 연도의 정기검사를 면제할 수 있다.
④ 행정안전부장관은 설치검사에 합격한 승강기의 제조·수입업자와 안전검사에 합격한 승강기의 관리주체에 대하여 각각 검사합격증명서를 발급하여야 한다.
⑤ 설치검사를 받은 날부터 25년이 지난 승강기의 경우에는 정기검사의 검사주기를 직전 정기검사를 받은 날부터 1년으로 한다.

해설 ▶ 승강기 정기검사 주기
1. 승강기 정기검사의 검사주기는 1년(설치검사 또는 직전 정기검사를 받은 날부터 매 1년을 말한다)으로 한다.
2. 다음 각 호의 어느 하나에 해당하는 승강기의 경우에는 정기검사의 검사주기를 직전 정기검사를 받은 날부터 다음 각 호의 구분에 따른 기간으로 한다.
   (1) 설치검사를 받은 날부터 25년이 지난 승강기 : 6개월
   (2) 승강기의 결함으로 중대한 사고 또는 중대한 고장이 발생한 후 2년이 지나지 않은 승강기 6개월
   (3) 화물용 엘리베이터 : 2년

정답 230. ⑤

231 수도법령상 급수관의 상태검사 및 조치 등에 관한 설명으로 옳지 않은 것은?

① 연면적 60,000㎡ 이상 아파트의 소유자나 관리자는 환경부령으로 정하는 바에 따라 급수관(일반수도사업자가 수도시설관리권을 가지는 부분은 제외한다)을 주기적으로 검사하고, 그 결과에 따라 세척·갱생·교체 등 필요한 조치를 하여야 한다.

② 상기 ①에 해당하는 건축물 또는 시설의 소유자등은 그 건축물 또는 시설의 준공검사(급수관의 갱생·교체 등의 조치를 한 경우를 포함한다) 후 5년이 지난 날부터 2년 주기로 급수관의 상태에 대하여 일반검사를 하여야 한다.

③ 소유자등은 ②에 따라 일반검사를 실시한 결과 검사항목 중 탁도, 수소이온 농도, 색도 또는 철에 대한 검사기준을 초과하는 경우에는 급수관을 세척(급수관 내부의 이물질이나 미생물막 등을 관에 손상을 주지 아니하면서 물이나 공기를 주입하는 방법 등으로 제거하는 것을 말한다)하여야 한다. 다만, 급수관이 아연도강관인 경우에는 검사항목 중 검사기준을 초과하는 항목이 한 개 이상 있으면 반드시 이를 갱생하거나 교체하여야 한다.

④ 소유자등은 ②에 따른 일반검사 결과가 일반검사의 검사항목에 대한 검사기준을 2회 연속 초과하는 경우와 일반검사의 검사항목 중 납·구리 또는 아연에 대한 검사기준을 초과하는 경우에 해당하면 [별표 7]에 따른 전문검사를 하고, 급수관을 갱생하여야 한다. 다만, 전문검사 결과 갱생만으로는 내구성을 유지하기 어려울 정도로 노후한 급수관은 새 급수관으로 교체하여야 한다.

⑤ 소유자등은 ③이나 ④에 따른 세척·갱생·교체 등의 조치를 하였을 때에는 그 결과를 일반수도사업자에게 보고하고, 그와 관련된 자료를 2년 이상 보존하여야 한다.

해설 ▶ 급수관의 상태검사
소유자등은 세척·갱생·교체 등의 조치를 하였을 때에는 그 결과를 일반수도사업자에게 보고하고, 그와 관련된 자료를 3년 이상 보존하여야 한다.

정답 231. ⑤

232. 통기관에 관한 설명으로 옳지 않은 것은?

① 도피통기관은 루프통기관의 통기능률을 촉진시키기 위하여 최상류 기구배수관과 배수수직관 사이에 설치한다.
② 결합통기관이란 고층 건물의 경우 배수수직주관과 통기수직주관을 매 5개층마다 연결하여 설치하는 통기관이다.
③ 신정통기관이란 배수수직주관 끝을 관경을 줄이지 않고 옥상으로 연장하여 통기관으로 사용하는 부분을 말한다. 가장 단순하고 경제적이다.
④ 습식 통기관이란 배수수평지관 최상류측 위생기구 바로 아래 연결·설치되어 환상통기에 연결하는 통기와 배수의 기능을 겸하는 통기관이다.
⑤ 소벤트방식의 통기는 통기관을 따로 설치하지 않고 하나의 배수수직관으로 배수와 통기를 겸하는 시스템으로서, 공기혼합 이음쇠와 공기분리 이음쇠가 사용된다.

해설 ▶ 통기관
도피통기관은 루프통기관의 통기능률을 촉진시키기 위하여 최하류 기구배수관과 배수수직관 사이에 설치한다.

233. 전기설비의 설비용량 산출을 위하여 필요한 각 계산식이다. 옳게 짝지어진 것은?

$$(ㄱ) = \frac{최대수용전력 \times 100(\%)}{부하설비용량합계}$$

$$(ㄴ) = \frac{평균수용전력 \times 100(\%)}{최대수용전력}$$

$$(ㄷ) = \frac{각\ 부하의\ 최대수용전력의합계}{합계부하의\ 최대수용전력}$$

	ㄱ	ㄴ	ㄷ		ㄱ	ㄴ	ㄷ
①	부등률	수용률	부하율	②	수용률	부등률	부하율
③	부등률	부하율	수용률	④	수용률	부하율	부등률
⑤	부하율	수용률	부등률				

해설 ▶ 전기설비 용량산출
ㄱ 수용률 ㄴ 부하율 ㄷ 부등률

정답 232. ① 233. ④

234. 다음의 정의에 알맞은 공기조화부하와 관련된 용어로 옳은 것은?

> 환기를 위해 외기를 공기조화기로 도입하여 실내의 온·습도 상태까지 냉각·강습하거나 가열·가습하는 데 필요한 열량을 말한다.

① 외기부하 ② 공조기부하 ③ 예냉부하
④ 예열부하 ⑤ 열원부하

해설 ▶ 공기조화부하
외기부하 : 환기를 위해 외기를 공기조화기로 도입하여 실내의 온·습도 상태까지 냉각·강습하거나 가열·가습하는 데 필요한 열량을 외기부하라 한다.

235. 다음 중 간접가열식 급탕법에 대한 설명으로 옳은 것은?

① 급탕용 고압보일러를 사용하여야 한다.
② 대규모 급탕설비에는 사용할 수 없다.
③ 저탕조 내면에 스케일 발생이 심하다.
④ 보일러에서 만들어진 증기 또는 고온수를 열원으로 한다.
⑤ 세대가 많이 이용하는 공동주택에서는 잘 사용되지 않는다.

해설 ▶ 급탕방식
④ 보일러에서 만들어진 증기 또는 고온수를 열원으로 한다.
① 급탕용 고압보일러를 사용하지 않는다
② 대규모 급탕설비에는 사용한다.
③ 저탕조 내면에 스케일 발생이 적다.
⑤ 세대가 많이 이용하는 공동주택에서는 주로 사용된다.

236. 건축법령에 따라 설치하는 배연설비에 관한 기준의 내용으로 옳지 않은 것은?

① 건축물이 방화구획으로 구획된 경우에는 그 구획마다 1개소 이상의 배연창을 설치하되, 배연창의 상변과 천장 또는 반자로부터 수직거리가 0.9미터 이내일 것
② 배연창의 유효면적은 산정기준에 의하여 산정된 면적이 0.5m² 이상으로서 그 면적의 합계가 당해 건축물의 바닥면적(방화구획이 설치된 경우에는 그 구획된 부분의 바닥면적을 말한다)의 100분의 1이상일 것
③ 배연구는 연기감지기 또는 열감지기에 의하여 자동으로 열 수 있는 구조로 하되, 손으로도 열고 닫을 수 있도록 할 것
④ 배연구는 예비전원에 의하여 열 수 있도록 할 것
⑤ 기계식 배연설비를 하는 경우에는 소방관계법령의 규정에 적합하도록 할 것

정답 234. ① 235. ④ 236. ②

해설 ▶ 배연설비

배연창의 유효면적은 [별표 2]의 산정기준에 의하여 산정된 면적이 1m² 이상으로서 그 면적의 합계가 당해 건축물의 바닥면적(방화구획이 설치된 경우에는 그 구획된 부분의 바닥면적을 말한다)의 100분의 1 이상일 것

237. 초고층 건물에서 급수설비를 조닝(Zoning)하는 가장 주된 이유로 옳은 것은?

① 급수압력의 균등화
② 급수용량의 균등화
③ 유지관리의 편리성
④ 급수펌프 운전의 효율성
⑤ 급수양정의 표준화

해설 ▶ 초고층 건물 조닝(Zoning)

① 급수압력의 균등화이다.

238. 화재안전성능기준(NFPC)상 소화기구 및 자동소화장치의 화재안전기준에 관한 내용으로 옳지 않은 것은? 〔23회 출제〕

① "소형소화기"란 능력단위가 1단위 이상이고 대형소화기의 능력단위 미만인 소화기를 말한다.
② "주거용 주방자동소화장치"란 주거용 주방에 설치된 열발생 조리기구의 사용으로 인한 화재 발생 시 열원(전기 또는 가스)을 자동으로 차단하며 소화약제를 방출하는 소화장치를 말한다.
③ "일반화재(A급 화재)"란 나무, 섬유, 종이, 고무, 플라스틱류와 같은 일반 가연물이 타고 나서 재가 남는 화재를 말한다. 일반화재에 대한 소화기의 적응 화재별 표시는 'A'로 표시한다.
④ 소화기는 각층마다 설치하되, 특정소방대상물의 각 부분으로부터 1개의 소화기까지의 보행거리가 소형소화기의 경우에는 20m 이내, 대형소화기의 경우에는 30m 이내가 되도록 배치한다.
⑤ 소화기구(자동확산소화기를 제외한다)는 거주자 등이 손쉽게 사용할 수 있는 장소에 바닥으로부터 높이 1.6m 이하의 곳에 비치한다.

해설 ▶ 소화기구 및 자동소화장치

⑤ 높이 1.5m 이하의 곳에 비치한다.

정답 237. ① 238. ⑤

제2편 공동주택기술관리

239 「건축물의 설비기준 등에 관한 규칙」에서 정하는 신축 공동주택등의 기계환기설비의 설치기준에 관한 설명으로 옳지 않은 것은?

① 적정 단계의 필요 환기량은 신축공동주택등의 세대를 시간당 0.5회로 환기할 수 있는 풍량을 확보하여야 한다.
② 기계환기설비는 주방 가스대 위의 공기배출장치, 화장실의 공기배출 송풍기 등 급속환기 설비와 함께 설치할 수 있다.
③ 공기흡입구 및 배기구와 공기공급체계 및 공기배출체계는 기계환기설비를 지속적으로 작동시키는 경우에도 대상 공간의 사용에 지장을 주지 아니하는 위치에 설치되어야 한다.
④ 외부에 면하는 공기흡입구와 배기구는 교차오염을 방지할 수 있도록 1미터 이상의 이격거리를 확보하거나, 공기흡입구와 배기구의 방향이 서로 90도 이상 되는 위치에 설치되어야 하고 화재 등 유사 시 안전에 대비할 수 있는 구조와 성능이 확보되어야 한다.
⑤ 기계환기설비는 환기의 효율을 극대화할 수 있는 위치에 설치하여야 하고, 바깥공기의 변동에 의한 영향을 최소화할 수 있도록 공기흡입구 또는 배기구 등에 완충장치 또는 석쇠형 철망 등을 설치하여야 한다.

해설 ▶ 환기기준
외부에 면하는 공기흡입구와 배기구는 교차오염을 방지할 수 있도록 1.5미터 이상의 이격거리를 확보하거나, 공기흡입구와 배기구의 방향이 서로 90도 이상 되는 위치에 설치되어야 하고 화재 등 유사 시 안전에 대비할 수 있는 구조와 성능이 확보되어야 한다.

240 펌프에 관한 설명으로 옳지 않은 것은?

① 양수량은 회전수에 비례한다.
② 축동력은 회전수에 세제곱에 비례한다.
③ 양정은 회전수의 제곱에 비례한다.
④ 2대의 펌프를 병렬운전하면 양정은 2배가 된다.
⑤ 실양정은 흡입수면으로부터 토출수면까지의 수직거리이다.

해설 ▶ 펌프
2대의 펌프를 병렬운전해도 양정은 2배가 되는 것은 아니다.

정답 239. ④ 240. ④

241
공동주택 배수설비 계통에서 발생하는 발포존에 관한 설명으로 옳지 <u>않은</u> 것은?

① 배수수평주관의 길이를 길게 하면 발포존의 발생을 줄일 수 있다.
② 발포존에서는 배수수직관과 배수 수평지관의 접속을 피하는 것이 바람직하다.
③ 배수에 포함된 세제로 인하여 발생한다.
④ 발포존의 발생 방지를 위하여 저층부와 고층부의 배수계통을 별도로 한다.
⑤ 배수 수직관의 압력 변동으로 저층부 배수계통의 트랩에서 분출현상이 발생한다.

해설 ▶ 발포존
배수수평주관의 길이를 길게 하면 발포존이 넓어질 수 있다.

242
수도법령상 급수관내 정체수 수질검사의 상태검사 항목 및 기준으로 옳지 <u>않</u>은 것은?

① 색도 : 5도 이하
② 철 : 0.3mg/ℓ 이하
③ 동 : 1mg/ℓ 이하
④ 염소이온 : 250mg/ℓ 이하
⑤ 아연 : 0.5mg/ℓ 이하

해설 ▶ 정체수 수질검사
⑤ 아연 : 3mg/ℓ 이하
정체수 수질검사의 상태검사 항목 및 기준
- 수소이온농도 : 5.8 이상 8.5 이하
- 색도 : 5도 이하
- 철 : 0.3mg/ℓ 이하
- 동 : 1mg/ℓ 이하
- 염소이온 : 250mg/ℓ 이하
- 아연 : 3mg/ℓ 이하

243
소방시설에 대한 설명 중 <u>틀린</u> 것은?

① 소화설비로는 옥내소화전설비, 스프링클러설비, 자동화재속보설비, 물분무소화설비 등이 있다.
② 경보설비로는 비상방송설비, 누전경보기 가스누설경보기 등이 있다.
③ 소화활동설비로는 제연설비, 연결살수설비, 연소방지설비, 비상콘센트설비 등이 있다.
④ 소화용수설비로는 상수도소화용수설비, 소화수조, 저수조 등이 있다.
⑤ 피난구조설비로는 미끄럼대, 피난사다리, 방열복, 공기호흡기, 유도등, 비상조명등이 있다.

정답 241. ① 242. ⑤ 243. ①

해설 • 소화설비
① 자동화재속보설비는 소화설비가 아니고 경보설비에 해당된다.

244
홈 네트워크 건물 인증제도에 관한 내용이다. (   )를 채우시오.

(1) 홈 네트워크는 가정에서 유·무선 인터넷 등을 통해 주요 가전제품을 제어하고 기기 간에 콘텐츠를 공유할 수 있는 물리적 네트워크 기술이다.
(2) 인증등급
  ① 홈네트워크 [(; 홈IoT)]등급
  ② 홈네트워크 AA등급
  ③ 홈네트워크 A등급

245
「주택건설기준등에 관한 규정」 제65조의2 제5항에 따른 장수명 주택의 인증대상 및 인증등급 등에 관한 내용이다. (   )에 공통적으로 들어갈 숫자를 쓰시오.

법 제38조 제7항에 따라 장수명 주택의 건폐율·용적률은 다음 각 호의 구분에 따라 조례로 그 제한을 완화할 수 있다.
1. 건폐율: 「국토의 계획 및 이용에 관한 법률」 제77조 및 같은 법 시행령 제84조 제1항에 따라 조례로 정한 건폐율의 (   )을(를) 초과하지 아니하는 범위에서 완화. 다만, 「국토의 계획 및 이용에 관한 법률」 제77조에 따른 건폐율의 최대한도를 초과할 수 없다.
2. 용적률: 「국토의 계획 및 이용에 관한 법률」 제78조 및 같은 법 시행령 제85조 제1항에 따라 조례로 정한 용적률의 (   )을(를) 초과하지 아니하는 범위에서 완화. 다만, 「국토의 계획 및 이용에 관한 법률」 제78조에 따른 용적률의 최대한도를 초과할 수 없다.

정답 244. AAA 245. 100분의 115

246

주택건설기준 등에 관한 규정에서 정하고 있는 '에너지절약형 친환경 주택의 건설기준'에 적용되는 기술을 모두 고른 것은?

21회 출제

> ㄱ. 고에너지 건물 조성기술　　ㄴ. 에너지 고효율 설비기술
> ㄷ. 에너지 이용효율 극대화 기술　　ㄹ. 신·재생에너지 이용기술

① ㄱ, ㄷ　　② ㄴ, ㄹ　　③ ㄱ, ㄷ, ㄹ　　④ ㄴ, ㄷ, ㄹ　　⑤ ㄱ, ㄴ, ㄷ, ㄹ

해설 ▶ 에너지절약형 친환경 주택의 건설기준 등

> 주택건설기준등에 관한 규정 제64조(에너지절약형 친환경 주택의 건설기준 등)
> ① 「주택법」 제15조에 따른 사업계획승인을 받은 공동주택을 건설하는 경우에는 다음 각 호의 어느 하나 이상의 기술을 이용하여 주택의 총 에너지사용량 또는 총 이산화탄소배출량을 절감할 수 있는 에너지절약형 친환경 주택(이하 이 장에서 "친환경 주택")으로 건설하여야 한다. 〈개정 2016. 8. 11.〉
> 1. 고단열·고기능 외피구조, 기밀설계, 일조확보 및 친환경자재 사용 등 저에너지 건물 조성기술
> 2. 고효율 열원설비, 제어설비 및 고효율 환기설비 등 에너지 고효율 설비기술
> 3. 태양열, 태양광, 지열 및 풍력 등 신·재생에너지 이용기술
> 4. 자연지반의 보존, 생태면적율의 확보 및 빗물의 순환 등 생태적 순환기능 확보를 위한 외부환경 조성기술
> 5. 건물에너지 정보화 기술, 자동제어장치 및 「지능형전력망의 구축 및 이용촉진에 관한 법률」에 따른 지능형전력망 등 에너지 이용효율을 극대화하는 기술

247

건축물의 에너지절약설계기준에서 기계부문의 권장사항 중 위생설비에 관한 기준이다. 기준에서 명시하고 있는 (　)안에 들어갈 온도로 옳은 것은?

22회 출제

> 위생설비 급탕용 저탕조의 설계온도는 (　)℃ 이하로 하고 필요한 경우에는 부스터히터 등으로 승온하여 사용한다.

① 40　　② 45　　③ 50　　④ 55　　⑤ 60

정답　246. ④　247. ④

CHAPTER 05 환경관리실무

학습포인트
- 이 장의 환경관리는 청소업무·위생관리업무 그리고 환경관리업무로 구성되어 있다.
- 최근 청소업무 중 청소업무의 위탁과 폐기물 수거 및 처리방법에서 출제빈도가 잦은 편이고 환보전관리업무에서도 계속해서 출제되고 있어 세심한 학습을 요한다.

CHAPTER 학습 & 출제되는 키워드

- ☑ 청소업무
- ☑ 위탁계약
- ☑ 생활폐기물의 보관 및 처리
- ☑ 구서법
- ☑ 실내소독
- ☑ 오수정화조관리
- ☑ 소음측정방법
- ☑ 폐기물의 처리기준
- ☑ 청소의 내용 및 주기상 구분
- ☑ 폐기물 수거 및 처리방법
- ☑ 해충방제
- ☑ 바퀴벌레의 구제법
- ☑ 대기환경관리(대기오염물질)
- ☑ 개인하수처리시설의 방류수수질
- ☑ 공동주택 층간소음
- ☑ 새집증후군
- ☑ 청소용역업체의 선정 및 계약
- ☑ 단지 내 쓰레기 수거
- ☑ 공동주택의 소독·방역
- ☑ 수목소독
- ☑ 오염물질의 피해
- ☑ 기술관리인
- ☑ 폐기물관리제도
- ☑ 휘발성 유기화합물

CHAPTER 학습 & 출제되는 질문

- ☑ 「폐기물관리법」상 생활폐기물 보관처리에 관한 내용 중 틀린 것은?
- ☑ 감염병의 예방 및 관리에 관한 법령상의 내용이다. (   )에 들어갈 숫자를 쓰시오.
- ☑ 실내공기질 관리법령상 신축 공동주택의 실내공기질 권고기준으로 옳은 것을 모두 고른 것은?
- ☑ 실내공기질 관리법 시행규칙에 관한 설명으로 옳지 않은 것은?
- ☑ 공동주택 층간소음의 범위와 기준에 관한 규칙상 층간소음의 기준으로 옳은 것은?

제5장 환경관리실무

단원 단답형 문제

01 「공동주택관리법」에 의한 공동주택을 관리·운영하는 자는 보건복지부령이 정하는 바에 의하여 감염병예방에 필요한 소독을 의무적으로 실시하여야 하는 공동주택의 최소 세대수는?

해설 ▸ 공동주택의 소독의무

특별자치도지사 또는 시장·군수·구청장의 소독의무	특별자치도지사 또는 시장·군수·구청장은 감염병을 예방하기 위하여 보건복지부령으로 정하는 바에 따라 청소나 소독을 실시하거나 쥐, 위생해충 등의 구제조치(이하 "소독"이라 한다)를 하여야 한다(「감염병의 예방 및 관리에 관한 법률」 제51조 제1항).
공동주택 등의 관리·운영자의 소독의무	• 공동주택(300세대 이상인 경우만 해당), 숙박업소 등 여러 사람이 거주하거나 이용하는 시설 중 대통령령으로 정하는 시설을 관리·운영하는 자는 보건복지부령으로 정하는 바에 따라 감염병예방에 필요한 소독을 하여야 한다. 이 경우 소독을 하여야 하는 시설의 관리·운영자는 소독업의 신고를 한 자에게 소독하게 하여야 한다. 다만, 「공동주택관리법」에 따른 주택관리업자가 제52조 제1항에 따른 소독장비를 갖추었을 때에는 그가 관리하는 공동주택은 직접 소독할 수 있다. • 특별자치도지사 또는 시장·군수·구청장은 소독을 실시하여야 할 경우에는 그 소독업무를 소독업자가 대행하게 할 수 있다(법 제56조). • 이 경우 소독횟수는 4월부터 9월까지는 1회 이상/1개월, 10월부터 3월까지 1회 이상/2개월 실시하여야 한다.
위반시 처분	공동주택 등의 관리·운영자로서 소독을 실시하지 아니한 자는 100만원 이하의 과태료에 처한다(법 제83조 제2항 제2호).

02 감염병의 예방 및 관리에 관한 법령상의 내용이다. ( )에 들어갈 숫자를 쓰시오. **15회 출제**

> 300세대 이상인 공동주택은 4월부터 9월까지는 ( )개월에 1회 이상 감염병 예방에 필요한 소독을 하여야 한다.

03 감염병의 예방 및 관리에 관한 법령상 소독 관련 내용이다. ( )에 들어갈 용어를 쓰시오. **16회 출제**

> 소독에 이용되는 방법으로는 소각, ( ), 끓는 물 소독, 약물소독, 일광소독이 있다.

정답 01. 300세대   02. 3   03. 증기소독

해설 ▶ 소독

소 각	오염되었거나 오염이 의심되는 소독대상 물건 중 소각해야 할 물건을 불에 완전히 태워야 한다.
증기소독	유통증기(流通蒸氣)를 사용하여 소독기 안의 공기를 빼고 1시간 이상 섭씨 100° 이상의 습열소독을 해야 한다. 다만, 증기소독을 할 경우 더럽혀지고 손상될 우려가 있는 물건은 다른 방법으로 소독을 해야 한다.
끓는 물 소독	소독할 물건을 30분 이상 섭씨 100도 이상의 물속에 넣어 살균해야 한다.
약물소독	다음의 약품을 소독대상 물건에 뿌려야 한다. • 석탄산수(석탄산 3% 수용액) • 크레졸수(크레졸액 3% 수용액) • 승홍수(승홍 0.1%, 식염수 0.1%, 물 99.8% 혼합액) • 생석회(대한약전 규격품) • 크롤칼키수(크롤칼키 5% 수용액) • 포르마린(대한약전 규격품) • 그 밖의 소독약을 사용하려는 경우에는 석탄산 3% 수용액에 해당하는 소독력이 있는 약제를 사용해야 한다.
일광소독	의류, 침구, 용구, 도서, 서류나 그 밖의 물건으로서 규정에 따른 소독방법을 따를 수 없는 경우에는 일광소독을 해야 한다.

04
「건축물의 설비기준 등에 관한 규칙」에서 공동주택 및 다중이용시설의 환기설비기준등에 관한 내용이다. (   )에 들어갈 숫자를 쓰시오. **19회 출제**

> 신축 또는 리모델링하는 (   )세대 이상의 공동주택은 시간당 (   )회 이상의 환기가 이루어질 수 있도록 자연환기설비 또는 기계환기설비를 설치하여야 한다.

해설 ▶ 환기설비
신축 또는 리모델링하는 30세대 이상의 공동주택은 시간당 0.5회 이상의 환기가 이루어질 수 있도록 자연환기설비 또는 기계환기설비를 설치하여야 한다.

05
실내공기질관리법령상 신축 공동주택의 실내공기질 측정물질들을 나열한 것이다. (   )에 들어갈 물질을 쓰시오. **19회 출제**

> 폼알데하이드, 벤젠, 톨루엔, 에틸벤젠, (   ), 스티렌, 라돈

해설 ▶ 실내공기질 측정물질
신축 공동주택의 실내공기질 측정물질에는 폼알데하이드, 벤젠, 톨루엔, 에틸벤젠, 자일렌, 스티렌 등이 있다.

정답 04. 30, 0.5   05. 자일렌

제5장 환경관리실무

06 신축되는 공동주택의 시공자는 시공이 완료된 공동주택의 실내공기질을 측정하여 그 측정결과는 일정한 서식으로 작성하여 주민입주 (①)일 전까지 시장·군수·구청장(자치구의 구청장을 말함)에게 제출하고, 주민입주 7일 전부터 (②)일간 일정한 장소에 주민들이 잘 볼 수 있도록 공고하여야 한다. ( )에 들어갈 적합한 내용은?

> **해설** ▶ **실내공기질에 관한 관리**
> 1) 적용대상
>   100세대 이상으로 신축되는 아파트, 연립주택 및 기숙사인 공동주택으로 한다(「실내공기질관리법」 제3조, 영 제2조 제3항).
> 2) 신축공동주택의 실내공기질 관리
>   ① 측정 및 그 결과의 공고 등 : 환경부령으로 정하는 바에 따라 선정된 입주예정자의 입회하에 시공이 완료된 공동주택의 실내공기질을 스스로 측정하거나 환경부령으로 정하는 자로 하여금 측정하도록 하여 그 측정결과를 특별자치시장·특별자치도지사·시장·군수·구청장에게 제출하고, 입주 개시전에 입주민들이 잘 볼 수 있는 장소에 공고 하여야 한다.(법 제9조 제1항). 신축 공동주택의 시공자는 실내공기질을 측정한 경우 주택 공기질 측정결과 보고(공고)를 작성하여 주민 입주 7일 전까지 특별자치시장·특별자치도지사·시장·군수·구청장에게 제출해야 하고, 주민입주 7일 전부터 60일간 다음의 장소에 주민들이 잘 볼 수 있도록 공고하여야 한다(규칙 제7조 제3·4항).
>   ㉠ 공동주택 관리사무소 입구 게시판
>   ㉡ 각 공동주택 출입문 게시판
>   ㉢ 시공자의 인터넷 홈페이지
>   ② 측정방법 : 신축 공동주택의 시공자가 실내공기질을 측정하는 경우에는 법 제4조의 규정에 의한 실내공기질 공정시험방법에 의하여 측정을 실시하여야 한다(규칙 제7조 제1항).

07 공동주택의 공동주택 층간소음의 방지 등에 관한 내용이다. ( )에 들어가는 숫자를 순서대로 각각 쓰시오.

10회 개작

> 입주자등은 층간소음에 따른 분쟁을 예방하고 조정하기 위하여 관리규약으로 정하는 바에 따라 층간소음 민원의 청취 및 사실관계 확인 등의 업무를 수행하는 공동주택 층간소음관리위원회를 구성·운영할 수 있다. 다만, 의무관리대상 공동주택 중 ( )세대 이상인 경우에는 층간소음관리위원회를 구성하여야 한다.

> **해설** ▶ **공동주택의 층간소음의 방지 등**
> 공동주택의 입주자등은 층간소음에 따른 분쟁을 예방하고 조정하기 위하여 관리규약으로 정하는 바에 따라 다음 각 호의 업무를 수행하는 공동주택 층간소음관리위원회를 구성·운영할 수 있다. 다만, 의무관리대상 공동주택 중 700세대 이상인 경우에는 층간소음관리위원회를 구성하여야 한다.
> ① 층간소음 민원의 청취 및 사실관계 확인
> ② 분쟁의 자율적인 중재 및 조정
> ③ 층간소음 예방을 위한 홍보 및 교육
> ④ 그 밖에 층간소음 분쟁 방지 및 예방을 위하여 관리규약으로 정하는 업무

정답 06. ① 7, ② 60 07. 700

08

소음·진동관리법령상 생활소음 규제기준에 관한 내용이다. (　)에 들어갈 숫자 ①과 ②를 순서대로 각각 쓰시오.

17회 출제

[단위 : dB(A)]

대상지역	소음원	시간대별	주간 (07:00~18:00)	야간 (22:00~05:00)
주거지역	확성기	옥외설치	(①) 이하	(②) 이하
		옥내에서 옥외로 소음이 나오는 경우	55 이하	45 이하

해설 ▶ 생활소음 규제기준

대상 지역	소음원		시간대별	아침, 저녁 (05:00~07:00, 18:00~22:00)	주간 (07:00~18:00)	야간 (22:00~05:00)
주거지역, 녹지지역, 관리지역 중 취락지 구·주거개발진흥지 구 및 관광·휴양개발 진흥지구, 자연환경보 전지역, 그 밖의 지역 에 있는 학교·종합병 원·공공도서관	확성기		옥외설치	60 이하	65 이하	60 이하
			옥내에서 옥 외로 소음이 나오는 경우	50 이하	55 이하	45 이하
	사업장		공장	50 이하	55 이하	45 이하
			동일 건물	45 이하	50 이하	40 이하
			기타	50 이하	55 이하	45 이하
	공사장			60 이하	65 이하	50 이하

09

「공동주택 층간소음의 범위와 기준에 관한 규칙」에서 층간소음의 기준 중 일부분이다. (　)에 들어갈 숫자 ①과 ②를 순서대로 각각 쓰시오.

19회 출제

층간소음의 구분		층간소음의 기준 [단위:dB(A)]	
		주 간 (06:00~22:00)	야 간 (22:00~06:00)
직접충격 소음 (뛰거나 걷는 동작 등으로 인하여 발생하는 소음)	1분간 등가소음도(Leq)	(①)	(②)
	최고소음도(Lmax)	57	52

정답 08. 65, 60   09. ① 39, ② 34

10

다음은 실내 공기질 관리법령에서 정하는 건축자재에서 방출되는 오염물질이다. ( )에 알맞은 숫자를 쓰시오.

	폼알데하이드	톨루엔	총휘발성유기화합물
접착제	0.02 이하	0.08 이하	( ) 이하
페인트			2.5 이하
실란트			( ) 이하
퍼티			20.0 이하
벽지			( ) 이하
바닥재			4.0 이하
표면가공 목질판상제품	0.05 이하		0.4 이하

위 표에서 오염물질의 종류별 단위는 mg/㎡·h를 적용한다. 다만, 실란트에 대한 오염물질별 단위는 mg/m·h를 적용한다.

11

「실내공기질 관리법」에 따른 신축되는 100세대 이상 공동주택의 실내공기질 권고기준이다. ( )를 채우시오.

1. 폼알데하이드 210㎍/㎥ 이하
2. ( ) 30㎍/㎥ 이하
3. 톨루엔 1,000㎍/㎥ 이하
4. 에틸벤젠 360㎍/㎥ 이하
5. 자일렌 ( )㎍/㎥ 이하
6. 스티렌 300㎍/㎥ 이하
7. 라돈 148Bq/㎥ 이하

12

공동주택 층간소음의 범위와 기준에 관한 규칙상 층간소음의 기준에 관한 것이다. ( )에 들어갈 숫자를 쓰시오.

23회 출제

층간소음의 구분		층간소음의 기준[단위:dB(A)]	
		주 간 (06:00~22:00)	야 간 (22:00~06:00)
공기전달 소음 (텔레비전, 음향기기 등의 사용으로 인하여 발생하는 소음)	5분간 등가소음도(Leq)	(ㄱ)	(ㄴ)

정답 10. 2.0, 1.5, 4.0 11. 벤젠, 700 12. 45, 40

13 「감염병의 예방 및 관리에 관한 법률」에 의한 소독의 횟수에 대하여 기술한 것이다. 다음 ( )에 들어갈 숫자를 쓰시오.

소독의 횟수	
4월부터 9월까지	1회 이상/( )개월
10월부터 3월까지	1회 이상/( )개월

14 다음은 실내공기질 관리법령에서 정하는 신축 공동주택의 공기질 측정결과 공지에 관한 내용이다. ( )에 알맞은 숫자를 순서대로 쓰시오.

신축 공동주택의 공기질 측정결과는 주민입주 ( )일 전까지 특별자치도지사·시장·실내공기질 군수·구청장에게 제출하고, 주민입주 ( )일 전부터 ( )일간 다음 각호의 장소에 주민들이 잘 볼 수 있도록 공고하여야 한다.

1. 공동주택 관리사무소 입구 게시판
2. 각 공동주택 출입문 게시판
3. 시공자의 인터넷 홈페이지

정답 13. 3, 6   14. 7, 7, 60

제5장 환경관리실무

응용 출제예상문제

01 다음 중 공동주택의 오물수거와 관련된 폐기물관리제도에 관한 설명으로 옳지 <u>않은</u> 것은?

① 생활폐기물은 공장 등에서 배출되는 사업장폐기물 이외의 폐기물을 말한다.
② 오니의 경우 탈수·건조 등에 의하여 수분함량을 60% 이하로 사전처리한 후 매립한다.
③ 매립되는 생활폐기물로 인하여 매립층 안에 공간이 생길 수 있는 폐가구류·건설폐재류·폐가전제품·폐합성고분자화합물 및 폐고무류인 생활폐기물은 매립시 공간이 최소화되도록 해체·압축·파쇄·절단 또는 용융한 후 매립하여야 한다.
④ 생활폐기물의 보관장소는 악취가 발산하거나, 쥐·모기·파리 등 해충이 발생하지 아니하도록 필요한 조치를 하여야 한다.
⑤ 폐타이어·폐가구류 및 폐가전제품의 해체·압축·파쇄·절단 등의 중간처리과정에서 발생된 가연성 잔재물을 바로 매립하여서는 아니되며, 소각하여야 한다.

해설 오니의 매립
오니의 경우에는 탈수·건조 등에 의하여 수분함량 85% 이하로 사전처리를 한 후에 매립하여야 한다.

02 폐기물관리법령상 폐기물재활용 신고자와 광역 폐기물처리시설 설치·운영자의 폐기물 처리기간은 며칠 이내인가? (단, 화재, 중대한 사고, 노동쟁의, 방치 폐기물의 반입·보관 등 그 처리기간 이내에 처리하지 못할 부득이한 사유가 있는 경우로서 특별시장·광역시장·도지사 및 특별자치도지사 또는 유역환경청장·지방환경청장의 승인을 받은 때를 제외)

11회 출제

① 7일 ② 10일 ③ 14일 ④ 30일 ⑤ 60일

해설 폐기물의 처리
법 제46조 제1항에 따라 폐기물처리 신고를 한 자(이하 "폐기물처리 신고자")와 법 제5조 제1항에 따른 광역 폐기물처리시설 설치·운영자는 환경부령으로 정하는 기간(30일을 말한다. 다만, 폐기물처리 신고자가 고철을 재활용하는 경우에는 60일) 이내에 폐기물을 처리하여야 한다.

정답   01. ②   02. ④

제2편 공동주택기술관리

03 자원의 절약과 재활용촉진에 관한 법령상 공동주택의 자원재활용제도에 관한 설명으로 타당하지 않은 것은?

① 각 층의 바닥면적의 합계가 3,000㎡ 이상인 공동주택의 입주자, 사용자 및 관리주체는 자원재활용 대상자이다.
② 점유하고 있는 시설에서 배출되는 폐기물 중 종이류, 유리병, 캔류, 플라스틱류 또는 고철류 등 분리수거되는 재활용가능자원을 소유자 또는 관리자가 확보한 분리수집장소로 운반하여 품목별로 분리·보관되도록 배출하여야 한다.
③ 종이류는 복사용지, 신문용지, 판지 등으로 분리하여 수집한다.
④ 재활용 대상이 아닌 폐기물은 재활용대상과 혼합하여 배출해서는 안된다.
⑤ 유리병은 무색, 녹색을 포함한 청색 또는 갈색의 3색으로 분리배출되도록 노력한다.

해설 ▶ 자원재활용제도
폐기물을 배출하는 토지나 건물의 소유자·점유자 또는 관리자 중 <u>대통령령으로 정하는 자</u>(이하 "폐기물배출자"라 한다)는 그 토지나 건물에서 배출되는 폐기물 중 재활용할 수 있는 폐기물을 환경부령으로 정하는 기준에 따라 재활용하거나 종류·성질·상태별로 분리 보관하여 재활용될 수 있도록 하여야 한다.
"<u>대통령령으로 정하는 자</u>"란 사업활동에 수반하여 폐기물(지정폐기물은 제외한다)을 배출하는 자로서 다음 각 호의 어느 하나에 해당하는 자를 말한다.
1. 각 층 바닥면적의 합계가 1천제곱미터 이상인 건물의 소유자·점유자 또는 관리자
2. 폐기물을 1일 평균 300킬로그램 이상 배출하거나 일련의 공사·작업 등으로 폐기물을 5톤 이상 배출하는 토지의 소유자·점유자 또는 관리자

04 다음 중 공동주택의 소독에 관한 설명으로 적합하지 않은 것은?

① 특별자치도지사 또는 시장·군수·구청장은 감염병을 예방하기 위하여 보건복지부령으로 정하는 바에 따라 청소나 소독을 실시하거나 쥐, 위생해충 등의 구제조치를 하여야 한다.
② 특별자치도지사 또는 시장·군수·구청장은 소독을 실시하여야 할 경우에는 그 소독업무를 소독업자가 대행하게 할 수 있다.
③ 의무관리대상인 공동주택을 관리·운영하는 자는 보건복지부령이 정하는 바에 의하여 감염병예방에 필요한 소독을 실시하여야 한다.
④ 소독횟수는 4월부터 9월까지는 1회 이상/1개월, 10월부터 3월까지 1회 이상/2개월 실시하여야 한다.
⑤ 공동주택 등의 관리·운영자로서 소독을 실시하지 아니한 자는 100만원 이하의 과태료에 처한다.

정답 03. ① 04. ③

제5장 환경관리실무

해설 ▶ 공동주택의 소독
③ 의무관리대상 중 300세대 이상의 공동주택에 한한다.

05 다중이용시설 등의 실내공기질관리법령상 100세대 이상의 신축 공동주택 실내공기질 관리에 관한 설명으로 옳지 <u>않은</u> 것은? `17회 개작`

① 신축공동주택의 실내공기질 측정항목은 폼알데하이드, 벤젠, 톨루엔, 에틸벤젠, 자일렌, 스틸렌이다.
② 폼알데하이드의 실내공기질 권고기준은 210μg/㎥ 이하이다.
③ 신축 공동주택의 시공자가 실내공기질을 측정하는 경우에는 「환경분야 시험·검사 등에 관한 법률」에 따른 환경오염공정시험기준에 따라 하여야 한다.
④ 신축 공동주택의 시공자는 작성한 주택 공기질 측정결과 보고(공고)를 주민 입주 3일 전부터 60일간 공동주택 관리사무소 입구 게시판, 각 공동주택 출입문 게시판, 시공자의 인터넷 홈페이지 등에 주민들이 잘 볼 수 있도록 공고하여야 한다.
⑤ 톨루엔의 실내공기질 권고기준은 1,000μg/㎥ 이하이다.

해설 ▶ 신축공동주택 실내공기질 관리
신축 공동주택의 시공자는 작성한 주택 공기질 측정결과 보고(공고)를 주민 입주 7일 전부터 60일간 공동주택 관리사무소 입구 게시판, 각 공동주택 출입문 게시판, 시공자의 인터넷 홈페이지 등에 주민들이 잘 볼 수 있도록 공고하여야 한다.

06 실내공기질 관리법령상 신축 공동주택의 실내공기질 권고기준으로 옳은 것을 모두 고른 것은? `22회 출제`

㉠ 폼알데하이드 210μg/㎥ 이하   ㉡ 벤젠 60μg/㎥ 이하
㉢ 톨루엔 1,000μg/㎥ 이하   ㉣ 에틸벤젠 400μg/㎥ 이하
㉤ 자일렌 900μg/㎥ 이하   ㉥ 스티렌 500μg/㎥ 이하

① ㉠, ㉡   ② ㉠, ㉢   ③ ㉡, ㉣   ④ ㉢, ㉥   ⑤ ㉣, ㉤

해설 ▶ 신축 공동주택의 실내공기질 권고기준
㉡ 벤젠 30μg/㎥ 이하, ㉣ 에틸벤젠 360μg/㎥ 이하, ㉤ 자일렌 700μg/㎥ 이하, ㉥ 스티렌 300μg/㎥ 이하

정답 05. ④ 06. ②

07. 실내공기질 관리법 시행규칙에 관한 설명으로 옳지 않은 것은? `26회 출제`

① 주택 공기질 측정결과 보고(공고)는 주민입주 7일 전부터 30일간 주민들에게 공고하여야 한다.
② 벽지와 바닥재의 폼알데하이드 방출기준은 0.02 mg/m²·h 이하이다.
③ 신축 공동주택의 실내공기질 측정항목에는 폼알데하이드, 벤젠, 톨루엔, 에틸벤젠, 자일렌, 스티렌, 라돈이 있다.
④ 신축 공동주택의 실내공기질 권고기준에서 라돈은 148Bq/m³ 이하이다.
⑤ 신축 공동주택의 시공자가 실내공기질을 측정하는 경우에는 「환경분야 시험·검사 등에 관한 법률」에 따른 환경오염공정시험기준에 따라 하여야 한다.

해설 ▶ 주택 공기질 측정결과 보고
① 주택 공기질 측정결과 보고(공고)는 주민입주 7일 전부터 60일간 주민들에게 공고하여야 한다.

08. 실내공기질 관리법 시행규칙상 신축 공동주택의 실내공기질 권고기준으로 옳지 않은 것은? `27회 출제`

① 폼알데하이드: 210 ㎍/m³ 이하
② 벤젠: 300 ㎍/m³ 이하
③ 톨루엔: 1,000 ㎍/m³ 이하
④ 에틸벤젠: 360 ㎍/m³ 이하
⑤ 라돈: 148 Bq/m³ 이하

해설 ▶ 실내공기질 권고기준
신축 공동주택(아파트, 연립주택, 권고기준)의 실내공기질 측정항목 및 권고기준은 다음과 같다 (「실내공기질관리법」 제6조, 규칙 제7조 제2항, 제7조의2 [별표 4의2]).
1) 폼알데하이드 : 210㎍/m³ 이하
2) 벤 젠 : 30㎍/m³ 이하
3) 톨루엔 : 1,000㎍/m³ 이하
4) 에틸벤젠 : 360㎍/m³ 이하
5) 자일렌 : 700㎍/m³ 이하
6) 스티렌 : 300㎍/m³ 이하
7) 라돈 : 148Bq/m³ 이하

정답 07. ① 08. ②

09. 공동주택 층간소음의 범위와 기준에 관한 규칙상 층간소음의 기준으로 옳은 것은?

24회 출제

① 직접충격 소음의 1분간 등가소음도는 주간 47dB(A), 야간 43dB(A)이다.
② 직접충격 소음의 최고소음도는 주간 59dB(A), 야간 54dB(A)이다.
③ 공기전달 소음의 5분간 등가소음도는 주간 45dB(A), 야간 40dB(A)이다.
④ 1분간 등가소음도 및 5분간 등가소음도는 측정한 값 중 가장 낮은 값으로 한다.
⑤ 최고소음도는 1시간에 5회 이상 초과할 경우 그 기준을 초과한 것으로 본다.

해설 ▶ **공동주택 층간소음의 범위와 기준**

①, ② 공동주택의 입주자 및 사용자는 공동주택에서 발생하는 층간소음을 다음 기준 이하가 되도록 노력하여야 한다.

층간소음의 구분		층간소음의 기준[단위 : dB(A)]	
		주간(06:00 ~ 22:00)	야간(22:00 ~ 06:00)
직접충격 소음	1분간 등가소음도	39	34
	최고소음도	57	52
공기전달 소음	5분간 등가소음도	45	40

④ 1분간 등가소음도 및 5분간 등가소음도는 위 3에 따라 측정한 값 중 가장 높은 값으로 한다.
⑤ 최고소음도는 1시간에 3회 이상 초과할 경우 그 기준을 초과한 것으로 본다.

10. 공동주택 층간소음의 범위와 기준에 관한 규칙상 층간소음의 범위와 기준에 관한 설명이다. 다음 중 옳지 않은 것은?

① 공기전달 소음이란 텔레비전, 음향기기 등의 사용으로 인하여 발생하는 소음을 말한다.
② 공동주택 층간소음의 범위는 입주자 또는 사용자의 활동으로 인하여 발생하는 소음으로서 다른 입주자 또는 사용자에게 피해를 주는 직접충격 소음과 공기전달 소음으로 한다. 다만,
③ 욕실, 화장실 및 다용도실 등에서 급수·배수로 인하여 발생하는 소음은 공동주택 층간소음의 범위에서 제외한다.
④ 주간 공기전달소음의 5분간 등가소음도 층간소음의 기준은 39dB 이하이다.
⑤ 최고소음도는 1시간에 3회 이상 초과할 경우 그 기준을 초과한 것으로 본다.

해설 ▶ **소음·진동의 관리**

주간 공기전달소음의 5분간 등가소음도 층간소음의 기준은 45dB 이하이다.

정답 09. ③ 10. ④

11. 공동주택관리법령상 층간소음에 관한 설명으로 옳지 않은 것은? 20회 출제

① 공동주택 층간소음의 범위와 기준은 국토교통부와 환경부의 공동부령으로 정한다.
② 층간소음으로 피해를 입은 입주자등은 관리주체에게 층간소음 발생 사실을 알리고, 관리주체가 층간소음 피해를 끼친 해당 입주자등에게 층간소음 발생을 중단하거나 소음차단 조치를 권고하도록 요청할 수 있다.
③ 의무관리대상 공동주택 중 700세대 이상인 경우에는 층간소음관리위원회를 구성하여야 한다.
④ 욕실에서 급수배수로 인하여 발생하는 소음의 경우 공동주택 층간소음의 범위에 포함되지 않는다.
⑤ 관리주체의 조치에도 불구하고 층간소음 발생이 계속될 경우에는 층간소음 피해를 입은 입주자등은 공동주택관리법에 따른 공동주택관리 분쟁조정위원회가 아니라 환경분쟁조정법에 따른 환경분쟁조정위원회에 조정을 신청하여야 한다.

해설 ▶ 층간소음의 방지

층간소음 피해를 입은 입주자등은 관리주체 또는 층간소음관리위원회의 조치에도 불구하고 층간소음 발생이 계속될 경우 공동주택관리 분쟁조정위원회나「환경분쟁 조정 및 환경피해 구제 등에 관한 법률」제4조에 따른 환경분쟁조정피해구제위원회에 조정을 신청할 수 있다.

정답 11. ⑤

12 다음 중 공동주택의 교통소음·진동의 규제에 관한 내용으로 옳지 않은 것은?

① 특별시장·광역시장·특별자치시장·특별자치도지사 또는 시장·군수(광역시의 군수를 제외한다)는 교통기관에서 발생하는 소음·진동이 교통소음·진동 관리기준을 초과하거나 초과할 우려가 있는 경우에는 해당 지역을 교통소음·진동 관리지역으로 지정할 수 있다.

② 교통소음·진동의 규제지역의 범위에는 「국토의 계획 및 이용에 관한 법률」상의 주거지역·녹지지역·상업지역 등이 포함된다.

③ 특별자치시장·특별자치도지사 또는 시장·군수·구청장은 교통소음·진동의 규제지역 안을 통행하는 자동차를 운행하고자 하는 자에 대하여 「도로교통법」에 의한 속도의 제한 및 우회 등의 필요한 조치를 하여 줄 것을 지방경찰청장에게 요청할 수 있다.

④ 특별시장·광역시장·특별자치시장·특별자치도지사 또는 시장·군수(광역시의 군수를 제외한다)는 교통소음·진동 관리지역에서 자동차 전용도로, 고속도로 및 철도로부터 발생하는 소음·진동이 교통소음·진동 관리기준을 초과하여 주민의 조용하고 평온한 생활환경이 침해된다고 인정하면 스스로 방음·방진시설을 설치할 수 있다.

⑤ 특별시장·광역시장·특별자치시장·특별자치도지사 또는 시장·군수(광역시의 군수를 제외한다)는 교통소음·진동 관리지역에서 자동차 전용도로, 고속도로 및 철도로부터 발생하는 소음·진동이 교통소음·진동 관리기준을 초과하여 주민의 조용하고 평온한 생활환경이 침해된다고 인정하면 해당 시설관리기관의 장에게 방음·방진시설의 설치 등 필요한 조치를 할 것을 요청할 수 있다.

해설 ▶ 교통소음·진동의 규제
③ 특별자치시장·특별자치도지사 또는 시장·군수·구청장 관할 사항이고, ④, ⑤는 특별시장·광역시장·특별자치시장·특별자치도지사 또는 시장·군수(광역시의 군수를 제외한다)의 관할 사항이다.

정답 12. ③

13 공동주택의 소음관리에 관한 설명으로 옳지 않은 것은?

① 사업주체는 공동주택을 건설하는 지점의 소음도가 65데시벨 미만이 되도록 하되, 65데시벨 이상인 경우에는 방음벽·수림대 등의 방음시설을 설치하여 해당 공동주택의 건설지점의 소음도가 65데시벨 미만이 되도록 소음방지대책을 수립하여야 한다.
② 경계벽은 이를 지붕밑 또는 바로 윗층바닥판까지 닿게 하여야 하며, 소리를 차단하는데 장애가 되는 부분이 없도록 설치하여야 한다.
③ 공동주택의 3층 이상인 층의 발코니에 세대 간 경계벽을 설치하는 경우에는 화재 등의 경우에 피난용도로 사용할 수 있는 피난구를 경계벽에 설치하거나 경계벽의 구조를 파괴하기 쉬운 경량구조 등으로 할 수 있다. 다만, 경계벽에 창고 기타 이와 유사한 시설을 설치하는 경우에는 그러하지 아니하다.
④ 관리주체는 필요한 경우 입주자 또는 사용자를 대상으로 층간소음의 예방, 분쟁의 조정 등을 위한 교육을 실시할 수 있다.
⑤ 공동주택의 각 세대 간의 경계벽의 구조가 철근콘크리트조 또는 철골철근콘크리트조로서 그 두께(시멘트모르타르·회반죽·석고프라스터 기타 이와 유사한 재료를 바른 후의 두께를 포함한다)가 12cm 이상인 것으로 하여야 한다.

해설 ▶ 소음관리(경계벽)
공동주택의 각 세대 간의 경계벽의 구조가 철근콘크리트조 또는 철골철근콘크리트조로서 그 두께(시멘트모르타르·회반죽·석고프라스터 기타 이와 유사한 재료를 바른 후의 두께를 포함한다)가 15cm 이상인 것으로 하여야 한다.

정답 13. ⑤

14 실내공기질 관리법령상 실내공기질 관리에 관한 내용으로 옳지 <u>않은</u> 것은?

① 신축되는 공동주택의 시공자는 시공이 완료된 공동주택의 실내공기질을 측정하여 그 측정결과를 특별자치도지사·시장·군수·구청장(자치구의 구청장을 말한다)에게 제출하고, 입주개시 전에 입주민들이 잘 볼 수 있는 장소에 공고하여야 한다.
② 신축 공동주택의 시공자가 실내공기질을 측정하는 경우에는 「환경분야 시험·검사 등에 관한 법률」에 따른 환경오염공정시험기준에 따라 측정을 실시하여야 한다.
③ 신축 공동주택의 실내공기질 측정항목 중 라돈의 유지기준은 200Bq/㎥ 이하이다.
④ 측정결과는 주민입주 7일 전까지 특별자치도지사·시장·실내공기질 군수·구청장에게 제출하고, 주민입주 7일 전부터 60일간 주민들이 잘 볼 수 있도록 공고하여야 한다.
⑤ 특별시장·광역시장·특별자치시장·도지사 또는 특별자치도지사 또는 시장·군수·구청장은 실내공기질 측정결과를 공보 또는 인터넷 홈페이지 등에 공개할 수 있다.

해설 ▶ 실내공기질
신축 공동주택의 실내공기질 측정항목 중 라돈의 권고기준은 148Bq/㎥ 이하이다.

정답 14. ③

CHAPTER 06 안전관리실무

학습포인트

- 이 장은 안전관리의 개요, 공동주택의 안전관리 및 점검 그리고 방화관리로 구성되어 있다.
- 사고의 원인을 정확하게 규명하여 동종 또는 유사한 재해의 재발을 방지하는 것을 목적으로 하는 안전관리 중에서 특히, 안전관리진단기준이 매번 출제될 만큼 중요하며 보일러시설, 전기시설 안전관리의 내용도 숙지하여야 한다. 그리고 소방안전관리자의 업무와 화재발생시의 소화대책도 정리할 필요가 있다.

CHAPTER 학습 & 출제되는 키워드

- ☑ 안전사고
- ☑ 안전관리진단
- ☑ 안전에 관한 교육제도
- ☑ 점검방법·결과에 대한 조치
- ☑ 보일러의 안전점검
- ☑ 어린이놀이시설의 안전관리
- ☑ 사고보고의무
- ☑ 소화기 사용법
- ☑ 사고의 원인
- ☑ 안전관리계획 수립
- ☑ 소규모 공동주택의 안전관리
- ☑ 재난예방 예산의 확보
- ☑ 사고예방 및 취급
- ☑ 안전교육
- ☑ 소방안전관리
- ☑ 소화작업시 유의사항
- ☑ 공동주택의 안전관리 및 점검
- ☑ 안전관리진단 실시기준
- ☑ 안전점검
- ☑ 보일러시설의 안전관리
- ☑ 전기설비의 안전관리
- ☑ 보험가입
- ☑ 화재발생의 원인
- ☑ 피난설비와 피난유도

CHAPTER 학습 & 출제되는 질문

- ☑ 시설물의 안전 및 유지관리에 관한 특별법 시행령상 정밀안전점검 및 긴급안전점검의 결과보고서에 포함되어야 할 사항에 해당하지 않은 것은?
- ☑ 공동주택관리법령상 의무관리대상 공동주택의 관리주체의 안전관리계획과 안전점검 및 안전진단에 관한 설명으로 옳지 않은 것은?
- ☑ 어린이놀이시설 안전관리법 시행령상 어린이놀이시설로 인하여 이용자가 피해를 입은 사고 중에서 "대통령이 정하는 중대한 사고"에 해당하는 것을 모두 고른 것은?

제6장 안전관리실무

단원 단답형 문제

01 관리주체가 매분기 1회 이상 안전진단을 실시하고, 동시에 매년 2회 이상 위생진단을 실시하여야 하는 시설은?

해설 ▶ 안전진단사항

안전진단	변전실, 고압가스시설, 도시가스시설, 액화석유가스시설, 소방시설, 맨홀(정화조의 뚜껑을 포함함), 유류저장시설, 펌프실, 인양기, 전기실, 기계실, 어린이놀이터, 주민운동시설 및 주민휴게시설	매분기 1회 이상(다만, 승강기의 경우에는 매월 1회 이상)
위생진단	저수시설, 우물, 어린이놀이터	연 2회 이상

26회 출제

02 시설물의 안전 및 유지관리에 관한 특별법 시행령의 안전점검 및 진단의 실시시기에 관한 내용이다. ( )에 들어갈 아라비아 숫자를 쓰시오.

안전등급	정기안전점검	정밀안전점검		정밀안전진단	성능평가
		건축물	건축물 외 시설물		
D·E 등급	1년에 (ㄱ)회 이상	2년에 1회 이상	1년에 1회 이상	(ㄴ)년에 1회 이상	(ㄷ)년에 1회 이상

해설 ▶ 안전점검, 정밀안전진단 및 성능평가의 실시시기

안전등급	정기안전점검	정밀안전점검		정밀안전진단	성능평가
		건축물	건축물 외 시설물		
A등급	반기에 1회 이상	4년에 1회 이상	3년에 1회 이상	6년에 1회 이상	5년에 1회 이상
B·C등급		3년에 1회 이상	2년에 1회 이상	5년에 1회 이상	
D·E등급	1년에 3회 이상	2년에 1회 이상	1년에 1회 이상	4년에 1회 이상	

정답　01. 어린이놀이터　02. ㄱ : 3, ㄴ : 4, ㄷ : 5

제2편 공동주택기술관리

03 시설물의 안전 및 유지관리에 관한 특별법상 용어의 정의에 관한 내용이다. ( )에 들어갈 용어를 쓰시오.

25회 출제

> 제2조(정의) 이 법에서 사용하는 용어의 뜻은 다음과 같다.
> 1 ~ 5. 〈생략〉
> 6. (ㄱ)(이)란 시설물의 물리적·기능적 결함을 발견하고 그에 대한 신속하고 적절한 조치를 하기 위하여 구조적 안전성과 결함의 원인 등을 조사·측정·평가하여 보수·보강 등의 방법을 제시하는 행위를 말한다.

해설 ▶ **용어의 뜻**
1) 정기안전점검: 시설물의 상태를 판단하고 시설물이 점검 당시의 사용요건을 만족시키고 있는지 확인할 수 있는 수준의 외관조사를 실시하는 안전점검
2) 정밀안전점검: 시설물의 상태를 판단하고 시설물이 점검 당시의 사용요건을 만족시키고 있는지 확인하며 시설물 주요부재의 상태를 확인할 수 있는 수준의 외관조사 및 측정·시험장비를 이용한 조사를 실시하는 안전점검
3) "정밀안전진단"이란 시설물의 물리적·기능적 결함을 발견하고 그에 대한 신속하고 적절한 조치를 하기 위하여 구조적 안전성과 결함의 원인 등을 조사·측정·평가하여 보수·보강 등의 방법을 제시하는 행위를 말한다.

11회 출제

04 공동주택관리법령상 안전관리계획 및 교육 등에 대한 내용이다. ( )에 들어갈 숫자를 각각 순서대로 쓰시오.

> 공동주택단지 안의 각종 안전사고 예방과 방범을 하기 위하여 경비업무에 종사하는 자와 안전관리계획에 의하여 시설물 안전관리책임자로 선정된 자는 국토교통부령이 정하는 바에 의하여 시장·군수·구청장이 실시하는 방범교육 및 안전교육을 받아야 한다. 이때 그 교육기간은 연 ( )회 이내이며, 매회별 ( )시간씩 교육이 진행된다.

해설 ▶ **안전관리교육기간 및 대상자**
1) 교육기간: 연 2회 이내, 매회별 4시간
2) 대상자
   ① 방범교육: 경비책임자
   ② 소방에 관한 안전교육: 시설물 안전관리책임자
   ③ 시설물에 관한 안전교육: 시설물 안전관리책임자

정답 03. ㄱ: 정밀안전진단 04. 2, 4

05
공동주택관리법령상 안전점검에 관한 규정이다. ( )에 들어갈 숫자를 순서대로 각각 쓰시오.

> 의무관리대상 공동주택의 관리주체는 그 공동주택의 기능유지와 안전성 확보로 입주자 등을 재해 및 재난 등으로부터 보호하기 위하여「시설물의 안전 및 유지관리에 관한 특별법」에 따른 지침에서 정하는 안전점검의 실시 방법 및 절차 등에 따라 공동주택의 안전점검을 실시하여야 한다. 다만, ( )층 이상의 공동주택 및 사용연수, 세대수, 안전등급, 층수 등을 고려하여 대통령령으로 정하는 ( )층 이하의 공동주택에 대하여는 대통령령으로 정하는 자로 하여금 안전점검을 실시하도록 하여야 한다.

해설 ▶ 안전점검

19회 출제

〈보충〉
"대통령령으로 정하는 15층 이하의 공동주택"이란 15층 이하의 공동주택으로서 다음 각 호의 어느 하나에 해당하는 것을 말한다.
1. 사용검사일부터 30년이 경과한 공동주택
2. 「재난 및 안전관리 기본법 시행령」에 따른 안전등급이 C등급, D등급 또는 E등급에 해당하는 공동주택

11회 출제

06
「시설물의 안전 및 유지관리에 관한 특별법」상 중대한 결함에 대한 보수·보강조치 등의 이행에 대한 내용이다. ( )에 들어갈 숫자를 각각 순서대로 쓰시오.

> 관리주체는「시설물의 안전 및 유지관리에 관한 특별법」의 규정에 의하여 통보받은 안전점검 또는 정밀안전진단 실시결과에 중대한 결함사항이 포함되어 있는 경우에는 통보를 받은 날로부터 ( )년 이내에 그 결함사항에 대한 보수·보강 등의 필요한 조치에 착수하여야 하며, 특별한 사유가 없는 한 착수한 날부터 ( )년 이내에 이를 완료하여야 한다.

07
다음 ( )에 알맞은 말이나 숫자를 넣으시오.

> - 관리사무소장은 안전관리계획의 조정의 업무를 담당한다. 안전관리계획은 ( )년마다 조정하되, 관리여건상 필요하여 당해 공동주택의 관리사무소장이 입주자대표회의 구성원 과반수의 서면동의를 얻은 경우에는 ( )년이 경과하기 전에 조정할 수 있다.

정답 05. 16, 15   06. 2, 3   07. 3, 3

08

어린이놀이시설 안전관리법령상 어린이놀이시설의 정기시설검사 등에 관한 내용이다. (   )에 들어갈 숫자를 쓰시오.

19회 출제

> 관리주체는 설치검사를 받은 어린이놀이시설이 시설기준등에 적합한지 여부를 확인하기 위하여 대통령령이 정하는 방법 및 절차에 따라, 안전검사기관으로부터 (   )년에 1회 이상 정기시설검사를 받아야 한다.

해설 ▶ 어린이놀이시설의 설치검사

관리주체는 설치검사를 받은 어린이놀이시설이 시설기준등에 적합한지 여부를 확인하기 위하여 대통령령이 정하는 방법 및 절차에 따라, 안전검사기관으로부터 2년에 1회 이상 정기시설검사를 받아야 한다.

09

시설물의 안전 및 유지 관리에 관한 특별법령상 용어에 관한 내용이다. (   )에 알맞은 용어를 쓰시오?

> "(   )"란 시설물의 안전 및 유지관리에 관한 정보를 체계적으로 관리하기 위하여 국토교통부장관이 시설물의 정보를 생산하는 자에 관한 정보를 종합관리하는 체계를 말한다.

10

공동주택시설물에 대한 안전관리에 관한 기준이다. (   )를 각각 채우시오.

구 분	대상시설	점검횟수
1. 해빙기진단	석축·옹벽·법면·교량·우물·( )	연 1회(2월 또는 3월)
2. 우기진단	석축·옹벽·법면·담장·하수도	연 1회(6월)
3. 월동기진단	연탄가스배출기·중앙집중식·난방시설·노출배관의 동파방지, 수목보온	연 1회(9월 또는 10월)
4. 안전진단	변전실·고압가스시설·도시가스시설·액화석유가스시설·소방시설·맨홀(정화조의 뚜껑을 포함한다)·유류저장시설·펌프실·승강기·인양기·전기실·기계실·어린이놀이터	매분기 1회 이상(다만, 승강기의 경우에는 「승강기 제조 및 관리에 관한 법령」에서 정하는 바에 따른다)
5. 위생진단	( )·우물·어린이놀이터	연 2회 이상

비고 : 안전관리진단사항의 세부내용은 시·도지사가 정하여 고시한다.

정답 08. 2   09. 시설물통합정보관리체계   10. 비상저수시설, 저수시설

11 어린이 놀이시설 안전관리법의 용어 정의에 관한 내용이다. (　) 20회 출제
에 들어갈 용어를 순서대로 쓰시오.

> ○ (　)(이)라 함은 어린이놀이시설의 관리주체 또는 관리주체로부터 어린이놀이시설의 안전관리를 위임받은 자가 육안 또는 점검기구 등에 의하여 검사를 하여 어린이놀이시설의 위험요인을 조사하는 행위를 말한다.
> ○ (　)(이)라 함은 제4조의 안전검사기관이 어린이놀이시설에 대하여 조사·측정·안전성 평가 등을 하여 해당 어린이놀이시설의 물리적·기능적 결함을 발견하고 그에 대한 신속하고 적절한 조치를 하기 위하여 수리·개선 등의 방법을 제시하는 행위를 말한다.

12 시설물의 안전 및 유지관리에 관한 특별법령상 안전등급에 관한 내용이다. 알맞은 등급을 쓰시오.

> 주요부재에 결함이 발생하여 긴급한 보수·보강이 필요하며 사용제한 여부를 결정하여야 하는 상태

13 시설물의 안전등급 기준에 관한 내용이다. (　)에 알맞은 내용을 쓰시오.

> 최초로 실시하는 정밀안전점검은 시설물의 준공일 또는 사용승인일(구조형태의 변경으로 시설물로 된 경우에는 구조형태의 변경에 따른 준공일 또는 사용승인일을 말한다)을 기준으로 건축물은 (　)년 이내에 실시한다.

14 시설물의 안전 및 유지관리에 관한 특별법령상 공동주택의 정밀안전점검 실시시기에 관한 내용이다. (　)에 들어갈 숫자를 순서대로 각각 쓰시오.

구 분	정밀안전점검	
	건축물	건축물 외 시설물
A등급	(　)년에 1회 이상	3년에 1회 이상
B·C등급	(　)년에 1회 이상	2년에 1회 이상
D·E등급	(　)년에 1회 이상	1년에 1회 이상

정답　11. 안전점검, 안전진단　12. D(미흡)　13. 4　14. 4, 3, 2

15

어린이놀이시설안전관리법령상 물놀이형 어린이놀이시설의 안전요원 배치에 관한 설명이다. ( )에 들어갈 숫자를 쓰시오.

> 관리주체는 법 제15조의2에 따라 물을 활용한 물놀이형 어린이놀이시설에 물을 활용하는 기간 동안에는 다음 각 호의 어느 하나에 해당하는 사람을 안전요원으로 배치하여야 한다.
> 1. 「체육시설의 설치·이용에 관한 법률」 제34조에 따른 수영장협회에서 실시하는 수상안전에 관한 교육을 마친 후 수상안전에 관한 자격증을 취득한 사람
> 2. 「수상레저안전법 시행령」 제37조 제1항에 따라 국민안전처장관이 지정하는 교육기관에서 수상안전에 관한 교육을 마친 후 인명구조요원 자격증을 취득한 사람
> 3. 「고등교육법」 제2조 각 호에 따른 학교에서 심폐소생술 등 응급처치 관련 교과목을 최근 3년 이내에 1학점 이상 이수한 사람
> 4. 국가, 지방자치단체 또는 「대한적십자사 조직법」에 따른 대한적십자사에서 시행하는 심폐소생술 등 응급처치 관련 교육을 ( )시간 이상 이수한 사람

16

시설물의 안전 및 유지관리에 관한 특별법령상 정기안전점검의 실시에 관한 내용이다. ( )에 들어갈 용어를 쓰시오.

> 정기안전점검 : A, B, C등급 ( )에 1회 이상. 다만, 공동주택의 정기점검은 「공동주택관리법」 제33조에 따른 안전점검으로 갈음한다.

정답 15. 8 16. 반기

응용 출제예상문제

01 다음과 같은 조건의 A시 소재 甲아파트에 근무하는 관리사무소장이 행한 업무처리로 옳지 <u>않은</u> 것은? 【18회 출제】

- A시는 특별시·광역시 및 특별자치시가 아닌 인구 20만명의 시
- 甲아파트의 세대수: 600세대
- 甲아파트의 관리방식: 위탁관리
- 경비업무는 별도 업체에게 용역 시행
- 관리사무소 직원수: 10명
- 보일러실 근무자는 근로기준법령상 단속적(斷續的) 근로자로 고용노동부장관의 승인을 받음

① 경비업체에서 채용한 65세인 경비원에 대하여 「경비업법」상 채용이 불가능한 고령자라며 젊은 사람으로 교체를 요구하였다.
② 「동물보호법」상 등록대상동물의 승강기 내 배설물을 소유자등이 즉시 수거하지 않을 경우 50만 원 이하의 과태료가 부과될 수 있다고 게시판에 공고하였다.
③ 지하주차장에 장기간 무단으로 방치된 차량을 「자동차관리법」에 의거 A시 시장에게 견인을 요청하였다.
④ 오후 10시부터 오전 6시까지 야간근로한 보일러실 근무 직원에 대해 「근로기준법」에 의거 통상임금의 100분의 50을 가산하여 임금을 산정하였다.
⑤ 「주택관리업자 및 사업자 선정지침」에 의거 재활용품 판매를 위해 매각업체를 경쟁입찰로 선정하였다.

해설 ▶ 관리사무소장의 업무
65세인 경비원이라도 경비원의 결격사유에 해당하지 않는다. 다만 60세 이상인 경우에는 특수경비원은 될 수 없다.

02 공동주택관리법령상 관리주체가 공동주택의 시설물로 인한 안전사고를 예방하기 위하여 안전관리계획을 수립하여야 하는 대상시설이 <u>아닌</u> 것은?

① 위험물 저장시설 ② 승강기 ③ 법면 ④ 맨홀 ⑤ 경로당

해설 ▶ 공동주택 안전관리계획
법면은 해빙기 진단 및 우기진단 대상시설이지만, 안전관리계획 수립대상시설에는 해당되지 아니한다.

정답 01. ① 02. ③

03
공동주택관리법령상 의무관리대상 공동주택의 관리주체의 안전관리계획과 안전점검 및 안전진단에 관한 설명으로 옳지 않은 것은? **23회 출제**

① 건축물과 공중의 안전 확보를 위하여 건축물의 안전점검과 재난예방에 필요한 예산을 매년 확보하여야 한다.
② 사용검사일부터 30년이 경과한 15층 이하의 공동주택에 대하여 반기마다 대통령령으로 정하는 자로 하여금 안전점검을 실시하도록 하여야 한다.
③ 석축과 옹벽, 법면은 해빙기 진단 연 1회(2월 또는 3월)와 우기진단 연 1회(6월)가 이루어지도록 안전관리계획을 수립하여야 한다.
④ 해당 공동주택의 시설물로 인한 안전사고를 예방하기 위하여 대통령령으로 정한 바에 따라 안전관리계획을 수립하고 시설물별로 안전관리자 및 안전관리책임자를 지정하여 이를 시행하여야 한다.
⑤ 변전실, 맨홀(정화조 뚜껑 포함), 펌프실, 전기실, 기계실 및 어린이 놀이터의 안전진단에 대하여 연 3회 이상 실시하도록 안전관리계획을 수립하여야 한다.

해설 ▸ 안전진단
변전실, 맨홀(정화조 뚜껑 포함), 펌프실, 전기실, 기계실 및 어린이 놀이터의 안전진단에 대하여 매분기 1회 이상 실시하도록 안전진단을 실시하여야 한다.

04
다음 중 공동주택관리법령상 안전관리계획에 포함되어야 하는 사항이 아닌 것은?

① 시설별 안전관리자 및 안전관리책임자에 의한 책임점검사항
② 수립된 안전관리계획의 조정에 관한 사항
③ 안전점검 및 진단결과 위해의 우려가 있는 시설의 이용제한 또는 보수 등에 필요한 사항
④ 취약의 정도 및 발생 가능한 위해의 내용
⑤ 지하주차장의 침수 예방 및 대응에 관한 사항

해설 ▸ 안전관리계획
④ 관리주체의 안전점검에 관련된 사항이다.

정답 03. ⑤ 04. ④

05
공동주택관리법령상 관리주체가 공동주택의 시설물로 인한 안전사고를 예방하기 위하여 안전관리계획을 수립하여야 하는 대상시설이 아닌 것은?

① 주민운동시설
② 주민휴게시설
③ 지능형 홈네트워크 설비
④ 소방시설
⑤ 세대별로 설치된 연탄가스배출기

11회 출제

해설 ▶ 안전관리계획의 수립대상
⑤ 연탄가스배출기는 안전관리계획수립대상이나 세대별로 설치된 것은 제외한다.

06
다음 중 관리주체의 안전관리진단의 내용으로서 타당하지 않은 것은?

① 안전관리진단사항의 세부내용은 시장·군수·구청장이 정하여 고시한다.
② 담장·하수도는 연 1회에 우기진단을 실시한다.
③ 교량·우물·비상저수시설은 연 1회 해빙기진단을 실시한다.
④ 펌프실, 전기실, 기계실은 매분기 1회 이상 안전진단을 실시한다.
⑤ 어린이 놀이터는 매분기 1회 이상 안전진단과 동시에 연 2회 이상 위생진단을 실시한다.

해설 ▶ 안전관리진단사항의 고시
① 시·도지사가 정하여 고시한다.

07
다음 중 공동주택의 관리주체가 해빙기 진단 및 우기진단을 동시에 실시하여야 하는 시설은 어느 것인가?

① 교량 및 우물
② 담장 및 하수도
③ 석축, 옹벽 및 법면
④ 저수시설 및 우물
⑤ 승강기 및 인양기

해설 ▶ 관리주체의 안전관리진단
③ 해빙기 진단을 연 1회(2월 또는 3월), 우기진단을 연 1회(6월) 각각 동시에 실시하여야 한다.

08
공동주택관리법령상 공동주택 시설물의 안전관리에 관한 기준 및 진단사항으로 옳지 않은 것은?

① 석축·옹벽·법면·비상저수시설의 해빙기진단은 연 1회 실시한다.
② 석축·옹벽·법면·담장·하수도·주차장의 우기진단은 연 1회 실시한다.
③ 지능형 홈네트워크 설비는 매월 1회 이상 실시한다.
④ 변전실·고압가스시설·소방시설·펌프실의 안전진단은 매분기 1회 이상 실시한다.
⑤ 저수시설·우물·어린이 놀이터의 위생진단은 연 1회 이상 실시한다.

해설 ▶ 안전관리기준 및 진단
저수시설, 우물, 어린이놀이터의 위생진단은 연 2회 이상 실시한다.

정답 05. ⑤ 06. ① 07. ③ 08. ⑤

09 다음 중 공동주택 안전점검에 관한 내용으로 옳지 않은 것은?

① 의무관리대상 공동주택의 관리주체는 그 공동주택의 기능유지와 안전성 확보로 입주자 및 사용자를 재해 및 재난 등으로부터 보호하기 위하여 반기마다 안전점검을 실시하여야 한다.
② 관리주체는 안전점검결과 건축물의 구조·설비의 안전도가 취약하여 위해의 우려가 있는 때에는 시장 등에게 그 사실을 보고하고 당해 시설의 이용제한 또는 보수 등 필요한 조치를 하여야 한다.
③ 16층 이상인 공동주택 등의 안전점검은 「시설물의 안전 및 유지관리에 관한 특별법 시행령」에 의한 책임기술자로서 당해 공동주택의 관리사무소장으로서 배치된 주택관리사 또는 주택관리사보가 실시하도록 하여야 한다.
④ 관리주체는 안전점검의 결과 건축물의 구조·설비의 안전도가 취약하여 위해의 우려가 있는 경우에는 이를 시장·군수 또는 구청장에게 보고하고, 그 보고내용에 따른 조치를 취하여야 한다.
⑤ 위 보고 내용에는 점검대상 구조·설비, 취약의 정도, 발생 가능한 위해의 내용 및 조치할 사항이 포함되어야 한다.

해설 ▶ 안전점검 자격자
③공동주택관리에 관한 국가공인자격을 가진 주택관리사등은 책임기술자가 아니라 하더라도 「시설물의 안전 및 유지관리에 관한 특별법 시행령」에 의한 안전점검교육을 이수만 하면 안전점검을 할 수 있는 자격이 부여된다.

10 공동주택관리법령상 공동주택의 안전점검에 관련된 내용이다. ( )에 알맞은 것은?

> 관리주체는 안전점검의 결과 건축물의 구조·설비의 안전도가 취약하여 위해의 우려가 있는 경우에는 다음 각 호의 사항을 시장·군수 또는 구청장에게 보고하고, 그 보고내용에 따른 조치를 취하여야 한다.
> 1. 점검대상구조·설비
> 2. ( )
> 3. 발생 가능한 위해의 내용
> 4. 조치할 사항

① 점검사항   ② 위해의 정도   ③ 비상연락 체계
④ 점검기간   ⑤ 취약의 정도

해설 ▶ 안전점검
관리주체가 안전점검결과 안전도가 취약하여 위해의 우려가 있는 경우 시·군·구청장에게 보고하여야 할 사항으로는 점검대상구조·설비, 취약의 정도, 발생 가능한 위해의 내용, 조치할 사항 등이 있다.

정답 09. ③   10. ⑤

11 공동주택의 안전점검에 관한 내용으로 옳지 않은 것은?

① 의무관리대상 공동주택의 안전점검은 반기마다 하여야 한다.
② 16층 이상의 공동주택에 대하여는 책임기술자로서 당해 공동주택단지의 관리직원인 자 등으로 하여금 안전점검을 실시하도록 하여야 한다.
③ 15층 이하의 공동주택으로서 사용검사일부터 20년이 경과된 공동주택에 대하여는 책임기술자로서 당해 공동주택단지의 관리직원인 자 등 대통령령으로 정하는 자로 하여금 안전점검을 실시하도록 하여야 한다.
④ 재난 및 안전관리 기본법 시행령」에 따른 안전등급이 C등급·D등급 또는 E등급에 해당하는 공동주택에 대하여는 책임기술자로서 당해 공동주택단지의 관리직원인 자 등 대통령령으로 정하는 자로 하여금 안전점검을 실시하도록 하여야 한다.
⑤ 관리주체는 안전점검의 결과 건축물의 구조·설비의 안전도가 매우 낮아 재해 및 재난 등이 발생할 우려가 있는 경우 지체없이 입주자대표회의에 그 사실을 통보하여야 한다.

해설 ▶ **공동주택의 안전점검**
15층 이하의 공동주택으로서 사용검사일부터 30년이 경과된 공동주택에 대하여는 책임기술자로서 당해 공동주택단지의 관리직원인 자 등 대통령령으로 정하는 자로 하여금 안전점검을 실시하도록 하여야 한다.

13회 출제

12 공동주택관리법령상 공동주택의 안전관리에 관한 설명으로 옳지 않은 것은?

① 석축 및 옹벽 등에 대한 시설물 해빙기 진단은 매년 2월 또는 3월에 연 1회 실시한다.
② 시설물로 인한 안전사고를 예방하기 위하여 안전관리계획을 수립하여야 하는 대상시설로는 중앙집중식 난방시설 등이 있다.
③ 관리주체는 연 1회 안전점검을 실시하여야 하며, 15층 이하인 공동주택의 안전점검은 당해 공동주택의 관리사무소장으로 배치된 주택관리사 또는 주택관리사보 중 안전점검교육을 이수한 자가 실시하여야 한다.
④ 시설물 안전관리책임자는 시장·군수·구청장이 실시하는 소방 및 시설물에 관한 안전교육을 받아야 한다.
⑤ 방범 및 안전 교육대상자의 교육기간은 연 2회 이내, 매회별 4시간으로 한다.

정답 11. ③ 12. ③

해설 ▶ 안전점검 주기
의무관리대상 공동주택의 안전점검은 반기마다 하여야 한다.
1) 「시설물의 안전 및 유지관리에 관한 특별법 시행령」 제9조에 따른 책임기술자로서 해당 공동주택단지의 관리직원인 자
2) 주택관리사 등이 된 후 국토교통부령으로 정하는 교육기관에서 「시설물의 안전 및 유지관리에 관한 특별법 시행령」 별표 5에 따른 정기안전점검교육을 이수한 자 중 관리사무소장으로 배치된 자 또는 해당 공동주택단지의 관리직원인 자
3) 「시설물의 안전 및 유지관리에 관한 특별법」 제28조에 따라 시·도지사에게 등록한 안전진단전문기관
4) 「건설산업기본법」 제9조에 따라 국토교통부장관에게 등록한 유지관리업자

13. [14회 개작]

공동주택관리법령상 방범교육 및 안전교육에 관한 설명으로 옳지 않은 것은?

① 경비업무에 종사하는 사람과 안전관리계획에 따라 시설물 안전관리자 및 안전관리책임자로 선정된 사람은 공동주택단지의 각종 안전사고의 예방과 방범을 위하여 시장·군수·구청장이 실시하는 방범교육 및 안전교육을 받아야 한다.
② 교육기간은 연 2회 이상, 매회별 2시간이다.
③ 시장·군수 또는 구청장은 방범교육 및 소방에 관한 안전교육을 각각 관할 경찰서장 및 관할 소방서장 또는 인정받은 법인에게 위탁한다.
④ 시설물에 관한 안전교육은 시설물 안전사고의 예방 및 대응을 내용으로 한다.
⑤ 소방안전교육 또는 소방안전관리자 실무교육을 이수한 사람은 소방에 관한 안전교육을 이수한 것으로 본다.

해설 ▶ 방범교육 및 안전교육
1. 이수 의무 교육시간 : 연 2회 이내에서 시장·군수·구청장이 실시하는 횟수, 매회별 4시간
2. 대상자
   (1) 방범교육 : 경비책임자
   (2) 소방에 관한 안전교육 : 시설물 안전관리책임자
   (3) 시설물에 관한 안전교육 : 시설물 안전관리책임자
3. 교육내용
   (1) 방범교육 : 강도, 절도 등의 예방 및 대응
   (2) 소방에 관한 안전교육 : 소화, 연소 및 화재예방
   (3) 시설물에 관한 안전교육 : 시설물 안전사고의 예방 및 대응

정답 13. ②

제6장 안전관리실무

14 공동주택관리법령상 시설의 안전관리에 관한 기준 및 진단사항에 관한 내용이다. 대상 시설별 진단사항과 점검횟수의 연결이 옳은 것을 모두 고른 것은?

> ㉠ 어린이 놀이터의 안전진단 : 연 2회 이상 점검
> ㉡ 변전실의 안전진단 : 매 분기 1회 이상 점검
> ㉢ 노출배관의 동파방지 월동기진단 : 연 1회 점검
> ㉣ 저수시설의 위생진단 : 연 1회 점검

[24회 출제]

① ㉠, ㉢   ② ㉠, ㉣   ③ ㉡, ㉢
④ ㉠, ㉡, ㉢   ⑤ ㉡, ㉢, ㉣

해설 ▶ 안전진단사항과 점검횟수
㉠ 어린이 놀이터의 안전진단 : 매 분기 1회 이상 점검
㉣ 저수시설의 위생진단 : 연 2회 이상 점검

15 관리주체가 안전관리계획을 수립해야 할 사항에 해당하지 않는 것은?

① 입주자 집회소
② 옥상 및 계단 등의 난간
③ 발전 및 변전시설
④ 도시가스시설
⑤ 연탄가스배출기(세대별로 설치된 것은 제외한다)

해설 ▶ 안전관리계획수립대상
②~⑤ 이외에 중앙집중식 난방시설, 위험물저장시설, 소방시설, 승강기 및 인양기, 옥상·계단 등의 난간, 우물 및 비상저수시설, 펌프실, 석축·옹벽·담장·맨홀·정화조·하수도에도 안전관리계획을 수립하여야 한다.

16 공동주택관리법령상 공동주택 시설의 안전관리에 관한 기준 및 진단사항으로 옳지 않은 것은?

[22회 출제]

① 저수시설의 위생진단은 연 2회 이상 실시한다.
② 주민휴게시설의 안전진단은 연 2회 실시한다.
③ 노출배관의 동파방지 월동기진단은 연 1회 실시한다.
④ 석축, 옹벽의 우기진단은 연 1회 실시한다.
⑤ 법면의 해빙기진단은 연 1회 실시한다.

해설 ▶ 안전관리에 관한 기준 및 진단사항
주민휴게시설의 안전진단은 매분기 1회 이상 실시한다.

정답   14. ③   15. ①   16. ②

제2편 공동주택기술관리

17 다음 중 공동주택의 안전점검에 관한 설명으로 옳지 <u>않은</u> 것은?

① 시장 등은 안전점검 결과 구조·설비의 안전도가 취약하여 재해의 우려가 있는 공동주택에 대하여는 관리하여야 한다.
② 도지사는 공동주택단지 안의 각종 안전사고예방을 위하여 안전교육을 실시할 수 있다.
③ 안전점검결과는 위해의 우려가 있을 때에 시장등에게 보고하고 이용의 제한 또는 보수 등의 조치를 하여야 한다.
④ 관리주체는 반기마다 안전점검을 실시한다.
⑤ 시장 등은 내력구조에 중대한 하자가 있다고 인정하는 경우 안전진단기관에 안전진단을 의뢰할 수 있다.

> **해설** ▶ 안전교육 실시권자
> 안전교육은 시장·군수·구청장의 업무소관이다(「공동주택관리법」 제32조 제2항 참조).

18 다음은 「공동주택관리법」상 공동주택의 시설물 안전관리진단 대상시설이다. 연간 최소점검횟수가 많은 것부터 나열한 것은?

> ㉠ 위생진단(저수시설, 우물)
> ㉡ 안전진단(주민운동시설 및 주민휴게시설)
> ㉢ 우기진단(석축, 옹벽, 담장)

① ㉠ > ㉡ > ㉢
② ㉡ > ㉠ > ㉢
③ ㉡ > ㉢ > ㉠
④ ㉢ > ㉡ > ㉠
⑤ ㉢ > ㉠ > ㉡

> **해설** ▶ 안전관리진단 주기
> ㉠ 위생진단(저수시설, 우물)은 연 2회 이상이다.
> ㉡ 안전진단(주민운동시설 및 주민휴게시설)은 매분기 1회 이상이다.
> ㉢ 우기진단(석축, 옹벽, 담장)은 연 1회이다.

정답 17. ② 18. ②

19 어린이놀이시설 안전관리법령상 안전관리에 관한 설명으로 옳지 않은 것은? 13회 개작

① 관리주체는 설치검사를 받은 어린이놀이시설에 대하여 대통령령으로 정하는 방법 및 절차에 따라 안전검사기관으로부터 2년에 1회 이상 정기시설검사를 받아야 한다.
② 관리주체는 설치된 어린이놀이시설의 기능 및 안전성 유지를 위하여 시설의 노후 정도, 변형 상태 등의 항목에 대해 안전점검을 월 1회 이상 실시하여야 한다.
③ 관리주체는 어린이놀이시설을 인도 받은 날부터 3개월 이내에 어린이놀이시설의 안전관리에 관련된 업무를 담당하는 자로 하여금 안전교육을 받도록 하여야 한다.
④ 안전교육의 주기는 2년에 1회 이상으로 하고, 1회 안전교육 시간은 4시간 이상으로 한다.
⑤ 관리주체는 어린이놀이시설을 인도 받은 날부터 2개월 이내에 사고배상책임보험 이나 사고배상책임보험과 같은 내용이 포함된 보험에 가입하여야 한다.

해설 ▶ 보험의 가입
관리주체인 경우 : 어린이놀이시설을 인도받은 날부터 30일 이내에 보험에 가입하여야 한다.

20 다음 중 「어린이놀이시설 안전관리법」상 공동주택 어린이놀이터의 관리에 관한 내용으로서 옳지 않은 것은?

① 관리주체란 어린이놀이시설의 소유자로서 관리책임이 있는 자, 다른 법령에 의하여 어린이놀이시설의 관리자로 규정된 자 또는 그 밖에 계약에 의하여 어린이놀이시설의 관리책임을 진 자를 말한다.
② 관리주체는 설치검사를 받은 어린이놀이시설이 법정시설기준 및 기술기준에 적합성을 유지하고 있는지를 확인하기 위하여 안전검사기관으로부터 1년에 1회 이상 정기시설검사를 받아야 한다.
③ 정기시설검사를 받으려는 관리주체는 정기시설검사의 유효기간이 끝나기 1개월 전(최초로 정기시설검사를 받으려는 경우에는 설치검사의 유효기간이 끝나기 1개월 전을 말한다)까지 행정안전부령으로 정하는 신청 서류를 갖추어 안전검사기관에 제출하여야 한다.
④ 관리주체는 정기시설검사를 받지 아니하였거나 정기시설검사에 불합격된 경우 지체 없이 어린이 등이 해당 어린이놀이시설에 출입하지 못하도록 이용금지 조치를 하고 해당 관리감독기관의 장에게 그 사실을 통보하여야 한다.
⑤ 관리주체는 정기시설검사에서 불합격 통보를 받았거나 안전진단에서 위험하거나 보수가 필요하다는 판정 통보를 받은 경우에는 그 통보를 받은 날부터 2개월 이내에 시설개선계획서를 관리감독기관의 장에게 제출하고 수리·보수 등 필요한 조치를 하여야 한다.

정답 19. ⑤ 20. ②

해설 ▶ 시설검사
정기시설검사의 법정기간은 2년에 1회 이상이다.

21

「어린이놀이시설 안전관리법」상의 안전점검에 관한 설명으로 타당하지 <u>않은</u> 것은?

① 안전점검이란 어린이놀이시설의 관리주체 또는 관리주체로부터 어린이놀이시설의 안전관리를 위임받은 자가 육안 또는 점검기구 등에 의하여 검사를 하여 어린이놀이시설의 위험요인을 조사하는 행위를 말한다.
② 관리주체는 안전점검을 1년에 1회 이상 실시하여야 한다.
③ 안전점검항목은 어린이놀이시설의 연결상태, 노후(老朽) 정도, 변형 상태, 청결상태, 안전수칙 등의 표시상태, 부대시설의 파손상태 및 위험물질의 존재 여부이다.
④ 어린이놀이시설의 관리주체는 안전점검항목에 대하여 양호, 요주의, 요수리 및 이용금지로 구분하여 안전점검을 한 후, 그 결과를 안전점검 실시대장에 기록하여야 한다.
⑤ 관리주체는 안전점검 결과 해당 어린이놀이시설이 어린이에게 위해를 가할 우려가 있다고 판단되는 경우에는 그 이용을 금지하고 1개월 이내에 안전검사기관에 어린이놀이시설의 배치도(사진을 포함함), 어린이놀이시설의 설치장소에 관한 약도를 첨부하여 안전진단을 신청하여야 한다.

해설 ▶ 안전점검
법정 안전점검기간은 월 1회 이상이다.

정답 21. ②

22

「어린이놀이시설 안전관리법」상의 안전진단에 관한 설명으로 잘못된 것은?

① 안전진단이라 함은 안전검사기관이 어린이놀이시설에 대하여 조사·측정·안전성 평가 등을 하여 해당 어린이놀이시설의 물리적·기능적 결함을 발견하고 그에 대한 신속하고 적절한 조치를 하기 위하여 수리·개선 등의 방법을 제시하는 행위를 말한다.
② 관리주체는 안전점검 결과 해당 어린이놀이시설이 어린이에게 위해를 가할 우려가 있다고 판단되는 경우에는 그 이용을 금지하고 1개월 이내에 안전검사기관에 어린이놀이시설의 배치도(사진을 포함함), 어린이놀이시설의 설치 장소에 관한 약도를 첨부하여 안전진단을 신청하여야 한다.
③ 안전진단신청을 받은 안전검사기관은 행정안전부령이 정하는 절차 및 방법에 따라 안전진단을 실시하고 그 결과를 신청인 및 해당 관리감독기관의 장에게 통보하여야 한다.
④ 안전진단 결과를 통보받은 관리주체는 해당 어린이놀이시설이 시설기준 및 기술기준에 적합하지 아니한 경우에는 수리·보수 등 필요한 조치를 실시하고 안전검사기관으로부터 해당 어린이놀이시설의 재사용 여부를 확인받아야 한다.
⑤ 관리주체는 안전점검 또는 안전진단을 한 결과에 대하여 안전점검실시대장 또는 안전진단실시대장을 작성하여 최종 기재일부터 1년간 보관하여야 한다.

해설 ▶ 안전점검실시대장의 보관
⑤ 법정보관기간은 3년이다.

23

다음 중 「어린이놀이시설 안전관리법」상의 보험가입 및 사고보고에 관한 설명으로 타당하지 않은 것은?

① 관리주체 및 안전검사기관은 어린이놀이시설의 사고로 인하여 어린이의 생명·신체 또는 재산상의 손해를 발생하게 하는 경우 그 손해에 대한 배상을 보장하기 위하여 보험에 가입하여야 한다.
② 보험의 종류는 어린이놀이시설 사고배상책임보험이나 사고배상책임보험과 같은 내용이 포함된 보험으로 한다.
③ 관리주체는 어린이놀이시설을 인도받은 날부터 15일 이내에 보험에 가입하여야 한다.
④ 관리주체는 그가 관리하는 어린이놀이시설로 인하여 중대한 사고가 발생한 때에는 즉시 사용중지 등 필요한 조치를 취하고 해당 관리감독기관의 장에게 통보하여야 한다.
⑤ 보험가입의무를 위반한 자는 500만원 이하의 과태료에 처한다.

해설 ▶ 보험가입
보험가입의무기한은 인도받은 날부터 30일 이내이다.

정답 22. ⑤   23. ③

24 관리주체는 그가 관리하는 어린이놀이시설로 인하여 중대한 사고가 발생한 때에는 즉시 사용중지 등 필요한 조치를 취하고 해당 어린이놀이시설의 소관 중앙행정기관의 장에게 통보하여야 한다. 이에 해당하는 중대한 사고로 **틀린** 것은?

① 3명 이상이 동시에 부상을 입은 경우
② 골절상을 입은 경우
③ 출혈이 심한 경우
④ 1도 이상의 화상을 입은 경우
⑤ 부상 면적이 신체 표면의 5퍼센트 이상인 경우

> **해설** ▶ 중대사고
> ④ 2도 이상의 화상을 입은 경우이다.

25 어린이놀이시설 안전관리법 시행령상 어린이놀이시설로 인하여 이용자가 피해를 입은 사고 중에서 "대통령이 정하는 중대한 사고"에 해당하는 것을 모두 고른 것은?

> ㄱ. 1도 이상의 화상
> ㄴ. 부상 면적이 신체 표면의 5퍼센트 이상인 부상
> ㄷ. 하나의 사고로 인한 3명 이상의 부상
> ㄹ. 골절상

① ㄱ, ㄴ   ② ㄱ, ㄹ   ③ ㄷ, ㄹ   ④ ㄱ, ㄴ, ㄷ   ⑤ ㄴ, ㄷ, ㄹ

> **해설** ▶ 중대한 사고
> 1. 사망
> 2. 하나의 사고로 인한 3명 이상의 부상
> 3. 사고 발생일로부터 7일 이내에 48시간 이상의 입원 치료가 필요한 부상
> 4. 골절상
> 5. 수혈 또는 입원이 필요한 정도의 심한 출혈
> 6. 신경, 근육 또는 힘줄의 손상
> 7. 2도 이상의 화상

정답   24. ④   25. ⑤

26

어린이놀이시설 안전관리법령상의 어린이놀이시설의 정기시설검사에 관한 설명으로 옳지 <u>않은</u> 것은? **27회 출제**

① 설치검사 또는 직전 정기시설검사의 유효기간이 1개월을 초과하여 남았거나 유효기간이 경과한 후에 정기시설검사에 합격한 경우의 정기시설검사 유효기간의 기산일은 해당 정기시설검사의 합격 판정일이다.
② 설치검사 또는 직전 정기시설검사의 유효기간이 1개월 이하로 남았을 때 정기시설검사에 합격한 경우의 정기시설검사 유효기간의 기산일은 설치검사 또는 직전 정기시설검사의 유효기간 만료일이다.
③ 정기시설검사를 받으려는 자는 정기시설검사의 유효기간이 끝나기 1개월 전까지 행정안전부령으로 정하는 신청 서류를 갖추어 안전검사기관에 제출하여야 한다.
④ 관리주체는 정기시설검사를 받지 아니하였거나 정기시설검사에 불합격된 어린이놀이시설을 이용하도록 하여서는 아니 된다.
⑤ 관리주체는 설치검사 및 정기시설검사에 합격된 어린이놀이시설에 대해서는 이용자가 알 수 있도록 설치검사 및 정기시설검사에 합격되었음을 나타내는 표시를 하여야 한다.

해설 ▶ 어린이놀이시설 정기시설검사 유효기간의 기산일
설치검사 또는 직전 정기시설검사의 유효기간이 1개월 이하로 남았을 때 정기시설검사에 합격한 경우의 정기시설검사 유효기간의 기산일은 설치검사 또는 직전 정기시설검사의 유효기간 만료일의 다음날이다.

27

관리주체는 그가 관리하는 어린이놀이시설로 인하여 대통령령이 정하는 중대한 사고가 발생한 때에는 즉시 사용중지 등 필요한 조치를 취하고 해당 관리감독기관의 장에게 통보하여야 한다. 다음 중 중대한 사고에 해당하지 <u>않는</u> 것은?

① 하나의 사고로 인한 2명 이상의 부상
② 사고 발생일로부터 7일 이내에 48시간 이상의 입원 치료가 필요한 부상
③ 2도 이상의 화상
④ 부상면적이 신체표면의 5% 이상인 부상
⑤ 신경, 근육 또는 힘줄의 손상

정답 26. ② 27. ①

> **[해설]** 중대한 사고의 종류
> 1. 사망
> 2. 하나의 사고로 인한 3명 이상의 부상
> 3. 사고 발생일로부터 7일 이내에 48시간 이상의 입원 치료가 필요한 부상
> 4. 골절상
> 5. 수혈 또는 입원이 필요한 정도의 심한 출혈
> 6. 신경, 근육 또는 힘줄의 손상

28. 다음 중 시설물의 안전 및 유지 관리에 관한 특별법령에 의한 안전관리에 대한 설명으로 옳지 않은 것은?

① 16층 이상의 공동주택은 제2종 시설물의 범위에 포함된다.
② 최초로 실시하는 정밀안전점검은 시설물의 준공일 또는 사용승인일(구조형태의 변경으로 시설물로 된 경우에는 구조형태의 변경에 따른 준공일 또는 사용승인일을 말한다)을 기준으로 3년 이내(건축물은 4년 이내)에 실시한다.
③ 제1종시설물 및 제2종시설물의 안전점검은 정기안전점검 및 정밀안전점검으로 구분하여 실시한다.
④ 보조부재에 경미한 결함이 발생하였으나 기능 발휘에는 지장이 없으며, 내구성 증진을 위하여 일부의 보수가 필요한 상태의 경우는 안전등급 기준이 B(양호)이다.
⑤ 공동주택의 정기안전점검은 「공동주택관리법 시행령」 제34조에 따른 안전점검으로 갈음한다.

> **[해설]** 안전관리
> 공동주택의 정기안전점검은 「공동주택관리법」 제33조에 따른 안전점검(지방자치단체의 장이 의무관리대상이 아닌 공동주택에 대하여 같은 법 제34조에 따라 안전점검을 실시한 경우에는 이를 포함한다)으로 갈음한다.

29. 공동주택관리법령상 안전관리계획에 포함되어야 하는 사항으로 옳지 않은 것은?

① 시설별 안전 관리자 및 안전관리책임자에 의한 책임점검사항
② 국토교통부령이 정하는 시설의 안전관리에 관한 기준 및 진단사항
③ 점검 및 진단결과 위해 우려 시설에 관한 이용제한 또는 보수 등에 필요한 조치사항
④ 수립된 장기수선계획의 조정에 관한 사항
⑤ 그 밖에 시설안전관리에 관하여 필요한 사항

> **[해설]** 안전관리계획
> ④ 수립된 안전관리계획의 조정에 관한 사항

정답 28. ⑤ 29. ④

30

공동주택관리법령상 공동주택 시설물의 안전관리 진단기준에 대한 연결이 잘못된 것은?

① 해빙기진단 : 연 1회(2월~3월)
② 우기진단 : 연 1회(6월)
③ 월동기진단 : 연 1회(9월~10월)
④ 안전진단 : 연 1회 이상
⑤ 위생진단 : 연 2회 이상

해설 ▶ 안전진단

안전진단 : 매분기 1회 이상(다만, 승강기의 경우에는 「승강기제조 및 관리에 관한 법률」에서 정하는 바에 따른다)

시설의 안전관리에 관한 기준 및 진단사항

구 분	대상시설	점검횟수
해빙기진단	석축·옹벽·법면·교량·우물·비상저수시설	연 1회(2월 또는 3월)
우기진단	석축·옹벽·법면·담장·하수도 및 주차장	연 1회(6월)
월동기진단	연탄가스배출기·중앙집중식 난방시설·노출배관의 동파방지·수목보온	연 1회(9월 또는 10월)
안전진단	변전실·고압가스시설·도시가스시설·액화석유가스시설·소방시설·맨홀(정화조의 뚜껑을 포함한다)·유류저장시설·펌프실·인양기·전기실·기계실·어린이놀이터·주민운동시설 및 주민휴게시설	매분기 1회 이상
위생진단	승강기	「승강기제조 및 관리에 관한 법률」에서 정하는 바에 따른다.

[비고] 안전관리진단사항의 세부내용은 시·도지사가 정하여 고시한다.

정답 30. ④

31

공동주택관리법령상 공동주택의 안전점검에 대한 설명으로 옳지 않은 것은?

① 의무관리대상 공동주택의 관리주체는 「시설물의 안전관리에 관한 특별법」에 따른 지침에서 정하는 안전점검의 실시 방법 및 절차 등에 따라 공동주택의 안전점검을 실시하여야 한다.
② 관리주체는 안전점검의 결과 건축물의 구조·설비의 안전도가 매우 낮아 재해 및 재난 등이 발생할 우려가 있는 경우에는 지체없이 입주자대표회의에 그 사실을 통보한 후 시장·군수·구청장에게 그 사실을 보고하고, 해당 건축물의 이용 제한 또는 보수 등 필요한 조치를 하여야 한다.
③ 입주자대표회의 및 관리주체는 건축물과 공중의 안전 확보를 위하여 건축물의 안전점검과 재난예방에 필요한 예산을 매년 확보하여야 한다.
④ 주택관리사 등이 된 후 국토교통부령으로 정하는 교육기관에서「시설물의 안전 및 유지관리에 관한 특별법 시행령」별표 5에 따른 정기안전점검교육을 이수한 자 중 해당 공동주택단지의 관리직원인 자는 16층 이상의 공동주택에 대하여 안전점검을 실시할 수 없다.
⑤ 위해보고를 받은 시장·군수·구청장은 매월 1회 이상 점검을 실시한다.

해설 ▶ 안전점검
주택관리사 등이 된 후 국토교통부령으로 정하는 교육기관에서「시설물의 안전 및 유지관리에 관한 특별법 시행령」별표 5에 따른 정기안전점검교육을 이수한 자 중 관리사무소장으로 배치된 자 또는 해당 공동주택단지의 관리직원인 자는 16층 이상의 공동주택 및 대통령령으로 정하는 15층 이하의 공동주택(사용검사일부터 30년이 경과한 공동주택, 「재난 및 안전관리 기본법 시행령」에 따른 안전등급이 C등급, D등급 또는 E등급에 해당하는 공동주택)에 대하여 안전점검을 실시할 수 있다.

32

공동주택관리법령상 공동주택 시설물의 안전관리 진단기준에 대한 연결이 잘못된 것은?

① 석축의 해빙기진단 : 연 1회(2월~3월)
② 주민휴게시설의 안전진단 : 매분기 1회 이상
③ 승강기의 안전진단 : 연 1회 이상
④ 지능형 홈네트워크 설비의 안전진단 : 매월 1회 이상
⑤ 어린이놀이터의 위생진단 : 연 2회 이상

31. ④ 32. ③

해설 ▶ 안전관리 진단기준 상의 안전진단 점검횟수

변전실, 고압가스시설, 도시가스시설, 액화석유가스시설, 소방시설, 맨홀(정화조의 뚜껑을 포함한다), 유류저장시설, 펌프실, 승강기, 인양기, 전기실, 기계실 및 어린이놀이터, 주민운동시설 및 주민휴게시설은 매분기 1회 이상, 지능형 홈네트워크 설비는 매월 1회 이상(다만, 승강기의 경우에는 「승강기제조 및 관리에 관한 법률」에서 정하는 바에 따른다.)점검해야 한다.

33. 시설물의 안전 및 유지관리에 관한 특별법령에 의한 안전관리 내용으로 옳지 않은 것은?

① 관리주체는 시설물의 하자담보책임기간이 끝나기 전에 마지막으로 실시하는 정밀안전점검의 경우에는 안전진단전문기관이나 국토안전관리원에 의뢰하여 실시하여야 한다.
② A등급인 경우의 건축물 정밀안전점검의 실시시기는 3년에 1회 이상이다.
③ 정밀안전점검의 실시 주기는 이전 정밀안전점검을 완료한 날을 기준으로 한다.
④ 관리주체는 긴급안전점검에 따른 조치명령 또는 시설물의 중대한 결함 등에 대한 통보를 받은 날부터 2년 이내에 시설물의 보수·보강 등 필요한 조치에 착수해야 하며, 특별한 사유가 없으면 착수한 날부터 3년 이내에 이를 완료해야 한다.
⑤ 관리주체는 안전점검 및 긴급안전점검을 국토안전관리원, 안전진단전문기관 또는 안전점검전문기관에게 대행하게 할 수 있다.

해설 ▶ 안전점검, 정밀안전진단 및 성능평가의 실시시기

안전등급	정기안전점검	정밀안전점검		정밀안전진단	성능평가
		건축물	건축물 외 시설물		
A등급	반기에 1회 이상	4년에 1회 이상	3년에 1회 이상	6년에 1회 이상	5년에 1회 이상
B·C등급		3년에 1회 이상	2년에 1회 이상	5년에 1회 이상	
D·E등급	1년에 3회 이상	2년에 1회 이상	1년에 1회 이상	4년에 1회 이상	

정답 33. ②

시험장에서 눈을 의심할 만큼, 진가를 합격으로 확인하세요

정가 35,000원

1회 시험부터 수많은 합격자를 배출한 독보적 교재

주택관리사 문제집
⑤ 2차 공동주택관리실무

17년연속98%
독보적 정답률

대한민국 1등 교재
optimization test
시험최적화 대한민국 1등 교재
(100인의 부동산학 대학교수진, 2021)
최초로 부동산학을 정립한 부동산학의
모태(원조)로서 부동산전문교육
1위 인증(한국부동산학회)
대한민국 부동산교육 공헌대상(한국부동산학회)
4차산업혁명대상(대한민국 국회)
고객만족대상(교육부)
고객감동 1위(중앙일보)
고객만족 1위(조선일보)
고객감동경영 1위(한국경제)
한국소비자만족도 1위(동아일보) 등 석권

발 행	2025년 4월 15일
인 쇄	2025년 4월 10일
연 대	최초 부동산학 연구논문에서부터 현재까지 (1957년 원전~현재)
편 저	경록 주택관리사 교재편찬위원회, 신한부동산연구소 편
발행자	이 성 태 / 李 星 兌
발행처	경록 / 景鹿
주 소	서울시 강남구 영동대로 114길 7 (삼성동 91-24) 경록메인홀
문 의	02)3453-3993 / 02)3453-3546
홈페이지	www.kyungrok.com
팩 스	02)556-7008
등 록	제16-496호
ISBN	979-11-94560-22-7 14320

대표전화 1544-3589

이 책의 무단전재·복제를 금함

이 책은 저작권법에 의해 저작권이 보호됩니다. 무단전재 및 복제행위는 이 법 제136조에 의해 5년 이하의 징역 또는 5,000만원 이하의 벌금에 처하거나 병과(倂科)할 수 있습니다.

부동산전문교육 68년 전통과 노하우

개정법령 및 정오사항 등은 경록 홈페이지에서 서비스됩니다.

알고 보니
경록이다

우리나라 부동산전문교육의 본산 경록 1957

한방에 합격은 경록이다

제1회 시험부터 수많은 합격자를 배출한 전문성 - 경록